20世纪国际格局的演变
与大国关系互动研究丛书

"十二五"国家重点图书出版规划项目

20世纪国际格局的演变与大国关系互动研究

A Study on the Evolution of the International Pattern and the Relations of
Great Powers in the Twentieth Century

（一）

徐 蓝／主编

社会科学文献出版社
SOCIAL SCIENCES ACADEMIC PRESS (CHINA)

本书为国家社科基金重大项目"20世纪国际格局的演变与大国关系互动研究"（11&ZD133）的阶段性成果

总　序

　　本套丛书研究的是 20 世纪国际格局的演变与大国关系的互动之间的关系。其中既要考察 20 世纪主要大国之间关系的发展变化，也要探讨大国之间的关系变化对国际格局演变的影响，以及在一定历史时期内相对稳定的国际格局对大国关系形成的反作用。

　　之所以选择研究这个课题，主要有以下几点考虑。

　　第一，大国关系与国际格局的演变密切相关。自近代民族国家产生以来，大国之间的关系始终是最重要的国际关系，对世界历史的发展、国际格局的变动、国际秩序的构建、各民族国家的命运，都产生过十分重要的影响。特别是 20 世纪以来，世界历史发生的各种重大事件以及国际格局从欧洲中心到两极格局、再到多极化趋势发展的巨大变化，无不与大国之间关系的发展变化紧密相连。换句话说，大国和大国集团的力量对比和关系变化构成了世界格局的重要基础，是国际格局变动的决定性力量。与此同时，国际格局也实际影响并制约着一定历史时期内的国际秩序，并进而影响着一国的战略选择和政策制定。

　　第二，加强对 20 世纪国际格局的演变与大国关系的互动研究是当今国际形势发展及中国国力增长的需要。进入 21 世纪以来，国际形势发生了深刻变化，经济全球化迅速发展，世界多极化不可逆转。但是，在今天的世界上，民族国家仍然是国际行为的主体，因此，民族国家如何在国际竞争中有效地维护自己的国家主权，捍卫自己的国家利益，如何在国际合作中取得双赢和多赢的结果，仍然是每一个民族国家面临的重要问题，也是正在崛起的中国面临的重大问题，更是一个关系到中国长远稳定、和平发展的重大战略问题。可以预见，随着中国改革开放政策稳步推进，随着中国国力不可阻挡地快速发展，随着中国在国际经济、政治、军事、文化等领域的重要性不断提升，在今后几十年时间里，中国与外部世界特别是与一些大国之间的关系必将呈现出更多的冲突、摩擦、竞争与合作的错综复杂的局面。因此，研究英国、美国、法国、德国、日本、俄国/苏联等大国在构建有利于自己的国际格局、国际体系时所做出的外交努力，研究 20 世纪国际格局的变动与大国关系变化之间的互动，对于当今中国如何在大国关系演变、国际格局和国际秩序的变革中发挥负责任大国的作用，构建有利于中国的国际格局和国际体系，有着重要的参考价值和借鉴作用。

第三，研究这一课题是学术发展的需要。鉴于大国关系与国际格局的重要性，国内外的学者在历史学领域和国际政治学领域的相关研究已有颇多建树。

在历史学领域的研究，主要是运用历史学的实证方法，通过对档案资料的研究和解读，或对双边或多边大国关系中的具体个案进行微观的深入探讨，或从外交史出发对大国关系进行通史性论述，以揭示主要大国之间的错综复杂的关系发展。一些著作已经涉及了 20 世纪的国际格局、国际体系、国际秩序等问题，对国际组织的活动也有所探讨。这些成果，为我们提供了重要的研究基础。但是这些研究仍然比较缺乏宏观的视野、辩证的思考和应有的理论深度。西方学者的研究成果虽然有许多可取之处，但是其基本主导思想是以西方特别是以美国的理念来改造世界（尽管美欧之间也有分歧），建立西方主导的国际格局和国际秩序，并维护这种秩序，因此只具有借鉴意义。

在国际政治学领域的研究，主要是依据欧美大国关系的发展历史和处理国际关系的经验而发展出来一系列国际关系理论，通过对历史案例的解读和相对宏观的论述，说明大国之间的关系以及对国际格局、国际秩序的影响，以此分析当今的国际问题和国际形势发展趋势，并提出对策。这种把国际政治学和国际关系史结合起来的研究方法，以及通过对当前的国际问题的研究为中国外交提出对策的视角，对本课题的研究具有重要的启发和借鉴作用。但是这些研究较缺乏基于原始资料的历史考察，以及缺少对大国关系的发展与国际格局、国际秩序的建立和演变之间互动关系的历史研究。西方学术界运用其国际关系理论来看待 20 世纪国际格局和大国关系的发展，带有很大的片面性，往往把西方大国崛起时的对外扩张视为普遍真理，并以此来看待正在发展的中国，宣扬"中国威胁论"，这是我们不能接受的。

因此，将历史学与国际政治学二者结合起来、将微观研究与宏观考察结合起来，具体探讨国际格局、国际体系、国际秩序的构建和演变与大国之间关系变化的互动关系，是本课题研究的学术发展空间。

第四，与近年来国外大量新解密的原始档案资料特别是外交档案资料相比，中国国际关系史的资料建设相对落后，一些整理汇编的资料集多以20世纪50～70年代翻译的资料为主，严重制约了中国的国际关系史研究。因此，本课题在进行研究的同时，将密切跟踪不断解密的国内外档案文献，精选、翻译、编辑一些重要的国际关系史料并陆续出版。

鉴于国际格局的演变是一个比较长期的过程，要经过许多重大的事件导致国际关系特别是大国之间的关系发生一系列变化的量化积累，最后才会导致国际格局发生质变，因此本课题的研究着眼于20世纪的较长时段，突出问题意识，以唯物史观为基本指导，运用历史学与国际政治学的交叉研究方法，以历史学的微观探究为手段，以国际政治学的宏观战略高度为分析视角，通过对20世纪重要大国之间关系发展的一系列重大问题的专题实证研究，力图深层次多角度揭示大国关系的发展及其与国际格局、国际秩序演变之间的互动关系，为今天正在和平发展的中国如何处理与其他大国的关系，包括如何处理与目前由大国主导的国际组织的关系、如何在当今世界积极发挥自己作为负责任大国的作用，从而构建有利于中国发展的国际格局、国际体系、国际秩序、国际机制和国际安全环境，提供历史借鉴、重要启示和基本的理论与现实支持。与此同时，本课题的研究也希望能够在培养具有世界眼光、了解大国之间关系发展的历史、知晓国际关系的复杂性和曲折性、具有对世界多元文化的认知与理解力，从而能够在纷繁复杂的国际关系现实中处变不惊的人才方面，有所贡献。

为了将本课题的研究成果集中呈现，首都师范大学国际关系研究中心和社会科学文献出版社联合推出这套"20世纪国际格局的演变与大国关系互动研究"丛书。这套丛书包括专著、资料集和论文集等若干种，这些成果也是国家社科基金重大项目"20世纪国际格局的演变与大国关系互动研究"（项目号：11&ZD133）的组成部分。

徐 蓝

2014 年 4 月

目　录

编者的话

奉献给读者的这本论文集，是全国哲学社会科学规划办公室资助的国家社科基金重大项目"20世纪国际格局的演变与大国关系互动研究"（11&ZD133）课题组的中期研究成果。

本课题组成员一致认为，国际格局的演变是一个比较长期的过程，要经过许多重大的事件导致主要大国之间的战略关系发生一系列变化的量化积累，最后才会导致国际格局发生质变。因此，围绕20世纪国际关系中的重大事件，以历史的实证研究方法，通过收集、解读、分析大量新解密的档案资料，进行一系列微观的专题研究，借鉴国际关系理论的分析工具，深入探讨20世纪不同阶段主要大国之间双边或多边关系错综复杂的发展演变，才能更清晰地透视大国的实力消长同国际格局变动的互动关联、大国关系的发展对国际格局的重要影响、国际格局的形成对大国关系的制约。为了比较圆满地完成所承担的任务，课题组成员首先撰写了一系列专题论文，力图通过对一些大国关系的个案研究，深层次多角度地揭示大国关系的发展及其与国际格局演变之间的内在互动关系，总结出一些规律性的东西，再进行专著的写作。

这本论文集收录的论文，都是从课题组成员撰写的作为本课题中期研究成果的原创性论文中挑选出来的，一些论文已经公开发表，并在发表时做了标注；尚未发表的论文，也达到了本课题要求的水平。

社会科学文献出版社承担了这本论文集的出版工作，责任编辑为此付出了大量劳动，对此，本课题组全体成员真诚地表示感谢。

20 世纪国际格局的演变

——一种宏观论述

徐 蓝*

国际格局是一个高度抽象的国际关系理论术语，然而它的形成和演变又是一个实实在在的历史过程。鉴于国内学术界对国际格局的理论探讨较多，而对其历史演变的论述不足，本文拟借鉴国际格局的理论框架，选取 20 世纪这一历史时段，相对宏观地勾勒国际格局在这个刚刚逝去不久的世纪中的演变过程，以就教于方家。

一 对"国际格局"概念的界定

概括地说，国际格局是指在一定的历史时期内，在国际关系中起到举足轻重作用的主要行为体，如国家或国家集团，所形成的一种相互联系、相互制约、相互作用的相对稳定的结构状态和局面。[①] 大国和大国集团的力量对比是国际格局的基本结构和基本内核，决定着国际关系的基本内容，如战争与和平、和平与发展，等等。然而，国际格局并不是一成不变的，大国和大国集团之间的力量对比变化是国际格局演变的基础和推动力量，重大的具有全局性的国际事件是推动国际格局从量变到质变的决定性因素。

---

* 首都师范大学历史学院教授、博士生导师。

① 有关国际格局的论述参见〔美〕肯尼思·沃尔兹《国际政治理论》，胡少华等译，中国人民公安大学出版社，1992，第五章；〔美〕罗伯特·基欧汉和约瑟夫·奈《权力与相互依赖——转变中的政治》，林茂辉等译，中国人民公安大学出版社，1992，第 23 页；〔美〕罗伯特·吉尔平《世界政治中的战争与变革》，宋新宁等译，中国人民大学出版社，1994，第 85 页。

构成国际格局的要素有三个。其一，行为主体。即存在于国际关系中具有举足轻重作用的国家或国家集团，[①] 或称战略力量，它们是相对独立的力量中心，是构成国际格局的最基本要素，具有决定国际重大问题的能力和维持这种重大影响力的资源，也就是我们通常所说的"极"。[②] 其二，行为主体之间的相互战略关系。这些行为主体彼此之间发生相当程度的交往，并形成相互之间的战略关系。其三，行为主体之间具有相对稳定的关系结构。在一定的历史时期内，这些行为主体之间的战略关系呈现相对稳定性，如"多极格局""单极格局""两极格局""一超多强"等。

推动国际格局演变的力量主要有两个：其一，各主要行为体之间的力量对比变化是国际格局演变的物质基础和推动力量；其二，各主要行为体对自己利益的认识和考虑，以及不同行为体之间由于各自所认识的利益的不同而产生的矛盾运动，是推动国际格局演变的直接动因。国际格局的发展变化有一个突出特点，即表现为一个从量变到质变的过程；在这一过程中，重大的具有全局性的国际事件是推动国际格局从量变到质变的决定性因素。20 世纪发生的两次世界大战和一次冷战，正是这样的重大的具有全局性的国际事件，它们在国际格局的演变中起到了决定性的作用。

国际格局的重要性就在于它实际影响并制约着一定历史时期内的国际秩序。国际秩序是指在一定的历史时期内，国际社会主要战略力量之间围绕某种目标和依据一定规则相互作用的运行机制，也就是处理国与国之间关系的准则和行为规范。特定的国际秩序总是与特定的国际格局相对应，并受到国际格局的影响与制约。当国际格局变化时，国际秩序也会发生变化，并影响国家之间的关系变化。本文限于篇幅，对这个问题将另外撰文讨论。

二 20 世纪初以欧洲为中心的国际格局

从 16 世纪到 19 世纪，西欧诸国先后发生了科学革命、资产阶级政治革

① 这些行为主体在国家层面，如美国、俄罗斯、中国、日本等；在国家集团层面，如冷战时期分别以美、苏为首的两大集团，冷战后的欧盟、东盟等。

② 一般而言，"极"主要是就人口、面积、经济实力与政治影响力而言。邓小平曾在 1990 年指出："美苏垄断一切的情况正在变化。世界格局将来是三极也好，四极也好，五极也好，苏联总还是多极中的一个，不管它怎么削弱，甚至有几个加盟共和国退出去。所谓多极，中国算一极。中国不要贬低自己，怎么样也算一极。"《邓小平文选》第 3 卷，人民出版社，1993，第 353 页。

命和两次工业革命。这三大革命赋予欧洲资产阶级巨大的推动力和内聚力，为 19 世纪欧洲的世界霸权地位提供了经济、政治和思想文化的基础。与此同时，几乎持续整个 19 世纪的欧洲的相对和平状态，也为西欧资本主义的大发展提供了国际环境。

19 世纪初，打败了拿破仑的战胜国通过维也纳会议重新划分了欧洲的政治版图，建立的欧洲新的政治军事及领土的平衡，被称为维也纳体系。该体系是一个五极均势结构，它依靠英国、法国、俄国、奥地利和普鲁士这五个列强的实力均衡共同维持着欧洲的稳定。在这个结构中，英国以其在制海权、殖民地、工业、贸易和金融等领域的优势，几乎达到了全球霸权的程度。俄国则依靠扩张所得的辽阔领土及其军事力量和政治权势的增长，成为当时最强大的横跨欧亚大陆的国家。意大利和德意志仍然处于分裂状态，这种状态，是上述五国形成均势的必要保证。与此同时，为了防止因任何一个大国再次称霸欧洲大陆而爆发大规模战争，这些国家在其相互关系中开始用"会议外交"的方法，通过五大国定期举行国际会议，对列强各自的利益和矛盾进行仲裁与协商解决，从而保持欧洲的协调，维护大国的利益、和平与均势。这一体制也被称为"欧洲协调"，① 亦称"共管均势体制"。② 一位美国学者认为，这种"共管协调体制"要求欧洲大国遵守维持欧洲平衡和安宁的两项原则：一是各大国要克制自己在欧洲扩张领土的野心，固然不是完全克制，但起码要避免发生大规模的战争；二是当大陆内部的动乱或各国相互矛盾的要求即将引起战争时，所有大国就会共同努力以和平的方式解决争端，通常的办法是举行由各国代表参加的会议。各大国正是通过这种松散的共同管理方式，使均衡、克制和合作成为拿破仑战争后的 40 年中欧洲政治的标志。这种看法是有道理的。尽管到 19 世纪后半期出现了一系列局部战争，③ 但并未影响欧洲的整体和平与发展。到 19

---

①　R. W. Seton-Watson, *Britain in Europe, 1789 – 1914*: *A Survey of Foreign Policy*, Cambridge: Cambridge University Press, 1938, p. 48; Gordon A. Craig and Alexander L. George, *Force and Statecraft*, *Diplomatic Problems of Our Time*, Oxford: Oxford University Press, 1990, pp. 43 – 51.

②　〔美〕迈克尔·曼德尔鲍姆：《国家的命运：19 世纪和 20 世纪对国家安全的追求》，军事科学院外国军事研究部译，军事科学出版社，1990，第 4～5 页。

③　维也纳体系维持了欧洲大约一百年的和平，但是它既没有消除各国的扩张野心，也没有停止它们之间的争斗。1854～1856 年以英法为一方、以俄国为另一方为争夺奥斯曼帝国遗产而进行的克里米亚战争，以及此后接连爆发的法、意对奥地利的战争，普丹战争、普奥战争和普法战争，是列强用武力改变欧洲政治版图和实力分布的重要表现，并使维也纳体系严重动摇。

世纪末20世纪初，欧洲的世界优势地位已经相当明显。

在经济上，欧洲对世界经济的支配与控制仍然清晰可见。它提供了世界上2/3的工业产品和近3/4的世界贸易，以及几乎所有的资本输出。到1914年欧洲已经成为名副其实的世界工场和世界的银行家。欧洲的产品、资本和技术的大量输出，使全球的经济生活空前统一，给世界经济的一体化发展以强有力的推动。

在政治上，欧洲的政治影响在广度和深度上也大大加强，这不仅表现为大片的地区如美国、拉丁美洲和英国的各自治领已经欧化，俄国和日本也走上了资本主义道路，而且表现为亚洲和非洲陆续变成了欧洲列强的殖民地、半殖民地和势力范围。到20世纪初，欧洲的少数国家通过它们的殖民体系支配着世界上的大部分地区和人口，形成了世界历史上前所未有的不合理现象。

在思想文化上，与欧洲的经济、政治和领土扩张同步发展的是其19世纪的思想文化——自由主义、社会主义和民族主义向全球的广泛传播。到19世纪末，这三大主义已经成为西欧和北美事务中的主要力量。与此同时，它们也开始对东方产生重要的影响。俄国产生了列宁主义和列宁领导的布尔什维克党，为一个崭新的社会制度出现在国际政治舞台上铺平了道路。这三大主义也随着列强的炮舰向亚洲各国广泛传播。

到19世纪末20世纪初，进入垄断资本主义阶段的西欧诸国仍然以其经济、政治和军事上的绝对优势和不断扩大的殖民地而居于世界的领导地位。因此，正如日裔美国历史学家入江昭所说，20世纪国际事务的历史，"是从后来被证明是欧洲霸权时代的最后一个阶段开始的"，[①] 20世纪初的国际关系基本格局，是以欧洲为中心的。也正由于此，欧洲列强之间的联合与分裂、矛盾与冲突、战争与和平就带有世界全局的性质。

但是，欧洲的世界中心地位受到来自各方面的挑战：美国、日本等非欧国家正在崛起，开始挑战欧洲对世界的支配地位；社会主义思想已在俄国生根发芽，饱受殖民主义之苦的亚洲人民的民族民主意识正在觉醒，成为否定欧洲霸权统治的力量；更为重要的是，西欧诸国内部也在发生巨大变化，在创建欧洲各民族国家中起到过非常积极作用的民族主义，在这些

---

① 〔美〕理查德·W. 布利特等：《20世纪史》，陈祖洲等译，江苏人民出版社，2001，第261页。值得注意的是，译者把该书第10章的作者"入江昭"的罗马拼音 Akira Iriye 错译为了"阿基拉·艾里伊"。

资本主义国家已经发生质变，逐渐失去了维护本民族正当权益的进步性，蜕变为维护资产阶级统治集团利益的极端民族主义、民族沙文主义、殖民主义和帝国主义，致使列强之间的矛盾不断激化。

随着意大利与德国的统一以及资本主义经济的迅速发展和向垄断的过渡，西欧列强的实力对比终于发生了巨大变化。后起而强大、贪婪的德国与已经拥有巨大既得利益的英法等国竞相争夺欧洲乃至世界的霸权，矛盾不断尖锐。在这一过程中，每一个强国都在寻求同盟者以壮大自己的力量。到 20 世纪初，欧洲便形成了以德、奥、意为一方的"三国同盟"和以英、法、俄为另一方的"三国协约"两大军事集团对峙的局面。于是，国际政治舞台上发生的所有重大事件，便无一不直接或间接地反映着这两大集团的对立与对抗，而每一次危机与冲突，又都给双方留下了越来越多的猜忌与仇恨，从而使发生战争的可能性越来越大，终于把一个在欧洲历史上屡见不鲜的暗杀皇族的事件演变成了一场大战。①

三　第一次世界大战与欧洲世界中心地位的动摇

这场首先开始于欧洲并以欧洲为主要战场的战争，深植于帝国主义的土壤之中，发生在世界已经形成一个互相关联的整体的时代，以争夺世界霸权为交战双方的目标，因此使它从一开始就具有影响整个人类社会生活的总体性和牵动全球的世界性，成为人类历史上的第一次世界大战。然而，这场世界性战争的最重要的直接后果，恰恰是从根本上动摇了欧洲的世界中心地位，实际结束了欧洲的全球霸权时代，并预示了未来国际格局的发展趋势。

1914 年秋，当一个又一个欧洲国家卷入大战的厮杀之际，英国外交大臣格雷爵士就曾沮丧地说道："整个欧洲的灯光正在熄灭；此生不会看到它们重放光明了。"② 他的话的确很有道理，因为它不仅是那个时代的写照，而且其正确程度比格雷当时所能预见的还要大得多。

---

① 在第二次世界大战爆发前，1914～1918 年的战争一直被称为"大战"（Great War），第二次世界大战发生后，这场大战才被称为第一次世界大战。

② 〔美〕芭芭拉·W. 塔奇曼：《八月炮火》，上海外国语学院英语系翻译组译，上海译文出版社，1981，第 146～147 页。从更广阔的全球视角来看，19 世纪末美国和日本等国在欧洲两侧的兴起，以及 20 世纪初亚洲第一次民族主义运动的高潮，便是欧洲衰落的开始。

从表面来看，第一次世界大战后的欧洲凸显的变化好像不大。除了一系列民族独立国家取代德意志帝国、奥匈帝国、沙皇俄国和奥斯曼帝国出现在世界政治的版图上之外，这个世界似乎仍然是一个以欧洲为中心的世界。以英法为首的战胜国是战后和平方案的主要制定者和监督执行者；它们因获得了更多的殖民地和对所谓落后地区的委任统治权而使其殖民帝国甚至比战前更大更完整；另外，由于它们实际操纵了20世纪的第一个全球性的主权国家的国际政治组织——国际联盟，而使欧洲对世界的控制力似乎比战前更加强大。但是，在这些表象之下的形势却完全不同。第一次世界大战给欧洲带来了极其深刻的危机，没有一个发动战争的国家是真正的胜利者，反而加速了欧洲的实际衰落过程。

大战使参战各国的直接和间接经济损失超过3000亿美元。欧洲失去了大量的海外投资，英国失去1/4，法国失去1/3，德国失去全部；工业遭到严重破坏，到1929年，美国的工业产量占世界总产量的42.2%，这一产量是包括苏联在内的所有欧洲国家的总和；[①] 它的海外市场也由于受到在战争中发展起来的美洲和亚洲的工业竞争而不断萎缩。

大战导致欧洲的财政金融地位下降，1919年，仅各协约国对美国欠下的债务就高达100亿美元，使美国从战前持有30亿美元外债的债务国一举变成了战后的债权国，并掌握了世界黄金储备的40%以上。

大战还给欧洲造成了极其惨重的生命损失。由于西欧战场的搏杀最为惨烈，因此参战双方的兵员死亡人数巨大，接近1000万人，其中德国180万人，奥匈帝国130万人，俄国170万人，法国140万人，英国及其帝国100万人，意大利61.5万人；罗马尼亚、土耳其、保加利亚、塞尔维亚分别损失33.5万人、32.5万人、9万人、5.5万人；俄、奥、德、法、英等国共有1860多万人受伤。[②] 西欧各国几乎失去了一代最有才华和最具创造力的青年。

上述这一切，几乎从根本上损害了欧洲经济的长远发展前景，并导致

---

① 〔美〕斯塔夫里阿诺斯：《全球通史，1500年以后的世界》，吴象婴等译，上海社会科学院出版社，1992，第614页。

② 伤亡的统计数字并不相同。参见 John Terraine, *The Great War, 1914 - 1918: A Pictorial History*, London: Macmillan Press Ltd., 1965, p. 183. 〔美〕托马斯·帕特森等：《美国外交政策》下册，李庆余译，中国社会科学出版社，1989，第418页；〔英〕马丁·吉尔伯特：《二十世纪世界史》第1卷下册，周启朋等译，陕西师范大学出版社，2001，第587页；〔美〕R. R. 帕尔默等：《两次世界大战：西方的没落？》，陈少衡等译，世界图书出版公司，2011，第17页。据统计，1914年20～32岁的法国男子，一半死于战争；在1916年的索姆河战役中，英军第一天的进攻就损失了6万人。

欧洲和美国的经济关系完全改变。欧洲已不再像 19 世纪时那样是世界的工场和世界的银行家，这两方面的领导权都在向大西洋彼岸转移。欧洲对世界经济的控制能力不断减弱。

大战对欧洲的政治打击同样沉重。俄国十月革命的胜利，使备受战争浩劫之苦的欧洲各国人民对他们生活在其中的社会制度产生了极度的怀疑与不满，社会主义思想在欧洲进一步传播，使各国资产阶级政治家极为担忧和惊恐。美国总统威尔逊的密友和顾问豪斯上校在 1919 年 3 月 22 日写道："每天都有不满的呼声。人民需要和平。布尔什维主义正越来越为各地的人们所接受。匈牙利刚刚屈服。我们正坐在一座露天的火药库上，总有一天一颗火星就能把它点燃……"① 当列宁领导的苏维埃俄国在极其艰苦卓绝的斗争之后巩固了社会主义政权的时候，欧洲在地缘政治和意识形态方面便被一分为二了。欧洲不再是资本主义的一统天下，19 世纪以来欧洲的世界中心地位和对世界的支配地位受到了真正的挑战和动摇。

大战还给欧洲造成了极其巨大的心理和精神创伤。它深刻地影响了欧洲人关于他们自己和西方文明的观念，使他们深深怀疑西方文明的基本走向，从而引发了世界史上几乎是无与伦比的精神危机，以致德国历史学家奥斯瓦尔德·斯宾格勒写下了《西方的没落》一书，而英国历史学家阿诺德·J. 汤因比则在自己的著作《历史研究》中，发动了对欧洲中心论的猛烈批判。

与欧洲的世界霸权地位逐步衰落同步发展的，是它所代表的殖民主义势力遭到冲击而连连后退，从而开始了世界殖民体系的解体过程，这实际上也是欧洲衰落的一个有机组成部分。当第一次世界大战中两个欧洲列强集团为重分世界而战的时候，欧洲宗主国在其殖民地的威信却一落千丈，白人不再被认为是天命所注定的应当统治有色人种的种族，这是那些殖民主义者始料不及的。法国驻印度支那总督对此深有感触，他在 1926 年写道："这场用鲜血覆盖整个欧洲的战争……在距我们遥远的国度里唤起了一种独立的意识。"② "民族自决"成为殖民地半殖民地流行的革命术语和政治口号，民族独立运动高涨。对殖民地半殖民地来说，这场战争既是一个结局，也是一个开端。欧洲的殖民体系在似乎扩大到极限的同时也开始了它的解

---

① Charles Seymour ed. , *The Intimate Papers of Colonel House*, Vol. 4, Boston & New York: Houghton Mifflin Company, 1928, p. 389.

② 〔美〕斯塔夫里阿诺斯：《全球通史，1500 年以后的世界》，第 616 页。

体进程。

与欧洲的逐渐衰落形成鲜明对照的是美国与苏联的不断崛起。美国的崛起是在欧洲衰落的背景下出现的，而苏联则正是在资本主义世界陷入最严重的危机时诞生的。

美国作为一个"参战国"而不是一个协约国的成员，在战争的关键时刻站在协约国一边作战，不仅使这场战争进入了真正的全球阶段，而且完全改变了交战双方的力量对比。美国拥有的强大经济实力，在保证协约国集团取得最后胜利方面起到了无可替代的作用。但是美国参战的重要性决不仅仅表现在军事方面，也不仅仅是在现有的国际政治棋盘上增加了一颗决定性的棋子，它实际意味着当欧洲列强交战双方力量耗尽之时一个强国的出场，从而使国际力量的中心开始从欧洲向大西洋彼岸转移。[1] 不仅如此，美国还将把自己对战后世界的看法，即威尔逊总统提出的《十四点和平纲领》强加给欧洲，并与欧洲分享战后世界秩序规划者的角色，从根本上结束了"欧洲协调"的国际关系体系。正如英国历史学家杰弗里·巴勒克拉夫所说："可以毫不夸张地说，美国于 1917 年参战是历史的转折点，它标志了欧洲政治时代向全球政治时代转变中的决定性阶段。"[2]

1917 年爆发的十月革命与新生的苏维埃俄国退出战争，是一件震撼世界的大事。苏俄的诞生，第一次将社会主义从理想变成了现实，打破了资本主义的一统天下，并从欧洲内部对它的世界支配地位提出了挑战。关于这一点，西方的政治家是非常清楚的。例如，在构建战后和平的时候，尽管苏俄被排斥在巴黎和会之外，但是正如威尔逊的传记作者、曾参加巴黎和会的新闻秘书 R. S. 贝克尔所说："俄国问题对巴黎会议的影响是深刻的，没有莫斯科就不能理解巴黎。虽然布尔什维克和布尔什维主义在巴黎不曾有代表，但经常都是强有力的因素……俄国在巴黎起了比普鲁士更重要的作用。"[3] 苏俄的作用还可以从英国首相劳合·乔治在巴黎和会上反对法国削弱德国的要求表现出来，他担心一个过分苛刻的对德和约将促使德国倒

---

[1] 早在大战爆发前的 1914 年 7 月 29 日，美国驻伦敦大使沃尔特·H. 佩奇就致函威尔逊总统说："如果真的发生一场大战，欧洲的进步将遭受重大挫折，而美国领导世界的时代会提前到来。"〔英〕马丁·吉尔伯特：《二十世纪世界史》第一卷上册，第 357 页。

[2] 〔英〕杰弗里·巴勒克拉夫：《当代史导论》，张广勇等译，上海社会科学院出版社，1996，第 113 页。

[3] Ray S. Baker, *Woodrow Wilson and World Settlement*, New York: Doubleday, Page and Co., 1922 (Reprinted by Kessinger Publishing, 2007), Vol. 2, p. 64; Vol. 3, p. 454.

向布尔什维主义。①

　　于是，美国与苏俄这两个几乎同时崛起但又主张不同制度的力量不断发展，并将追随它们的力量集合在各自的旗帜之下，使 19 世纪争雄世界的欧洲列强相形见绌，使以美、苏为两大力量中心的两极格局初露端倪，尽管它在当时还很不清晰。

　　第一次世界大战后由战胜国构建的帝国主义重新分割世界、维护战胜国利益和维持战后和平的凡尔赛－华盛顿体系，是第一个涵盖全球主要大国的多极体系。它呈现的是以英、法为代表的西欧、美国、日本、苏联等国际行为体为代表的多极结构，并留有欧洲大国均势的痕迹。在这个多极结构中，英、法代表的西欧还是比较具有决定性的力量，它们是凡尔赛体系的制定者和监督执行者，支配着世界上第一个主权国家的国际政治组织——国际联盟，对全球事务具有决定性的发言权；美国是华盛顿体系的主要规划者和潜在保证者，在亚太地区拥有较大影响；日本虽然在华盛顿体系下受到一定限制，但其扩张野心不变，也是国际事务中的一个有影响的力量；苏俄／苏联虽然长期被排除于国际事务之外，但仍然是一个决定性的成员，是一支不容忽视的国际力量，并以独特的方式对该体系的形成和实际运作产生着巨大影响；中国及其他亚非拉国家的民族民主运动也在发展。

　　但是随着国际形势的发展，凡尔赛－华盛顿体系自身存在的弊端与矛盾不断激化，与此同时，以德、意、日为代表的法西斯势力也不断发展，并通过一系列局部战争最终导致了该体系的崩溃。凡尔赛－华盛顿体系的彻底崩溃之日，也成为第二次世界大战的爆发之时。

四　第二次世界大战与欧洲世界中心地位的终结

　　第二次世界大战最直接最深刻的结果，是它大大加速了欧洲作为传统力量中心的衰落和美国与苏联这两个欧洲侧翼大国的真正崛起，从而最终改变了世界范围内的力量对比，完成了自 20 世纪初便开始进行的在国际格

---

①　英国首相劳合·乔治在巴黎和会期间撰写的《草拟和约条款最后文本前对和平会议的几点意见》（即《枫丹白露备忘录》）中，不止一次提到这一点，并以此说服法国，督促协约国与德国尽快签订和约。原文见 David Lloyd George, *The Truth about the Peace Treaties*, Vol. 1, London: Victor Gollancz Ltd. , 1938, pp. 404 – 416。

局方面的巨大变革：以欧洲大国均势为中心的传统的国际格局完全被战火摧毁，取而代之的是美苏对峙的两极格局。

　　欧洲作为资本主义文明的发源地，曾在几个世纪中处于主宰世界的中心地位。第一次世界大战已经使这一地位受到严重动摇，而第二次世界大战则使整个欧洲遭受了几乎是致命的打击。随着又一代青年人被战火吞噬，欧洲各国的基本国力几乎也在这场战争中消耗殆尽，从而导致了欧洲的整体衰落。当战争结束时，欧洲的大片土地已变成废墟。无论是战胜国还是战败国，其国民收入只及战前的 30% ~ 50%。① 而且就是这样的经济状况，也是在美国的援助下才取得的。

　　更大的打击是欧洲本身正在被外来的两个大国苏联与美国划分成东、西两大势力范围，在地理、政治制度和意识形态方面都被一分为二，"被战火摧毁的幻灭的欧洲，匍匐在华盛顿和莫斯科的直接或间接的影响之下"。② 这种形势与人们所熟悉的 19 世纪和 20 世纪初欧洲全球霸权的格局实在是惊人的相反。当时，全世界的人们都已习惯于欧洲列强对整块整块的大陆进行瓜分，甚至认为这就是国际事务正常秩序的一部分。但是二战之后，无论欧洲的大国还是小国愿意与否，在其决定外交政策的时候，都不仅要考虑自己的国家利益和历史传统，也必须考虑东西方对峙这一重要因素，而且其经济恢复和国家安全都要分别依靠与苏联和美国的结盟才能办到。与此同时，伴随着欧洲世界霸权的消失，殖民地半殖民地人民奋起"对西方造反"，从而使以争取主权平等、政治独立、种族平等、经济公正和文化解放这五大主题为基本内容的非殖民化进程，终于以始料不及且无法控制的速度席卷了所有殖民帝国，③ 并进而引发了"全球大分裂"。二战后仅仅 20 年，昔日欧洲列强所构建的存在了几个世纪之久的世界殖民体系终于土崩瓦解，这是对旧欧洲的致命打击。如果说第一次世界大战给欧洲带来的创伤使德国历史学家奥斯瓦尔德·施宾格勒感叹"西方的没落"的话，那么更多的人在目睹了第二次世界大战带来的更大创伤之后则直截了当地认为

---

① 参见〔美〕H. 斯图尔特·休斯《欧洲现代史 1914 – 1980 年》，陈少衡等译，商务印书馆，1984，第 499 页，第 518 页；〔美〕保罗·肯尼迪《大国的兴衰——1500 – 2000 年的经济变迁与军事冲突》，王保存等译，求实出版社，1988，第 447 ~ 452 页。

② Cyril E. Black, Robert D. English, Jonathan E. Helmreich, *Rebirth: A Political History of Europe since World War II*, Colorado: Westview Press, 1992, p. 48.

③ Edley Bull and Adam Watson eds., *The Expansion of International Society*, Oxford: Oxford University Press, 1984, pp. 220 – 223.

二战后的欧洲已经死亡。因此，经过第二次世界大战，欧洲在 19 世纪建立的世界霸权地位终于发生质变，如流水落花一去不复返了。

与欧洲的整体衰落形成极大反差和鲜明对照的是美国和苏联的力量在第二次世界大战后的空前强大。二战使美国成为世界第一经济、政治和军事强国。它拥有占全球财富 50% 的巨大经济实力，足以使西欧复兴；它拥有世界上最强大的军队，控制着制海权和制空权，1946 年，美国军队在 56个国家驻扎，1947 年，它已在海外建立了 484 个军事基地，还一度垄断着原子武器，① 并将整个西欧、美洲和日本置于自己的控制之下。美国所具有的这种巨大优势，不仅使它有了一种"飘飘然的自我优势感"，而且认为"美国统治下的和平时代"已经到来了。② 早在二战后期，罗斯福总统就表明了这种思想，1944 年 10 月 21 日他在美国外交政策协会发表的关于美国外交政策的讲演中说："吾国因拥有道义、政治、经济及军事各方面之力量，故自然负有领导国际社会之责任，且随之亦有领导国际社会之机会。吾国为本身之最大利益以及为和平与人道计，对于此种责任，不能畏缩，不应畏缩，且在事实上亦未畏缩。"③

战后的苏联虽然经济逊于美国，但军事上和政治上十分强大。它拥有世界上最强大的陆军，整体军事实力仅次于美国；它收复了战争中的失地，还兼并了一些其他国家的领土，不仅使其西部战略环境得到了重要改善，也使其东部战略环境得到了有利的调整；它进一步使整个东欧处于自己的控制之下，与西方相对而立；再加上苏联在反法西斯战争中做出的重大贡献和显示出的巨大能量，为它在全世界赢得了很高的威望。当二战结束时，只有苏联的国际权势和影响能够与美国相比。

因此，第二次世界大战便成为国际格局的真正转折点，以欧洲为中心并支配世界的时代终于成为历史的陈迹，取而代之的是美苏对峙的两极格局时代。这个新的两极格局的基石，就是第二次世界大战中后期由反法西

---

① 参见〔美〕保罗·肯尼迪《大国的兴衰》，第 439 页；《战后世界历史长编》（1947 年），上海人民出版社，1977，第 1 页；〔美〕戴维·霍罗威茨《美国冷战时期的外交政策：从雅尔塔到越南》，上海市"五·七"干校六连翻译组译，上海人民出版社，1974，第 63 ~ 64 页；〔美〕乔治·马立昂《美帝国主义的扩张》，邝平章译，世界知识出版社，1953 年，第 16 ~ 17 页。

② 〔美〕保罗·肯尼迪：《大国的兴衰》，第 439 ~ 440 页。

③ 法学教材编辑部审定《国际关系史资料选编》下册（1945 ~ 1980），武汉大学出版社，1983 年，第 67 ~ 68 页。

斯大同盟"三巨头"罗斯福、丘吉尔和斯大林确立的雅尔塔体系；而两极格局的外在表现，则是美苏之间在战后逐渐形成的"冷战"态势。

五   两极格局的形成

第二次世界大战中后期，美、英、苏三大国经过一系列重大的国际会议与会晤，达成了一系列或公开或秘密、或书面或口头的协议，史称雅尔塔体系。雅尔塔体系的主要内容是：打败法西斯并彻底铲除法西斯主义和军国主义；重新绘制战后欧亚地区的政治版图；建立联合国作为协调国际争端维持战后世界和平的机构；对殖民地和国联委任统治地实现托管计划，提倡和平、民主、独立原则。

雅尔塔体系是大同盟内部相互妥协（或者说"合作"）的产物，具有重要的历史进步性，也带有大国强权政治的深深烙印。它建立在美、苏战时军事实力均势的基础之上，是美、英、苏三大国出于对各自利益的现实考虑和对战后世界安排的长远打算，在进行了长期的讨价还价之后达成的政治交易。因此雅尔塔体系实际成为美、英、苏三大国谋求势力范围的产物。三大国在雅尔塔体系中所划定的势力范围的分界线，就是战争即将结束时美英苏之间的实际军事控制线：在西方，它从卢卑克到的里亚斯特；在南方，到外蒙古（今蒙古人民共和国）与中国东北地区；在东方，从南库页岛、千岛群岛到朝鲜半岛的北纬 38°线，直到中国的旅大港。值得注意的是，它们所划定的势力范围，恰恰成为以后美苏形成的以冷战为特征的两极格局的地缘政治基础。

但是，雅尔塔体系并不是冷战。大同盟所建立的雅尔塔体系，其本意是希望在战后保持盟国之间的继续合作。但是，反法西斯战争的胜利和世界和平的到来，使昔日大同盟建立的基础不复存在，同盟内部原有的矛盾也日益凸显出来。由于美苏政治制度、意识形态、行为方式的不同，双方在具体实施雅尔塔体系各项协定的过程中，必然会在许多重要问题上产生重大的分歧与对抗，并导致两国的对外政策都发生了转向，即逐渐脱离大国合作政策而转向对抗。于是，冷战就在双方的政策与行动的对立互动中爆发了。①

① 有关冷战的发生过程，可参见拙文《试论冷战的爆发与两极格局的形成》，《首都师范大学学报》2002 年第 2 期，第 87~95 页。

随着冷战的发展，形成了分别以美、苏为首的两大集团，两极格局也逐渐定型。

两极格局形成的一些标志性事件和基本过程如下。

在政治上，美、苏分别形成了对立的两极思维模式。1947 年 3 月 12日，杜鲁门主义出台。杜鲁门把世界政治分为自由民主和极权主义两个对立的营垒，不指名地将苏联称为"极权政体"，宣布美国将支持和帮助世界上所有抵抗"共产主义威胁"的力量，因此杜鲁门主义便成为美国对苏联进行冷战的重要标志，不仅使其意识形态味道十分浓烈，而且标志着美国越来越以两极思维来看待这个世界。[①] 苏联认为，杜鲁门主义的真正目的就在于"抑制共产主义的扩张"。[②] 1947 年 9 月，苏联主持成立了欧洲九国共产党和工人党情报局，同时提出世界已经分裂为帝国主义反民主阵营和反帝国主义的民主阵营的"两大阵营"理论，并以此作为各国共产党行动路线的根本出发点。于是，苏联对世界政治的两极看法也正式确立。[③]

在经济上，美、苏分别形成了两大集团。杜鲁门主义虽然语言强硬，但只是一项政策声明，1947 年 6 月帮助欧洲复兴的"马歇尔计划"的提出，在两极格局的形成中起到了更为关键的作用。该计划的主要设计者乔治·凯南等人的打算是，如果苏联拒绝美国的提议，美国"正好就把分裂欧洲的责任推到苏联头上"；如果苏联接受，那么美国就以援助为手段迫使东欧国家"放弃其经济生活中的几乎是排他性的苏联取向"，[④] 并可能倒向西方。苏联则对马歇尔计划充满疑虑。诺维科夫在给莫斯科的报告中写道，"马歇

---

① 引文见〔美〕哈里·杜鲁门《杜鲁门回忆录》第 2 卷，李石译，三联书店，1974，第 119 ~ 120 页。

② Mikhail Narinsky, "Soviet Foreign Policy and the Origins of the Cold War", in Gobriel Gorodetsky, eds. , *Soviet Foreign Policy 1917 – 1991*, *A Retrospective*, London：Frank Cass, 1994, pp. 105 – 110.

③ 西尔维奥·庞斯认为，这是苏联外交在战后转向以两极观点看世界的第二步，第一步是 1946 年 9 月 27 日苏联驻美国大使尼古拉·诺维科夫所写的"战后美国对外政策的长篇报告"。Silvio Pons, "A Challenge Let Drop：Soviet Foreign Policy, the Cominform and the Italian Communist Party, 1947 – 8", in Francesca Gorl and Silvio Pons eds. , *The Soviet Union and Europe in the Cold War*, *1943 – 53*, London：Macmillan Press Ltd. , 1996, pp. 246 – 263；关于诺维科夫报告的英译文，见 *Diplomatic History*, Vol. 15, No. 4 （Fall, 1991）, pp. 527 – 537。该报告根据莫洛托夫的指示精神所写，并有后者在阅读时所划的重点和所写的眉批。关于该报告形成的详细情况，以及对它的内容的介绍与分析，参见张盛发《斯大林与冷战》，中国社会科学出版社，2000，第 186 ~ 192 页，以及第 206 页注释 [170] ~ [175]。

④ John Lemis Gaddis, *Strategies of Containment：A Critical Appraisal of Postwar American National Security Policy*, Oxford：Oxford University Press, 1982, p. 66.

尔计划就等于建立一个西欧集团作为美国政策的工具",并认为在美国宣布马歇尔计划之前就事先预料到苏联不会参加这个计划,因此该计划显然是直接反对苏联的。① 最后,苏联以一项联合计划和共同事业对主权是一种侵犯为理由,拒绝接受援助,② 而马歇尔计划也变成了"西欧复兴计划"。不仅如此,为防止东欧国家倒向西方,苏联还针对马歇尔计划,迅速与东欧国家签订了被西方称为莫洛托夫计划的一系列双边贸易协定,初步筑起了东欧的经济壁垒。1949 年 1 月经济互助会的成立使东欧的经济完全纳入了苏联的轨道。以市场经济为基础的马歇尔计划与以计划经济为基础的经互会的对立,标志着分别以美苏为首的两大经济集团的对立。

在地缘政治上,划定了东西方地理界线。美国不仅把马歇尔计划用于美、英、法占领的德国,而且在苏联退出后,正式启动了建立西德国家的工作,并采取了从合并美、英、法占领区到在西占区实行单方面币制改革等一系列重大的分裂德国的行动。这些行动,使苏联认为其对于马歇尔计划的目的就是要将西部三个占领区分裂出去以建立依靠并忠实于美国的西德国家的判断得到了证实,于是,以西占区的币制改革为导火索,终于导致日益不安的苏联在 1948 年 6 月对进出柏林的水陆交通和货运实行封锁,从而爆发了第一次"柏林危机"。尽管这次危机在历时近一年后以苏联的退却得以结束,但是德国的分裂过程已完全不可逆转。以 1949 年 9 月和 10 月德意志联邦共和国和德意志民主共和国的相继成立为标志,欧洲冷战对峙的经济、政治和地理界线基本落定。

在军事上,成立了分别以美、苏为首的两大军事集团。伴随马歇尔计划的实行和苏联强化对东欧的控制,尚未复苏的西欧各国也要求按照马歇尔计划的自助、互助与他助方式,在军事上谋求美国的援助。1949 年 8 月以美国为首的北大西洋公约组织的正式成立,标志着跨大西洋的西方军事战略界线也基本划定,1955 年 5 月 5 日,西德加入北约。苏联对西德加入北约的即时而公开的反应,是在 1955 年 5 月 14 日以其为首建立了包括东德和东欧国家在内的与北约直接相抗衡的华沙条约组织。于是,分别以美、苏为首的两个武装集团在欧洲大陆的中心地带相互怒目而视。

---

① Mikhail Narinsky, "Soviet Foreign Policy and the Origins of the Cold War", in Gobriel Gorodetsky eds., *Soviet Foreign Policy 1917 – 1991, A Retrospective*, p. 109.

② 参见 A. C. 阿尼金等编《外交史》第 5 卷上册,大连外语学院俄语系翻译组组译,三联书店,1983,第 307 ~ 308 页。

　　综上所述，美苏双方通过一系列相互作用与反作用的敌对政策和具体措施，到 20 世纪 50 年代中期，终于形成了政治、经济、地缘政治版图和军事的两大集团的全面冷战对峙，使两极格局最终形成并相对固定下来。

　　值得注意的是，这个两极格局是不对称和不完全的。首先，美国和它的伙伴国实际上要比苏联集团强大，例如，在 1950 年，美国的国民生产总值是苏联的 3 倍，北约联盟加上日本的财富是所有社会主义国家财富的 4~5 倍。① 苏联虽然只在军事能力上与美国基本相当，但是在整个冷战期间却有能力摧毁美国的西欧盟国。因此，尽管在冷战的大部分时间里，美国在整体军事能力上优于苏联，但是这种优势从没有大到使美国领导人觉得足以直接向苏联挑战的程度，于是便导致了双方的军事威慑和军备竞赛特别是核竞赛的持续攀升。② 鉴于苏联的经济实力始终远逊于美国，因此在两国对立的整个历史时期，冷战对苏联的伤害程度远远甚于苏联对美国的伤害程度。

　　其次，即使在冷战最高潮的年代里，两极格局也未能完全囊括所有的国家和地区。一些独立的国家或没有加入两个竞争的集团，或被开除出其中的某一集团，还有主要处于亚非地区的尚未获得独立的广大旧殖民地区。③ 这些国家和地区仍然处于对立的两个联盟集团之外，使两极格局多多少少受到了牵制与限制。随着战后非殖民化运动的进行和不发达国家的政治经济发展，不仅在一定程度上缓和了美苏之间最初的对抗，而且在两极格局的基础上不断生长出多极的力量。

六　两极格局孕育的多极化趋势

　　随着冷战的发展，整个世界也发生了一些极为深刻的变化：以美国为首的西方集团逐渐分化，以苏联为首的东方集团的分化和社会主义阵营的分裂，以及第三世界力量的不断成长并开始在国际事务中发挥作用。这一切导致了美苏两极格局的动摇，欧洲、日本、中国等世界其他力量中心不

---

① 〔美〕布鲁斯·拉西特和哈维·斯塔尔：《世界政治》（1996 年第 5 版），王玉珍等译，华夏出版社，2001，第 92 页。

② 关于美、苏在 1955 年和 1987~1988 年的军事开支比较，参见布鲁斯·拉西特和哈维·斯塔尔《世界政治》（1996 年第 5 版），第 93 页表 5.1。

③ 1949 年 1 月美国提出的"第四点计划"的目的之一，也是要与苏联争夺这些不发达地区。

断成长，多极化的趋势开始显现。

西欧各国随着经济上的迅速复苏和政治自信心不断增强，越来越希望掌握自己的命运。但是没有一个西欧国家可以单独承担复兴西欧的重任，只有走联合之路。于是，以法、德两个宿敌的和解为基础，从经济上的欧洲煤钢联营入手，启动了西欧的联合进程。这种通过成员国将部分经济主权让渡给一个超国家的高级机构的方法，不仅将欧洲联合的理念逐步转为具体的现实，而且从根本上改变了欧洲的国际关系，使历史上战乱迭起的欧洲出现了从未有过的较长时期的稳定与和平发展局面。与此同时，以打破美国的西方霸主地位为特色的法国的"戴高乐主义"，以及以突破美国战略限制为特点的联邦德国的"新东方政策"，成为西欧国家谋求独立发展和推行具有本国特色的外交政策的重要标志。西欧对美国的离心倾向正在发展。随着西欧在经济上不断摆脱对美国的全面依赖，欧洲的政治联合步伐也逐渐加快，欧洲正在成为另一个世界力量的中心。

美国的另一个盟友日本，由于经济的"起飞"而导致与美国的贸易摩擦加剧，同时要求建立日美对等关系的呼声高涨。1960 年，美日签订《新日美安全条约》，恢复了日本的部分主权。此后，日本继续在政治上追求大国地位。

中华人民共和国成立后一度实行"一边倒"向苏联的外交路线。从当时的世界格局来看，"这种一边倒是平等的"，① 不存在一方对另一方施以恩惠的问题，两国关系友好。但在苏共二十大召开之后，两党两国在一些重大理论问题的分歧和国家利益冲突日益发展。中苏关系的恶化以及西方的持续压力，成为推动中国摆脱苏联模式、探索自己建设社会主义道路的动力。中国人民自力更生，发奋图强，终于拥有了"两弹一星"，成为世界上少数拥有原子武器的国家，成为国际舞台上的一支独立的政治力量，从而极大地改变了国际力量的对比。

1971 年，美国尼克松政府看到了这种多极化的发展趋势，尼克松在1971 年的对外政策报告中认为，世界已经进入了一个多极外交的新时代；同年夏天，他在堪萨斯城的演说中，明确提出美国、苏联、西欧、日本和中国是决定未来世界命运的五大权力中心。② 正是在这样的前提下，美国采

---

① 《毛泽东文集》第 7 卷，人民出版社，1999，第 176 页。

② *Public Papers of the Presidents of the United States: Richard Nixon, 1971*, Washington D. C.: U. S. Government Printing Office, 1972, pp. 220, 803 - 806.

取主动行动与中国改善关系。① 当中美关系正常化以及中华人民共和国恢复了它在联合国内的一切合法权利的时候，全世界也看到了一个潜在大国的崛起。

新中国的崛起与第三世界的兴起和发展同步进行。1955 年亚非 29 个国家和地区第一次在没有西方殖民国家的参加下举行的万隆会议，是第三世界形成的起点。从此亚非国家开始作为一支崭新的独立的政治力量登上了国际政治的舞台。随后产生的不结盟运动，以及维护发展中国家的经济权益、反对不合理的国际经济旧秩序的 77 国集团的应运而生，是第三世界力量的发展并在国际事务中发挥作用的重要而鲜明的标志，它们以联合国作为讲坛和斗争的场所，对两极格局造成冲击。

20 世纪 70 年代后，美、苏继续冷战，但多个力量中心仍在发展。西欧联合进程取得了长足进步。欧共体通过的有关建立欧洲联盟和“统一大市场”的宣言与法令，表明西欧的联合所追求的是实现欧洲的经济、社会和政治一体化。与此同时，随着 70 年代成为世界第三经济大国，日本继续在政治上追求大国地位，逐步将过去的“对美一边倒”的“被动外交”转变为追求国家战略目标的“自主外交”。中国则在“文化大革命”结束后，以 1978 年中国共产党十一届三中全会为标志，进入了改革开放的新时代。自 20 世纪 60 年代末就已经开始出现的世界多极化的发展趋势是一个不争的现实，它并不以人们的意志为转移。

七　冷战后“一超多强”的多极化趋势

1991 年，苏联作为一个超级大国以自行坍塌的方式最后消失，导致了第二次世界大战结束后形成的以雅尔塔体系为基础的国际关系两极格局彻底崩溃。它在带来国际力量对比严重失衡、世界局势出现新的动荡的同时，也带来了持续近半个世纪的冷战的结束。

当苏联解体时，世界呈现出这样一幅历史发展的宏观画面：美国作为

---

① 1966 年 3 月 8～30 日美国参议院外交委员会主席威廉·富布赖特主持举行的 12 次对华政策听证会，尤其表达了美国知识界和舆论界对政府对华政策的不满，与会者强烈要求美国政府承认大陆中国，允许北京加入联合国并与之建立和保持关系。Arthur Schlesinger, Jr. , *The Dynamics of World Power: A Documentary History of United States Foreign Policy 1945 – 1973*, New York: Chelsea House, 1973, pp. 305 – 308.

世界上唯一的超级大国，认为由其领导的国际关系体系的"单极时刻"终于到来了，[①] 于是依靠美国的权势和价值观来建立"世界新秩序"的主张频频出现在美国领导人的讲话中。[②] 但是，环视全球就可以看到，继承了原苏联主要遗产的俄罗斯仍然是唯一拥有能够与美国相抗衡的核武器的国家，作为联合国安理会常任理事国，俄罗斯在世界政治中的作用仍然不可低估；欧共体向欧盟的成功发展有力地表明了西欧是国际政治中的一极重要力量；以中国、韩国、印度、东盟等为代表的亚洲的崛起，同样显示出该地区除日本以外的其他国家正在确立和发挥它们在世界事务中的重要作用；占有联合国多数席位的第三世界国家作为一个整体对国际事务的影响也不容忽视。在经历了 90 年代的巨大动荡和不断调整之后，到 20 世纪末 21 世纪初，国际格局更加明显地呈现出"一超多强"的发展特点与态势。

美国是目前世界上唯一的超级大国，在综合国力方面，还没有另一个大国或地区可以和美国匹敌。但是美国并不能单独解决世界上所有的国际问题。与此同时，"多强"的量也在发展：以欧盟为核心的大欧洲的出现，使欧盟长期以来力图在国际舞台上用一个声音说话的目标在形式上已经实现；俄罗斯得益于 21 世纪以来石油价格的上涨，经济出现快速发展，其积极推行的"多极化外交"也显示出明显的强势特点；日本继续推行"大国外交"，力图在国际事务中发挥大国作用，并于 1991 年 9 月联大第 46 届会议上正式提出成为联合国安理会常任理事国的要求，至今仍在为此而努力[③]；中国继续坚持改革开放政策，2003 年中国的"神舟五号"首次实现了载人航天飞行，标志着中国成为世界上第三个航天大国，2010 年中国国内生产总值（GDP）已达世界第二位，在国际社会，中国高度重视联合国在国际事务中的地位和作用，作为安理会常任理事国，认真履行有关职责，大力推行多边外交，积极参加维和行动，为维护国际和平与安全做出了重大贡献；印度、巴西等国也成为发展最快的国家，2004 年印度、巴西

---

① 美国专栏作家查尔斯·克劳萨默在 1990/1991 年第 1 期《外交》（Foreign Affairs）季刊上撰文，将苏联解体和海湾战争后的时期称为"单极时刻"（the Unipolar Moment）。Charles Krauthammer, "The Unipolar Moment," Foreign Affairs, Vol. 70, No. 1, 1990/1991, pp. 23 – 33.

② 根据白宫自己的统计，1990 ~ 1991 年，美国领导人的各种讲话中有 42 处提到"世界新秩序"。见杜攻主编《转换中的世界格局》，世界知识出版社，1992，第 302 页。

③ 日本是否能够通过深刻的反省彻底摆脱其历史问题的束缚，从而在真正取信于周边国家的基础上发挥更大的国际作用，是否能够坚持和平发展路线，是日本在 21 世纪必须解决的外交课题，也是日本能否成为被国际社会承认和尊重的政治大国的关键。

和德国、日本联合提出成为联合国安理会常任理事国的要求。

与冷战的结束几乎同步出现的是经济全球化的浪潮，正如前世界贸易组织总干事鲁杰罗所说："以要素自由流动为基础的经济全球化趋势不可逆转，正在加速。在全球范围内，经济力量和技术力量为依托的经济外交正在拆除各种围墙藩篱，跨越各国国界，编织一个统一的世界经济。一个以经济全球化为基础的'无国界经济'正在全球范围内形成。"①

随着经济全球化的迅猛发展，冷战后的国际经济格局也发生了一些重要变化。其中一个重要变化就是一些发展中国家在世界经济中的地位提高，并使现行国际经济秩序中不适应全球化的因素不断暴露出来，从而进一步迫使人们反思国际经济"游戏规则"的公正性与合理性。越来越多的有识之士已经形成这样的共识：发达国家和发展中国家应当共同推动国际经济秩序的调整与改革，为建立一个在权利与义务平衡基础上的公平合理的国际经济新秩序而努力。一方面，冷战中和冷战后形成的"七国集团"（G7）和"八国集团"（G8）② 为代表的发达国家继续探索全球化背景下的大国协作和全球治理的机制，另一方面，它们也必须倾听发展中国家的声音。1999年9月，八国集团财长在华盛顿宣布成立二十国集团（G20），其成员包括阿根廷、澳大利亚、巴西、加拿大、中国、法国、德国、印度、印度尼西亚、意大利、日本、韩国、墨西哥、俄罗斯、沙特阿拉伯、南非、土耳其、英国、美国和欧盟。这是一个非正式对话的国际论坛，宗旨是推动发达国家和新兴市场国家之间就实质性问题进行讨论和研究，寻求合作并促进国际金融稳定和经济的持续增长。二十国集团的成立，使发展中国家有了在国际经济中表达自己意见的渠道，也是发展中国家中的新兴经济体在国际经济中地位和作用上升的表现。另外，自 2001 年以来，国际社会出现了把巴西、俄罗斯、印度、中国称为"金砖四国"的说法，③ 也从一个方面说明了新兴国际力量的发展及其在国际经济和政治中话语权的增加。

---

① 鲁杰罗在 1997 年 7 月会见中国外经贸部首席谈判代表龙永图副部长时的讲话，转引自刘光溪《中国与"经济联合国"——从复关到"入世"》，中国对外经济贸易出版社，1998，前言第 1~2 页。

② 1976 年成立的"七国集团"包括美、英、法、德、意、加、日；1994 年，俄罗斯参加七国集团的政治协商，形成"7+1"模式；2002 年，俄罗斯正式成为"八国集团"成员，但八国集团仍然以七个发达国家为主。

③ 该词由美国高盛投资银行的经济学家创造。巴西、俄罗斯、印度和中国四国的英文名称的首个字母组合为 BRICs，其发音与英文的砖块（bricks）相似，故称为"金砖四国"。2011年，又出现"金砖五国"的说法，将南非包括在内。

当然，目前国际格局所呈现的"一超多强"态势，是向世界格局多极化的过渡，还不是真正的多极世界。尽管世界多极化的实现是一个长期与复杂的过程，但其发展趋势不可逆转，这是毋庸置疑的。

(原刊于《历史教学》2013 年第 10 期下)

第一次大战前后日本对外扩张与东亚格局之变动

——以华盛顿体系为中心的考察

史桂芳[*]

日本借第一次世界大战所谓"天佑"之机，迅速扩大在中国的侵略利益，并企图通过参加巴黎和会得到列强的认可。由于中国代表拒绝在《凡尔赛和约》上签字，日本未在"法理"上获得山东的权益。此后，列强在远东争夺加剧，美国等西方列强对日本在东亚扩张心存芥蒂，欲抑制日本的过度膨胀。1921 年在美国的倡议下召开了华盛顿会议，会上签订了一系列条约，确立了"门户开放、机会均等"原则，否定了日本在华的"特殊权益"，形成了美国主导远东国际秩序的华盛顿体系。由于实力所限，日本一方面在华盛顿体系框架下实行"协调外交"政策，以求巩固和扩大"特殊权益"；另一方面以"协调"作掩护，寻找机会突破华盛顿体系的限制，从而确立日本领导的远东秩序。九一八事变爆发，日本打破了华盛顿体系问题；全面侵华战争开始后，日本着手构建其领导的东亚新秩序。关于日本与华盛顿体系问题，国内外学者发表了一些研究成果，[①] 中国、日本两国

---

* 首都师范大学历史学院教授、博士生导师。

① 中日两国学者的主要研究成果有：吴正俊《华盛顿会议关于山东问题的会议"边缘"谈判始末》，《历史教学》2001 年第 8 期；臧运祜《近代日本亚太政策的演变》，北京大学出版社，2009；米庆余《日本近现代外交史》，世界知识出版社，2010；沈予：《日本大陆政策史》，社会科学文献出版社，2005；林庆元、杨齐福《"大东亚共荣圈"源流》，社会科学文献出版社，2006；〔日〕服部龙二《东亚国际环境的变动与日本外交 1918 – 1931》，东京：有斐阁，2001；〔日〕细谷千博、斋藤真主编《华盛顿体制与日美关系》，东京大学出版社，1978；〔日〕细谷千博《两次大战中的日本外交——1914 – 1945》，东京：岩波书店，1988；〔日〕小林英夫《帝国的幻想》，东京：青木书店，1998；等等。

大量相关档案、回忆录等资料的公开,为继续深入研究这一问题打下了基础。目前,已有的研究多集中在日本参战目标、华盛顿体系等个案分析上,对日本参与、告别华盛顿体系的内在原因等尚缺乏深入探讨,而且尚未从东西方大国互动关系的角度揭示日本与远东国际秩序演变的关系。本文以第一次世界大战前后日本对外政策为主要内容,以华盛顿体系为核心,利用日本外交档案、文书及中日两国的基本史料,研究华盛顿体系下日本扩张战略与西方列强远东政策的关系,以期揭示第一次世界大战前后亚太地区国际秩序演进的原因。

一　借一战"天佑"扩大对中国的侵略

19 世纪中叶,日本被纳入近代国际条约体系和国际关系之后,采取"失于俄美者,取偿于鲜(朝鲜)、满(中国东北)之地"① 的"补偿"方针,将侵略亚洲邻国作为弥补从西方列强失去利益的手段。日本对中国侵略的加深不可避免地与列强在华利益产生矛盾。甲午战争后,日本接受"三国干涉还辽"的教训,在对华关系上尽量与列强相"协调",以期取得列强的谅解和支持。日俄战争前,日本采取"以夷制夷"、与强者结盟的策略,利用英国与俄国的矛盾与英国签订《日英同盟条约》。在日俄战争中,日本尝到了与强者结盟的好处,继续利用列强之间的矛盾扩张其在华利益。

1914 年第一次世界大战爆发,欧洲主要国家因战争无暇东顾,这给日本带来了扩张利益的机会。8 月 4 日,英国通过驻日大使提出:如果战争波及远东,香港及威海卫受到袭击时,希望日本给予援助。8 月 7 日,英国正式向日本提出了援助要求。日本政府立即召开会议,外相加藤高明认为,日本"可以应英国的要求,出于同盟友谊参战;帝国可以利用此机会扫除德国在东洋的根据地,提高日本的国际地位。从以上两点看,正是参战的好机会"。② 日本政府、元老、军部无不认为第一次世界大战对日本来说是"千载一遇"的机会。8 月 10 日,元老井上馨向首相大隈重信建言:"这次欧洲大战,对于日本的国运发展来说是大正新时代之天佑。在大战中,日本要进一步加强与英、法、俄三国的团结,以确立日本在东洋的利权。"③

---

① 《日本思想大系·54》,东京:岩波书店,1978,第 193 页。
② 〔日〕伊藤正德编《加藤高明》下卷,加藤伯传记编纂委员会,1929,第 78 ~ 79 页。
③ 井上馨侯传记编纂会:《世外井上公传》,东京:原书房,1968,第 367 页。

为此，日本参谋本部第二部长福田雅太郎少将拟定了《日支协约案要纲》，以大战需要日、中共同防卫为名，提出"满蒙自治"、中国利权不得让与他国、中国向外国借款需经日本同意等要求。[①]　日本参谋次长明石元二郎中将更直接提出了"满蒙合并"的方针。后来，日本提出的对华"二十一条"就是把这个方案具体化了。

8 月 23 日，日本对德宣战，随即出兵山东，先后占领济南、青岛，控制了胶济铁路西段。日本占领山东后，向中国提出了"二十一条"。"二十一条"共 5 号 21 款，[②] 核心是要巩固在"南满"的权益，铲除德国在山东的势力范围，继承德国在山东的一切权益。袁世凯答应了日本的要求。日本夺得山东的利益，与辽东半岛形成掎角之势，从而取得了向中国的长江流域发展的有利态势。一战期间，日本在中国设立交通金融机构、开展政治借款、进行产业投资等，不断扩大侵略利益。1919 年日本对华投资为14.39 亿日元，比战前增长近 2 倍；对华贸易总额达 11.424 亿日元，[③] 比战前增长 2.6 倍。而且日本对中国东北的经济侵略进一步加深；从 1916 年起，日本对东北贸易由入超转为出超，1919 年日本对东北贸易额达到 1.6379 亿海关两，比 1913 年增加了 3 倍。[④] 通过对华经济侵略，日本财政收入增加，国力上升，1915 年从战前的债务国一举变为债权国。

日本在华利益的膨胀使列强在远东关系发生了微妙变化，引起美国等西方列强的警觉，日本不能不有所顾忌。1916 年 12 月，日本外相本野一郎提出对华方针意见书，特别提示日本，在中国"要尽力与列国保持协调，同时逐渐使列国承认我国的优越地位"。[⑤] 大战正酣，日本政府就制订了《帝国政府在战争中应执行之外交方针》，试图通过外交努力获得列强对日本在山东权益的谅解。日本的外交活动取得了一定成效。大战未结束，列强尚暂且容忍了日本的扩张。1917 年 11 月，日、美签订《蓝辛－石井协定》，日本承认对华"门户开放、机会均等"政策，美国承认日本在中国有"特殊利益"。

一战结束，德国战败，列强要重新规划战后国际秩序，美国总统威尔逊提出了"十四点主张"。为了不仅从事实上而且从法理上确保山东的利

---

① 详见日本外务省编《日本外交文书》，大正 3 年，第 2 册，第 903 页。
② 日本外务省编《日本外交年表并主要文书》上，东京：原书房，1978，第 382～384 页。
③ 〔美〕雷麦：《外人在华投资》，蒋学模等译，商务印书馆，1959，第 345 页。
④ 满铁经济调查会编《满洲经济年报·1933 年》，东京：改造社，1933，第 70～71 页。
⑤ 日本外务省编《日本外交年表并主要文书》上，第 423 页。

益，日本政府反复讨论参加巴黎和会的目标、议题。1919年1月18日，日本内阁通过了《关于与日本单独利害相关讲和条件案》，提出将德国在赤道以北太平洋诸岛屿的权利让给日本。"德国根据条约及依其他惯例取得的山东省的领土领水租借、铁道、矿山等一切权利、特权，以及与上述权利、特权的山东省以外的一切权利、特权全部转让给日本。""德国将青岛济南间铁道及其一切支线、属于铁道所经营的矿山及附属于铁道和矿山的其他一切权利、特权及财产，转让给日本。"① 日本参加和会的最主要目的是取得德国在山东和太平洋诸岛的权益。日本认为，它靠自己的武力将德国势力从山东驱逐出去，取代德国在山东的利益是理所当然的。② 在巴黎和会上，日本代表提出将德国在山东的权益转让给日本，而中国代表则提出废除"二十一条"、立即归还德国在山东的权利等要求。中日双方在山东问题上针锋相对。为提高在远东地区的影响力，日本还提出了废除种族歧视提案，不料该提案遭到西方各国的强烈反对。为取得山东的利益，日本决定丢卒保车，将废除种族歧视提案搁置起来。美、英、法等国正在酝酿成立国际联盟，日本代表提出，如果日本的要求得不到满足，日本就不在条约上签字，也不参加国际联盟。为拉住日本，英、法表示支持日本关于获得山东利益的要求，美国也担心日本不参加国际联盟，因此对日本做出让步。列强在山东问题上损害了中国主权，满足了日本的要求。巴黎和会期间，中国爆发了五四运动，中国代表拒绝在《凡尔赛和约》上签字，日本没有取得继承德国在山东权益的"法理"依据。巴黎和会只解决了战后欧洲问题，并没有构建起第一次世界大战后远东太平洋地区的国际新秩序。

二　华盛顿体系下的日本外交

日本趁第一次世界大战大力扩张军备，大有"独霸"太平洋之势。1921年，日本军费开支占国内总收入的48.7%，③ 海军也加紧实施"八八舰队"④ 计划。第一次世界大战后，美国的国际影响力上升，在远东推行所

---

① 日本外务省编《日本外交年表及主要文书》上，第478页。
② 〔日〕东乡茂德：《东乡茂德外交手记》，东京：原书房，1967，第30页。
③ 〔日〕伊东六十次郎：《满洲问题之历史》下，东京：原书房，1983，第565页。
④ 所谓八八舰队，就是日本海军以8艘主力舰和8艘巡洋舰为基础组成。

谓的"均势"政策，以经济为后盾拓展美国在远东的利益。日本势力迅速膨胀引起了列强特别是美国的不安，美国不允许日本独占远东利益。为阻止日本对中国的金融、政治控制，1919 年 5 月，在美国提议下，组成美、日、英、法等国对华借款团，迫使日本停止对华政治借款。美国进一步插足中国，与列强共同分享在华利益。美国在谋求海上优势的同时，标榜国际合作，实现和平与裁军。1921 年 7 月，美国向英、日、法、意、中五国发出非正式建议，召开六国华盛顿会议，讨论裁军和远东问题。美国的建议指向十分明显，日本舆论普遍担心已有的利益受到影响，认为"事实上解决以日本为核心的太平洋问题的时刻到来了"，使"日本面临着自日俄战争以来最大的外交困境"。[①] 日本认为，这次会议"与巴黎和会不同，与我国存在着密切关系。如何处理将直接影响国家的兴亡盛衰"。[②] 当时，日本政府最关心的是《凡尔赛和约》未解决的山东问题，希望将太平洋及远东问题作为一般原则问题，将中日两国间的问题排除在讨论的议题之外，压迫中国答应日本的要求，利用华盛顿会议达到日本的目的。日本国内有人认为，这次会议是日本改变因急剧扩张所招致的列强不信任的好机会，[③] 因此，日本接受了美国的邀请，准备派代表出席会议。中国则希望可以借助列强的力量收回山东利益，也派代表参加会议。

1921 年 10 月 13 日，日本向参加华盛顿会议的日本全权代表发出训令，训令包括一般方针、军备限制、太平洋问题、中国问题以及西伯利亚问题等，指出"限制军备问题以及远东太平洋问题与帝国利益关系重大"，希望各位代表能够"阐明帝国之真意，增进国际间的信任，与美国保持圆满亲善关系为帝国特别关注之处"；[④] 对中国问题则提出了"不许变更事项"，核心问题是山东问题。训令要求日本代表就上述问题取得列强的谅解，对无关实质的问题可以做出让步以便与美国保持"协调"。

1921 年 11 月，美、英、法、意、中、日、荷、比、葡九国代表参加的华盛顿会议召开。会议的主要议题是限制军备和远东太平洋问题。限制海军军备问题主要涉及美、英、日、法、意五国，美国提出停止造舰竞争，主力舰保有限度为美、英各 50 万吨，日本 30 万吨，以限制海军军备。日本

---

① 《东京朝日新闻》1921 年 7 月 13 日。

② 〔日〕宇垣一成：《宇垣一成日记 1》，东京：みすず书房，1968，第 350 页。

③ 〔日〕服部龙二：《东亚国际环境的变动与日本外交，1918－1931》，第 3 页。

④ 日本外务省编《日本外交年表并主要文书》上，第 529 页。

要求主力舰达到美、英两国吨位的70%。由于美、英两国坚持,日本不得不让步,以西太平洋各岛不设防作为条件同意了这个比例。会议通过的《关于限制海军军备条约》①规定了美、英、日、法、意五国主力舰的比例,约定今后10年不再建造战舰。日本虽然没有实现主力舰达到英、美主力舰吨位70%的愿望,但是这个比例对日本来说已经相当高。正如日本全权代表加藤友三郎所言:"日本实行八八舰队计划确实有财政上的困难",②主力舰比例与日本财政状况是相适应的。日本也考虑到其国力尚不能与美国对抗,当务之急是充实国力而不是军备。③当然,由于列强对海洋霸权的竞争,这个条约不可能从根本上消除列强间的矛盾,更不可能维护远东地区的和平。华盛顿会议后,日本大力建造辅助舰,1930年,日本海军吨位数达到了规定额度的96%,英国达到82%,美国达到61%,④华盛顿会议确立的美英两国吨位优势实际上已荡然无存。

中国山东问题是华盛顿会议的另一个焦点。此前,日本提出中日两国单独交涉,中国则希望借助列强力量收回山东。日本代表币原喜重郎提出:"如果任何国家都任意破坏既成事实、将特定国家间的问题向一般之列国提出,我们认为这是不适当的,我们将采取明确我之立场的适当行动。"⑤美国建议另行组织中日山东问题谈判,由美英两国派出观察员列席。于是,在国际干涉下日本与中国签订了《解决山东悬案条约》。⑥条约规定:日本将胶州旧德国租借地限期交还给中国,中国赎回胶济铁路,中国付给日本5340万金马克。规定中方选任日籍车务、会计各一人,日本军队撤出山东。在列强的参与下,中国对日本做了巨大让步,收回了部分山东主权。列强以牺牲中国利益和主权达成了妥协。

华盛顿会议通过的《关于中国之九国公约》⑦使列强在"尊重中国主权和独立以及领土和行政之完整"的名义下取得在中国平等的机会,否定了

---

① 日本外务省编:《日本外交年表并主要文书》下,第9~10页。
② 〔日〕稻叶正夫、小林龙夫、岛田俊彦、角田顺编《太平洋战争之路》别卷资料编,东京:朝日新闻社,1963,第3页。
③ 外务省百年史编纂委员会编《外务省的百年》上,东京:原书房,1969,第833页。
④ 见吴相湘《第二次中日战争史》二册,台北:综合月刊社,1973,第93页。
⑤ 外务省百年史编纂委员会编《外务省的百年》上,第807页。
⑥ 日本外务省编《日本外交年表并主要文书》下,第4~8页。
⑦ 详见日本外务省编《日本外交年表并主要文书》下,第15~18页。王铁崖编《中外旧约章汇编》第3册,三联书店,1957,第218~219页。

日本独占中国利益的亚洲"门罗主义"。① 美国主导下的华盛顿会议还通过了《关于太平洋四国条约》，该条约取代了《日英同盟条约》。会议通过的《关于限制海军军备条约》《关于中国之九国公约》《关于太平洋四国条约》共同形成了华盛顿体系。华盛顿体系否定了日本在中国的特殊地位，在"尊重"中国主权、领土完整的名义下，确立了以美国为核心的远东太平洋新秩序。华盛顿会议并没有解决中国代表提出的关税自主、废除治外法权等要求，华盛顿体系不过是列强维持并扩大在中国利益而相互妥协的结果。

有学者认为，"经过第一次世界大战，远东外交格局发生了巨大变化，各国在华盛顿会议上努力重新定义相互关系。在美国的主导下，旧秩序崩溃，以'经济外交'为基础的促进调整诸权益的新时代到来"。也有人认为，华盛顿体系并不是什么新秩序，而是承袭过去的划分势力范围外交，日本在这个体系内继续推进大陆政策。② 笔者认为，第一次世界大战后，日本在中国有"独大"之势，与列强在华利益发生冲突，华盛顿会议所确立的"门户开放、机会均等"原则，否定了日本在华的特殊权益，一定程度上限制了日本在远东的过快膨胀，反映了列强在远东竞争的激化。华盛顿体系是列强以牺牲中国利益而相互妥协的产物，这个体系不可能给远东带来和平。日本在华盛顿体系下，暂时采取与美国为首的西方国家相"协调"的外交方针，确保已取得的利益。但是，日本一直没有放弃对"特殊利益"的追求，一旦时机成熟，就会冲破华盛顿体系的束缚。此后，日本与美国围绕打破还是维持华盛顿体系而矛盾不断。美国等列强为维持华盛顿体系不断做出妥协、让步，损害中国主权，这不仅没能阻止日本冲破华盛顿体系，而且助长了其侵略气焰，最终导致华盛顿体系的崩溃。

1924 年 6 月，币原喜重郎出任日本外相。币原以中日"两国间要增进共存共荣关系及经济提携"③ 为名，提出"协调外交"政策。币原认为，日本外交的根本是维护和增进在东亚的正当权益，"同时尊重各国的正当权益"，④ 与列强"协调"维护和扩大日本的权益。币原的"协调外交"，在手段上强调经济与外交策略的作用，与赤裸裸的军事侵略有所区别，一度

---

① 亚洲"门罗主义"，是第一次世界大战期间日本提出的独霸亚洲的理论。它以种族对立为基础，提出亚洲的事由亚洲人处理。如果日本国民以外的亚洲人无担当此任务的资格，亚洲"门罗主义"就是由日本人处理亚洲事务之主义。

② 〔日〕服部龙二：《东亚国际环境的变动与日本外交 1918 – 1931》，第 5 页。

③ 〔日〕币原喜重郎：《支那问题概观》，《外交时报》第 560 号（1928 年 4 月），第 11 页。

④ 币原喜重郎财团编《币原喜重郎》，东京：大日本协会印刷株式会社，1955，第 262 页。

被视为"软弱外交"。其实，币原外交的目标与军部并无二致。币原第一次担任外相时，中国爆发了第二次直奉战争，无论是日本政府还是军方都认为这是巩固日本在"满蒙"特殊利益的极好时机。军方秘密支持张作霖，甚至派日本顾问赴前线帮助奉军，为奉军提供军需弹药。币原主政的日本外务省为防止与美、英矛盾激化，表面上不干涉直奉战争，但驻华公使、武官却直接参与了对冯玉祥倒戈的策划，在外交上配合军方的行动，以实现维护日本在"满蒙特殊权益"之目的。正如中国学者指出的，币原"很好地利用了军方的活动，在'不干涉'的名义下达到了干涉中国内政，维护其'满蒙权益'的目标"，① 这个分析可谓一针见血。币原喜重郎一再强调："外交本无强硬与软弱的之分。田中内阁曾经出兵山东，是积极的政策还是消极的政策？可以视出兵为积极，但是什么利益都没有得到，以失败告终。到底是消极政策还是积极政策呢？"② "协调"并不是软弱，而是在"协调"中保证日本的在华利益，尤其是"满蒙"的特殊利益。其实，币原喜重郎一方面标榜"协调"外交；另一方面积极"协调"军方在中国的军事行动，以军事为后盾实现外交上的"协调"。日本在高唱"协调"外交时，一直在寻求机会，扩张"特殊权益"。

1927 年 4 月，田中义一担任日本首相兼外相，他提出了新的对华政策，在同情中国人"正当期望"的同时与"列强保持协调"。③ 这意味着田中的外交方针和对华政策依然在华盛顿体系框架内进行，与币原外交相比，田中外交包含着更多的"积极"和"强硬"因素。6 月 27 日至 7 月 7 日，日本召开"东方会议"，制定了《对华政策纲领》。对华政策的基调是"鉴于日本在远东的特殊地位，对支那本土和满蒙相区别"，将满蒙作为"日本特殊地带"采取与中国本土不同的政策，核心是满蒙的"特殊权益"；提出"对中国国民的希望给予同情，并与列国共同努力促其实现"，④ 仍然坚持与列强的协调与信任，对中国抵制日货等排日运动采取"自卫措施"；强调"满蒙尤其是东三省在国防上、国民生存上有重要利害关系"；强调"万一发生动乱波及满蒙，导致治安混乱，侵害我特殊权益，无论其来自何方，我将采取断然措施"。⑤ 这表明日本虽然没有放弃"协调"口号，但是准备

---

① 宋志勇、田庆立：《日本近现代对华关系史》，世界知识出版社，2010，第 98 页。
② 〔日〕币原喜重郎：《外交五十年》，东京：原书房，1974，第 105 页。
③ 〔日〕高仓彻一编《田中义一传记》下卷，东京：原书房，1981，第 570 页。
④ 日本外务省编《日本外交年表并主要文书》下，第 101 页。
⑤ 日本外务省编《日本外交年表并主要文书》下，第 102 页。

以更加强硬的措施维护在华权益。1928 年 4 月，日本直接出兵山东，制造
"济南惨案"。6 月初，关东军制造"皇姑屯事件"，加快了"独占"中国的
步伐。有学者认为，日本出兵山东是九一八事变的前奏。①尽管如此，日本
权衡利弊，当时还没有发展到公然抛弃华盛顿体系的程度。

　　总之，华盛顿体系确立了战后远东国际新秩序，完成了列强对于战后
远东国际秩序的规划。华盛顿体系是美国主导的国际秩序，以有利于美国
在远东利益的扩张为前提，反映了列强在远东的争夺中的矛盾与实力对比。
华盛顿体系暂时抑制了日本对远东的过快扩张，迫使日本不得不有所收敛。
但是，华盛顿体系并不能给远东带来和平。由于华盛顿体系反映了列强的
矛盾和争夺，华盛顿体系形成后，日本在短时间内在外交上与列强相"协
调"，以求得列强对其同情和支持。这是因为其国力尚不足以与美国等强国
相对抗，并不意味着日本甘心放弃第一次世界大战中获取的"特殊权益"。
无论是日本政府还是军部，都在寻找机会冲破华盛顿体系的限制，建立日
本领导的远东新秩序。

三　告别华盛顿体系、建设新的东亚秩序

　　日本大陆政策的第一个目标就是朝鲜半岛和中国东北。日俄战争后，
日本并不满足取得沙皇俄国在中国东北的部分利益，而是继续扩张权益，
以确立"满蒙特殊权益"的地位。②华盛顿体系下，列强以尊重中国主权与
独立及领土完整为理由，否定了日本的"特殊权益"。日本就以东北与中国
本土不同之名，首先保护在"满蒙"（中国东北）的"特殊权益"，进而向
华北、向全中国扩张。如上所述，1927 年的东方会议制定的《对华政策纲
领》将东北与中国本土相区别，要将东北地区从中国领土内分离出去。虽
然币原第二次出任外相时，为摆脱外交上的不利地位，将"满蒙问题"暂
时搁置，但是，日本并没有放弃在东北的"特殊权益"，而是在等待时机。

---

① 吴相湘：《第二次中日战争史》上册，第 56 页。
② 关于"满洲"的由来，据台湾学者梁敬錞先生研究，"满洲"为民族之名，并非地理名词。
　"满洲"出自"满珠"之转音，而"满珠"又为"满住"之转音。"满住"为代表满洲民
　族各部酋长之通称。日本称我国东三省为"满洲"，有否定东三省为中国领土之意。详见
　梁敬錞《九一八事变史述》，台北：世界书局，1995，第 155 页。日俄战争后日本取得俄国
　在东北的部分利益，称之为"南满"，以后又与内蒙古东部合称"满蒙"。本文为叙述方
　便，引文按原文翻译，特此注明。

1929 年资本主义世界爆发了空前规模的经济危机，1930 年经济危机波及日本，导致日本社会矛盾激化，也为日本借机冲破华盛顿体系带来了机会。九一八事变前，为配合日本政府向东北扩张，日本学者开始论证中国东北的特殊性，提出"中国非国论""满蒙非中国领土"等论调，甚至论证中国东北是日本的领土，从学理上为日本向东北扩张提供依据。矢野仁一在《论满蒙藏本来非中国领土》一文中就声称："满洲本来就不是支那的领土"；"支那本来就没有国境，如果按照支那统治的理论来说，不仅蒙古满洲而且世界也都是中国的领土了"。① 日本驻国联代表松冈洋右则声称："长期以来'支那人'这一称呼从人种上看是很暧昧的，对包括日本人在内的外国人来说，它适合支那帝国的大部分居民"，"满洲国民绝大多数与支那国民有明显区别"。② 他想以此证明东北从地理、历史以及人种上与中国不同，日本在东北的"特殊权益"有其"合理性"。

1931 年 1 月，前满铁副总裁松冈洋右在众议院发表演说，提出"满蒙是我国的生命线，其重要性不言而喻，满蒙政策的危机现在比任何时候都严重"。③ 1931 年 3 月，日本关东军高级参谋板垣征四郎在《从军事上所见满蒙》一文中，提出解决满蒙问题"是基于日本帝国的使命，是建立在实现伟大理想之上的"。④ 1931 年 5 月，关东军主任作战参谋石原莞尔在《满蒙问题私见》中也提出，政府要充分认识中国东北问题的价值，"按照日韩合并的要领，对外宣布满蒙合并"。⑤ 正如日本著名评论家尾崎秀实指出的："经济危机导致凡尔赛体系烟消云散，经济危机破坏了外交安定的基础，所有国家都处于尖锐的对立之中，时刻有爆发战争的可能性。"⑥ 1931 年 9 月，日本关东军策划了九一八事变，并迅速以武力侵占中国东北。当时，欧美各国正在忙于应付危机，苏联正在进行第一个五年计划，各大国对日本的侵略采取姑息政策，而中国则处于内战之中，这些都为日本侵略东北提供了可乘之机。正如美国国务卿史汀生所言："如果沈阳事变是有人搞阴谋，

① 〔日〕矢野仁一：《近代支那论》，东京：京都弘文堂书房，1923，第 102 页。
② 〔日〕竹内夏积编著《松冈全权大演说集》，东京：大日本雄辩会讲谈社，1933，第 141 页。
③ 满洲国史编纂刊行会编《满洲国史史论》，东京：满蒙同胞后援会，1980，第 86 页。
④ 〔日〕小林龙夫等编《现代史资料 7 满洲事变》，东京：みすず书房，1964，第 139 页。
⑤ 〔日〕角田顺编《石原莞尔资料 国防论策》，东京：原书房，1967，第 78 页。
⑥ 〔日〕尾崎秀实：《战争的危机与东亚》，《尾崎秀实著作集》第 1 卷，东京：劲草书房，1977，第 5 页。

这阴谋所选择的时期，真是胜算。"①

九一八事变发生时，日本的财政相当困难，事变更加剧了其财政困难。尽管如此，政府却不惜采取一切代价加大军费投入，支持关东军。事变爆发后，外务省一些官员感到意外，"外务省对关东军的行动曾持批评态度，在东北的关东军与外务省官员的关系并不和睦。但是，在满洲建国前后，外务省则认为满洲国健全发展是必要的，对满洲国给予积极协助"。② 1932年7月12日，日本政府召开会议，通过《承认满洲国问题》的决定。日本外相内田康哉声称："就日本的角度来看，满洲问题已经不复存在，有的只是承认满洲国问题"。③ 同月，日本外务省亚洲局成立了主管"满洲国"的第三课。由此可见，在维护和扩大日本对中国东北侵略利益问题上，日本政府与军部的目标是一致的，政府标榜"协调"是用"隐性"和"柔软"的方法，而军部则用"激进的""强硬的"方法来实现对东北的侵略。关东军武力行动是日本实现"特殊权益"的好机会，日本政府彻底撕下了了"协调""国际信任"的面具，毫不犹豫地与军部走到一起。不仅政府，即便主张通过外交途径获得"特殊权益"的东亚同文会等民间组织，也因九一八事变而改变了立场，认为"日本的行动是正当的，批评中国，主张承认既成事实，采取完全与关东军军事侵犯一致的立场"。④ 在维护东北"特殊权益"上，政府、军部、民间达到高度一致。

九一八事变后，南京政府成立了特种外交委员会，由戴季陶和宋子文任正副委员长。中国政府以日本违反《九国公约》等国际条约向国联申诉日本的侵略行为。由于列强各自忙于应付国内危机，都极力避免直接介入中日冲突。日本则以中国不是有组织之国民国家通告国联，提出"中国只是地理名词"，⑤ 否认国际条约适用于中国。1932年4月，国联派李顿调查团到中国东北进行实地调查，形成了《李顿报告书》。报告书没有指出日本的侵略性质，只承认日本在满洲有特殊地位，但是不承认"满洲国"独立，认为东北是在中国主权下高度自治的特殊地域，提出在东北设立自治政府，由列强共同管理。报告书对中、日各打五十大板，对中国很不公平。即便如此，日本也不能接受。日本外务省发表长篇反驳意见书。11月21日，松

---

① 梁敬錞：《九一八事变史述》，第6页。
② 外务省百年史编纂委员会编《外务省的百年》下，东京：原书房，1969，第172页。
③ 内田康哉传记编委会编《内田康哉》，东京：鹿岛研究所出版会，1969，第334页。
④ 翟新：《东亚同文会与中国》，东京：庆应义塾大学出版株式会社，2001，第275页。
⑤ 梁敬錞：《九一八事变史述》，第361页。

冈洋右在国联理事会第一次会议上发表演讲，逐一反驳《李顿报告书》，表示"日本不能承认满洲是中国领土一部分的说法，到本世纪初，是满洲王朝（清朝）的领地，是满洲王朝世袭属地"。① 他宣称，东北在经济上、政治上与日本有着密不可分的关系，建立"满洲国"是将东北人民从军阀压迫下解放出来，日本使混乱的东北秩序井然，人民安居乐业，日本的行动不是侵略而是解放，《李顿报告书》是不适当的。在国联大会上，中日两国代表进行了激烈的辩论。

1932年11月21日，国联组成19人的特别委员会，并邀请美苏两国参加，制定解决事变方案。1933年初，日本进攻热河、占领山海关，这深深刺激了国联和美国，2月24日，国联召开特别大会，表决《关于中日争议的报告书》。报告书承认中国对东北拥有主权，不承认"满洲国"的合法性，要求日本尽快从满铁附属地撤退。表决结果以42票赞成、1票弃权（泰国）、1票反对（日本）通过。日本代表松冈洋右在会上发表演说，声称："远东纠纷的根本原因在于支那无法律的国情及不承认对邻国的义务，完全唯自己的意志行动之不合理愿望。支那在至今为止的长时期内懈怠作为独立国的国际义务。"② 随后，日本代表一起退出会场。

在国联召开特别大会前，日本外务省就有人主张退出国联。1932年1月中旬，日本外相内田康哉就内奏天皇："尽早越过山峰，不必担心退出（国联）。"不久，内田又上奏："已经无需忧虑退出国联了。"③ 3月27日，日本政府发表《退出国际联盟的通告文及诏书》，称："帝国政府认为已经没有与国联合作之余地，根据国联规约第一条第三款，帝国宣告退出国际联盟。""在满洲国新生政权成立之时，帝国尊重其独立、促进其健全发展，以铲除东亚祸根，维护世界和平。不幸的是这与国联看法背道而驰，朕与政府审慎考虑，乃决定退出国际联盟。"④ 日本强调在"满洲国"问题上与国联意见完全不同，已经无法与列强继续"协调"，要独自维护东亚"和平"，与华盛顿体系告别，与现有的国际秩序决裂。这表明列强极力避免与日本正面冲突，试图以共同的利害关系、以妥协退让稳住日本的策略彻底失败，暴露了国联软弱的一面。日本退出国联走上国际孤立化道路，不断

---

① 〔日〕竹内夏积编著《松冈全权大演说集》，东京：大日本雄辩会讲谈社，1933，第21页。
②· 日本外务省编《日本外交年表并主要文书》下，第264页。
③ 外务省百年史编纂委员会编《外务省的百年》下，第178页。
④ 日本外务省编《日本外交年表并主要文书》下，第269页。

扩大对中国的侵略，逐渐确立了国家总体战的体制。在日本挑战华盛顿体系的同时，希特勒德国开始打破凡尔赛体系，于 1933 年 10 月宣布退出国联。日本与德国不约而同地要在东西方打破现存的国际秩序，建立自己领导的国际新秩序。一战后的凡尔赛 – 华盛顿体系是几个大国分赃与妥协的产物，不可能约束急于扩张的日本和德国，美、英等国对日本的迁就更助长了日本的野心，爆发新的战争不可避免。

　　按照国际联盟盟约规定，会员国退盟时，其所负担的国际义务与国际盟约义务须先完全履行。所谓国际义务就是《非战公约》《九国公约之义务》。而日本却拒不履行国际义务。1933 年 3 月，日本占领热河省后又通过《塘沽停战协定》《何梅协定》《秦土协定》等，把触角伸向中国华北。1937 年 7 月，日本在卢沟桥挑起了全面侵华战争，12 月占领国民政府首都南京，并侵占了中国大片领土。由于中国实行了全民族抗战，日本"速战速决"的战略计划落空，不得不调整对华政策。1938 年 11 月 3 日，近卫内阁发表《虽国民政府亦不拒绝》的第二次对华声明，声称："帝国所期求者即建设确保东亚永久和平的新秩序……如果国民政府抛弃以前的一贯政策，更换人事组织，取得新生的成果，参加新秩序的建设，我方并不予以拒绝。"① 首次公开宣称要建设"东亚新秩序"。美国认为"东亚新秩序"违背了"门口开放、机会均等"原则。日本外相有田八郎声称："现在东亚形势发生新变化，以事变（指卢沟桥事变）的概念原则来处理现在和今后的事情，不仅不能解决当前的问题，也不能确立东亚之永久和平。"② 这是日本第一次公开批判《九国公约》，修正美国主导的国际秩序和原则，加快建立新的国际秩序的步伐。1938 年 11 月 30 日，御前会议做出《调整日华新关系方针》的决定，提出"在互惠的基础上，日、满、华善邻友好、共同防共、经济提携"三项原则，将"东亚新秩序"具体化。12 月 22 日，近卫内阁发表第三次对华声明，重申"日满华三国应以建设东亚新秩序为共同目标联合起来，共谋实现相互善邻友好、共同防共、经济提携"的原则，呼吁"日满华三国在建设东亚新秩序的共同目标下联合起来"。③ 日本御前会议和政府声明明确了建设"东亚新秩序"的内容和原则，昭示着日本对华盛顿体系的彻底否定，要在排除欧美列强的幌子下确立日本为核心的"东

---

① 日本外务省编《日本外交年表及主要文书》下，第 401 页。
② 外务省百年史编纂委员会编《外务省的百年》下，第 299 页。
③ 日本外务省编《日本外交年表及主要文书》下，第 405、407 页。

亚新秩序"。近卫文麿的秘书尾崎秀实承认,尽管"经济提携政策比大陆政策的手段似乎温和一些,但是本质上仍然是大陆政策"。① 中国是日本推行"东亚新秩序"建设的重点,1938 年 11 月,成立"北支那开发"和"中支那振兴"两大国策公司;12 月 16 日,成立"兴亚院"作为实施对华政策的统一机构。

　　1940 年 7 月,日本政府制定《基本国策纲要》,提出"皇国现在外交之根本在于建设大东亚新秩序,其重点是解决支那事变,实现国防建设的飞跃,采取灵活的施政方针,以推进皇国之国运",② 把"东亚新秩序"发展到"大东亚新秩序"阶段,将"帝国"改称"皇国"。7 月 27 日,大本营政府联络会议通过《伴随世界形势变化处理时局纲要》。8 月 1 日,日本外相松冈洋右就政府的外交方针发表讲话,他提出:"根据皇道大精神,首先确立日满华作为其一环的大东亚共荣圈","这个大东亚共荣圈与过去被称为东亚新秩序乃至东亚安定圈是同样的,它包括荷属印度尼西亚、法属印度支那,日满华是其一环"。③这是日本政府首次将"大东亚新秩序"表述为"大东亚共荣圈"。此后,"大东亚共荣圈"就成为日本建立国际新秩序、推行新扩张政策的代名词。9 月 27 日,日本与德、意签订了《德意日三国同盟条约》,日本承认德、意在欧洲建立新秩序的领导权。德、意、日三国相互配合分别在欧亚挑战英、美等主导的国际秩序。1941 年 12 月 8 日,日军袭击美国海军基地珍珠港,开始了"大东亚战争"(太平洋战争),进入建设"大东亚共荣圈"的实施阶段。1945 年 8 月 15 日,日本战败投降,建设"大东亚新秩序"化作泡影。

　　总之,第一次世界大战前后,日本对外政策的重点是获得在中国的"特殊权益",将在华侵略利益"合法"化。日本扩张政策与列强在华利益发生矛盾,引起了美、英等列强的警惕。美国主导下的华盛顿体系在一定程度上制约了日本大陆政策的速度,延缓了日本独占中国的步伐。华盛顿体系下,日本虽然一度高唱"协调外交";但是一直在寻找机会突破华盛顿体系的限制,建立自身主导的东亚新秩序。第一次世界大战前后,日本经历了从"协调外交"到"强硬外交"的转变,从参与国际体系到破坏现有国际秩序、建立新的国际秩序的过程。这个过程与日本国力、军备及其对

---

① 〔日〕尾崎秀实:《中国论的贫困及事变的认识》,《尾崎秀实著作集》第 1 卷,第 222 页。
② 日本外务省编《日本外交年表及主要文书》下,第 436 页。
③ 《东京朝日新闻》1940 年 8 月 2 日(夕刊)。

形势的判断等有密切关系。不可否认，其间，日本政府与军部虽在具体方法、步骤上有所不同，但是，根本目的是一致的。而九一八事变后政府与军部在方法、手段上更是达到了空前一致。第一次世界大战前后，日本对国际秩序的"破"与"立"的过程，反映了列强之间的力量对比变化与利益冲突，而美国等国企图以姑息、绥靖、牺牲中国利益的"利己"方式维持远东格局的政策，更助长了日本打破国际秩序的野心，加速了华盛顿体系的解体。

（原刊于《世界历史》2012 年第 4 期）

第一次世界大战中的英国对法
政策及其国际政治影响

刘作奎*

　　有关第一次世界大战中的英国对法政策或英法关系的研究，国内学术界涉足不多。而国际学界对此的研究则多有产出。主要表现在以下几方面。（1）有相当多的回忆录和原始档案文献得以出版或解密，极大地丰富了学者们对一战期间英法关系的认识。代表作品有温斯顿·丘吉尔的《第一次世界大战回忆录》、M. 布劳克和 E. 布劳克整理的《阿斯奎斯文件》、E. L. 斯皮尔斯的《联络官1914：大撤退的记叙》以及《胜利的序幕》、R. 布雷克的《道格拉斯·海私人文件》等。（2）相关专题研究著作的面世，深化了学者们对此问题的认识。代表作品有 W. J. 菲利波特的《英法关系和西线战略 1914~1918》、D. 斯蒂芬逊的《第一次世界大战和国际政治》、F. 莫里斯的《协约国合作的教训：1914~1918年的海军和空军》、R. 赫尔姆斯的《陆军元帅约翰·弗兰奇爵士》以及白里安·邦德的《两次世界大战之间的英国军事战略》等。（3）为数众多的论文成果出版也为此问题的研究奠定了厚实的基础。J-B. 迪罗塞尔的《一战期间英法的战略和经济关系》、M. 布劳克和 E. 布劳克的《英国进入战争》、A. 皮雷特的《霞飞和协约国最高司令部问题 1914~1916》以及 T. H. 比利斯的《联合指挥部的演变》等均是代表。① 由于相关论文成果较多，这里不再赘述。

---

　　* 中国社会科学院欧洲所副研究员。

　　① 〔英〕温斯顿·丘吉尔：《第一次世界大战回忆录》第 1 卷（1911~1914），吴良健译，南方出版社，2002；E. Brock, M. Brock, eds., *H. H. Asquith: Letters to Venetia Stanley*, London: Oxford University Press, 1982；E. L. Spears, *Liaison 1914, A Narrative of the Great Retreat*, California: W. Heinemann ltd., 1930；E. L. Spears, *Prelude to Victory*, London: J. Cape, 1939;

上述国际学界研究成果的问题在于，对英国的对法政策缺乏细致梳理，只是从一战这一大背景来论述大国总体关系，或者从战争史的角度论述了大国之间的纷争与合作，而对于英法在一战中大战略分歧的根源缺乏系统和深入的研究。

第一次世界大战爆发前，尽管存在英法协约，英国并没有决定参加法俄对德国的战争。但是当德国入侵比利时之后，英国却很快对德国宣战，其战时与法国的合作也经历了从松散到紧密的转变。英国的政策为什么会发生这样的变化？它的战略考虑是什么？这种战略考虑对英国在战争中的行动以及战后的国际政治产生了怎样的影响？本文将深入探讨这些问题，以就教于方家。

一　英国出于维持欧洲大陆均势的需要而参战

早在第一次世界大战爆发前，英国执政党和大多数政客就坚持认为：敌对而不是合作是英法关系的主旋律。就英国一方来说，它仍保留了对法国的孤立和警惕态度。当时的陆军元帅基切纳勋爵（Lord Kitchener）曾经花了很多时间来研究如何防卫法国和俄国。[①]到大战爆发时，1904 年缔结的英法协约甚至还没有根据形势需要转变成一种联盟，英国也没有决定将站

R. Blake, *The Private Papers of Douglas Haig 1914 – 1919*, London: Eyre & Spottiswoode, 1952; W. J. Philpott, *Anglo-French Relations and Strategy on the Western Front 1914 – 18*, London: Macmillan Publishing House, 1996; D. Stevenson, *The First World War and International Politics*, London: Oxford University Press, 1988; F. Maurice, *Lessons of Allied Cooperation: Naval Military and Air 1914 – 1918*, London: Oxford University Press, 1942; R. Holmes, *The Little Field-Marshal: Sir John French*, Michigan: Johathan Cape, 1981; Briand Bond, *British Military Policy between the Two World Wars*, London: Oxford University Press, 1980; J. B. Durosell, "Strategic and Economic Relations during the First World War," in N. Waites, eds. , *Troubled Neighbors: Franco-British Relations in the Twentieth Century*, London: Weidenfeld & Nicolson, 1971; E. Brock and M. Brock, "Britain Enters the War," in R. J. W. Evans and H. Pogge von Strandmann, eds. , *The Coming of the First World War*, London: Oxford University Press, 1988; A. Prete, *Joffre and the Question of Allied Supreme Command 1914 – 1916*, Proceedings of the Annual Meeting of the Western Society for French History, 1989, Vol. 16; T. H. Bliss, "The Evolution of the Unified Command," *Foreign Affairs*, 1922, Vol. 1.

① D. French, "The Meaning of Attrition, 1914 – 1916," *English Historical Review*, 1988, Vol. 103, p. 388.

在法国一方参加欧战，共同反对德国。英国外交部常务次官尼科尔森（Arthur Nicolson）在 1912 年谈到英国外交政策的原则时，对此做了十分明确的阐述：我们的政策并不复杂，那就是不被任何人以任何方式束缚我们的手脚，我们要独立对自己的行动做出判断，继续与法、俄保持密切的关系，这些是和平的最佳保证。与此同时，我们也要与德国保持完美的友好关系，并准备与之友善地讨论任何悬而未决的问题。① 当 1914 年 7 月底欧洲大陆的外交状况急剧恶化时，英国首相阿斯奎斯（Herbert Asquith）仍旧没有改变对欧洲大陆的"孤立"政策的论调，他说："很高兴，看起来不需要解释为什么我们是许多军事冲突的旁观者。"② 英国外交大臣格雷爵士（Sir Edward Grey）对这种论调也给予最大的支持，1914 年 6 月 11 日，奥匈帝国王储斐迪南夫妇被刺两周前，格雷对下院做出保证："英国没有法定义务要加入法、俄这一边作战；若欧洲列强间发生战事，没有任何未公开的协定，可限制或约束政府或国会决定英国是否应参战的自由。"③ 7 月 31 日，他对同事说："没有一种正式的联盟，英国就不会受到像法国对俄国担负的忠诚义务那种相同的义务的束缚。"④ 他主张，在危机发生早期不加入任何一边，可令英国保持不偏不倚的地位，这或有助于英国介入协调解决战争。过去的经验也支持这种策略。⑤

但是就在格雷讲话的同一天，德国向法国发出最后通牒，要求法国"在德俄之间发生战争时保持中立"。此后，法国和德国于 8 月 1 日几乎同时进行总动员。法国答复德国的最后通牒说：它将"根据自己的利益采取行动"。⑥ 德国驻法大使冯·舍恩（Von Schoen）于 8 月 3 日向法国总理勒内·维维亚尼（René Viviani）递交了本国的宣战书，借口是一连串的侵犯边界事件和所谓一架法国飞机轰炸了纽伦堡。但直到 1914 年 8 月 2 日，阿斯奎斯还坚持说："我们没有任何给法国或俄国提供陆军或海军帮助的义

---

① G. P. Gooch and H. W. Temperley, *British Documents on the Origins of the War, 1898 – 1914*, London: HMSO, 1926 – 1938, Vol. 6, pp. 738 – 9.

② M. and E. Brock, eds., *H. H. Asquith: Letters to Venetia Stanley*, London: Oxford University Press, 1982, p. 123.

③ 〔美〕亨利·基辛格：《大外交》，顾淑馨、林添贵译，海南出版社，1997，第 190 页。

④ J. Morley, *Memorandum on Resignation, August 1914*, London: Macmillan Publishing House, 1928, p. 10.

⑤ 〔美〕亨利·基辛格：《大外交》，第 191 页。

⑥ 〔法〕皮埃尔·米盖尔：《法国史》，蔡鸿滨译，商务印书馆，1985，第 486 页。

务……虽然我们千万不能忘记与法国所确立的关系和亲密友谊。"①

　　在欧洲大陆情势急剧恶化的情况下，英国还抱着不卷入任何一方的犹豫暧昧态度，不想明示其立场，这在一定程度上助长了德国发动战争的决心。美国著名政治家和外交家基辛格对英国这种态度的影响有精辟的阐述："最终能够阻止连锁反应的国家英国，却犹豫不决……英国若能明确宣示其立场，让德国了解英国会参与全面大战，威廉二世很可能会规避正面作战。这也是当时俄国外相萨佐诺夫（Serge Sazonov）的后见之明：'余对此亟欲一吐为快，若一九一四年时格雷爵士，依余坚决之敦促，及时确切地宣示英与法、俄同心同德，或可挽救人类免于如此悲惨之灾难，免于足以令欧洲文明难以为继之后果。'"② 大战爆发时的英国海军大臣温斯顿·丘吉尔在回忆录中也坦率地承认："实事求是地说，我们与法国的协约关系以及从1906年起出现的双方陆海军商谈，令我们陷入只有承担同盟的义务、却没有享受同盟好处的一种境地。一个公开的联盟，倘若能在较早的时候和平缔结，它会在德国人内心起抑制作用，或至少能改变他们军事上的如意算盘。而现在我们在道义上有责任支援法国，当然这样做对我们有利，可是事实上，从谈判的内容而言，我们对法国的帮助似乎不很肯定，以致它对德国人的影响没有它应起的作用大。"③

　　但是，当8月3日德国对法宣战并执行施里芬计划④入侵比利时后，英国便于8月4日对德宣战。

　　那么是什么原因促使英国参战呢？最重要的，也是最终促使英国决心加入战争同法国一道打击德国的动因，是英国对自己国家利益的考虑。正如史学家菲尔伯特所说的："英国最终决定干预这场欧洲冲突很少是基于十年前曾经确立密切关系后对法国的一种'道德'义务，甚至很少是基于作为比利时中立保证者而对比利时的一种'光荣'义务，它更多的是基于一

---

① E. Brock and M. Brock, "Britain Enters the War," in R. J. W. Evans and H. Pogge von Strandmann, eds., *The Coming of the First World War*, London: Oxford University Press, 1988, p. 145.

② 〔美〕亨利·基辛格：《大外交》，第190页。

③ 〔英〕温斯顿·丘吉尔：《第一次世界大战回忆录》第1卷（1911～1914），第113页。

④ 该计划是阿尔弗雷德·冯·施里芬（Alfred von Schlieffen）在任德国总参谋长期间（1891～1906）于1905年完成的《对法战争备忘录》，其要点是：德国在不可避免的对俄国和法国的东西两线作战中，首先集中优势兵力在西线通过比利时进攻法国，在东线取守势，在4～6个星期内取得对法国的决定性胜利，然后再调集主力去东线粉碎俄军，整个战争将在3～4个月内结束。但是第一次世界大战爆发时德国面临的形势已经发生了很大变化，时任总参谋长的小毛奇（Ludwig von Moltke）在实施该计划时做了一些修改。

种可计算的英国自己民族的自我利益。"① 史学家斯蒂芬森认为，在某种意义上，英国介入战争是为了援助法国，同时也是为了控制法国。因为如果在没有英国的支持下让法国和我国在对德战争中获胜，在未来可能造成一种在英国和胜利的国家之间对抗的局面。② 如果法国战败，情况也将再度回到战前的状况，英国从中也不会获得任何好处。英国外交部常务次官尼科尔森坚持英国干预就是基于这种原因。③ 格雷在德国人侵比利时不久在下院发表的演说也印证了上述说法："……鉴于我们在印度和帝国其它部分或在英国占领下的其它国家已承担巨大责任，鉴于存在着各种晦暗不明的因素，因此，在考虑从国内派出一支'远征军'问题时，我们必须审慎从事……对比利时条约的义务、在地中海可能出现的某种损害英国利益的局面、法国由于我们不给予支持而可能遭遇变故——倘若我们说这一切都完全无足轻重，我们要作壁上观，那么我相信，我们必定在全世界面前失去他人的尊敬，丧失良好的声誉，而且无法逃避最严重的经济后果……"④ 丘吉尔更是直言不讳地说："只有英国能够恢复平衡，能保卫世界的公正。不管其它任何的失败，我们必须在那里，我们必须及时赶到那里（指比利时）。"⑤ 由此可见，英国要与法国合作参加欧战的真正动机还是英国的传统政策——"欧洲均势"：英国联合欧洲大陆其他国家反对另一个霸权国家——从形式上和内容上都没有发生实质性变化。正如史学家克莱因－阿尔布朗特所指出的："毕竟尽可能地利用大结盟国作为代理人打一场欧洲大陆战争是英国长期的传统。"⑥

　　这就决定了英国参战的性质并不是为了对某个国家的义务。英国之所以在交战初期出现短暂的犹豫，其原因正如基辛格所分析的："令格雷头痛的是英国民意压力与外交政策传统相互矛盾。一方面，民意不支持因巴尔

①　W. J. Philpott, *Anglo-French Relations and Strategy on the Western Front 1914 – 18*, London: Macmillan Publishing House, 1996, p. 13.

②　D. Stevenson, *The First World War and International Politics*, London: Oxford University Press, 1988, p. 37.

③　E. Brock and M. Brock, "Britain Enters the War," in R. J. W. Evans and H. Pogge von Strandmann, eds., *The Coming of the First World War*, p. 147.

④　〔英〕W. N. 梅德利科特：《英国现代史 1914 – 1964》，张毓文译，商务印书馆，1990，第14 页。

⑤　〔英〕温斯顿·丘吉尔：《第一次世界大战回忆录》第 1 卷（1911～1914），第 111 页。

⑥　Wm. Laird Kleine-Ahlbrandt, *The Burden of Victory: France, Britain and the Enforcement of the Versailles Peace, 1919 – 1925*, New York: University Press of America, 1995, p. 73.

干问题而加入战争，英国应该设法调停。但另一方面，若法国战败或对英法同盟失去信心，德国便可称霸，这正是英国极力反对的。因此很可能到最后，即使德国不曾入侵比利时，英国也必须参战，以免法军全军覆没，但要英国民意接受战争恐怕尚需要时间。在此酝酿期间英国可能已尝试调停。然而，德国决定挑战英国最确定的外交政策原则之一，即绝不可让低地国家落入任一强国之手，却解决了英方的疑虑，使战争再无妥协的余地。"①

我们可以这样认为，战争爆发前不久，英国仍一直以"均势"为其安全之所恃。到 1914 年，英国对平衡者的角色越来越不安。有感于德国已强盛于欧陆其他国家，英国觉得无法再置身事外。由于英国认为德国有独霸欧洲之危险，因此认为恢复过去的现状无助于解决欧洲均势这一基本问题。所以英国也不再肯妥协而坚持要求要获得其本身的"保障"，即永久地削弱德国，尤其要大幅削减德国的公海舰队（High Sea Fleet），这是德国除非战败否则绝不会接受的。②

二　大战前期英国与法国的松散合作

由于英国的上述意图，注定了它在战争初期的立场：要扶持法国打败德国，但为了战后的均势，它还必须做到让欧洲大陆各国互相残杀，以达到两败俱伤的效果。因此它虽援助法国，但相当有限，仍将主要力量收缩于英伦一隅，把保卫本国的安全放在第一位。对此史学家阿尔布朗特指出：英国在战争初期的真正意图是皇家海军控制海域并阻止敌人的入侵，同时，英国用财富帮助它的盟国取得战争的胜利。③ 可见，英国还没有完全退出自己的岛国情结和孤立主义情绪。这一点从英国派往大陆支援法国的军队的数量上可以看出来——只有 4 个步兵师和 1 个骑兵师的英国远征军表明它仅仅是象征性地援助法国的欧陆战争。这支派往法国的远征军连法国陆军的半个集团军的规模都不到。④ 正如梅德利科特所指出的："英国如果把自己

---

① 〔美〕亨利·基辛格：《大外交》，第 191 页。

② 〔美〕亨利·基辛格：《大外交》，第 197 页，High Sea Fleet 应译为"公海舰队"。

③ Wm. Laird Kleine-Ahlbrandt, *The Burden of Victory: France, Britain and the Enforcement of the Versailles Peace, 1919 - 1925*, p. 73.

④ F. Maurice, *Lessons of Allied Cooperation: Naval Military and Air 1914 - 1918*, London: Oxford University Press, 1942, p. 5.

的贡献局限于提供一支规模较小的远征欧陆的部队并且有效地利用在别处的多样化资源,也许仍不失为上策。"① 也就是说在战争发生时,英国对法采取有限援助政策,并没有竭尽全力。在这种情况下,负责英法两国军队联络的法国军事代表联络官胡格特将军 (General Huguet) 抱怨说:"英国想要在人数上牺牲最少,让法国承受主要的伤亡来赢得战争。"② 而俄国驻英军事代表杰西诺则指出:"我的印象是:英国人和法国人各行其是,目的在于以最少的兵力损失和最大的方便来保卫自己的国家,力图把其余的担子都推在我们身上。"③

正是英国在战争初期采取了上述设想和政策,所以虽然早在大战爆发前 10 多年,英法就联合起来为战争做了准备,但当战争真的爆发时,英法合作的进程远远落后于战争的发展进程。两国就好像并没有结盟,只是由于它们之间友好的传统而于 1914 年进入了战争。④

英法的松散合作主要表现在两个方面。第一是在战场上。由于合作不足,加上两国共同作战的西线是德国倾力重点击破的地方,造成战争初期,英法联军节节败退,损失惨重。例如,英国派遣到法国的远征军由约翰·弗兰奇爵士 (Sir John French) 指挥,8 月 9 日英远征军开始渡过英吉利海峡,8 月 22 日与德军初次交锋。按原计划,远征军将与法国第五集团军的 10 个师一道大举挺进,包抄德军右翼;但不久德军右翼便集结了 34 个师,计划包抄英法联军。法军主力部队突进到与德军推进的相反方向投入战斗,致使德军十分顺利地长驱直入比利时国土。霞飞 (General Joseph Joffre) 指挥的法国 4 个集团军于 8 月 14 日至 25 日在洛林和卢森堡展开 "边界战役",以伤亡达 30 万人的代价,大体守住了比利时边境。英军向前推进,22 日进抵蒙斯,却获悉法国右翼的朗雷扎克 (Lanrezac) 将军在沙勒卢瓦被击退。次日发生的蒙斯战役是一场阻滞战,英国由于缺乏援助而不得不后撤,因为法军为避免遭到新来自东线德军的包围,未通报英军便径自撤退了。又

---

① 〔英〕W. N. 梅德利科特:《英国现代史 1914 - 1964》,第 15 页。

② J-B. Durosell, "Strategic and Economic Relations during the First World War," in N. Waites, eds., *Troubled Neighbors: Franco-British Relations in the Twentieth Century*, London: Weidenfeld & Nicolson, 1971, p. 48.

③ 〔苏〕亚·德·柳勃林斯卡娅等:《法国史纲》,北京编译社译,三联书店,1978,第 682 页。

④ Wm. Laird Kleine-Ahlbrandt, *The Burden of Victory: France, Britain and the Enforcement of the Versailles Peace, 1919 - 1925*, pp. 71 - 72.

如，1914 年 9 月 6 日，德军和霞飞将军统率的法军开始了马恩河大会战。战争结果法军获得胜利，德军速决战破产，西线稳定下来，双方转入阵地战。但是马恩河战役的胜利也并不是英法合作的结果，而是俄国人在东线的推进帮助了法国。① 德国军需总监鲁登道夫（Ludendorf）后来指出："要是没有俄军，巴黎、不伦、加莱早就被占领，而且等不到英国组成几百万大军，甚至等不及美国想到参战，战争早就结束了。"② 1915 年，德军司令部把主要注意力转移到东线。但即使在这种情况下，英法在西线也没有军事进展。两个盟国在 1915 年西线的香槟地区和法兰德斯屡次进攻，但毫无结果，没有突破德军防线，也无法改变战争的进程。

第二个表现是两国未能及时组成联合的指挥机构。战争爆发时，英法虽为盟国，竟没有正式机构来联合制定外交政策或军事战略，双方各自为战。根据英方后来的联络官斯皮尔斯（Edward Spears）回忆说："在 1915 年战斗激烈进行时，完全反常的是法国的联队无视这样的事实：英国的军队正在距离他们 1 公里以内区域战斗。两国军队的分界线被严格地维持着，并且甚至在实际接触地点大家也几乎不混在一起。"③ 丘吉尔也在 1915 年 6 月强调协约国在行动中缺乏真正的协调，这被人们认定是导致 1915 年几次战役失败的主要原因。④

面对日益严峻的形势，两国领导人才不得不认真对待。1915 年下半年，通过反复磋商，两国终于就如何加强战争状态下的合作达成谅解。1915 年 11 月，两国政府领导人在巴黎会晤，并达成了设立一个常务委员会协调盟国军事行动的原则。⑤ 两个月后，两国领导人在伦敦同意建立这样一个委员会。⑥ 但是后来的事实证明，这个方案仍旧停留在纸面上。

在没有官方协调机构的情况下，英法两国的作战协调工作开始以私人

① 早在 1914 年 8 月底，俄军就进入东普鲁士，这使得德国总参谋部大为惊恐；加以俄军在西乌克兰又战胜了奥匈军队，俄军的推进，迫使德军司令部赶忙把一部分兵力调到东线，这就毫无疑问地削弱了德军在法国的力量。
② 〔苏〕亚·德·柳勃林斯卡娅：《法国史纲》，第 679 页。
③ Wm. Laird Kleine-Ahlbrandt, *The Burden of Victory: France, Britain and the Enforcement of the Versailles Peace, 1919 – 1925*, p. 83.
④ Alan Sharp and Glyn Stone, *Anglo-French Relations in the Twentieth Century: Rivalry and Cooperation*, London and New York: Routledge, 2000, pp. 77 – 78.
⑤ F. Maurice, *Lessons of Allied Cooperation: Naval Military and Air 1914 – 1918*, London: Oxford University Press, 1942, p. 23.
⑥ M. Hankey, *Diplomacy by Conference-Studies in Public Affairs 1920 – 1946*, London: Putnam, 1946, p. 16.

接触方式进行。这种私人接触主要是以各国部长或大臣通过各种渠道去探询对方的意见,然后再私下达成一致。然而,没有政治上的担保,这种形式的协商很难得到伦敦和巴黎的内阁或议会的赞同。于是官方外交代表——法国驻伦敦大使康邦和英国驻巴黎大使博尔蒂(Bertie)开始作为联络官员接触,加强战时沟通。双方各在对方军队中派遣了一名联络官来加强两国间的战时联络。①

不过这种通过联络官提供的信息还是具有很强的个人色彩,对于促成两国间谅解和协同作战作用有限。因为联络官很少有能力和权力确保双方军队思想和行动的统一。正如斯皮尔斯所解释的:"他们可以安排协调一些细节问题,但是他们不能打破两个司令部工作方式上的隔阂,他们很多时候也无法弄清两个司令部在理念上存在哪些分歧。"②

两国间的第一次正式政府首脑会议直到 1915 年 7 月 6 日才得以召开,当时英国首相阿斯奎斯来到加莱会晤了法国内阁总理维维亚尼,自此以后才促成了协约国间一系列重要会议的召开。阿斯奎斯认为这些会议在"消除"摩擦、加速而不是阻碍协约国车轮运转方面是有作用的。③ 然而,英法两国并不把这些会议看成是一个可以达成一致和协调的机会,而是作为一个提出它们自己观点的平台。两国领导人只是希望简单地协调一下不同的想法而已。

在这种人为的拖延下,西欧大陆的战争形势愈发严峻了。在西线,统一指挥问题愈发紧迫。早在 1914 年 9 月,英国远征军统帅弗兰奇就抱怨说,"由于缺乏统一指挥,我们损失惨重"。④ 具有讽刺意味的是,在战争前 9 个月,法国人实际上认为英国远征军在听从他们的总司令霞飞的指挥。事实上,弗兰奇明确表示不会遵从任何其他外国将领的命令。⑤

---

① 这两个重要的军方联络官就是英国方面的斯皮尔斯和法国方面的胡格特,他们两人在战后撰写的回忆录成为研究一战中英法关系的最直接和最重要的史料。

② E. L. Spears, *Liaison 1914*, *A Narrative of the Great Retreat*, California: W. Heinemann Ltd., 1930, pp. 119 – 120.

③ E. Brock and M. Brock, eds. *Asquith Letters*, p. 391.

④ L. Freedman, P. Hayes and R. O'Neill, *War, Strategy, and International Politics*, London: Oxford University Press, 1992, p. 124; R. Holmes, *The Little Field-Marshal: Sir John French*, Michigan: Johnathan Cape, 1981, p. 202.

⑤ L. Freedman, P. Hayes and R. O'Neill, *War, Strategy, and International Politics*, p. 124. R. Holmes, *The Little Field-Marshal: Sir John French*, pp. 201 – 202; J-B. Durosell, "Strategic and Economic Relations during the First World War," in N. Waites, eds., *Troubled Neighbors: Franco-British Relations in the Twentieth Century*, pp. 41 – 42.

这种脆弱的联合使联盟步入一个噩梦般的开局。1915 年，法国反复要求一个统一的司令——自然在霞飞指挥下。但霞飞对此却无能为力。无论如何，英国远征军指挥官想尽可能掌管英国的武装力量，希望逐渐使整个协约国的战争力量处在英国控制下。当英国将军道格拉斯·黑格（Douglas Haig）取代弗兰奇成为远征军司令时，他仍遵循以前的传统：不与法国进一步合作，并坚持在 1916 年和 1917 年战争开始之前两国不必为联合军事行动形成总体计划。根据英国联络官斯皮尔斯回忆，在西线的英法关系实际上在 1916 年 12 月 12 日法国军队指挥官霞飞下台后更加恶化了：当法国承担了战争主要压力时，他们开始觉得他们早期的努力正在被英国忘却，相比于法国的力量迅速被消耗，英国却越来越多地提出各种要求。法国发现，当最终来彻底解决国家间的交流合作时，法国自己是无助的。①

霞飞下台后，尼维尔（Robert Nivelle）继任他的职位。1917 年 2 月接任阿斯奎斯的英国首相劳合 - 乔治顶住国内军方的反对在加莱会议上同意把英国军队置于法国司令部领导之下。这样，西线的联合司令部得以建立起来。但不幸的是，尼维尔春季攻势失败，由于军事损失惨重而遭到舆论一致谴责，最终又使联合司令部夭折。直到 1917 年 11 月，当时的法军总司令贝当（General Philippe Pétain）仍旧反对设立一个协约国总司令的想法。9 月末，劳合 - 乔治和新任法国总理潘勒维（Paul Panlevé）承认：需要召开一些更为持久而不是阶段性的会议来协调协约国的战略。1917 年 11 月，意大利在卡巴雷托（Caporetto）催促协约国必须加强联合。同月初在拉巴诺，英法在建立战时最高委员会上达成一致，一个协调协约国之间命令的常设机构将在凡尔赛建立。这个机构虽然没有解决协约国间合作的所有问题，也没有替代现存的协约国司令和他们的总参谋部，但是它由各国总理或首相以及各成员国其他代表构成，通过每月召开会议以期"监督战争的总体指导原则"。② 英法两国的联合作战直到这时才走上正轨。

---

① E. L. Spears, *Prelude to Victory*, London: J. Cape, 1939, p. 61; A. Prete, "Joffre and the Question of Allied Supreme Command 1914 - 1916," Proceedings of the Annual Meeting of the Western Society for French History, 1989, Vol. 16, pp. 334 - 335.

② T. H. Bliss, "The Evolution of the Unified Command," *Foreign Affairs*, 1922, Vol. 1, p. 6; F. Maurice, *Lessons of Allied Cooperation: Naval Military and Air 1914 - 1918*, pp. 101 - 104; D. French, *The Strategy of the Lloyd George Coalition*, London: Oxford University Press, 1995, p. 164.

三　英国对法政策向积极合作转变

那么，英国最终为什么下决心与法国合作，并且让自己的军队服从于法国的指挥呢？这仍然是英国的"欧洲均势"政策使然。因为随着战争后期局势的发展，英国意识到，如果它不更加全身心地奉行对欧洲大陆作战的义务，协约国不可能取得对德国战争的胜利。

1917 年，由于战局迟迟没有进展，英国已明显看出英法军队的厌战情绪，而且法国政局开始不稳，联合内阁要求与德国缔结和平条约以走出战争的呼声越来越高。特别是由于同年 4 月美国的参战，使英国控制盟友的能力进一步受到削弱。维持现存的法国政府稳定执政成为英国战时外交的关键目标，因为英国一直害怕新上台的法国政府时刻准备着直接寻求与敌人达成和平协议。尽管英国对法国背叛盟友的忧虑可能被夸大了，但是从战争开始到结束，这个问题始终是英国关注的问题。

法国参战时，其政府是在以维维亚尼为首的温和左派政府领导下。在全国掀起战争热潮时，内阁扩大成所有党派的"神圣联合"，在后来的三年，法国就是以各派联合的方式跟跄地一路走过。然而，1917 年春夏间出现的失败主义情绪使这个联合内阁四分五裂。如果战争再继续下去，以卡约（Joseph Caillaux）为首的激进派就不能再同社会主义者和保守派联合执政了。卡约一直认为不能以牺牲法国为代价坚持作战，应该谋求与交战国的和平以尽快走出战争。以普恩加莱为首的保守派则坚持战斗到底。"神圣联合"面临四分五裂，法国无法长期坚持下去，国家必须做出抉择。

在战争的大多数时间里，英国的战略很大程度上受到法国政治状况的影响。其实早在 1915 年夏天，熟悉前线战争境况的基切纳已决定英国必须倾其所有力量，尽最大的努力帮助法国，为了做到这一点，即使英国遭受非常大的伤亡也在所不惜。① 其理由是：如果法军总司令霞飞不能获胜，法国的厌战可能导致该国突然退出战争。早在 3 月份，基切纳在法国的私人代表伊舍勋爵（Lord Esher）就警告说："如果这场战争以一种令人不满意的和平而结束，那将是因为我们错误对待法国盟友，并且误解了法国人的秉

---

① 　R. Blake, *The Private Papers of Douglas Haig 1914 - 1919*, London：Eyre & Spottiswoode, 1952, p. 102.

性。"① 弗兰奇在 1915 年 7 月也强调，除非英国做出一些继续奉行其义务的
积极表示，否则法国将脱离协约国并独自与交战国缔结和平协定。② 英军指
挥官威尔逊（Henry Wilson）甚至更明确地说："（要想最终获得战争的胜
利）很大程度上取决于我们能否拉一把处于困境中的法国战士和人民。"③

伊舍早就对法国军队士气状况产生悲观的看法，他认为，当时法国国
民议会激进社会团体领导人卡约可能是巴黎政治危机最大的受益人，并且
他的首选将是与德国缔结和平。基切纳因而要求英国政府应该培育与法国
陆军部长米勒兰的密切关系。因为米勒兰与霞飞合作形成现存法国政府的
坚固核心——两人都坚决执行战争到底的政策。如果米勒兰辞职，伊舍警
告说，对法国失败主义者来说，将代表一种胜利，他们"将自己同德国结
束这场战争"。④

在英国战略家的脑海中，对法国有可能与对手缔结和约的这种担心并
没有随着战争的延续而完全消失。1916 年 5 月，伊舍提醒英国指挥部说：
"卡约和和平团体正悄然增强它们的地位，法国对战争失去信心和试图获取
任何可以忍受的和平的危险在秋天可能增大了。"⑤ 英国远征军司令道格拉
斯·黑格也在日记中暗示，法国军队的状况，至少是他对法国军队状况的
印象，是促动他发动 1916 年索姆河攻势的因素之一。他在 5 月写道："我彻
底审视各个方面，如果我们不支持法国将会发生什么，我得出的结论是上
前去支持法国。"⑥ 同时，在交战双方的著名政治家中间听到的关于单独媾
和、协议媾和的言论，越来越频繁了。⑦ 海在 1917 年 7 月说："我们能够看
着意大利甚至是俄国退出战争，而仍旧与法国和美国继续这场战争。但是
如果法国退出这场战争，我们不仅不能够继续在欧洲大陆的战争，而且我
们在法国的军队将处境艰难。"⑧

而事实也证明了英国的担心。持续的战争使法国国内形势越来越恶化。

---

① L. Freedman, P. Hayes and R. O'Neill, *War, Strategy, and International Politics*, p. 124.
② R. Holmes, *The Little Field-Marshal: Sir John French*, p. 298.
③ D. French, "The Meaning of Attrition, 1914 – 1916," *English Historical Review*, 1988, Vol. 103,
　 p. 394.
④ L. Freedman, P. Hayes and R. O'Neill, *War, Strategy, and International Politics*, pp. 127 – 128.
⑤ J. Barnas and D. Nicholson, *The Empire at Bay: The Leo Amery Diaries 1929 – 1945*, Vol. I, Lon-
　 don: Hutchinson, 1980, p. 129.
⑥ R. Blake, *The Privte Papers of Douglas Haig*, p. 53.
⑦ 〔苏〕亚·德·柳勃林斯卡娅等：《法国史纲》，第 682 ~ 683 页。
⑧ R. Blake, *The Private Papers of Douglas Haig*, p. 247.

1917年春天，法国国内首次出现了争取摆脱战争、进行革命的呼声。1917年5月1日的群众大会变成了自发的旨在反对继续战争的示威。更为糟糕的是，反战情绪越来越广泛地渗入法国军队当中。西线在施曼－德－达姆赫苏瓦松地区进行的"尼维尔攻势"使法国死伤了几万名士兵，这次军事失利为法军中声势浩大的反战运动奠定了基础。1917年5月，反战运动波及75个步兵团、22个骑兵团、12个炮兵团、两个殖民地步兵团、一个塞内加尔人组成的营和两支后备部队。1917年5月20日，反战的各部队的士兵拒绝开往前线，并组织群众集会和示威游行，要求立即停止战争和签订不割地不赔款的和约。士兵们制定的一个叫《十诫》的特别文件在前线和后方广为散发，士兵们坚决要求根本改善他们的处境：使官兵的生活方式平等，禁止动手打人，废除毫无意义的机械训练，规定定期休假，废除死刑，最后一条是，在冬季来临以前停战。① 在后方，工人的反战罢工如火如荼，1917年6月的罢工人数比1916年全年的罢工人数多一倍半。1917年5月30日，第36团和第129团的士兵离开阵地，赶赴巴黎声援首都举行罢工的劳动者。1917年6月，坚持战争的普恩加莱总统在日记中写道："前线的情况不佳，反对指挥部、反对政府、反对我的运动在继续中。星期日我本当到兰斯去授予勋章……但是人们对我说：恐怕有人会向我乘的火车上扔石头。"②

　　随着战争的继续，法国政局日益动荡不安。1916年1月29日晚，德国第一次派"齐普林"飞艇空袭巴黎。2月7日，法国参议院军事委员会就空袭事件指责负责航空的副国务秘书内·贝纳尔监视不力。第二天贝纳尔辞职。不久，受到波及的白里安内阁也出现信任危机。1916年12月13日，白里安改组内阁，23名部长中留任10名，总司令霞飞也以指挥凡尔登战役失误被撤职，代之以尼维尔。不久，白里安内阁纷争加剧，1917年3月17日，白里安辞职。9月13日，潘勒维上台组阁，但只维持了两个月，11月13日，政府就被国民议会推翻。法国不到一年就更换了三个总理，这反映了国内政局的严重动荡。

　　在这种情况下，英国不得不加紧对法国的援助，以期尽快结束战争。英国放弃了以前在军事上对法国的有限援助政策，开始大量征兵，并源源不断地将兵员派遣到法国前线。英国政府从1914年8月到1916年1月采取

---

① 〔苏〕亚·德·柳勃林斯卡娅等：《法国史纲》，第692页。
② 〔苏〕亚·德·柳勃林斯卡娅等：《法国史纲》，第692～693页。

自愿参军政策，参军人数不多，军队规模较小，总军力才 703300 人。1916年后，随着形势恶化，为了加强对法国的援助，从此时到战争结束，英国政府实行了征兵法。这一政策的实施使援法军队数量大为改观，从 1914 年8 月英国一支小规模远征军发展到 1917 年英国在西线投入的兵力史无前例地达到 200 万人，加上自治领武装总计达到 270 万人。连英国军事史专家邦德也感叹道：“这是一种巨大的军事努力。”① 在批准 1917 年帕森达勒（Passchendaele，比利时）攻势时，英国内阁战时政策委员会仍警惕如果英国不进攻，可能在法国产生的政治影响。② 英方联络官斯皮尔斯坚持认为，不能冒着巴黎的里博（Alexandre Ribot）政府崩溃的危险，如果他倒台了，“唯一的选择……法国会选择和平结束战争”。③ 直到 1918 年，英国驻法国大使德比勋爵（Lord Derby）仍然严肃地指出法国失败对英国可能意味着什么：“在我看来，劳合－乔治似乎一点也没有意识到这儿的危险是什么，那就是令人满意的条件将被提供给法国，法国将接受它们，而我们则不得不随时准备付出代价。如果克里孟梭掌权，我认为不必担心会缔结单独的和平条约，但是如果德国真的提出一个令人满意的要求……我认为我们以后不可能让法国士兵去战斗或发动这个民族去继续这场战争，因为他们会说为我们（英国）的利益而战是太傻了。”④

阿斯奎斯认为在交战双方大国中，法国的政府最不稳定。⑤ 当调查维维亚尼的神圣联盟政府时，他发现像法国这样一个国家的奇怪之处：“富有资源、人和其他东西”，却无法产生一个比较有政治影响的领导集团。⑥ 道格拉斯·黑格曾写道，法国是“一个拥有有点神经的参议院的政治骗子政府”。⑦ 正是出于这种担心，英国才被迫全身心支持法国。

在英国政府强有力的军事支援下，法国总统普恩加莱采取强硬政策，克里孟梭也积极活动。在里博内阁和潘勒维内阁危机重重时，克里孟梭利用各种丑闻和叛变事件攻击政敌。他指控内政部长马尔维是“内奸”，迫使

① Briand Bond, *British Military Policy between the Two World Wars*, London: Oxford University Press, 1980, p. 3.
② L. Freedman, P. Hayes and R. O'Neill, *War, Strategy, and International Politics*, pp. 151–152.
③ L. Freedman, P. Hayes and R. O'Neill, *War, Strategy, and International Politics*, p. 151.
④ Alan Sharp and Glyn Stone, *Anglo-French Relations in the Twentieth Century: Rivalry and Cooperation*, p. 76.
⑤ E. Brock and M. Brock, eds., *Asquith Letters*, p. 422.
⑥ E. Brock and M. Brock, eds., *Asquith Letters*, p. 422.
⑦ R. Blake, *The Private Papers of Douglas Haig*, p. 214.

他辞职。随后潘勒维也辞职。1917 年 11 月,普恩加莱任命克里孟梭组阁,克里孟梭内阁是主战派。克里蒙梭加强同协约国合作,打击和平主义情绪,指控卡约与 "失败主义者" 勾结,与中立和敌对一方进行 "和平谈判"。1918 年 1 月卡约被捕,马尔维也以同样的罪名被驱逐出境 5 年。法国坚持战争的决心因领导人的更换而坚定起来。

在法国的这种努力下,英国进一步加强了同法国的合作。随着 1918 年德国春季攻势使英法军队面临被各个击破的危险境地,协约国家同意任命福熙 (General Ferdinand Foch) 作为西线总司令。作为英国远征军司令的道格拉斯·黑格本人也表示完全服从法国总司令的指挥。1918 年 3 月 26 日和 4 月 3 日,英法联军先后召开两次重要会议,任命福熙为总司令,并在随后的第二次马恩河战役中成功击溃德国,协约国取得了战略上的主动权,福熙因指挥有功被晋升为法国元帅。随后协约国步调一致,统一行动,经过一系列战役终于取得战争的胜利。

四   英国对法战时政策的战后影响

虽然英法经历了一战时期的合作,但对欧洲大陆的不同战略促使它们无法把这种合作局面持续下云。相反,英国在一战中的大部分时间里所采取的对法貌合神离的政策影响到了战后的国际政治,主要表现在以下两个方面。

第一,英国并未改变对欧洲大陆的 "均势" 政策,英国寻求欧陆均势和法国寻求欧陆霸权的两种外交理念的冲突在战后一段时间里愈演愈烈,成为欧洲内部动荡的根源之一。

英国参战的根本目的是通过削弱德国来维持欧洲大国的平衡,而不是通过击败德国在大陆上创建一个占压倒性优势的法国。英国外交历来都坚持这样一个原则:"防止任何一国主宰欧洲大陆……任何有能力主宰欧洲的大国会倾其力量威胁英伦三岛。为了实现这一外交政策目标,英国扮演了利用自身的重量保持天平的平衡、阻止欧洲大陆崛起这样一个大国的角色。"① 法国则想永久消灭德国这个对手。从近代到现代,德国共入侵法国 6 次之多,尤其是 1870 年普法战争的耻辱使法国记忆犹新,法国认为只有确立自

---

① 〔美〕罗伯特·帕斯特:《世纪之旅:七大国百年外交风云》,胡利平、杨韵琴译,上海人民出版社,2001,第 38 页。

己在欧洲大陆的优势地位才能改变被动地位。因此对于法国来说，"生存的最高保证是成为霸主……霸权是任何国家确保自己生存的最佳手段"。① 史学家亚当斯维特认为，"对于法国来说，安全和霸权是同义词，只有霸权才能确保持久的安全"。②

第一次世界大战的结束没有消除英法外交理念的冲突，反而使其更加凸显。战时内阁成员寇松在停战前不到一个月时强调："我真的很害怕，我们将来最为担心的大国是法国。"③ 英国"从此不再"考虑战时盟友关系延续下去的可能性。而法国一直对英国试图操纵欧洲均势而心怀怨恨。克里孟梭曾对劳合－乔治说："我不得不告诉你，从停战的那一天起，我就发现你是法国的一个敌人。"④ 普恩加莱也指出："尽管有时承认英国是我们的盟友是重要的，但是，英国正如它过去一直所扮演的角色，它是作为我们最强大的竞争对手而存在的。"⑤

毫无疑问，英法严重分歧是战后初期欧洲政治的主要特征。这种特征并未因一战的合作而有丝毫改变。作为西欧最重要的两个大国，同时也是最重要的两个战胜国，两国在战后塑造一个什么样的欧洲、如何确保欧洲的稳定等问题上存在着重大的分歧，这极大地影响了欧洲的稳定。1922 年法国公然派兵进入德国鲁尔，这标志着两国不同欧洲观的冲突变成了实际行动上的冲突。1923 年法国派遣更大规模的军队进入鲁尔，造成德国经济近乎崩溃，欧洲进入战后的动荡期。随后英法两国开始了长期的讨价还价，这种冲突直到 1929 年关于德国赔款的《杨格计划》签订才告一段落。但此时经济大危机已经在美国爆发并很快蔓延到欧洲，欧洲进入了另一个更为巨大的动荡期，其衰落之势已经显现。

第二，英国"均势"外交的保守性导致绥靖政策的产生。

第一次世界大战后，英国继续对欧洲大陆实行均势外交政策，英国相

---

① 〔美〕约翰·米尔斯海默：《大国政治的悲剧》，王义桅、唐小松译，上海人民出版社，2003，第 2~4 页。

② Alan Sharp and Glyn Stone, *Anglo-French Relations in the Twentieth Century*: *Rivalry and Cooperation*, p. 122.

③ P. M. Kennedy, *The Realities behind Diplomacy*: *Background Influences on British External Policy 1865－1980*, London：Fontana, 1981, p. 211.

④ G. Clemenceau, *Grandeur and Misery of Victory*, London：Harcourt, Brace and Company, 1930, p. 113.

⑤ S. Jeannesson, *Poincare, la France et la Ruhr* (*1922－1924*), Strasbourg：Presses Universitarires de Strasbourg, 1998, pp. 117－118.

信，只要德国是一个统一的整体，只要德国的正当要求得到满足，欧洲的均势就可以维持下去，欧洲的"和平"就能得到保全，英国就能以最小的代价操控欧洲政治并有利于自己的发展。其具体表现是包容德国，用德国乐意接受的方法束缚和规范之，以此解决多年来使欧洲无法安宁的德国问题。这种方法在初期有一定的效果，但后来英国逐渐趋向保守，不对欧洲大陆任何纷争承担义务，而是在法西斯国家咄咄逼人的侵略扩张面前力争保全自己，终于变为片面寻求和平的"绥靖政策"。史学家马丁·吉尔伯特认为，英国对于德国修改现状的要求日益增长的同情感是 20 世纪 30 年代英国绥靖政策的首要根源。绥靖政策的实施助长了法西斯势力的壮大和对外疯狂的侵略扩张，并最终导致法西斯国家发动了第二次世界大战，而英国所追求的"欧洲均势"也一去不复返了。

论两次大战之间英国海军重拾
"两强标准"的失败

耿 志[*]

作为一个岛国，海军是英国国防的基石。1889 年英国政府通过《海军防御法案》，正式确立海军"两强标准"，即英国海军不弱于其他两个最强海军国家的海军加起来的规模。事实上，在此前的两百年间，这一标准已成为英国海军的战略传统。然而，在 19 世纪与 20 世纪之交，"两强标准"渐渐呈现出难以满足帝国的防御需要的迹象。当时英国面临着一个紧迫的战略抉择：要么大规模建造海军，要么物色一个盟国分担重任。在此背景下，英国政府选择了后者，与日本于 1902 年缔结"英日同盟"。在第一次世界大战中，日本海军接过了英国海军在远东的大部分责任，并且在 1917 年同意参与地中海和印度洋的护航任务，作为回报，英国支持日本在战后和平会议上继承德国在远东的利益。[①]

一 放弃"两强标准"

第一次世界大战后，英国仍然拥有世界上规模最强大的海军，但是英国政府首要目标的是恢复经济、解决社会民生问题，大规模削减军费和复员裁军成为大势所趋。1919 年 8 月 15 日，英国内阁通过了"十年规则"（Ten Year Rule）作为国家战略的指导性原则，即设想未来十年内不会有大

---

[*] 天津师范大学历史文化学院讲师。

[①] S. Woodburn Kirby, *The War Against Japan*, Vol. I: *The Loss of Singapore*, London: Her Majesty's Stationery Office, 1957, pp. 1 – 2.

规模战争，无须为此组建欧陆远征军。① 在当时的一些人看来，"十年规则"的施行意味着英国一定会放弃传统的海上霸权，甚至可能会允许自身实力落后于美国海军。重新定位战后英国海军战略，成为政府重要的焦点议题。

时任海军参谋长戴维·比提（David Beatty）建议，如果美国不放弃或不修改 1916 年的海军计划，② 英国应继续造舰以保持平衡，同时加强"英日同盟"，但他反对以"英日同盟"来对抗美国，认为应该在平等的基础上与美国结成同盟，保证海军力量至少不弱于美国。③ 驻美大使格雷勋爵（Lord Grey）也谏言首相劳合·乔治，英国无力阻止美国建立一支与英国实力相当甚至超过英国的海军力量，英国海军应以欧洲国家海军作为参考标准。④ 比提和格雷的观点分别代表了英国大多数军职和文职官员的想法，不与美国为敌、放弃传统的"两强标准"已成为政府高层的共识。1920 年 3 月 17 日，海军大臣沃尔特·朗（Walter Long）代表内阁在议会下院正式宣布："我们的海军在力量上不应弱于其他任何一国的海军。"⑤ 英国就此正式放弃了传统的海军"两强标准"而实行"一强标准"。

尽管英国放弃了"两强标准"，但从一战中渔翁得利的美国和日本却在不断扩充海军力量。1919 年美国国会决定继续 1916 年的海军扩建计划；日本国会则通过了"八八舰队计划"。⑥ 这让英国政府担心如不限制美日的海军扩建任其发展，美国甚至日本终将超过英国，那么"一强标准"也难以维系。

1921 年 3 月，英国政府把"十年规则"抛在一边，提出在建造 4 艘战列舰后，还计划建造史上最强大的 48000 吨的战斗巡洋舰 4 艘，作为对美国和日本扩建海军的回应。⑦ 但是英国政府冷静下来以后感到力不从心，于是

---

① N. H. Gibbs, *Grand Strategy*, Vol. Ⅰ, London：Her Majesty's Stationery Office, p. 3. 关于"十年规则"的专门论述可见拙文《论"十年规则"的实施及其影响》，《青海民族大学学报》（教育科学版）2011 年第 1 期。

② 1916 年 8 月美国国会通过《海军法案》，支持威尔逊总统的海军计划，该计划总共要造 156 艘军舰，耗资 5 亿美元。

③ John R. Ferris, *The Evolution of British Strategic Policy*, *1919 - 1926*, London：Macmillan, 1989, pp. 61 - 62.

④ N. H. Gibbs, *Grand Strategy*, Vol. Ⅰ, p. 7.

⑤ N. H. Gibbs, *Grand Strategy*, Vol. Ⅰ, p. 9.

⑥ "八八舰队"指第一线舰队以舰龄不满 8 年的战列舰 8 艘共 20000 吨，装甲巡洋舰 8 艘共 18000 吨为最低限度的主力，并以巡洋舰以下各种舰艇作为辅助部队。

⑦ Anthony Clayton, *The British Empire as a Superpower*, *1919 - 1939*, London：Macmillan, 1986, p. 21.

向华盛顿试探召开国际海军裁军会议的可能性，并允诺与美国共同维持海军均势。1921 年 11 月至 1922 年 2 月华盛顿会议召开，英、美、法、日签署《美英法日关于太平洋区域岛屿属地和领地的条约》，规定条约生效后，"1911 年 7 月 13 日英国和日本在伦敦缔结的协定应予终止"。① 英、美、日、法、意签订《关于限制海军军备条约》，确定了主力舰 5∶5∶3∶1.75∶1.75 的吨位比例。② 英、美、日之间的海军军备之争暂时得以缓和。

英国在华盛顿会议这一国际场合正式确认放弃传统的海军"两强标准"，但就当时形势而言，这并不是一个糟糕的结果。首先，"英日同盟"虽然不再存在，但《四国条约》"既保持了英日之间的友好关系，又增添了同美国协作的新气象，所以劳合·乔治声称这是英国外交的大成功"。③ 其次，英国在华盛顿会议之前事实上就已经放弃了海军"两强标准"，因此主力舰吨位的比例不是无奈的退让，而是英国海军"一强标准"的现实体现。另外，在《关于限制海军军备条约》中，英美对日做出在西太平洋不新建或扩建海军基地的重要让步，但新加坡没有包括在其中，而且英国依据条约削减的是一些过时老旧的军舰，反之，美国和日本则要限制建造较现代化的舰只。因此，华盛顿会议一方面避免了英国今后被动地卷入代价高昂、财力难以支撑的军备竞赛，另一方面通过条约限制了其他国家的海军发展，至少使美国海军力量暂时不能超过英国，同时保持对另外三国的海军优势，其战略核心目标是力图维持"一强标准"。

1930 年 1 月的伦敦海军会议是华盛顿会议的继续，旨在对主力舰之外的海军力量做出限制。4 月 22 日，英、美、日三国签署《限制和裁减海军军备的国际条约》，三国驱逐舰的吨位比是 10∶10∶7，潜水艇的吨位比是 10∶10∶10。美国在非主力舰方面取得与英国相等的地位，此外规定英国拥有巡洋舰 50 艘（只比美国多一艘）。日本在非主力舰方面突破了与英美主力舰 5∶5∶3 的框架，并在潜水艇方面争得与英美对等的地位。④ 但是，法国要求与会国以条约的形式给予它安全保障，意大利则要求获得与法国同等的海军地位，这两个要求都没有得到满足，因此法国和意大利拒绝签字，不受条约的约束。⑤

① 《国际条约集 1917 - 1923》，世界知识出版社，1961，第 738 页。
② 《国际条约集 1917 - 1923》，第 743 页。条约规定英国的海军总吨位包括了自治领的部分。
③ 方连庆主编《现代国际关系史 1917 - 1945》，北京大学出版社，1990，第 80 页。
④ 《国际条约集 1924 - 1933》，第 473 页。
⑤ Stephen Roskill, *Naval Policy between the Wars*, Vol. Ⅱ, London: Collins, 1976, pp. 58 - 60.

5 月 13 日首相麦克唐纳发表演说，盛赞此次海军会议消除了军备竞赛，又节省了大笔财政开支，但遭到海军上将泰勒（E. A. Taylor）的批评。泰勒指责伦敦条约是"对国家的背信弃义……在与美国平等的基础上而不是在我们实际需要的基础上参加这次会议，是一个极大的错误"。① 从军事角度和以后的事实来看，泰勒的观点具有前瞻性。因为如果战争爆发，英国传统的海上封锁政策以及所承担的国际义务，都要求英国比其他国家拥有更多的巡洋舰和驱逐舰，当大西洋和太平洋或加上地中海同时成为战场时，这一点则更加突出。此外，意大利、法国及之后的纳粹德国不受该条约的约束，可以随意建造新型的现代化战舰。而英国则受条约所限，战舰现代化更新显得滞后。但这些仍然在"一强标准"可接受的范围内，未违背"十年规则"的战略意图，所以获得了当时英国大多数官员和公众的支持。

二 "一强标准"的结束

随着 20 世纪 30 年代初欧亚两个战争策源地逐渐形成，1933 年 11 月英国政府正式废止了"十年规则"。1934 年 2 月 28 日，新成立的旨在弥补英国国防缺陷的国防需要委员会（the Defence Requirements Committee，简称 DRC）向内阁提交了第一份报告。

报告重申了不把法国、意大利和美国当作敌人的决定，认为日本是近期的敌人，德国则是最潜在的敌人；为避免两线作战，报告建议改善与日本的关系，但反对为此牺牲与美国的友谊，同时加强远东的军事力量，尤其是海军。报告建议英国海军仿效日本对大部分主力舰进行现代化，并与海军基地现代化重要物资储备保持进度一致；新加坡基地达到作战条件的时间应从最初设想的 1940 年提前到 1938 年。②

同时，英国海军部鉴于 1930 年伦敦海军会议以来的形势提出：在远东对付日本的同时，在大西洋对付欧洲最强的海军（当时意指法国），皇家海军是难以胜任的，"这个国家要获得可靠安全只能是实行海军两强标准——日本和一个欧洲国家"，否则要么与其他国家海军结盟，要么在"一强标准"下集中力量于欧洲（意指放弃远东），而前者无法令人放心，后者不符

---

① J. Ramsay MacDonald, "The London Naval Conference, 1930," *Journal of the Royal Institute of International Affairs*, Vol. 9, No. 4 (Jul., 1930), pp. 441 – 442.

② N. H. Gibbs, *Grand Strategy*, Vol. Ⅰ, pp. 93 – 97.

合国家利益。但是，由于国防需要委员会的职责是在现行原则下评估以往国防的缺陷，加上德国海军相对较弱，法国实际上被排除在假想敌人之外，"在不实行两强标准的情况下，海军两线作战被认为是可行的"。① 因此，新"两强标准"的呼吁没有出现在弥补国防缺陷的报告中，但这是自 1920 年实行"一强标准"以来，第一次有政府部门正式提出"两强标准"。

随后，内阁对报告进行了激烈的讨论。关于海军，财政大臣尼维尔·张伯伦主张：既然以德国为最潜在的敌人，海军就应该放弃对日战争准备，应该与日本缔结一个关于"保证中国完整和海军造舰的公约"，这样不但节约了海军军费，还能平息公众的厌战声浪，当务之急是针对德国发展空军力量，"我们肯定负担不起同时改造我们的战舰"。② 内阁采纳了张伯伦的意见，并决定弥补海军缺陷计划和造舰计划应由海军部和财政部每年讨论一次。

与此同时，德国于 3 月份公布了新的年度国防预算为 9.566 亿马克，比上年度增加了近 1/3，其中海军军费为 2.36 亿马克，比 1933 年增加了 0.5 亿马克。③ 这引起了英国政府的高度关注和担忧。为打消英国的戒心，11 月 28 日希特勒表示他愿意在 35% 的基础上就海军问题与英方达成一致。同一天，德国海军司令雷德尔（Erich Raeder）向英国海军武官重申，德国愿意参加伦敦国际海军会议，前提是必须废除《凡尔赛条约》对德国海军的束缚，另外德国愿意与英国进行单独会谈。④ 1935 年 6 月 18 日，英德签署《德国政府和联合王国政府关于限制海军军备的换文》，换文规定：德国海军的总吨位永不超过英国海军总吨位的 35%，德国潜水艇总吨位不超过英国总额的 45%。⑤

英国打算通过协定对德国海军加以约束，避免海军军备竞赛，并为 1935 年召开的国际海军会议进行铺垫。张伯伦说道："我很满意与德国人订立协定，它让我们控制他们的海军，并且事实上看起来如此之好，以致使

①　N. H. Gibbs, *Grand Strategy*, Vol. I, pp. 97, 117 – 121.

②　Keith Feiling, *The Life of Neville Chamberlain*, London: Macmillan, 1946, pp. 254, 258; Stephen Roskill, *Naval Policy between the Wars*, Vol. II, p. 171.

③　*Documents on German Foreign Policy 1918 – 1945*（以下简为 *DGFP*），Series C, Vol. II, Washington: United States Government Printing Office, 1959, pp. 707 – 708.

④　*DGFP*, Series C, Vol. III, Washington: United States Government Printing Office, 1959, pp. 681 – 682, 685 – 686.

⑤　*DGFP*, Series C, Vol. IV, London, Her Majesty's Stationery Office, 1962, pp. 319 – 326.

人怀疑。我不惊讶法国人感到不安，但没有时间可以失去，我相信艾登能够向他们表明，协定不但有益于我们，而且对他们也有益处"。① 但张伯伦过于乐观了，协定让德国海军总吨位得以增加 4 倍。由于英国海军在全球负担责任，而德国的海军较为集中，在大西洋可以形成相对的海军优势。另外，协定招致法国的不满，加深了英法之间的隔阂。它对英国在远东的地位也产生了不利的影响，因为随着德国海军不断扩大，英国需要更多的力量部署在大西洋，这将大大限制派往远东舰队的规模，无法对日采取强硬立场，这在七七事变后英国的远东政策中凸显出来。②

1935 年 7 月，内阁要求国防需要委员会结合《英德海军协定》签订后的国际局势和英国的财政状况，重新确定三军发展计划。7 月底，国防需要委员会出台了第二份报告。报告认为，日本正与德国接近，德国重新武装的步伐越来越快；意大利和埃塞俄比亚的战争，使"斯特莱沙阵线"出现松动；③ 关于德国发动战争的最早时间仍被估计在 1942 年，因此 1939 年 1 月 1 日被认为是英国进行战争准备的最后期限；要获得安全和制止侵略的唯一方法就是政府增加军费的投入④。

1935 年 11 月 21 日，国防需要委员会出台了第三份报告。报告指出：自德国不受《凡尔赛条约》的束缚、日本开展新的造舰计划以来，海军"一强标准"已经证明是不够的；如果远东与欧洲同时受到威胁，英国的安全难以保证，如果把主要力量放在欧洲，日本在远东的势力将扩至最大，苏伊士运河以东的半个帝国将沦落日本之手；从长期考虑，海军应实施"两强标准"，在远东部署一支足够防御的舰队，同时在本土海域部署一支舰队应对德国。海军扩建目标是：1936～1939 年更换 7 艘主力舰，同期每年更换 5 艘巡洋舰，1936～1942 年建造 4 艘新的航空母舰；1936～1937 年组建一支驱逐舰纵队（一个纵队包括两个驱逐舰中队），以后每年组建一支驱逐舰纵队，直到 1942 年为止。⑤ 这实际是扩大的"一强标准"，并未达到

---

① Robert Self, eds. , *The Neville Chamberlain Diary Letters*, Ashgate Publishing Limited, 2005, p. 141.

② 这一时期英国海军的远东困境可参见 Stephen Roskill, *Naval Policy between the Wars*, Vol. II, London: Collins, 1976。

③ "斯特莱沙阵线"是指 1935 年 4 月英、法、意三国在意大利北部的斯特莱沙召开会议，讨论三国相互保障欧洲和平的问题，这被当时的媒体渲染为保障欧洲和平的"斯特莱沙阵线"。

④ N. H. Gibbs, *Grand Strategy*, Vol. I , pp. 177 - 179.

⑤ N. H. Gibbs, *Grand Strategy*, Vol. I , pp. 259 - 261.

"两强标准"，被称为"DRC 标准"。[①]

　　内阁认为"DRC 标准"只能看作是临时性的，在即将发表的国防白皮书中将不予以提及，理由是海军部必须对细节先展开调查研究，而实际情况是政府"不愿招惹独裁政府展开报复性的造舰以及避免使国民惊恐"。[②]尽管"DRC 标准"离"两强标准"在规模上仍有差距，但标志着海军"一强标准"的结束。

三　新"两强标准"和"DRC 标准"

　　1935 年 12 月 9 日，英、美、日、法、意在伦敦召开国际海军会议，商讨 1922 年《关于限制海军军备条约》和 1930 年《伦敦海军条约》有效期截止后的世界海军问题。1936 年 3 月 25 日达成《限制海军军备条约》，对从主力舰到潜水艇的各类舰只的最大吨位和炮口的最大口径都做了详细规定，但和以往不同的是没能在数量上加以限制，条约的实际作用只是把海军建造情况相互通知而已。[③] 因此，"在达成海军军备限制这个会议初衷上，最终签订的条约实际上没有取得任何成功"。[④] 一定程度上说，"1936 年的伦敦海军条约是一次企图扭转已经发生彻底改变的形势的尝试"。[⑤]

　　把此次会议与"DRC 标准"联系起来，充分表明此时英国政府处于彷徨犹豫的两难境地，即面对法西斯国家扩军备战，不能再继续以往轻视国防建设的政策，但长期以来过分强调政府财政的稳定，决策者不敢轻易迈出重整军备的坚定步伐，仍幻想通过条约限制德意日，从而避免战争。张伯伦提到："我不相信德国即将进攻英国，通过精心的外交手段，我认为我们能够避免战争，虽然可能不是无限期的，如果我们现在就按丘吉尔所提议的那样，牺牲我们的贸易而生产武器，那将肯定使我们花了几代人去恢复的贸易受到损害，将摧毁目前已建立起来的令人欣喜的信心，并将严重

---

① "DRC 标准"的海军规模是：主力舰 15 艘，航母 8 艘，巡洋舰 70 艘，驱逐舰 144 艘，潜艇 55 艘，其他舰只 120 艘。

② Stephen Roskill, *Naval Policy between the Wars*, Vol. II, p. 219.

③ 《国际条约集 1934 - 1944》，世界知识出版社，1961，第 59 ~ 74 页。由于海军平等要求没有得到承认，日本中途退出了大会。意大利则因为国联对它入侵埃塞俄比亚实行制裁，最终没有在条约上签字。

④ Stephen Roskill, *Naval Policy between the Wars*, Vol. II, p. 320.

⑤ N. H. Gibbs, *Grand Strategy*, Vol. I, p. 332.

削弱财政收入"。①

　　英国内阁原则上通过了"DRC 标准"，但"部分由于未来三年内人员、物资增加困难，不可能使海军在 1939 内 3 月 31 日或之后一些年达到 DRC 标准"，并且"那个标准在提出的时候就已经过时了"。② 因为《英德海军协定》使德国能够迅速扩建海军，日本退出第二次伦敦海军会议、意大利拒绝签字，后两国不再受条约的束缚。国防需要委员会建议内阁重新考虑新"两强标准"问题，提议让海军部对新标准的所需进行估算。

　　1936 年 6 月，在内阁强调"不得损害当前国防缺陷获得弥补之后可能采取的海军力量标准"的前提下，时任海军大臣塞缪尔·霍尔（Samuel Hoare）提出，接下来的三年中，每年海军建造计划应做如下增加：航空母舰 2 艘，巡洋舰 7 艘，驱逐舰 18 艘，潜艇 7 艘。霍尔的建议得到了内阁的批准，并在 1937 年 2 月发表的年度国防白皮书中得到体现，③ 但霍尔提出的海军计划实质仍是扩大的"一强标准"，离"两强标准"还有差距。

　　1937 年 4 月 29 日，霍尔正式就新"两强标准"向内阁提交了一份全面细致的分析报告。报告指出，只要海军力量得不到原则上的确定，海军部就很难制订战争计划、部署总体战略；即使支出超过其他军种，海军的扩建速度仍是不够的，新"两强标准"支出为每年 1.04 亿英镑，主要力量构成是：主力舰 20 艘，航空母舰 15 艘，巡洋舰 100 艘，驱逐舰 22 个纵队、约 198 艘，潜水艇 82 艘。此外，由于英国在远东的舰只修理条件有限，远东主力舰数量必须比日本多 1 艘，本土海域主力舰至少要比德国多 3 艘。报告提醒，按当前标准，如果英国已卷入欧洲战争，是不可能同时保卫远东的，即使德国海军被限制在英国的 35%，英国也不能冒险向远东派遣足够的舰队威慑日本。④

　　霍尔的目的是促使内阁尽快接受新"两强标准"，但内阁将该问题交国防协调大臣托马斯·英斯基普（the Minister for the Co-ordination of Defence, Thomas Inskip）做进一步的研究。1937 年 12 月，英斯基普提交"未来几年的国防支出评估报告"，其中建议目前海军支出不应超出"DRC 标准"，并

① Robert Self, eds., *The Neville Chamberlain Diary Letters*, pp. 219 - 220.

② N. H. Gibbs, *Grand Strategy*, Vol. Ⅰ, pp. 335 - 336.

③ N. H. Gibbs, *Grand Strategy*, Vol. Ⅰ, pp. 337 - 338.

④ N. H. Gibbs, *Grand Strategy*, Vol. Ⅰ, pp. 339 - 345; Stephen Roskill, *Naval Policy between the Wars*, Vol. Ⅱ, p. 327.

推迟对新“两强标准”做出最后的结论。① 内阁接受了英斯基普的建议。

1938 年 2 月，新任海军大臣达夫·库珀（Duff Cooper）继续劝说内阁采纳新“两强标准”。他指出，“DRC 标准”已无法适应当前的国际形势，霍尔在任时提交的“两强标准”计划是海军安全最低的限度。他的意见同样遭到了英斯基普和财政大臣西蒙（John Simon）的否定。② 但面对实行新“两强标准”的持续呼声，内阁只好指示英斯基普与西蒙、库珀进行磋商。为此，库珀专门起草了一个备忘录，较霍尔计划在军费支出和建造数量上做了缩减，但内阁依然没有就新“两强标准”做出决定。

张伯伦、英斯基普等人认为，扩大“一强标准”并不意味着要偏离该标准，不惜代价建造一支规模难以维持的海军是错误的，新标准的支出应当限制在现有资源范围之内。英斯基普则索性指明，“建议中的海军力量新标准是不可能达到的”。库珀和海军参谋长查特菲尔德（Lord Chatfield）坚持，应该首先决定帝国的安全需要，然后决定解决的方式和代价；如果国家处于危险之中，保证社会事业却不能提供必要的国防力量，那是完全错误的。作为妥协，库珀建议内阁先正式采纳新“两强标准”，但不确定完成时限，每年根据财政状况和国际形势决定进度。但 1938 年 7 月内阁做出决定，海军力量的标准必须与财政资源相适应，在当前情况下不实行新“两强标准”。③

1939 年 6 月德国宣布废止《英德海军协定》，英国约束德国海军的最后希望破灭，日本则在全面侵华后愈发咄咄逼人。新任海军大臣斯坦诺普勋爵（Lord Stanhope）重提新“两强标准”。他提醒内阁，主力舰在远东多日本 1 艘和在欧洲多德国 3 艘，英国根本没有多大的优势，随着日本和德国每年最大可能地建造军舰，未来更加难以确定，唯一的解决办法是“即刻的专门措施和长期的威慑结合起来”，前者是每年再增加 16 英寸主力舰 2 艘、增加 1940 年计划中 15 英寸主力舰 1 艘，“这是避免德日超过我们并一开始就力图使我们明白无论如何我们都将失败的最可靠的方式”。④ 7 月 6 日内阁

---

① N. H. Gibbs, *Grand Strategy*, Vol. Ⅰ, pp. 345 – 346. “DRC 标准”下海军年度军费实际开支一般在 0. 56 亿 ~0. 99 亿英镑，两次大战间海军军费预算与开支见 Stephen Roskill, *Naval Policy between the Wars*, Vol. Ⅱ, p. 489。

② N. H. Gibbs, *Grand Strategy*, Vol. Ⅰ, pp. 347 – 349.

③ N. H. Gibbs, *Grand Strategy*, Vol. Ⅰ, pp. 351 – 354; Stephen Roskill, *Naval Policy between the Wars*, Vol. Ⅱ, pp. 424 – 426.

④ N. H. Gibbs, *Grand Strategy*, Vol. Ⅰ, pp. 355 – 356.

讨论了斯坦诺普的意见，同意采取"即刻的专门措施"，但是关于"长期的威慑"，内阁依然采取老的一套，指示海军部会同财政部于 10 月将相关研究报告递交帝国国防委员会审议。然而，没等报告完成第二次世界大战已经爆发，生产反潜舰只和商船成为战时急需。此时英国海军离"DRC 标准"尚有距离，新"两强标准"更是因战争而最终不了了之。

四　新"两强标准"失败的原因

英国海军新"两强标准"一直未能实现，主要有以下几个方面原因。

1. 英国国力的衰微难以再支撑传统的"两强标准"。第一次世界大战造成整个帝国因战争死亡近 100 万人（其中英国本土死亡 75 万人），150 万人受重伤，商船损失了 40%；英国战争费用为 90 亿英镑，欠债 13.4 亿英镑，英国作为世界金融中心的地位不复存在；出口贸易下降，工业生产混乱；两次大战间失业人数从未低于 100 万。[1] 尽管以英国史学家梅德利科特为代表的学者认为，"英国在世界上拥有的相应的势力和影响，并未因大战而减弱，如认为英国已大大削弱，则是一种误解"，但梅德利科特承认，"英国的经济优势地位削弱了"。[2] 一战后，"十年规则"的迅即出台是英国经济实力下降、政府财政窘困在国家战略层面的直接反应。

2. 反战的和平主义在战后英国成为社会思想主流，甚至表现出孤立主义、反爱国主义。尼维尔·张伯伦曾声称，"战争什么也赢得不了，什么也医治不了，什么也结束不了……战争中没有赢家，都是输者"。[3] 美国学者威廉森·默里指出："到 20 世纪 30 年代，英国很大部分精英（不仅仅是知识分子，还有政界和统治阶层）已转而确信大战没有胜利者，所有参战国都失败了。"[4] 这些社会精英代表了大多数选民的心声，认为大战是一场无人得利的大规模残酷的屠杀，坚信"战争涉及承担义务，而战争是可怕的，

---

① A. J. P. Taylor, *English History 1914 – 1945*, Oxford：Oxford University Press，1992，pp. 120 – 162.

② 〔英〕W. N. 梅德利科特：《英国现代史 1914 – 1964》，商务印书馆，1990，第 115 页及该页脚注②。

③ Keith Feiling, *The Life of Neville Chamberlain*, p. 320.

④ 〔美〕威廉森·默里：《帝国的倾覆：1919 至 1945 年的英国战略》，威廉森·默里等编《缔造战略：统治者，国家与战争》，世界知识出版社，2004，第 419 页。

因此承担义务是错误的"。① 作为民主制国家，公众舆论直接影响到英国政府的决策，因此，"反战的反作用力量使 20 年代一切军备计划都成了可笑的事，而且在 30 年代末期仍然阻碍全面重整军备"。②

3. 欧亚战争策源地形成后，英国海军部提出新"两强标准"建议，但政府执行的是一条外交与重整军备相结合、"以实力谋绥靖"的政策路线。绥靖被英国政府看作满足安全需要的最主要手段。英国首相张伯伦曾表示："我连一秒钟也没有怀疑我在慕尼黑会议上所做的事情的正确性。"③ 即使德军占领捷克斯洛伐克全境后，张伯伦依然"不接受战争是不可避免的"。④ 所以，像新"两强标准"这样的举动只会给绥靖外交制造麻烦，给德意日扩军备战提供借口。梅德利科特指出："绝大多数人是孤立主义者……为争取和平而冒险，进一步削减已经缩减的武装力量，使那些解除了武装的国家失去重建武装力量的任何借口。"于是，"这一阶段重整军备的目的，与其说是要打赢一场大战，不如说是要能以一种旷日持久和无利可图的斗争前景来恫吓、警告并威慑希特勒（或其他敌人）"。⑤

4. 由于财政困难，英国政府无法对陆海空三军种同等对待，海军并不是军备重整的重点。一是因为在未来与德国的战争中，德国空军被认为是对英国本土最大的威胁。二是一战期间尽管德国飞艇和飞机对英国造成的伤亡并不大，但由此对英国社会造成的心理阴影却始终挥之不去。⑥ 重点发展空军，尤其是追求轰炸机数量与德国持平，政府既可以以此安抚紧张的社会情绪，赢得公众的支持，又可以作为绥靖德国时讨价还价的筹码。虽然海军待遇要好过陆军，但它的发展是有限的。

5. 1935 年 11 月国防需要委员会的第三份报告中写道："与德国建立融洽关系的可能性是不大的，与日本和意大利的融洽关系即使很不牢固，也相对充满希望。"⑦ 因此，英国对意大利的拉拢一直持续到 1940 年 6 月意大利入侵法国，对日本侵华行径则始终采取牺牲中国的政策让步。而德国海军力量相对较弱，如果通过外交手段避免"两线"或"三线"作战，英国

① N. H. Gibbs, *Grand Strategy*, Vol. Ⅰ, p. 25.

② 〔英〕W. N. 梅德利科特：《英国现代史 1914 - 1964》，第 115 页。

③ 〔英〕基斯·米德尔马斯：《绥靖战略》，上海译文出版社，1978，第 766 页。

④ Robert Self, eds., *The Neville Chamberlain Diary Letters*, p. 264.

⑤ 〔英〕W. N. 梅德利科特：《英国现代史 1914 - 1964》，第 344 ~ 345、386 页。

⑥ 英国因空袭死亡 1117 人、伤 2886 人。

⑦ N. H. Gibbs, *Grand Strategy*, Vol. Ⅰ, p. 257.

海军单独对付德国则绰绰有余，这相当程度上促使英国政府决策者认为没有必要实行新"两强标准"。

从以上对英国海军重拾新"两强标准"失败的过程及其原因的探讨可以得出这样的结论：在 20 世纪二三十年代的时代背景下，新"两强标准"主观上得不到英国政府决策者和社会民众的支持，客观上得不到政府经济财政的支撑，因此难以摆脱失败的命运。海军海军实力是英帝国盛衰的晴雨表，重拾传统"两强标准"的失败意味着英国霸权时代开始走向终结。

（原刊于《历史教学》2012 年第 2 期下）

夺取战后贸易秩序制定权的斗争

——1943 年英国"大胆战略"的形成与实施

徐轶杰[*]

英国是第二次世界大战前世界最大的经济实体之一，没有英国的参与，战后贸易体系的建立是不可能的，但长久以来，英国在战后贸易秩序设计中的作用常常为学者忽视。[①] 基于英美两国的原始档案，笔者考察了 1943

[*] 中国社会科学院当代中国研究所助理研究员。

[①] 关于战后贸易规划的研究早在 20 世纪 50 年代就已经开始。1956 年理查德·加德纳（Richard N. Gardner）出版了《英镑—美元外交》（Richard N. Gardner, *Sterling-Dollar Diplomacy: Anglo-American Cooperation in the Reconstruction of Multilateral Trade*, Oxford: Clarendon Press, 1956），开启了这一领域的研究。基于所有当时已经公开的文献，加德纳提出了"美国挑战说"，即认为战后贸易秩序的形成过程就是美国不断向英国的挑战过程。但受到冷战现实的影响，当时学界强调英美合作，如威廉·哈代·麦克尼尔的《美国、英国和俄国：它们的合作与冲突》（中译本由上海译文出版社 1978 年出版）一书，在战后规划中突出美英两国的合作，而对两国的利益冲突只是一笔带过，并未深究。"挑战说"为"合作说"所代替。70 年代，"修正学派"兴起，开始对美国在二战期间的经济政策提出种种批评。1986 年，英国官方历史学家普雷斯奈尔（L. S. Pressnell）在伦敦出版了《大战以来的对外经济政策·第一卷·战后财政安排》（L. S. Pressnell, eds., *External Economic Policy Since the War*, Vol. I, *The Post-War Financial Settlement*, London: HMSO, 1986）一书，该书利用英国当时最新解密档案，发展了加德纳的"美国挑战说"，论述了英国在面对美国不断的"挑战"时，从置之不理、被迫应付、拖延搪塞直至不得不让步到签订城下之盟的心酸历程。此时，美国的经济霸权受到日、德等国的挑战，昔日雄风不再，出生于英国、在美国进行研究的保罗·肯尼迪（Paul Kennedy）出版了《大国的兴衰》（中译本由求实出版社 1983 年出版）一书，使霸权模式影响了战后经济规划领域的研究，产生了一批有影响的著作，其中最具代表性的就是 1990 年伍德（Randall Bennett Woods）的《换岗：1941－1946 年的英美关系》（Randall Bennett Woods, *A Changing of the Guard: Anglo-American Relations, 1941－1946*, Chapel Hill: The University of North Carolina Press, 1990）。在这些著作中，二战中英国对美国挑战的消极应对及此后的不得已妥协都好像为霸权理论提供了生动的注解。因此，在战后贸易规划问题的研究中，学者们在霸权范式的框架中形成了"美国中心主义"，而英国则被描述成即将衰落的国际贸易霸权国，消极应对来自美国的挑战。此时正值中国改革开放

年英国为重夺战后贸易秩序制定权所制定的"大胆战略"的形成与实施过程，认为在英国实力大大削弱的情况下，英国通过充分运用"外交手段"，最大限度地影响了战后贸易秩序的重建，从而维护了英国的国家利益。

一　英国对战后贸易秩序规划态度的转变

英国政府对战后贸易规划的态度经历了一个从消极拒绝到积极参与的转变过程。

1932年，为应对"大萧条"引起的黄金外流，英国建立了"英帝国特惠制"，对英帝国成员内部贸易实施保护，对英帝国成员之外国家输入的商品征收20%左右的关税。这一政策严重影响了美国的对外出口，引起美国商界和政界的不满。二战前，英美两国围绕"英帝国特惠制"，在国际经济领域展开了一系列斗争。①

二战爆发后，美国国务院打算从中渔利，逼迫英国放弃"英帝国特惠制"，②从而实现美国所谓的"贸易自由化"。③而"英帝国特惠制"是英国的核心利益之一，英国不可能轻易做出让步。英国战时首相温斯顿·丘吉尔本人尽管曾经严厉抨击过"英帝国特惠制"，但是作为英帝国利益的代言人，他在这个问题上还是使尽浑身解数捍卫英国的核心利益。1941年3月《租借法案》通过后，美英双方在《租借互助协定》④的条款厘定过程中围绕着"英帝国特惠制"展开了斗争。

进一步发展并积极谋求进入国际市场，国际学术界的这种倾向也影响到了国内的学术研究，如2006年人民出版社出版的张震江的《从英镑到美元：国际经济霸权的转移（1933—1945）》、2009年南京大学出版社出版的舒建中教授的《多边贸易体系与美国霸权：关贸总协定制度研究》和2010年上海社会科学院出版社出版的谈谭教授的《国际贸易组织（ITO）的失败：国家与市场》，都是在作者的博士论文基础上进行了较大修改与补充，也都受到了霸权范式的影响，就英国对战后贸易规划的积极作用研究不足。

① 两次世界大战期间，美英两国围绕英帝国特惠制的斗争请参见 Richard N. Kottman, *Reciprocity and the North Atlantic Triangle, 1932 - 1938*, New York: Cornell University Press, 1968.

② Robert E. Lester, *The Morgenthau Diaries: Prelude to War and War, 1940 - 1942*, Dayton: Lexis-Nexis, 2006, Reel 50, Volume 404, 4 June, 1941, pp. 269 - 333, 藏于北京大学图书馆。

③ Alan P. Dobson, *US Wartime Aid to Britain, 1940 - 1946*, London: Croom Helm, 1986, p. 36.

④ 英文名为"Mutual Aid Agreement"。译名目前有两种：威廉·哈代·麦克尼尔的《美国、英国和俄国：它们的合作与冲突》的中译本将其翻译为"租借总协定"；张振江将其翻译为"租借补偿谈判"，本文仅在这里依据原文缩写为《租借互助协定》。

　　1941 年 6 月 10 日，美国国务院开始与英国财政部经济顾问约翰·凯恩斯讨论战后贸易秩序问题，① 丘吉尔要求凯恩斯不要就战后贸易秩序规划问题与美国展开讨论，也不要承担任何义务，并强调"哪怕仅仅打算试探性地交换意见，都是极其危险的"。② 1941 年 7 月 28 日，美方提出《租借互助协定》草案，其中第七条款旨在废除"英帝国特惠制"。③ 美方的草案因此遭到英方的抵制。双方的谈判一直拖延到 1942 年。1942 年 1 月 10 日，丘吉尔还电令驻美大使哈利法克斯，要求他用尽一切"外交技巧"拖延与美方就《租借互助协定》展开谈判。④ 直到 1942 年美国国会对《租借法案》年度审议前，罗斯福总统为了使法案通过审议，致信丘吉尔保证《租借互助协定》第七条款不意味着马上取消"英帝国特惠制"，⑤ 丘吉尔才积极动员阁员认可已几易其稿的《租借互助协定》文本。1942 年 2 月 23 日，美英两国在华盛顿签署了《美利坚合众国政府与联合王国政府关于在进行反侵略战争中相互援助所适用原则的协定》（简称"英美租借互助协定"）。⑥

---

① T 247/44，*Treasury Papers*，*Series Two*：*Treasury Papers of John Maynard Keynes*（以下简称为 *Keynes Papers*），Adam Matthew Publications，2003，Reel 6，Consideration of the draft Lend/Lease Agreement（1941 – 1945），p. 10。藏于慕尼黑大学图书馆。

② T 247/44，*Keynes Papers*，Reel 6，Consideration of the draft Lend/Lease Agreement（1941 – 1945），pp. 13 – 14.

③ 美方草案的"第七条款"内容为：英国从美国接受防务援助以及美国由此所获得的利益的最终条款和条件不应当成为两国贸易的负担，而是应当促进两国间互利的经济关系以及世界范围内经济关系的改善；这些条款和条件要保证英美两国都反对任何针对原产于对方国家产品的进口歧视；双方将为达到上述目的而采取有关措施。参见 United States Department of State，*Foreign Relations of the United States Diplomatic Papers*（以下缩写为 *FRUS*），*1941*，Vol. Ⅲ，Government Printing Office（以下缩写为 GPO），1969，p. 16。

④ L. S. Pressnell，*External Economic Policy Since the War*，Vol. Ⅰ，*The Post-War Financial Settlement*，London：HMSO. ，1986，pp. 50 – 51.

⑤ *FRUS*，*1942*，Vol. Ⅰ，GPO，1960，pp. 535 – 536.

⑥ 协定文本请参见 *Department of States Bulletin*，Vol. Ⅵ，No. 140，February 28，1942，pp. 190 – 192，其中"第七条款"的文本最终定稿为："在最终制定英国政府向美国政府返还依据 1941 年 3 月 11 日国会法案所获援助时，英国返还的条款和条件不应成为两国贸易的负担，而应促进两国间互相有益的经济关系的发展，并推动世界经济关系的改善。为此，这些条款和条件应当经由英美两国一致同意并适用于所有与英美拥有共同目标的国家。这些条款和条件应致力于通过适当的国际和国内政策，直接促进商品生产、就业、商品交换和消费的扩大，而这些是人民自由与福祉的物质基础；致力于在国际商业中直接消除各种形式的歧视性待遇；致力于直接削减关税和其他贸易壁垒；总而言之，致力于实现美国总统与英国首相在 1941 年 8 月 12 日达成的联合声明中所设定的所有经济目标。在考虑两国经济状况的前提下，两国政府应尽早选择适当时机开展对话，以寻求双方通过共同行动以实现上述目标的最佳方式，并寻求有相同目标的其他国家政府支持与行动的最好方法。"

尽管有罗斯福总统的私人保证，但是《租借互助协定》第七条款作为国际条约，从法理上否定了"英帝国特惠制"存在的合法性基础。因为该条款"致力于在国际商业中直接消除各种形式的歧视性待遇；致力于直接削减关税和其他贸易壁垒"，这与"英帝国特惠制"原则完全相悖。面对这一形势，为了维护英国的利益，英国政府对战后贸易规划问题的态度出现了转变，即从消极拒绝转变为积极主动，其表现就是积极寻求与美国就战后经济问题展开对话。

英国的态度之所以转变，是因为英国政府认为，从政治角度看，双方展开有关战后贸易规划问题的对话极有必要。正如艾登所说："只有这样做才能澄清那种认为英国并没有和美国一样地去为战后更美好的经济秩序而奋斗的怀疑。澄清这种怀疑对英国至关重要，因为这将影响到美国是否接受英国的战后救济和重建计划。更要紧的是与美国成功地展开经济合作是英国所有战后政治计划的经济基础。英国政府希望通过对话了解美国的立场和思路，并在这一过程中对美国的战后计划施加影响，以实现英国利益的最大化。"[1]

1942 年 4 月 10 日，英国战后重建问题委员会（Committee on Reconstruction Problems）向内阁提交了一份题为"对外金融和经济政策——与美国开展预备会谈"的备忘录。该备忘录要求内阁授权战后重建问题委员会尽快与美方就《租借互助协定》第七条款的相关事宜展开"初步试探性会谈"，同时还要求内阁责成有关阁员负责与英帝国成员就战后贸易秩序问题展开会谈以达成英帝国内部一致的立场。值得注意的是，该备忘录首次强调了将苏联纳入战后经济合作中的必要性，并建议外交大臣在适当的时机主动约见苏联大使就战后经济规划展开讨论。作为与各方讨论的方案，该备忘录提出以财政部制定的"清算同盟"（Cleaning Union）为基础与美方展开谈判的计划。同时，备忘录还不忘严格限制会谈的性质，即会谈仅仅是英美两国就《租借互助协定》第七条款相关的事宜交换观点，要尽量向美方解释英国战后的财政困难，不牵扯任何实际义务。[2] 以此份文件为标志，英国政府的政策开始从消极应对转变为积极参与。

1942 年 5 月 1 日，英国内阁讨论了这一备忘录并做出决议，同意与美国就战后经济问题展开非正式接触性会谈，并指示驻美大使哈利法克斯，

---

①　T 247/115, *Keynes Papers*, Reel 14, Rt. Hon. A. Eden to Rt. Hon. Sir K. Woods, p. 8.

②　Cab 66/23, W. P. （42）159，藏于英国国家档案馆。

要他向美国发出邀请，邀请美国与英国就战后经贸问题展开对话。①

虽然英国转变了姿态，积极向美国政府发出邀请讨论，但美方的反应却不积极。助理国务卿艾奇逊表示美方还没有做好准备。在英国的不断催促下，国务卿赫尔出面解释，理由是美国认为此时就战后问题进行讨论容易引起政治上的麻烦。② 然而，美国对英国的主动邀请报以冷淡态度的真实原因是由于美国推行了以《互惠贸易协定法》③ 为基础的"双边方案"，即以双边贸易谈判为主要手段，以降低关税为诱饵，在经济上分裂英帝国成员国，以此直接摧垮英帝国特惠制，并最终形成以美国为中心的战后贸易体系。为此，早在 1940 年 12 月，美国先后向澳大利亚、新西兰、南非发出邀请，请自治领派贸易代表到华盛顿就战后贸易问题展开会谈。④ 英国向美国发出邀请之时正值美国与自治领国家谈判火热进行之时。美国谈判代表霍金斯甚至告知澳大利亚代表不必等美英就《租借互助协定》第七条款达成谅解，就可以先行展开贸易谈判。⑤

美国对英国的主动邀请采取的消极态度，致使有关战后贸易秩序谈判处于停滞状态。美国的战后贸易规划则继续以打破"英帝国特惠制"为中心，沿着"双边方案"的方向发展，导致美国并没有制定出全球性的战后贸易规划安排。

---

① Cab 65/26，W. M.（42）55th Conclusion Minute 1，藏于英国国家档案馆。

② *FRUS，1942，Vol. Ⅱ*，GPO，1962，pp. 167 – 197.

③ 《互惠贸易协定法》于 1934 年首次在国会通过，故又称 1934 年互惠贸易协定法。该法授予总统与外国进行贸易谈判的权力，在谈判过程中总统有权削减关税的比例上限为 50%，这就改变了美国的关税形成机制，此前美国的关税税率由国会决定。此举如其条文所说，目的在于"扩大美国产品的海外市场"，成为美国贸易政策的基础。但是随着外交实践的展开，以该法为基础的互惠贸易计划成为美国经济外交的强有力工具，从 1934 年到 1940 年，以《互惠贸易协定法》为基础，国务院已经建立了以美国为中心的互惠贸易体系。此外，由于该法赋予行政机构在谈判中的灵活性，互惠贸易计划已经超出经济领域而成为美国重要的政策工具，成为"睦邻政策"和"经济绥靖政策"的主要组成部分。该法有效期为三年，每三年国会将举行听证以决定该法是否可以延续。关于《互惠贸易协定法》的研究和实施具体内容，请参见徐轶杰未刊硕士论文《赫尔与互惠贸易协定法》，首都师范大学历史学院，2006。

④ 往来函电及相关记录参见 *FRUS，1941，Vol. Ⅲ*，GPO，pp. 113 – 119。战前，美国与加拿大已达成了双边互惠贸易协定。

⑤ 这一系列谈判中以美澳谈判最为典型，可参见 Department of Foreign Affairs and Trade，*Documents on Australian Foreign Policy 1937 – 1949*（以下缩写为 *DAFP*），Vol. V，Camberra，1982，pp. 773 – 774，785。

二　1943 年"大胆战略"的形成

就在美国冷淡地对待英国的主动邀请时,英国的战后贸易规划人员正在夜以继日地工作,先后形成了"米德计划"和"道尔顿备忘录"。在这些文件的基础上,英国的战后贸易规划逐渐成形并制定出了夺取战后贸易秩序规划主导权的"大胆战略"。

"米德计划"于 1942 年 7 月完成,全称为"关于国际商业联盟的建议案"(A Proposal for an International Commercial Union)。该建议案由英国经济学家詹姆斯·米德(James Meade)① 主笔,故名"米德计划",其核心是:在精心保护"英帝国特惠制"的前提下,通过建立多国参与的"国际商业联盟"这一多边国际机构,来管理战后国际贸易,并以此为基础建立战后多边贸易机制。② "米德计划"是第一份战后多边贸易机制方案。

首先,米德阐述了英国与国际贸易发展之间的关系。米德指出,英国在战后将面临严峻的经济困难,如果不依靠对外贸易,英国只有两条路可以走,要么对外收缩战线节约开支,要么在国内降低消费水平实行物资配给。前者将导致帝国崩溃,后者将使英国国民不满并引发社会动荡。要解决英国战后的经济困难,唯一的出路就是促进国际贸易的增长。英国可以通过国际贸易赚取购买物资和劳务所必需的外汇。因此,英国是国际贸易增长的最大受益者,应当支持促进国际贸易增长的政策。③

其次,米德进一步主张建立多边贸易机制。他认为,由于英国经济本身的多边性质,英国应当支持建立多边贸易机制,建立国际经济机构管理国际贸易。这个国际经济机构就是"国际商业联盟"(International Commercial Union),它的机制是:"1. 所有国家都可以成为商业联盟的成员国,如果一个成员国同时还是清算同盟的成员,那么将在商业联盟中享有一定的

---

① 詹姆斯·米德(James Edward Meade),英国经济学家,战时英国内阁秘书处经济部成员,参与英国战后经济规划的制订工作,1946 年升任该部的主任。1977 年由于与戈特哈德·贝蒂·俄林共同对国际贸易理论和国际资本流动做出了开创性研究,获得 1977 年诺贝尔经济学奖。
② "米德计划"的详细内容参阅 Susan Howson eds., *The Collected Papers of James Meade*, Vol. Ⅲ: *International Economics*, Boston: Unwin Hyman, 1988, pp. 27 – 36。
③ Susan Howson eds., *The Collected Papers of James Meade*, Vol. Ⅲ: *International Economics*, p. 30.

特权。2. 在将某种特惠或价格优势给予所有成员国前，联盟成员国不得给予其他成员国类似优惠，除非这种温和且固定的特惠给予在政治和地缘上被认为是一个国家的国家集团的成员。"米德紧接着论述道：后一条款的主要目的就是在实现贸易自由的同时可以保全"英帝国特惠制"。①

"米德计划"主张英国支持"扩张性的"世界贸易政策并提出建立"国际商业联盟"，堪称是对英帝国自"大萧条"以来贸易政策的一次"革命"。但"米德计划"并不是对"英帝国特惠制"的全盘否定。在"米德计划"中，"英帝国特惠制"被精心地保留了下来，甚至比《租借协定》签订后的地位更加巩固。"英帝国特惠制"自身的"歧视性"决定了其合法性已经在《租借互助协定》第七条款中被否定，而"米德计划"中利用"在政治和地缘上被认为是一个国家的国家集团成员"这一表述使其重新获得合法性，化解了它岌岌可危的地位。

1942年7月25日，贸易委员会决定将"米德计划"作为与美方就战后贸易秩序会谈的基础文件，并由贸易委员会主席道尔顿爵士负责组成专门委员会进一步完善"米德计划"。1942年11月5日，经过近4个月的修改，以"米德计划"为基础形成了"道尔顿备忘录"，其全称为"商业联盟计划"（A Project of Commercial Union）。② 与"米德计划"相比，"道尔顿备忘录"不仅站在战略的高度强调了英国参与战后贸易秩序规划的意义，同时还更精细地就关税、特惠等贸易技术问题做出了安排。

"道尔顿备忘录"扩展了"米德计划"的视角，将战后贸易规划不仅看作是经济政策层面的问题，而且将其提升到关系国家兴衰的高度进行考量。"道尔顿备忘录"指出，战后商业政策的成败关系到英国国运的兴衰，战后商业政策的成败决定着英国能否保持世界"一流强国"（first-class）的地位；如果英国错过了规划战后贸易秩序的机会，那么英国这个孤悬海外的小岛（little island）将不可避免地在战后的困难中迅速且悲惨地沦为"三流国家"（third-class）；因此，英国必须在与美国的会谈以及此后与美国、苏联等国的正式谈判中推进"大胆"的理念。这个"大胆"的理念就是"商业联盟计划"。如果英国能够很巧妙地推行这一计划，那么英国将获得巨大的收益而又毫发无损。③

① Susan Howson eds., *The Collected Papers of James Meade*, Vol. Ⅲ: *International Economics*, p. 30.
② T247/2, *Keynes Papers*, Reel 1, Project of a Commercial Union, pp. 19 – 22.
③ T247/2, *Keynes Papers*, Reel 1, Project of a Commercial Union, p. 19.

　　"道尔顿备忘录"进一步论述了"商业联盟计划"。"商业联盟"是一个"俱乐部"(club),这个"俱乐部"应当包括尽可能多的国家,不仅要将苏联包括其中,而且现在与英国处于战争状态的德、日等国也要参加,要保证这个"俱乐部"的实力足够强大,以致"俱乐部"之外的国家不能形成反对该"俱乐部"的经济集团。英国、美国和苏联将在这个俱乐部中占据主导地位。如果"商业联盟计划"能够成功,则英国可以借此机会将世界上绝大多数国家纳入英国的轨道行事。①

　　在关税和特惠削减方面,"道尔顿备忘录"比"米德计划"规定得更加细致。关于关税削减问题,"道尔顿备忘录"提出两个方案:一个是要设置30%的关税上限;另一个是在战前关税水平基础上,各国一次性削减关税50%。"道尔顿备忘录"指出,由于英国的关税水平远低于美国的关税水平,因此第一个方案更有利于英国。②

　　就特惠削减问题,"道尔顿备忘录"信心十足地指出,虽然美国口口声声叫嚷的取消歧视性特惠貌似针对"英帝国特惠制",但是美国自己也不是完美的,美国与古巴之间的特惠就是英国攻击的重点。③ 因此特惠不会取消,最多只是削减问题。英国的政策是要将削减特惠与削减关税联系起来。如果美国降低关税,英国作为回报将降低特惠的水平。④ 在以后英国与美国战后的商业政策谈判中,这一政策成为英国政府的基本立场。

　　"道尔顿备忘录"提出参加"商业联盟"的会员国要遵守规章义务;会员国可以自由地对非会员国实施歧视性商业政策;"商业联盟"通过建立国际商业委员会(International Commerce Committee)来解决会员国之间的商业纠纷。此外,"道尔顿备忘录"还就进出口管制、出口补贴、出口信贷、国家垄断贸易、低成本国家竞争、国际资本流动等问题进行了初步探讨。

　　"道尔顿备忘录"最后写道:大战之后,商业政策的大规模调整是不可避免的;战后国际合作精神可以帮助实现这一"商业联盟"计划;战争胜利后,扫除关税和其他贸易壁垒的时机已经到了,"商业联盟"将使得货畅其流,人人受益。⑤

---

① T247/2, *Keynes Papers*, Reel 1, Project of a Commercial Union, p. 20.
② 美国关税水平自 1930 年《斯莫特 – 霍利关税法》后达到历史最高,平均税率约 50%。
③ 关于美国与古巴贸易协定及特惠关系,请参考拙文《试论科德尔·赫尔的关税思想》,《首都师范大学学报》(社科版)2009 年第 6 期,第 33~38 页。
④ T247/2, *Keynes Papers*, Reel 1, Project of a Commercial Union, p. 20.
⑤ T247/2, *Keynes Papers*, Reel 1, Project of a Commercial Union, p. 22.

　　"道尔顿备忘录"以"米德计划"为基础，进一步发展了"商业联盟"计划，从国家兴衰的战略高度，要求英国政府在战后商业政策上采取积极而大胆的政策，主导战后经济重建的进程，在商业领域推行"扩张性"政策。同时，"道尔顿备忘录"还为英国政府制定出若干政策选择，成为日后英国政府在战后贸易规划谈判中的基本立场。

　　但是，就在"道尔顿备忘录"完成之际，英国政府却在战后贸易规划问题上面临着前所未有的压力。这压力来自1942年10月23日到11月9日召开的帝国代表经济会议。在这次会议上，英国政府官员感受到了美国"双边方案"的压力。因为"各自治领出于自身的利益开始公开批评英帝国特惠制。他们讥讽英国在贸易领域的行动太过迟缓，这样将给人一种印象，那就是英国人不愿意全心全意地履行《租借互助协定》第七条款所确定的战后国际经济目标。各自治领代表并不关心是否放弃帝国特惠制，他们关心的是能否通过放弃帝国特惠而得到美国关税的大幅削减。他们认为英国这种三心二意的态度很可能引起美国的不满，并以普遍上涨关税来进行报复"。① 自治领的态度引起了英国政府的极度警觉。英国政府内部对这次会议的总结报告中指出，帝国各成员都要求英国政府提出"大胆"而影响深远的建议；各自治领代表都认为积极的方案会对我们的利益有更大的好处；而消极的态度将使美国人认为我们太过谨慎，而且要求美国人作出全部牺牲。该报告还指出，与英国的态度相比，各自治领的立场更接近于美国的立场。②

　　为了应对美国"双边方案"的冲击，英国政府迅速反应，成立了以奥弗顿爵士（Sir Arnold Overton）为主席的战后商业政策部际委员会（Inter-Departmental Committee on Post-War Commercial Policy，史称奥弗顿委员会），就英国所应采取的政策进行讨论。

　　11月24日，奥弗顿委员会举行第一次会议，奥弗顿爵士开宗明义地指出，英国政府要在与美国的商业政策会谈中采取积极态度，提出建设性的方案，为此委员会必须准备出一份完备的方案。③

　　奥弗顿委员会以"道尔顿备忘录"为基础进行进一步细化与讨论。奥

---

①　*DAFP*, Vol. Ⅵ, Canberra, 1983, pp. 224 – 226.

②　T247/2, *Keynes Papers*, Reel 1, Project of a Commercial Union, pp. 29 – 33.

③　T230/171, Draft Minutes of the First Meeting of the Inter-Departmental Committee on Post-War Commercial Policy held at the Board of Trade on Tuesday, 24th November, p. 1. 藏于英国国家档案馆，以下所引 T230/171 档案，均藏于该馆。

弗顿委员会认为美国的"双边方案"由于牵扯过多而进度太慢,不适合作为建立战后贸易秩序的途径;① 只有推行多边模式来削减特惠和关税,才不至于使自治领成员特别是加拿大跑到美国的阵营里。②

经过多次讨论,1943 年 1 月 6 日,委员会终于提交了"奥弗顿报告",提出了"大胆战略"。该报告阐述了"大胆战略"的基本内容,即在战后贸易规划问题上,英国应当采取积极主动的姿态,以英国的"多边方案"为基础重建战后贸易秩序,并劝诱美国放弃其"双边方案",最终加入英国的"多边方案"之中。"奥弗顿报告"首先指出,英国应当转变态度,积极主动地攻击高关税制度而不是消极地防守帝国特惠制。③ 紧接着,报告分析了美国"双边方案"的致命弱点,即美国国内的立法限制了美国行政部门,使他们只能按照双边模式缓慢地推进其战后贸易秩序规划。但这种方式太过缓慢,不能适应战后稍纵即逝的机会。由此,报告得出结论:"英国应当提出大胆战略,这可以强化美匡的行政部门地位,使其更有力地劝诱美国公众支持大幅度降低关税和其他促进世界贸易发展的措施;而且通过召开多边贸易会议可以使英国不必非要对帝国特惠体系做重大调整。如果美国先提出方案,那么根据其国内政治结构推测,其关税减让的幅度一定是不充分的,而且将很少考虑欧洲国家在战后面临的困难,为此,英国也要首先提出战后贸易规划的方案。"④ "大胆战略"认为英国应倡导建立"国际商业联盟"来管理战后国际贸易。

在关税削减问题上,"奥弗顿报告"在继承"道尔顿备忘录"的基础上进一步提出了设立"关税上限"(Tariff Ceiling)的主张,要求设置最高为25%的关税上限,这一比例低于"道尔顿备忘录"中30%的上限;并建议凡是战前高于 25%的关税必须降到 25%或以下的水平,那些在战前低于25%的关税,可以自主地进行减让,其幅度在 25%,但是削减后的关税水平不得低于10%。⑤

① T230/171, Draft Minutes of the Firs: Meeting of the Inter-Departmental Committee on Post-War Commercial Policy held at the Board cf Trade on Tuesday, 24th November, p. 2.

② T230/171, Draft Minutes of the Fourth Meeting of the Inter-Departmental Committee on Post-War Commercial Policy held at the Board of Trade on Tuesday, 3rd December, p. 2.

③ T230/171, Report of the Committee on Post-War Commercial Policy, p. 3.

④ T230/171, Report of the Committee on Post-War Commercial Policy, pp. 5 – 6. 这成为国际贸易组织 (International Trade Organization, ITO) 和关贸总协定 (General Agreements on Tariff and Trade, GATT) 的缘起。

⑤ T230/171, Report of the Committee on Post-War Commercial Policy, p. 6.

　　这一建议，貌似仅仅是数字上的改变，但是对英国的利益影响重大。战前英国的平均关税水平就是在25%左右，设置25%的关税上限，可以说是为英国量身定做，如果这一条款被各国接受，英国将不必对其关税做任何大幅度的调整而顺利地进入新的国际经济体系。反观美国，其关税水平平均在50%左右，如果美国接受这一条款，则其关税不可避免地面临腰斩的情况。

　　在特惠问题上，"奥弗顿报告"不仅接受了"道尔顿备忘录"的观点，即将削减"英帝国特惠制"与削减关税联系在一起的建议，而且提出了更为激进的方案。"奥弗顿报告"要求所有现存的特惠削减50%，但是不必低于5%的水平；同时不得增加特惠水平，没有国际机构的授权不得设立新的特惠区。这一条款从根本上回绝了美国企图彻底消除"英帝国特惠制"的可能。① 此外，"奥弗顿报告"还对补贴、进出口管制等问题提出了建议。

　　在国际贸易组织问题上，"奥弗顿报告"主张通过召开一次多边的国际会议将上述国际商业政策予以确认并成立"商业联盟"（Commercial U-nion），通过成立国际商业委员会（International Commerce Commission）来监督"商业联盟"规章的实施，并赋予该委员会以准司法性质，可以对会员国之间的商业纠纷进行裁定，并惩治违规的会员国。这一建议可以说赋予了国际商业委员会和"商业联盟"巨大的权力，可以干涉一个主权国家的经济政策，并惩治违规者。②

　　就成员构成问题，"奥弗顿报告"提出"商业联盟"应向所有国家开放。为了吸引苏联加入，"奥弗顿报告"还特意加入了国家垄断贸易条款（State Trading）。针对德国等轴心国和仆从国，"奥弗顿报告"主张要求前交战国加入"商业联盟"，以防止这些国家再度陷入排他性的经济体从而使邻国受到经济压力和安全威胁。③ 从对"商业联盟"构成的规定可以看出，"商业联盟"不仅仅是一个经济政策的规划，而且是战后和平规划的重要组成部分。

　　由此可见，"奥弗顿报告"正式提出了英国在战后贸易规划中的"大胆战略"，主要内容包括：1. "先发制人"，要由英国首先提出战后贸易规划，以占得先机，防止美国提出不符合英国的方案使英国被动；2. 向美国兜售

---

① T230/171, Report of the Committee on Post-War Commercial Policy, p. 6.

② T230/171, Report of the Committee on Post-War Commercial Policy, p. 11.

③ T230/171, Report of the Committee on Post-War Commercial Policy, p. 10.

英国的"多边方案"并阻止美国实施其"双边方案"。3. "多边方案"，即通过多边贸易会谈达成战后世界贸易壁垒的普遍削减，并建立国际贸易组织、"商业联盟"来管理战后国家贸易。4. 通过将关税减让与特惠削减挂钩保护"英帝国特惠制"。

"大胆战略"并不是鲁莽，也不是对英国既有经济政策的全盘否定。"大胆战略"要求改变英国力图保留"英帝国特惠制"的防守地位，而采取积极进攻高关税的姿态，通过将关税减让与帝国特惠削减挂钩，一方面否定了美国打算借大战之机逼迫英国彻底放弃"英帝国特惠制"的企图，另一方面获得了有力的谈判筹码，可以迫使美国在关税问题上让步，从而使英国获得实际利益。因此，英国政府提出精心安排的"大胆战略"，始终围绕的就是在不放弃"英帝国特惠制"的前提下，通过积极的外交努力，使美国接受其通过多边贸易谈判削减贸易壁垒的战后贸易规划，即"多边方案"。

三   "大胆战略"的实施及其影响

"奥弗顿报告"的修改过程历时三个月，几易其稿，其中最重要的修改是加入了"财政支出困难例外条款"，即在战后向和平时期的过渡期，当某国的财政收支不平衡时，它有权实施配额政策以限制进口。① 这一例外条款为内阁所接受。随后，英国政府将"奥弗顿报告"作为英国战后贸易规划方案发给各自治领讨论。该方案发出后，在自治领各政府中产生了巨大影响，各自治领代表积极响应，并于6月15日至6月30日在伦敦召开了协调英帝国各成员战后贸易政策的代表会议，英国的"多边方案"得到了自治领的一致赞同。

这次轮到自治领向美国发难了。6月17日，加拿大外交次长诺曼·罗伯特森（Norman Robertson）就向美国表示，美国政府不能再像过去那样，仅仅在现有的《互惠贸易协定法》那么"繁冗的程序和有限的范围内"行事了。罗伯特森认为在商业政策领域多边协定将取代双边协定，多边协定比双边协定有更为广阔的基础。② 此后，罗伯特森进一步表示希望美国能够放弃现有的双边模式，采取"大胆的"行动。他认为要想实现《租借互助

---

① CAB 65/44，W. M.（43）50th Conclusions, Minute 1，藏于英国国家档案馆。
② *FRUS*，1943，Vol. I，GPO，1963，p. 1101.

协定》第七条款的目标需要各国推行"大胆的"甚至是"英勇无畏的"政策。①

　　1943 年 7 月 22 日，英国外交大臣、财政大臣、贸易委员会主席三人联名向内阁提交联合备忘录，认为与美国正式展开谈判的时机已经成熟，要求开展对美贸易谈判，并附上了发给哈利法克斯的电文草案。② 7 月 23 日，贸易委员会主席提交了英国方案的定稿。③ 7 月 27 日，战时内阁同意开展英美贸易谈判，并向美方提交英国方案。④

　　1943 年 8 月 4 日，哈利法克斯约见美国国务卿赫尔，将英国的多边战后贸易方案正式交给美方。⑤ 8 月 17 日，国务院回复英方，美国同意就《租借互助协定》第七条款的相关内容与英方展开会谈。由此，开启了英美1943 年华盛顿经济会谈，这次会谈奠定了战后资本主义贸易体系的主要原则和基本架构。

　　在美国接受了英国的主动建议后，英国方面积极准备，成立了第七条款交涉代表团。1943 年 9 月 5 日，该代表团举行第一次会议研究对美预案。在会上，各代表团成员一致认为，代表团的目标有二：（1）与美国就《租借互助协定》"第七条款"的讨论程序达成共识；（2）就货币政策、商品管制和商业政策与美国就细节进行讨论；与美国达成原则性谅解而不必讨论细节，以这些原则作为与其他联合国家继续讨论的基础。⑥ 9 月 9 日，代表团成员在第四次会议上就贸易政策问题进行了讨论。各位代表认为应当终止美国的"双边方案"。如果美国的"双边方案"成功，既会影响帝国成员的团结，也将影响英国与美国的贸易谈判，削弱英国的谈判筹码。会议进一步提出：英国关于战后商业政策的设想是战后经济安排不可或缺的一部分，如果没有国际贸易量的增长和国际贸易的自由流动，任何财政安排都是无济于事的。双边的贸易协定限制了财政上的调整，而多边贸易可以促进多边支付来改善国际支付平衡。因此，多边贸易与多边支付彼此互为支

---

①　*FRUS*, *1943*, *Vol. Ⅰ*, GPO, 1963, p. 1104.

②　CAB 66/39, W. P.（43）329, 藏于英国国家档案馆。

③　CAB 66/39, W. P.（43）334, 英国方案分为两部分：第一部分为备忘录，说明英国政策的立场，即推行多边贸易谈判，建立国际贸易组织，实现战后贸易重建；第二部分为建议案的具体内容，其中包括关税、特惠等内容。

④　CAB 66/35, W. M.（43）106th Conclusions, 藏于英国国家档案馆。

⑤　*FRUS*, *1943*, *Vol. Ⅰ*, GPO, 1963, pp. 1106 – 1107.

⑥　CAB 78/14, A . D .（43）1st Meeting, Discussion on Agenda under Article Ⅶ. United Kingdom Delegation, 5th September, 1943, 藏于英国国家档案馆。

撑。为此，英国要以一战以来的经验教训，积极劝导美国采纳英国的"多边方案"。① 这就形成了英方在随后华盛顿会谈中的基本立场。

1943 年 9 月 20 日，美英经济专家在华盛顿举行了第一次全体会议，开始就战后经济问题进行正式讨论。在次日的会议上，双方就在如何实现战后经济秩序的手段的原则问题上发生了争执，美方坚持以《互惠贸易协定法》为基础的"双边方案"，而英国则主张更广范围的"多边方案"。美方代表团负责人帕索沃斯基反对英国的"多边方案"，认为战后经济秩序的建立将是一步一步渐进形成的，只有《互惠贸易协定法》是最好的手段和基础。英方代表团成员利钦（Percivate Liesching）则依照事先准备好的预案，提出美国应当吸取一战以来的经验教训，当前战争为大幅度改善商业政策提供了绝佳的时机，机不可失，否则战后世界又会陷入战前的局面，这种形势只有英国的"多边方案"才能适应。为了实现上述目标，应当建立一个"商业联盟"，规定一系列商业政策行为的规则。"商业联盟"的成员国应放弃其自身任意使用商业政策的自由，通过各国彼此做出妥协而获得利益。而英国也将调整其特惠安排，作为多边减让的基础。② 利钦由此提出了英国的要求，即"英帝国特惠制"的调整是以实现多边减让为前提的。随后，会议决定分为 6 个分委员会进行讨论，其中"商业促进措施分委员会"负责讨论战后贸易秩序设计。③

9 月 22 日，商业促进措施分委员会召开第一次会议。美方谈判代表霍金斯作为主席说明美方方案尚不成熟，提议按照英方的方案逐条进行研究。由此，英方获得了谈判的主动权，英国"大胆战略"的效果可见一斑。

在接下来的会议中，英方提出了"战后五年过渡期"的计划，认为在战争结束后两年内，为了应付战后筹建和支付平衡问题，各国有权实施贸易保护措施。两年期限之后，各国有权在三年内继续实施贸易保护措施，以完成向商业联盟会员国的过渡。同时，英方还提出了"例外条款"，认为应当允许某国出于克服国际收支困难或出于国家安全的考虑，而实施贸易

---

① CAB 78/14, A.D.（43）4th Meeting, Discussion on Agenda under Article VII. United Kingdom Delegation, 9th September, 1943.

② CAB 78/14, GEN 19/11, Plenary 2nd Meeting, 21st September, 1943.

③ CAB 78/14, A.D.（B.C.）（43）1st Meeting, Discussions on Agenda under Article VII U.K. Delegation, Minutes of Meeting with Representatives of the Dominions and India held in the Ambassador's Room, Embassy, on the 22nd September at 4.0 p.m.

保护措施。美方代表认为过渡期的设置是必要的，但是五年的时间过长。①

在 23 日和 24 日的会谈中，双方就战后贸易秩序的范围进行讨论。英美代表一致同意，为了战后建立持久和平，应当将世界上尽可能多的国家纳入战后贸易秩序。为此决定加入"国家垄断贸易"条款，以接纳苏联进入战后贸易体系。在此条款的谈判过程中，霍金斯表示美国还没有准备好正式的方案，但是不希望垄断国以贸易垄断获取政治特权。② 双方达成共识，确定了"国际垄断贸易"的基本原则，提出实施贸易垄断的国家不得利用其贸易垄断地位谋求特权，贸易垄断国应提前公布其进口配额，并应与主要供应国之间达成公平的分配协议。③

但是，在双方最为关心的关税和特惠问题的谈判上出现了争论。争论的焦点是关税与特惠这两个问题是否应该分开讨论。在 27 日的会谈中，美方代表霍金斯首先宣布，"按照英国方案应当讨论关税问题了"，试图将关税问题与特惠问题分开讨论。英方代表利钦则立即表示，"关税问题与特惠问题相互联系不可分割，因此必须将两者联系起来讨论"。霍金斯当即表示，"关税与特惠确实是联系紧密的，但是在美方眼中关税和特惠的性质是不同的。美方始终认为特惠是歧视性的贸易措施，而《租借互助协定》的第七条款已经从根本上否定了歧视性贸易措施存在的合理性基础"。④ 霍金斯接着指出，美国的关税减让必须遵从《互惠贸易协定法》中所规定的"选择性削减模式"（Selective Cut），并认为英国提出的"普遍性削减模式"（Horizontal Cut），即要求各国税率不得高于某一上限，由此实现成员国关税的普遍削减的办法，虽然简单直接，但是如果美方接受了这种模式，将面临严重的国内政治困难。利钦则指出，虽然普遍削减有一定技术困难，但是唯有如此才能吸引更多的国家参与其中。⑤ 由于双方就关税和特惠问题观点相去甚远，会议陷入僵局。

为了打破僵局，双方代表转而讨论运用关税对本国幼稚产业（Infant Industries）进行保护的问题。霍金斯坚决反对利用关税保护本国幼稚产业的行为。他认为应当用补贴代替关税。在他看来，关税是很难消除的，而且

---

① CAB 78/14, GEN 19/16⁺, Trade 1st Meeting, 22ⁿᵈ September, 1943.
② CAB 78/14, GEN 19/16⁺, Trade 2nd Meeting, 23ʳᵈ September, 1943.
③ CAB 78/14, GEN 19/16⁺, Trade 3rd Meeting, 24ᵗʰ September, 1943.
④ CAB 78/14, GEN 19/16⁺, Trade 4th Meeting, 27ᵗʰ September, 1943.
⑤ CAB 78/14, GEN 19/16⁺, Trade 4th Meeting, 27ᵗʰ September, 1943.

关税本身几乎不花费政策制定者任何资源，而补贴则不是。补贴至少要求国家有能力支付补贴，而不发达国家（Underdeveloped Countries）① 经济实力有限，其补贴额度不可能很大或较为持久，因此霍金斯坚持利用补贴而不是关税来保护本国幼稚产业。此外，霍金斯认为关税将使得消费减少，这对战后建立扩张性的经济体系不利；不发达国家利用关税保护的幼稚产业并不符合这些国家的长远利益。利钦则提出贫穷国家，如印度，不可能筹集到大量资金补贴受到海外商品冲击的本国幼稚产业，因此利用关税保护本国幼稚产业是必要的。②

就特惠问题，霍金斯直接表示，英国削减的英帝国特惠方案根本没有满足美方的要求，美国要求的是从根本上取消"英帝国特惠制"。利钦也针锋相对地提出，"英帝国特惠制"不仅仅是经济问题，还有巨大的政治意义，因此英国是不会放弃的。③

双方为了在关税和特惠问题上达成一致，都做了一定让步。在 28 日的会谈中，英方代表利钦主动提出，昨日的谈判已经使英方了解到美国的态度，英国已经了解到美方认为关税削减会引起巨大的经济和政治困难，但英国认为美国的高关税是战后世界贸易秩序重建中的最大障碍；与之相对，美国则视"英帝国特惠制"为战后贸易秩序重建的最大障碍。为了两国的合作，利钦提出将特惠的削减与关税的削减联系起来，以此来促进世界贸易的扩展，并主动提出将提议案中的保持 5% 的特惠税率进行调整以满足美方的要求。美方代表霍金斯马上提出，美国农业集团的利益与此休戚相关，希望英国在烟草、苹果、小麦和风干水果等项目上做出让步；同时他也进一步做出让步，表示"从美国的观点看所有的特惠都是歧视性的，因此美

---

① 在 1948 年以前，对发展中国家的称呼一般是不发达国家（Underdeveloped Countries），这一称呼有歧视之意，后来在 1948 年哈瓦那会议上经过发展中国家的据理力争，才将发展中国家（Developing Countries）这一名称确定下来。

② CAB 78/14 GEN 19/16 ⁺，Trade 4th Meeting，27th September，1943. 霍金斯对此问题的表述，足见美方之心态。1900 年以前，美国就是以保护幼稚产业为名维持其高关税制度的，为此美国生产商获得了巨大利润，在关税的高墙之后，美国迅速实现了工业化。当美国要扩张其海外市场时，却提出发展中国家不得利用关税保护其本国幼稚工业，并认为发展中国家发展工业是不利于其长远利益的。此种表态可谓是美国经济帝国主义的充分表现。从后来的发展也可以看出，美国始终坚持主要贸易国协调一致原则，而忽视或压制发展中国家的需要。这一政策在 1948 年的哈瓦那会议上，由于冷战的爆发而彻底破产。反观英国，由于英帝国成员众多，发展阶段和水平不同，因此英国提出的方案既出于其自身利益的考虑，又能兼顾发展中国家的利益，要比美国成熟得多。

③ CAB 78/14 GEN 19/16 ⁺，Trade 4th Meeting，27th September，1943.

国希望取消所有的特惠，但是，每一个国家都有建立保护性关税体系的权利"。显然，尽管美方代表提出削减高关税会带来巨大的政治风险，但是也承认必须渐进地削减美国的关税水平。双方在关税与特惠问题上基本达成了一致。

另外，在此次会议上，美方代表原则上接受了英国的"多边方案"。霍金斯建议通过缔结多边协定重建战后贸易秩序的方案。多边协定的缔约国有义务与其他缔约国达成削减贸易壁垒的双边协定，并以最惠国条款为基础，将彼此之间的减让扩大到其他参与国。①

此后，双方讨论了"商业联盟"和国际组织问题。米德明确提出了英方的观点：（1）考虑到诸多经济问题之间彼此的紧密联系，英方建议举行一次国际会议来解决所有的战后经济问题；（2）商业联盟应当接纳尽可能多的国家加入；（3）英方认为应当要求德国、意大利、日本等敌国加入商业联盟，以防止这些国家再走回战前排他性自给自足经济的老路；（4）对于未参加"商业联盟"的国家，英国建议不必强制而是允许"商业联盟"的会员国对之采取歧视性的贸易政策；（5）战后商业安排要与战后金融安排相协调才能有效恢复世界贸易。在成立贸易组织管理战后贸易的问题上，双方并无实质性冲突。经过简单讨论，美英双方代表达成下列共识：（1）应当允许现在的敌国在战后加入贸易体系；（2）对非会员国不采取歧视措施，仅要求会员国不得将会员国之间的优惠扩大给非会员国；（3）应当成立商业组织与金融组织并相互配合，共同建设战后经济秩序。②

从10月份开始，美方开始就已经讨论过的问题表明自己的立场并以备忘录的形式交给英国代表团，希望在征询英国代表团的建议后形成正式文件。这些备忘录中最重要的就是1943年10月8日美方向英国代表团提交的一份题名为《多边关税减让行动》的绝密备忘录。该备忘录开宗明义指出，从效率上看，"多边方案"优于"双边方案"，并提出了"多边关税削减方案"。③这说明美方正式接受了英国的"多边方案"，这是英国"大胆战略"的最大胜利。

10月16日，有关各项主题的备忘录经过修改整理后，形成了长达39

---

① CAB 78/14 GEN 19/16⁺，Trade 5th Meeting，28ᵗʰ September，1943.

② CAB 78/14 GEN 19/16⁺，Trade 6th Meeting，29ᵗʰ September，1943.

③ RG43，ITO，Article Ⅶ Conversations UK，Box 19，Multilateral Tariff Action，October 8，1943，藏于美国国家档案馆。

页的《英美官员就英美两国开展贯彻租借互助协定第七条款谈判安排的非正式会谈备忘录》。① 该备忘录共分商业政策、商品政策、私营国际商业协定和国际贸易组织四个部分。它一开始就提出"多边关税"削减方案，在特惠部分主张将关税削减与特惠削减相关联，在"例外条款中"加入了英方要求的"过渡期"和"财政支出困难例外"，还加入了"国家垄断贸易条款"。

在"大胆战略"的作用下，英国的立场在这份备忘录中得到了美国的充分尊重，美国也决心终止"双边方案"来领导战后"多边贸易秩序"的建立。为此，美国将这份备忘录的要点进一步概括为"英美经济专家备忘录"② 并作为秘密备忘录提交即将于 10 月 19 日召开的美英苏三国莫斯科外长会议。同时，美国国务卿赫尔也彻底放弃了先前的"双边方案"，中断了与自治领开展的互惠贸易谈判。

至此，英国实施的"大胆战略"获得巨大成功。首先，英方成功地影响了美国的战后贸易秩序政策的走向，将英方的"多边方案"推荐给美方，并终止了美方的"双边方案"。其次，在会谈过程中，英美双方就战后贸易秩序第一次全面交换了意见，提出了建立战后国际贸易组织的方案，形成了战后贸易组织的基本原则。从这个角度可以说，没有 1943 年英国的"大胆战略"就没有战后的多边贸易体系的出现。最后，英国通过将关税削减与特惠削减相关联，从根本上否定了美国打破英帝国特惠制的可能性，维护了英国的国家利益。

综上所述，1943 年英国的"大胆战略"的制定与实施充分体现了英国的"外交艺术"，不仅维护了英国的国家利益，而且促进了美国政策方向的转变，奠定了战后贸易秩序的基本原则和框架，其影响意义深远。可以说，没有英国的"大胆战略"就没有战后的多边贸易体系。同时，这一过程也是以英国为代表的既有贸易霸权国在以美国为代表的新兴贸易大国崛起时维护既有大国利益最大化的一次外交实践，使第二次世界大战后的国际经济格局实行了渐进的和平的转变。这是值得借鉴和学习的。

---

① RG43，ITO，Article Ⅶ Conversations UK，Box 19，Informal Exploratory Conversations Between Officials of the United States and the United Kingdom Regarding the Formulation of an Agenda for Discussions Looking Toward the Implementation of Article Ⅶ of the Mutual-Aid Agreement Between the United States and the United Kingdom，October 16，1943，藏于美国国家档案馆。

② 全称为"英美经济专家就租借互助协定第七条款会谈备忘录"（Memorandum Concerning the Washington Meeting Between British and American Economic Experts with Reference to Article Ⅶ of the Mutual-Aid Agreement）。

中国与 1944 年国际通商会议

韩长青[*]

　　20 世纪 30 年代，在经济大萧条的影响下，国际经济秩序紊乱无序，与同时期国际政治形势的恶化互为表里。二战期间，这一前车之鉴使联合国家（United Nations）明白，如果没有经济繁荣，战后政治蓝图也就无法长久维持。在美国罗斯福政府主持下，联合国家先后举行了一系列国际会议，力图构建战后世界政治、经济新秩序的蓝图，这些会议均是美国政府发起的有各国政府委派代表出席的政府间国际会议，而 1944 年秋召开的国际通商会议，则是一次由美国工商团体召集、由各国工商界代表人士参加的非政府国际会议。这一会议对于战后国际经济秩序的重建乃至于战后持久和平的维系，均有着重要意义。但是，学术界对此问题缺乏专门研究。本文拟利用中国代表团参加国际通商会议议事录等档案资料，梳理国际通商会议的来龙去脉，着重分析中国工商界对会议的态度、参与和对会议的贡献，并简略评价此次会议对中国参与缔造战后经济秩序的意义。

一　中国工商界对国际通商会议的态度

　　国际通商会议是由国际商会美国分会、美国商业联合会、美国制造业协会、美国对外贸易协会等四家工商业团体共同发起召开的。1944 年 6 月末，这四家团体联名致电所有盟国和中立国的重要工商业团体，邀请各国工商团体选派代表，出席将在美国纽约召开的国际通商会议，讨论包括私营企业、各国商业政策、国际货币关系、新区域工业化、投资之鼓励与保

* 华东师范大学历史学系讲师。

障、海运政策、空运政策、原料供给、卡特尔等议题,以求为改良战后国际经济关系和国际贸易秩序奠定基础。电文强调,"在当今世界,各国福祉及遭际之间相互联系的程度远甚从前,各国工商界人士如能相互了解和合作,实为各国求取发展进步并保持国际间持久和平的紧要步骤"。①

国际通商会议是首次由美国工商业团体出面组织的民间集会,这次会议将使各国工商界人士在战争期间首次得以聚首,讨论战后国际经济重大议题,这使非常渴望战后国际经济合作的中国工商界人士深感兴奋。设于重庆的全国工业协会和全国商业联合会筹备处当即决定接受邀请,并积极推选与会代表。至8月底,两团体各提名11位工商界人士为候选代表,其中胡西园、潘仰山、薛桂轮、范旭东、支秉渊、颜耀秋、陈祖光、章剑慧、余名钰等人,皆为抗战时期大后方工商界翘楚。经重庆国民政府经济部圈定,卢作孚、张公权、陈光甫、范旭东、李铭等获选充任出席国际通商会议的代表,留美华侨商界人士李国钦、中国植物油厂总经理张嘉铸、新华银行总经理王志莘、云南蚕业新村公司总经理葛敬中四人担任代表团顾问。②代表团各成员均十分了解抗战期间中国工商业发展现状和战后发展前景及需求,对于战后中国如何实现工业化以及实施何种工商业政策等重要问题,他们也都有着全面的了解和鲜明的见解。

西南各地工商界人士非常重视此次国际通商会议,普遍认为它将为战后中国发展民营企业和推进工业化进程营造良好氛围,提供莫大机遇。恰在此时,罗斯福总统派美国战时生产局长纳尔逊来华,调查战时中国经济困难情形,商讨解决良策。纳尔逊在同蒋介石讨论到战后中美经济合作问题时表示,中国战后建设需要中美密切合作,美国可以向中国提供商业借贷,并将派遣能源动力等方面专家来华,帮助中国推进工业化。③纳尔逊来华所展现的战后中美经济合作蓝图,无论对重庆国民政府还是对西南工商界而言,都预示着战后中国工业化的可喜前景,这显然刺激了工商界人士对此次国际通商会议的积极关注和踊跃参与。中国全国工业协会、迁川工

---

① Invitation letter sent to the Presidents of China Industry Association and National Federation of Chamber of Commerce of China, Chungking, China, June 28, 1944, 上海市档案馆, 档号: Q275 - 1 -2929, 第7~8页。

② 《本年十一月举行国际通商会议,美四工商团体函邀本会选派代表参加》,《工业通讯》第11期,1944年,第7页。

③ 《蒋介石与纳尔逊谈话记录》,1944年9月19日,《民国档案》1987年第3期,第66~67页。

厂联合会、国货厂商联合会、西南实业协会、生产促进会五个团体于 9 月
20 日共同发起举行座谈会，对国际通商会议将要讨论的各项议题加以深入
研讨并提出具体意见，供中国代表团出席会议时参考。座谈会还邀请国民
政府经济部、财政部、社会部、四联总处、各大银行等机构派员出席，以
求集思广益。① 座谈会由豫丰纱厂总经理潘仰山主持，出席者有邮政储金汇
业局局长刘攻芸、财政部钱币司司长戴铭礼等政府官员，有中国工业经济
研究所所长章乃器、经济专家章有江、财政专家崔唯吾等专业人士，还有
各行业工商界代表人士，总计 50 余人。卢作孚、范旭东、陈光甫等中国代
表团成员均出席座谈会，听取各方意见。② 各界人士经过热烈发言和讨论，
对国际通商会议各项议题产生如下结论性意见：对于私人企业问题，与会
人士主张中国应采取国营和民营并重政策，以适合当前国内政策及法律，
应有统筹计划和适当的统制，以便权衡工业化各项需求和利害；对于战后
商业政策，座谈会希望此次国际通商会议能够通过国际合作建立合理的国
际贸易制度，并希望防止外汇统制和独占市场，但中国在战后初期应继续
实施温和的保护性关税政策，以便对民族工业加以适当保护；对于国际货
币关系，与会人士均表示拥护布雷顿森林会议各项决议案；对于投资的鼓
励及保障这一关系到中国工业化进程的关键问题之一，座谈会主张，鼓励
外国资本通过世界银行、国际复兴开发银行等机构对中国工业大量投资，
并希望中国代表团能在会议期间同外商接洽，探讨组建对华投资银行团的
可行性；关于卡特尔这一对中国利害关系不大的问题，座谈会也提出应着
重限制其消极作用，主张在国际间采取严禁政策，防止其被居心不良者及
侵略者加以利用。③ 座谈会希望中国代表团成员积极听取各界意见，认为此
次国际通商会议乃民间商业团体发起，各国参与者皆为私人工商业者代表
人物，中国代表团在会上必须代表中国工商界说话，特别是应当照顾到中
国工商界当前及今后的实际需要。④

在中国代表团启程赴美前后，多位经济专家及工商界人士又在重庆各
大报刊发表文章，有的归纳总结各界人士在座谈会上所提意见，有的提出

① 《国际通商会议及中国六代表：从发起到开会前》，《新世界》（月刊）第 10 期，1944 年，
　第 8 页。
② 《大公报》1944 年 9 月 21 日。
③ 《国际通商会议前奏》，《新商业》（月刊）第 1 卷第 1 期，1944 年，第 65 页。
④ 《国际通商会议及中国六代表：从发起到开会前》，《新世界》（月刊）第 10 期，1944 年，
　第 10 页。

对于国际通商会议九项议题的理解和意见,有的阐释中国参与国际通商会议对于中国战后经济建设的意义。在启程前,卢作孚曾向工商界人士表明他此去美国的意图,旨在使国际社会特别是美国工商界了解中国抗战以来经济困难实际情形,促进中外沟通和相互了解,使国际社会了解中国亟欲利用东南亚等地区作为中国工农业产品外销市场的期望,以便换取外汇,反哺中国工业化进程。① 以大后方经济建设为主要业务的川康兴业公司还特聘张公权担任驻美代表,希望他利用参与国际通商会议之便利,就中外贸易和引进外资等方面同外商预作商洽。②

带着中国工商界的热切期待,陈光甫、范旭东、卢作孚等人于10月中旬飞抵美国纽约,同已经在美的张公权、李铭等人会合。张公权自从辞去国民政府交通部长一职后即赴美考察,在美逗留已一年有余,熟悉美国工商界情形及罗斯福政府有关政策,但由于罗斯福政府召集的芝加哥国际民用航空会议召开在即,国民政府任命张公权担任中国首席代表,使他难以兼顾国际工商会议的事务。为加强中国代表团阵容并全面参与国际通商会议的分组讨论起见,陈光甫等代表在征得经济部商业司同意后,就近推选中国银行副总经理贝祖诒为候补代表,并推选永利公司总工程师侯德榜为候补顾问。③ 张公权还从在美留学及华侨工商界人士中遴选了十几位得力人士充当代表团技术助理,对会议议题预作研究,起草发言稿并为代表团准备相关材料。④ 中国战后经济要迎头赶上,就必须同唯一有实力对外提供大规模经济援助的美国建立密切合作。基于这一认识,陈光甫率领中国代表团专门宴请主办国际通商会议的美国四大工商团体负责人,同他们讨论国际通商会议各项议题,特别是就有关战后中国民营事业与国营事业之关系、外资鼓励与保障、战后商业政策等问题,征求美国工商界的意见。席间美

---

① 卢作孚:《国际交往与中国建设》,唐文光、李萱华等编《卢作孚文选》,西南师范大学出版社,1989,第408~413页。

② 《国际通商会议及中国六代表:从发起到开会前》,《新世界》(月刊)1944年,第10期,第14页。

③ Minutes of the meeting of Chinese Delegation to the International Business Conference, October 30, 1944,上海档案馆,档号:Q275-1-2929,第92页;《陈光甫致经济部马克强电》,1944年10月30日,上海档案馆,档号:Q275-1-2929,第16~17页;《马克强复陈光甫电》,1944年11月6日,上海档案馆,档号:Q275-1-2929,第106页。贝祖诒此时已经身在美国,是作为财政部长孔祥熙率领的中国代表团成员赴美出席布雷顿森林国际货币金融会议的,而侯德榜此前也被永利公司派至美国考察工业技术。

④ 姚崧龄编《张公权先生年谱初稿》,台北:传记文学出版社,1982,第407、409页;王念祖:《我的九条命:王念祖回忆录》,中国财政经济出版社,2002,第58~59页。

国商会会长詹斯顿（Eric A. Johnston）结合美国工商业优势和中国战时经济困难情形，对如何开展战后中美经济合作发表了看法。他说美国十分愿意对工业后进国家提供长期借贷，中国开展工业化，将对美国技术及设备产生旺盛需求，美国工商界有必要以长期信贷支持这种需求，中国政府和工商界在战后建设复兴计划方面的目标也应协调一致，从而能够大量吸收美国对华投资。[①]

　　1944 年 11 月 10 日，国际通商会议在纽约郊外的雷伊正式拉开帷幕，总计有 52 个国家的工商界派代表团出席会议，苏联虽未委派正式代表，但派其驻美商务代表以观察员身份列席会议。[②] 依照会议最终确定的八项议题，会议的形式除全体会议外，主要是依照议题的不同进行分组讨论。会议首先确认各国代表团分别参加八项议题分组讨论的代表名单，并推选各小组委员会的主席和副主席，会议主办方接着宣读了罗斯福总统发来的致辞。罗斯福表示，各国工商界为推动战争胜利贡献良多，今后应将注意力转向重建战后国际贸易，原因在于战后国际间商业关系的发展，与各国经济利益和安全实息息相关，各国须增进相互了解，通力合作，采取有力措施，使战后国际经贸往来不受歧视政策及各种贸易壁垒之阻碍，从而为新的世界经济结构奠定基础，方能维持世界的繁荣和安定。[③] 发起国际通商会议的美国四大工商业团体负责人也分别致辞表示，垄断及排外性质的贸易关系在今后愈发不可行，只有公平贸易、良性竞争，才能确保世界经济的稳定繁荣，经济和平必须以自由的国际贸易关系和互惠非歧视性的经贸协定为基础；本次会议旨在为各国工商业者提供一个交换意见、沟通信息的场合，从而增进各国工商界之间对各自战后经济建设需求的了解，资本雄厚的美国清楚自己所担负的责任，期望与会各国代表能够化解各国在经济方针上的矛盾歧异，树立各国在经济上相互依赖的信念，如此方能保障国际和平与繁荣。[④]

① News Release to Central News Agency of China, Chungking, November 4, 1944，上海档案馆，档号：Q275 - 1 - 2929，第 234 页。

② Telegram sent by the Chinese Delegation to the International Business Conference to Ministry of Economic Affairs, November 13, 1944，上海档案馆，档号：Q275 - 1 - 2929，第 245 页。

③ Message from President Roosevelt to the International Business Conference, November 10, 1944，上海档案馆，档号：Q275 - 1 - 2929，第 18 ~ 19 页。

④ Condensed Versions of Speeches by the heads of the four sponsoring organizations of the International Business Conference, November 10, 1944，上海档案馆，档号：Q275 - 1 - 2929，第 19 ~ 21 页。

二　国际通商会议分组讨论与中国代表团的活动

国际通商会议自 11 月 10 日开幕后，即分别对卡特尔、各国商业政策、国际货币关系、投资之鼓励及保障、新区域工业化、私人企业、粮食及原材料、交通和通讯八项议题展开分组讨论。中国代表团成员积极参与对各个议题的讨论，对会议贡献良多，兹分述如下。

(一) 卡特尔

对于如何对待卡特尔利弊的问题，各国代表形成正、反两方面意见。反对者（以美国代表团为代表）认为，卡特尔不论其形式如何，均足以限制贸易、阻碍竞争、垄断价格，有着严重的消极作用；赞成者（以英国代表团为主）则辩护说，卡特尔可以增进专利技术转让，提高商品品质，降低生产成本，且能刺激需求、扩大就业，并有助于开拓市场。信奉自由企业制度的美国政府及工商界对卡特尔持最强烈的反对意见，罗斯福总统曾于 1943 年 9 月在给赫尔国务卿的一封信中表达过对卡特尔的不满。他认为，卡特尔对国际间协调构成不可逾越的障碍，各国要在商业及贸易领域展开实质性合作，要使国际经济关系揭开新篇章，首先就要终结卡特尔这种制度。各国代表熟知美国工商界对卡特尔的强烈反感，在这种情况下，分组讨论虽然由英国代表贝鲁（Sir Clive Baillieu）主持，但他不愿公开挑战美国代表团的立场，仅对卡特尔的作用做了简单辩护，声称卡特尔同关税、补贴等一样，都是贸易管制措施之一，只有在建立有效的国际经济及贸易体制后，才能逐步加以削减。①

卡特尔对于中国战后经济建设的利害关系并不像美、英那么严重，所以参与分组讨论的中国代表李铭并未提交中国代表团对这一问题的立场文件。不过，中国工商界对卡特尔也有着清醒的认识，认为卡特尔有利亦有弊，但要着重防范卡特尔国际化所潜藏的危害。重庆工商界召开的座谈会就曾主张，一要在国际间对卡特尔严加禁止，二要在国内采取严格监督政策，同时健全各种同业公会，强化其调整产销、议定货价等功能，这样也

---

① Report to the Plenary Session of the International Business Conference by the Cartel Section, November 18, 1944，上海档案馆，档号：Q275 - 1 - 2929，第 23 ~ 24 页。

就可以消除卡特尔的存在理由。① 经济部商业司在给中国代表团的指示中，更强调该如何防范卡特尔国际化的严重后果，希望中国代表团在会议期间应持论"反对卡特尔及其他操纵国际商品或市场之组织"，"国际商品如有统制生产、维持市价或分配销售区域之必要时，应由有关各国提请国际经济机构予以适当之处置"，② 意思是说，要使新成立的战后国际经济机构接掌国际卡特尔原先具备的一些积极功能，从而消除国际卡特尔存在的必要。

经过美、英两国代表会外协商，双方很快达成妥协，最终提交全体会议的分组讨论报告，将正反两方面意见并列陈述，一方面认为卡特尔的优点应予保存，另一方面呼吁各国政府密切关注和研讨各种卡特尔方式对于就业问题、生活水准、工业发展、物价波动、贸易往来等的影响，以便对卡特尔加以有效管控，防止其损害各国公共利益。③ 卡特尔小组讨论报告于国际通商会议闭幕当天才提交全体会议，当即由全体会议一致通过。

（二）各国商业政策

各国商业政策是此次国际通商会议核心议题之一。采取何种商业政策，关键是采取什么样的贸易政策。自经济大萧条以来，各国币制紊乱，工人失业，社会混乱，各国为挽救经济起见，争相高筑关税壁垒，乃至以设置进口配额、外汇管制、易货贸易、差别待遇等手段对贸易往来加以限制，结果形成条块分割、相互对立的经济集团，不仅使自由贸易无从实现，而且使国际局势更趋紧张。到国际通商会议召开之际，反对贸易管制，力倡自由贸易，已经成为各国工商界的共识。与会代表大多主张废除各种形式的歧视性贸易政策，降低关税，废除进口配额制度，施行最惠国待遇条款，如此才能有助于增加生产、促进就业、拉动消费、拓展贸易，才能为人类奠定自由幸福之基础。④

然而，实行什么样的贸易政策，从根本上而言取决于该国工业化所处的发展阶段。工业发达国家同工业落后国家相比，对待自由贸易的态度和

---

① 《国际通商会议前奏》，《新商业》（月刊）第 1 卷第 1 期，1944 年，第 65 页。

② 《经济部商业司对我国出席"国际私人工商团体代表大会"代表之指示要点草案》，1944年 10 月，上海档案馆，档号：Q275 - 1 - 2431，第 7 页。

③ Report to the Plenary Session of the International Business Conference by the Cartel Section, November 18, 1944，上海档案馆，档号：Q275 - 1 - 2929，第 24 页。

④ Report to the Plenary Session of the International Business Conference by the Section on Commercial Policy of Nations, November 16, 1944，上海档案馆，档号：Q275 - 1 - 2929，第 26 页。

政策自然会存在差异。对像中国这样的工业落后国家而言，采取适度的保护性关税政策是在所难免的。西南工商界比较通行的主张是，"严禁妨碍自由贸易之贸易统制及外汇统制，严禁妨碍原料自由供应之禁止输出及独占市场办法，严禁破坏经济平衡的倾销政策"，① 在战后过渡期内，"中国商业政策之基本原则，应以发展民族资本及保护工业化为条件，因此中国需要实行合理之关税保护"。② 经济部商业司也指示中国代表团，既要表明中国"赞助促进国际贸易发展及调节各国贸易平衡之国际合作办法"的原则立场，也要向各国代表"说明我国幼稚工业需要适当之关税保护"的难处，至于战争期间国际贸易所受各类统制，中国政府"准备战后分别放松或废除之"。③ 参与分组讨论的中国代表贝祖诒在向会议递交的中国代表团立场文件中，在申明中国战后贸易政策必将导向自由贸易的终极目标外，又强调说，中国民众的购买能力取决于他们的生产能力，中国要实现工业化，提高生活水平，方能对国际贸易有比较大的贡献，中国要在战后过渡期内维持进出口收支平衡，就要仰赖农产品及工矿产品出口市场的扩展。④ 中国代表李铭进一步呼吁，国际社会特别是中美两国开展合作，尽早致力于马来亚、荷属东印度、菲律宾等东南亚地区的恢复和重建，使这一地区成为中国农、矿产品的主要市场，他还呼吁美国等工业发达国家应撤除关税壁垒，准许中国农、矿产品输入。⑤ 除中国外，几个以农业立国而亟须推进工业化的国家，如巴西、印度、墨西哥等国也提出同中国代表团立相近的主张。巴西代表团直截了当地要求，首先应当由发达工业国降低贸易壁垒，

---

① 《国际通商会议及中国六代表：从发起到开会前》，《新世界》（月刊）第 10 期，1944 年，第 9 页。

② 孟宪章、贺知新：《对于国际通商会议应有之认识》，《新商业》（月刊）第 1 卷第 3 期，1945 年，第 47 页。章乃器主张，"落后国家应维持议定限度之保护关税，藉以培养其生产技能及购买力"，但商业政策"终极之目标，仍为达成完全自由贸易"，"此之谓经济正义，亦可谓平等不忘公平"。章乃器：《对于国际通商会议各议题之意见》，《新商业》（月刊）第 1 卷第 1 期，1944 年，第 13 页。

③ 《经济部商业司对我国出席"国际私人工商团体代表大会"代表之指示要点草案》，1944 年 10 月，上海档案馆，档号：Q275 - 1 - 2431，第 5 页。

④ Paper presented to the Section on Commercial Policy of Nations by Mr. Tsuyee Pei at the International Business Conference, November 13, 1944, 上海档案馆，档号：Q275 - 1 - 2929，第 131 ~ 132 页。

⑤ Paper presented by Mr. Li Ming for Section on Encouragement and Protection of Investments, November, 1944, 上海档案馆，档号：Q275 - 1 - 2929，第 193 页；Henry Cavendish, *Postwar China Trade Setup is Previewed*, News Release to The Shanghai Evening Post, November 17, 1944, 上海档案馆，档号：Q275 - 1 - 2929，第 238 页。

巴西等工业落后国家不宜采取同步降低贸易壁垒和保障外资自由流动。① 印度代表团团长还指控罗斯福政府对自由贸易推行双重标准，并举例说美国棉商凭借出口补贴的支持，向印度大肆低价倾销美国棉花，致使印度本地产棉花连年严重积压，印度商人在对美贸易中也遭受多重歧视性限制。②

各国商业政策小组提交给全体会议的报告采纳了中国等国代表的意见，承认两次世界大战之间的经济民族主义多半"起因于若干非侵略国家或爱好和平国家无法建立国际收支平衡，如果这些国家无法解决国际支付问题，也就无法指望其采取正当合理的商业政策"，"各国特别是债权国政府，应努力扩大进口，使债务国有能力偿付其债务"③。报告还建议，订立十年期以上的长期贸易协定，使贸易各方能做长期生产及销售打算；各国政府缔结国际经济宪章，以确保自由贸易机会均等，防止歧视性贸易障碍；设立一个国际经济机构，负责监督及协调各国商业政策，使之合乎国际社会共同利益。④

（三）国际货币关系

第一次世界大战以及经济大萧条的爆发，迫使许多国家纷纷放弃金本位，致使国际汇兑陷入混乱，而英镑等货币集团的产生，使世界经济条块分割的局面更形严重，国际贸易也就自然无法顺利发展。为吸取历史教训，在国际通商会议之前不久，罗斯福政府在布雷顿森林主持召开国际货币金融会议，决定建立国际复兴开发银行，基金由成员各国按比例分摊，使各国共同承担稳定通货的责任。此举无疑有助于使各国货币之间的汇率保持稳定，并为战后国际通商顺利开展排除障碍。各国代表对于国际货币关系的分组讨论，几乎都围绕着刚结束不久的国际货币金融会议展开，对会议的成果特别是建立国际货币基金以便稳定国际金融的决定均表示拥护。与

① General Statement by Brazil Delegation to the International Business Conference, November 1944, 上海档案馆，档号：Q275 - 1 - 2929，第 217 页。

② Statement submitted by Sir Chunilal B. Mehta, Chairman of Indian Delegation to the Section on Commercial Policy of Nations at the International Business Conference, November 13, 1944, 上海档案馆，档号：Q275 - 1 - 2929，第 138 ~ 139 页。

③ Report to the Plenary Session of the International Business Conference by the Section on Commercial Policy of Nations, November 16, 1944, 上海档案馆，档号：Q275 - 1 - 2929，第 26 页；Summary of discussions by Section Meeting on Commercial Policy of Nations, November 13, 1944, 上海档案馆，档号：Q275 - 1 - 2929，第 156 页。

④ Report to the Plenary Session of the International Business Conference by the Section on Commercial Policy of Nations, November 16, 1944；上海档案馆，档号：Q275 - 1 - 2929，第 27 页。

会代表大多同意，首先要使有着重要国际金融地位的美元和英镑保持汇率
稳定，这对于国际金融稳定有着十分关键的意义。① 布雷顿森林会议的成果
增强了中国工商界的信心。在西南实业界座谈会上，各方均表示"信赖国
际货币基金的功效，除一致拥护外，不作其它主张"。② 经济部商业司的指
示也强调，"赞成以国际合作方式维持各国汇率之平稳"，对于抗战期间中
国所实施的外汇统制措施，"除国际货币基金协定所规定之过渡期间管制办
法外，不另施行外汇统制"。③

(四) 新区域工业化

所谓新区域，是指那些已经具备一定的经济及社会条件，但工业化进
程尚有待开展或希望实现工业化的国家或地区，主要包括亚洲的中国、印
度和东南亚各国，拉美的墨西哥、巴西、阿根廷，大洋洲的澳大利亚和新
西兰，东欧及东南欧各国以及中东和北非等地。到二战末期，除德意日法
西斯国家外，已经完成工业化的国家几乎都集中在西欧和北美，广大亚、
非、拉各国均希望在战后能加快实现本国的工业化。对中国而言，实现工
业化更是国民政府和工商业者的一致呼声，因为只有实现工业化，才能有
效抵御侵略、维护国家安全。西南工商界为中国代表团举办的座谈会主张，
中国在盟国当中投入抗战最早、牺牲最大，对于反法西斯战争贡献也最大，
理应获得优先工业化的权利，在美国等工业发达国家协助下，先使中国完
成工业化。在此过程中，除了以各种方式引进外资和技术以外，如果盟国
在战后拆运各轴心国工业设备，中国也理当获得相应的份额。④ 经济部商业

---

① Report to the Plenary Session of the International Business Conference by the Section on Currency
Relations Among Nations, November 17, 1944, 上海档案馆，档号：Q275 - 1 - 2929，第 30
页。印度代表赞成通过国际货币基金这一多边机制来稳定国际金融，但反对使用"关键货
币"（Key Currency）方式，担心此举可能使世界重蹈英镑集团和美元集团对立的历史覆
辙，并使其他国家的经济命脉被操纵于美、英两国之手。详见 Statement submitted by Sir
Chunilal B. Mehta, Chairman of Indian Delegation to the Section on Currency Relations Among Na-
tions at the International Business Conference, November 11, 1944, 上海档案馆，档号：Q275 -
1 - 2929，第 167 ~ 169 页。
② 《国际通商会议及中国六代表：从发起到开会前》，《新世界》（月刊）第 10 期，1944 年，
第 9 页。
③ 《经济部商业司对我国出席"国际私人工商团体代表大会"代表之指示要点草案》，1944
年 10 月，上海档案馆，档号：Q275 - 1 - 2431，第 5 页。
④ 孟宪章、贺知新：《对于国际通商会议应有之认识》，《新商业》（月刊）第 1 卷第 3 期，
1945 年，第 46 页。《国际通商会议及中国六代表：从发起到开会前》，《新世界》（月刊）
第 10 期，1944 年，第 9 页。

司在给中国代表团的指示中，也强调要借助于国际合作渠道推动工业化进程，并"极望各国以其资金、技术及过剩器材协助我国发展工业"，并希望中国代表团在会场内外找机会，"与美商接洽我国收购美国工厂之设备"。①

根据这些意见，中国代表积极向与会代表表明中国对于战后实现工业化的热切期望，并就实现工业化的具体条件和方式表明立场。会议期间，陈光甫曾就中国工业化问题集中阐述过中方的主张。他指出，"在中国民众心目中，工业化乃是最重要的战后问题"。中国除急需农业改革外，尚须使中国工业化，这是中国人从此次战争得来的一个极为惨痛的教训。实现工业化，才有望提高人民之购买力，促进人民之生活标准，方能切实履行中国对于保障及促进世界安定与和平所承担的责任。同时，中国有庞大人口、丰富资源，具备极大市场潜力，也具备发展工业的条件。② 李铭向会代表解释说，中国以农业立国，至少有 80% 人口是农业人口。无论在战时还是在战后，中国都需要加快农业发展，其目的除保障全国民众粮食需求外，更是为维持国际收支平衡，以便留出资金进口工业设备，从而推进战后工业化进程。③ 为此，中国代表团说服各国代表团将落后国家要实现工业化还应当把加快农业发展和改善交通等基础设施考虑在内这一考虑写入分组讨论报告。④

（五）投资之鼓励与保障

落后国家要实现工业化，非得有大量资金可资利用不可。战后唯一有实力以大量资本和先进技术可供输出的国家则非美国莫属，美国大量过剩资本此时也急于寻求投资市场，这是美国发起召开国际通商会议而各国工商界也踊跃参与的初衷之一。对于亟待工业化的中国而言，吸引外资的重要性显而易见。至于应以何种方式延揽和对待外国资本，西南实业界座谈会提出，中国可采用政府间借款、政府向外国私营企业借款、政府或企业

① 《经济部商业司对我国出席"国际私人工商团体代表大会"代表之指示要点草案》，1944 年 10 月，上海档案馆，档号：Q275 - 1 - 2431，第 6 页。

② Statement by Mr. K. P. Chen, Chairman of the Chinese Delegation to the International Business Conference at Press Conference, November 15, 1944，上海档案馆，档号：Q275 - 1 - 2431，第 40 页。

③ Paper presented by Mr. Li Ming of the Chinese Delegation to the International Business Conference for Section on Encouragement and Protection of Investments, November, 1944，上海档案馆，档号：Q275 - 1 - 2929，第 192 页。

④ Report to the Plenary Session of the International Business Conference by the Section on Industrialization in New Areas, November 16, 1944，上海档案馆，档号：Q275 - 1 - 2929，第 39 页。

直接在国外市场发行债券等多种筹资方式。具体到直接投资,可以有两种方式:其一,"我国无力自营而不碍主权的事业,提倡中外官民合营";其二,"我国不能自制而不碍主权的货品,欢迎外商在华设厂"。① 至于外资利用办法,可以采取借款、合资、特许经营等三种方式。有学者指出,在中英、中美新约签订后,外商通过不平等条约取得的在华特权既已取消,今后外商在华投资和经营事业均应享受与国民同等的待遇,除了若干必须交由国营的事业外,其他民营或官民合办的企业,均应准许外商投资和参与经营,这样方可澄清外商的疑虑,使其乐于对华大量投资。② 1943 年 9 月召开的国民党五届十一中全会在讨论战后建设问题时,曾通过一项关于吸收和利用外资办法的决议,其中谈到"今后中外合办实业,对于外国方面投资数额之比例,应不加固定之约束,公司组织,除董事长外,其总经理人选亦不限定为本国人",③ 这等于放宽了限制尺度。经济部在给中国代表团的指示中提出,考虑到今后国际复兴开发银行对华投资"恐不足以应中国工业发展之需要",故而欢迎外国政府及企业对华大量投资,至于具体办法,经济部除重申国民党五届十一中全会的上述决议精神外,还提出"外人可来华设分厂、分店或单独经营企业",还可用特许方式鼓励外商在华经营。④

根据国民政府的指示和国内实业界的意见,中国代表团在会议期间多次就投资之鼓励与保障问题发表意见,贝祖诒、范旭东、李铭等代表均曾向与会各国代表集中阐述过中国政府及工商界的态度,表明中国战后建设亟盼外商对华大量投资,并愿意营造良好政策环境以保障投资者利益。贝祖诒指出,中国战后工业项目实施需要外国以 15 年或 20 年为期的长期贷款的支持,中国将提供一种简便和稳定的税收政策,并以法律保障对中外投资者一视同仁。⑤ 范旭东着重强调,像中国这样的落后国家亟须美国等发达

① 《国际通商会议及中国六代表:从发起到开会前》,《新世界》(月刊)第 10 期,1944 年,第 9 页。
② 孟宪章、贺知新:《对于国际通商会议应有之认识》,《新商业》(月刊)第 1 卷第 3 期,1945 年,第 46 页。
③ 《经济部商业司对我国出席"国际私人工商团体代表大会"代表之指示要点草案》,1944 年 10 月,上海档案馆,档号:Q275 - 1 - 2431,第 5 ~ 6 页。
④ 《经济部商业司对我国出席"国际私人工商团体代表大会"代表之指示要点草案》,1944 年 10 月,上海档案馆,档号:Q275 - 1 - 2431,第 6 页。
⑤ Paper presented to the Section on Commercial Policy of Nations by Mr. Tsuyee Pei, member of Chinese Delegation at the International Business Conference, November 13, 1944, 上海档案馆,档号:Q275 - 1 - 2929,第 131 页。

工业国家在资金、技术及设备方面的援助，美国的剩余资金和多余设备大可以输出到中国，供中国利用来促进自身工业发展，这将是战后中美经济合作的重要内容。[1] 李铭则根据五届十一中全会决议和经济部商业司指示的精神，在专门为中国代表团举办的记者会上，着重向各国工商界阐述了中国今后利用外资的原则，以及吸收和保障外资利益的办法。[2]

对于投资之鼓励与保障问题，与会代表围绕着资本输出的经济动因、投资事业的社会宗旨、国际投资的性质、如何对待外国资本等四个方面展开分组讨论，强调国际投资应以改善资本输入国民众的经济生活为最终目标；强调债务国和债权国应认清彼此利益关系，债务国应尽力避免歧视与不公正待遇，债权国则力避纯粹为一己私利而投资，为使债务国有机会偿付债务，债权国应减少货物进口障碍，以便利债务国产品及服务的输入。[3]

（六）交通和通讯

贸易的拓展需要完备发达的交通设施与之相配套，而铁路、航运等交通基础设施落后，是中国战后推进工业化、发展国际贸易的主要障碍之一。张公权在抗战前曾主持过中国铁路建设，后来又曾主政交通部。据他的估计，中国在抗战前，农产品要运至销售市场，只有 5% 是依靠铁路完成的，"战前我国的产品，百分之十九就地销纳，百分之四十四销至附近村落，百分之二十九销于城市，只有百分之八销于远地"。[4] 这种状况全是铁路交通落后所导致的。至于轮船运输，中国更是落后，加之又因战争遭受严重损失，自不平等条约废除、内河航运权收回后，中国航运业发展更为迫切，且不论发展远洋航运，单就内河航运、沿海航运而言，经济学家罗敦伟认

---

① Statements issued by Mr. Shuton Fan, member of the Chinese Delegation to the International Business Conference for Section on Industrialization in New Areas, November 11, 1944，上海档案馆，档号：Q275 - 1 - 2929，第 199 页。

② Paper presented by Mr. Li Ming of the Chinese Delegation to the International Business Conference for Section on Encouragement and Protection of Investments, November, 1944，上海档案馆，档号：Q275 - 1 - 2929，第 192 ~ 194 页；《国际通商会议经过》，《财政评论》第 13 卷第 1 期，1945 年，第 171 ~ 172 页。

③ Report to the Plenary Session of the International Business Conference by the Section on Encouragement and Protection of Investments, November 17, 1944，上海档案馆，档号：Q275 - 1 - 2929，第 31 ~ 33 页。

④ 《国际通商会议及中国六代表：从发起到开会前》，《新世界》（月刊）第 10 期，1944 年，第 13 页。

为，"以中国海岸线之长，以中国沿海岛屿之多，以及内河航线之繁密"，所需船舶吨位将会十分庞大。①

张公权在美期间着重考察了美国铁路建设经验，并向美国工商界描绘中国战后铁路建设蓝图，呼吁他们向中国铁路建设投资，得到美国工商界的积极反响，他们感到，战后中国铁路建设，既可以带动内陆广大地区的工业化，也有助于开辟新的市场，这一投资机会是非常有利可图的。② 至于航运业发展途径，中国航运界认为，除建设民族造船工业外，更便捷的途径是利用美国在战争结束后有望出现的大量剩余船只。经济部商业司亦曾指示中国代表团，在会议期间须向各工业发达国家表明，"交通便利为工业化之主要条件，希望各国协助我国发展交通及交通器材工业"的愿望，还要求代表团寻机同美国接洽，商讨"战后我国利用各国过剩船舶等之可能办法"。③ 卢作孚还打算在出席国际通商会议后，专门考察美国造船及航运事业，并寻机采购大批船舶，投入国内内河及沿海航运。

鉴于德意日法西斯国家曾将大量商船队用于战争准备及侵略活动，与会代表在分组讨论时一致呼吁各国政府，在战后和平条款中须对侵略各国的航运业及造船业严加限制。而对于像中国这样的遭受严重战争创伤的国家，与会代表呼吁各国政府通力合作，协助它们进行交通基础设施的恢复及建设，对所需交通器材，也应最优先供应。④ 美国代表在介绍美国售让剩余船舶的原则性条件外，表示如果战争能在 1946 年结束，美国可能保有的船只吨位预计达 4800 万吨，但是美国战后船只安置将以满足军队建设需要为优先选项，美国也应尽量用自营船舶载运至少 50% 的进出口贸易货物。⑤ 但即便如此，战后美国仍有望出现大量剩余船舶交付商业用途，这无疑使

① 罗敦伟：《国际通商会议与中国——泛论政策、运输以及币制问题》，《财政评论》第 13 卷第 1 期，1945 年，第 3 页。

② 《国际通商会议及中国六代表：从发起到开会前》，《新世界》（月刊）第 10 期，1944 年，第 13～14 页。

③ 《经济部商业司对我国出席"国际私人工商团体代表大会"代表之指示要点草案》，1944 年 10 月，上海档案馆，档号：Q275－1－2431，第 6 页。

④ Report to the Plenary Session of the International Business Conference by the Section on Transportation and Communications, November 17, 1944, 上海档案馆，档号：Q275－1－2929，第 53～54 页。

⑤ Report to the Plenary Session of the International Business Conference by the Section on Transportation and Communications, November 17, 1944, 上海档案馆，档号：Q275－1－2929，第 51～52 页。

中国代表团深感振奋。中国代表团积极参与会议对此议题的分组讨论，卢作孚、张嘉铸积极主动为会议起草分组讨论总结报告，表现十分活跃。最终报告对各点事项的讨论结论，几乎全都体现了中国代表团的意见，小组报告关于严格限制法西斯国家航运业发展和关于国内及内陆运输两节文字，几乎完全照搬中国代表团起草的文稿。[①]

（七）粮食及原材料

由于世界各国粮食、主要能源、矿产的分布极不均匀，这些原料和粮食的分配是否公正合理，直接关系到各国人民生存及经济繁荣能否维持。中国工商界认为解决这一问题的关键在于要对原材料实施公正合理的分配，使世界各国均能受益，并消除垄断或操纵原料的行为及心理。[②] 经济部给中国代表团的指示主张，"关于世界原料之供应，应由国际经济机构拟定公平办法"，"特种原料及产量过剩或过少之原料，应由有关国家在国际经济机构指导之下，设法予以合理之调整"。[③] 卢作孚、张嘉铸积极参与国际通商会议对这一议题的分组讨论，力求使会议接收中国主张，从而通过国际合作，使中国工业化所需原料获得充足供应，使民众的粮食需求获得充足保障。中国代表团是这一议题分组讨论中表现最为积极踊跃的代表团之一，卢作孚等中国代表团成员还受会议的委托，草拟出 12 个问题，作为分组讨论时的议程。这些问题涉及原料生产加工及分配、国际贸易障碍的消除、各国农林牧渔等原料的度量衡标准差异、农业原料在工业上的用途、提高人民生活水平、疏通粮食及原料的贸易流通渠道等，旨在向与会代表提示，有哪些问题事关世界粮食及工业原材料的公正合理分配。中国代表团就这一议题所提出的全部意见，几乎全被与会代表接受，并被纳入小组报告。[④]

---

① Report to the Plenary Session of the International Business Conference by the Section on Transportation and Communications, November 17, 1944, 上海档案馆, 档号: Q275 - 1 - 2929, 第 55 页。

② 孟宪章、贺知新:《对于国际通商会议应有之认识》,《新商业》（月刊）第 1 卷第 3 期, 1945 年, 第 47 页。

③ 《经济部商业司对我国出席"国际私人工商团体代表大会"代表之指示要点草案》, 1944 年 10 月, 上海档案馆, 档号: Q275 - 1 - 2431, 第 6 页。

④ Report to the Plenary Session of the International Business Conference by the Section on Raw Materials and Foodstuffs, November 16, 1944, 上海档案馆, 档号: Q275 - 1 - 2929, 第 47 页。

（八）私营企业

私营企业是此次国际通商会议的首要议题，工商经济发达的美国衷心信奉自由贸易，推崇自由企业精神。美国代表团在参与分组讨论时一再强调，美国战时生产之所以能突飞猛进，根本原因在于民众当中蕴藏着深厚的生产力，而这种生产力全有赖于私人企业精神的维系。① 相比之下，考虑到中国工农业落后等实际情况，中国工商界虽盼望中国代表团"传递美国企业自由之精神"，② 但承认"民营、国营各有其利，应求互相配合"，"并谓经济问题非有合理之计划不能为合理之措施，非有适当之统制不能达到合理之计划"，关键在于"统制之实施应积极发行领导与调整作用，消极避免苛扰及干涉之弊"。为此，西南工商界座谈会上曾提出两点主张，"在事业经营上，国营与民营并重"，"在事业管理上，我国应有整个之计划与适当之统制"。③ 鉴于中国工业落后，"民族企业无论国营民营，均甚幼稚脆弱，不能与国际竞争"，结果"国营者固应由政府通盘筹划，私营者亦亟待政府扶助发展，自不能完全脱离政府之管制"。④ 所以，对中国而言，关键是如何划清国营、民营之间的界限，让工商业者和国外投资者知晓何去何从。对这一问题，章乃器将西南工商界座谈会的意见汇总为两点，一方面赞成政府予以统一计划和适度统制的必要，另一方面则强调，"国营事业之范围，限于独占性之企业及非私人资本所能举办者。除此以外，私有企业即不应加以任何限制"。⑤ 经济部商业司在给中国代表团的指示中说，"除极少数种类应由国家独营者外，其余均许民营"，但是对于何者交付国营、何者交由民营的问题，经济部并未明确其界限，仅仅表示可以"依大多数国家之通例办理，例如兵工业、造船业及飞机制造业等"。此外，如政府需要经营其他种类企业时，"应以公用事业或发展需时较久、收效较

---

① Report to the Plenary Session of the International Business Conference by the Section on Private Enterprise, November 18, 1944，上海档案馆，档号：Q275 - 1 - 2929，第 42 页。
② 《中外财政金融消息汇报：国际通商会议有期》，《财政评论》第 12 卷第 5 期，1944 年，第 186 页。
③ 《国际通商会议及中国六代表：从发起到开会前》，《新世界》（月刊）第 10 期，1944 年，第 9 页。
④ 孟宪章、贺知新：《对于国际通商会议应有之认识》，《新商业》（月刊）第 1 卷第 3 期，1945 年，第 45 页。
⑤ 章乃器：《对于国际通商会议各议题之意见》，《新商业》（月刊）第 1 卷第 1 期，1944 年，第 13 页。

迟、利润较少之企业为限"。① 中国代表团成员一再向各国工商界代表说明中国战后建设将如何划分这二者的经营界限，并说要加速中国工业化，也需要对私营企业加以扶持、鼓励及保护，使其发挥活力和创造力。贝祖诒和李铭先后就私营企业政策表明中方立场，参与私营企业分组讨论的范旭东则着重强调了中国将全力扶助私营企业发展的意愿。他说，所有为应对抗战急需而被政府管制的企业，在战后都应交还给民众自营，政府的功能仅在于协助企业搜集发布有关数据及市场信息，防止企业出现垄断经营，协调不同门类企业均衡发展，办理私营企业无力解决的难题，等等。②

在分组讨论时，多数与会代表一方面秉持支持私营企业发展的初衷，另一方面也深受会议东道主美国工商界舆论导向的影响，其言论也以支持私人企业发展为主，强调私人企业制度是促进就业、实现繁荣、提高生活水准乃至维持世界持久和平的最有效方式，表示希望私人企业能在战后各国国民经济中恢复正当地位，使其得以最大限度地发展。美国工商界对这些表态并不满足，感到仍然过于保守，不能很好地体现他们召集通商会议以便伸张自由企业精神、倡导自由贸易的初衷。但是除中国代表团表明要国营、民营并重发展外，也有一些国家（以法国为代表）代表团倾向于效仿苏联做法，全面强化政府对工业企业运营的管控，③ 就连英国代表团也警告说，在放松或撤销战时对企业管制措施的过程中要十分谨慎，因为世界经济结构有可能重新陷入紊乱和无政府状态。④

国际通商会议在结束对总计八项议题的分组讨论后，即连续召开三次全体会议，分别由各议题小组委员会将本组讨论结果向大会做报告，并经大会审议通过。在 11 月 16 日举行的第一次全体会议上，与会各国代表团一致通过了粮食及原材料的分组报告，会议主席还向各国代表特别介绍了中

① 《经济部商业司对我国出席"国际私人工商团体代表大会"代表之指示要点草案》，1944 年 10 月，上海档案馆，档号：Q275 - 1 - 2431，第 5 页。

② Statements issued by Mr. Shuton Fan of the Chinese Delegation to the International Business Conference for Section on Private Enterprise, November 11, 1944，上海档案馆，档号：Q275 - 1 - 2929，第 206 页。

③ Report to the Plenary Session of the International Business Conference by the Section on Private Enterprise, November 18, 1944，上海档案馆，档号：Q275 - 1 - 2929，第 43 页。

④ Statement by Mr. Arthur R. Guinness of United Kingdom Delegation at the Plenary Session of the International Business Conference, November 17, 1944，上海档案馆，档号：Q275 - 1 - 2929，第 228 页。

国代表团在此议题分组讨论过程中的突出贡献。① 在翌日第二次全体会议上，投资之鼓励与保障、新区域工业化、各国货币关系以及运输交通等四个议题的分组报告，经与会各国代表审议后均获得一致通过。已经通过的这几项议题都是各国意见趋于一致、相互间基本没有多少歧义的问题，但对于剩余的各国商业政策、私营企业、卡特尔这三项议题，事关各国工业化进程等核心利益，都是存在比较多争议的问题。围绕战后商业政策的争论主要在落后国家同美、英等工商业发达国家之间展开，焦点在于落后国家是否有必要以及如何对各自工业化加以适当贸易保护措施，其中以印度代表团的立场最为坚决。印度代表力主改变印度在国际经济结构所处的不公正待遇，建立公平、平等的国际经济新秩序，并称非如此不足以改变印度落后面貌，发达国家也就无法指望印度对经济国际主义做贡献。② 直到 11 月 18 日举行的最后一次全体会议暨闭幕会上，会议才最终通过了上述三项议题的分组报告。③

三   国际通商会议的意义

1944 年秋在美国召开的国际通商会议，为各国工商界参与缔造战后国际经济新秩序提供了一个重要平台，无论是对中国战后的经济建设，还是对战后世界多边贸易体制的构建，都有着重要意义。

美国四大工商业团体在发起及筹备会议的时候就已明确，此次国际通商会议并不追求对各项议题达成全体一致，也不指望对某种政策性议题发表共同宣言，而是旨在为各国工商界代表提供一个自由讨论机会，就各项议题充分交换意见，增进各国工商界之间的相互了解，明了各个国家战后工商业恢复及建设的政策意图。④ 陈光甫评价说，"正因为这样，（与会代

---

① 《国际通商会议经过》，《财政评论》第 13 卷第 1 期，1945 年，第 172 页。

② Statement submitted by Sir Chunilal B. Mehta, Chairman of Indian Delegation at the Plenary Session of the International Business Conference, November 17, 1944，上海档案馆，档号：Q275 - 1 - 2929，第 219 - 220 页。

③ 《国际通商会议经过》，《财政评论》第 13 卷第 1 期，1945 年，第 173 页。

④ Invitation letter sent to the President of China Industry Association and National Federation of Chamber of Commerce of China, Chungking, China, June 28, 1944，上海市档案馆，档号：Q275 - 1 - 2929，第 7 ~ 8 页。

表）所发表的言论相当坦率，得到的结果才比较接近实情"。① 全体会议审
议并通过各国代表团对各项议题的分组讨论报告，等于将报告内容接受为
各国与会代表团在此次国际通商会议上的共识，这就比会议举办者的初衷
更进了一步。与会代表对会议的举办初衷和最终成果均十分看重，用印度
首席代表梅贺达爵士的话说，了解和认识是国际合作的先决条件，只有此
次会议能成为各国工商界人士彼此了解的阶石，那么国际合作才有望实
现。② 陈光甫在代表中国代表团做闭幕致辞时，也对会议气氛和成果做了积
极和乐观的评价。他说，中国代表在会议期间注意到，各工业发达国家均
愿向落后国家提供协助，而各个落后国家均欲致力于工业化，各国代表均
欲通过社会方式解决这些经济问题，这些迹象都清楚地表明，国际合作已
是遥遥在望。③

　　让中国代表团对会议成果感到振奋的，应当还有两个重要原因。一是
中国代表团对会议各项议题所提意见，大多被会议列入各分组报告。总的
说来会议成果（特别是关于战后各国贸易政策、新区域工业化、投资鼓励
及保障、粮食及原材料、交通运输等项议题）比较充分地吸纳和反映了中
国代表团的意见。陈光甫觉得，这些成果尚可告慰国内工商界人士和国民
政府的殷切期待。④ 二是通过在会议期间的见闻、感触以及同各国特别是美
国工商界人士的广泛接触，中国代表团感到国内工商界在战后工业化及中
美经济合作中将大有可为。特别是对于私营企业问题，据陈光甫的观察，
虽然各国代表意见有不同程度的保留，或者受战时条件所迫的无奈之举，
或者是为应对战后环境的必要措施，或者是保护本国落后工业得以发展，
但是原则上都承认，自由企业精神是今后世界工商业的必然潮流。⑤ 美国工
商界对贸易自由、私营企业的推崇，也深深感染了陈光甫、卢作孚、范旭

① Summary of Speech by Mr. K. P. Chen for Broadcast to Chungking on the "America Talks to China", November 29, 1944, 上海档案馆, 档号：Q275 - 1 - 2929, 第 67 页。
② Statement submitted by Sir Chunilal B. Mehta, Chairman of Indian Delegation at the Plenary Session of the International Business Conference, November 17, 1944, 上海档案馆, 档号：Q275 - 1 - 2929, 第 220 页。
③ Speech delivered by Mr. K. P. Chen, Chairman of the Chinese Delegation at the Closing Plenary Session of the International Business Conference, November 18, 1944, 上海档案馆, 档号：Q275 - 1 - 2929, 第 66 页。
④ 《陈光甫致何廉等电》, 1944 年 11 月 28 日, 上海档案馆, 档号：Q275 - 1 - 2431, 第 4 页。
⑤ Summary of Speech by Mr. K. P. Chen for Broadcast to Chungking on the "America Talks to China", November 29, 1944, 上海档案馆, 档号：Q275 - 1 - 2929, 第 67 页。

东、李铭、贝祖诒等人。在送呈国民政府经济部报告会议情形的电文中,陈光甫在一一列举会议成果之前,开篇即强调,"与会各国代表一致拥护私营企业,已有国营事业国家,不宜再扩展范围",①并把这些成果通报给全国工业协会和全国商业联合会。中国代表团成员还联名电呈蒋介石,报告国际通商会议成果,强调指出,"各国代表一致主张,国内维持私人企业,国际发展自由贸易,战时政府管制事项战后撤销",②希望这一情形能够对国民政府战后工商业政策决策有所影响,以便为抗战后民营企业发展争取到比较宽松的政策环境。

国际通商会议是反法西斯同盟各国召集的又一次事关战后经济重建的会议。它跟该年度先后在美国召开的联合国善后救济会议、布雷顿森林国际货币金融会议、国际复兴开发银行会议、芝加哥国际民用航空会议一起,构成二战后期反法西斯同盟为缔造战后持久和平的重大努力。这几次会议的主旨同缔造战后国际安全组织的敦巴顿橡树园会议侧重点有所不同,但均着眼于战后世界经济的恢复和繁荣,希望使战后国际经济秩序合理而安定。这一宗旨如能顺利实现,对历经战祸摧残的中国而言,可为推进工业化进程、加快战后中国经济发展提供一个根本性保障。从这一层面来看,中国工商界代表人士对国际通商会议的积极参与,就在无形中对战后世界经济新格局的创建做出了贡献,从而在战争期间缔造战后和平的进程中,留下了非同寻常的历史印迹。

(原刊于《历史教学》2013年第10期下)

---

① Telegram sent to Ministry of Economic Affairs by Chinese Delegation to the International Business Conference, November 28, 1944, 上海档案馆, 档号: Q275 - 1 - 2929, 第 246 页。
② Telegram sent to President Chiang Kai-shek by Chinese Delegation to the International Business Conference, November 23, 1944, 上海档案馆, 档号: Q275 - 1 - 2929, 第 244 页。

杜鲁门政府与法国在印度支那殖民统治的重建（1945～1949）

刘东明*

1945～1949 年是美国实质性介入印度支那①事务的初始阶段。在这一时期，甚至在冷战爆发前，美国就出于国家利益尤其是战后世界安排的考虑，插手印度支那事务，推动了法国在印度支那殖民统治的重建。这一时期美国的印度支那政策涉及美国对苏政策、战后欧洲安排、对日战后处理、美国的亚洲政策以及战后全球战略的考量，反映了国际格局的变化和大国关系的演变。相关研究成果有朱明权、颜生毅《试论战后初期美国的印支政策》（《复旦学报》1989 年第 6 期）、潘一宁《美国对第一次印度支那战争的反应》（《中山大学学报》1999 年第 4 期）、赵学功《美国与第一次印度支那战争》（《美国研究》2003 年第 4 期）。但这些成果只对这一时期美国的印度支那政策进行了梗概性的叙述。前人的研究过多强调冷战对美国印度支那政策的影响，而忽视在冷战之前美国即出于国家利益的需要干涉印度支那事务。本文根据第一手档案及多方材料对这一时期美国的印度支那政策及其支持法国在印度支那重建殖民统治的过程做一归纳和梳理，以揭示美国介入越南战争的渊源。

一　战后初期美国印度支那政策的转变

八月革命胜利后，越南人民建立了越南民主共和国，老挝和柬埔寨也

*　北京师范大学出版社副编审。

①　有关战后初期美国的印度支那政策的政府文件很少，只散见于会议记录、个人回忆录及谈话等非正式文件中。美国的印度支那政策的核心是越南问题，但由于资料缘故，本文未对印度支那和越南做具体区分。

成立了各自的抗战政府。法国力图在战后恢复在印度支那的殖民统治。早在战争时期，法兰西民族解放委员会就多次发表维护战后殖民统治的声明；在 1945 年 3 月 24 日法国临时政府的声明中，明确声称要在战后印度支那成立像过去包括北圻、中圻、南圻、老挝、柬埔寨五个部分的印度支那联邦。

罗斯福总统在第二次世界大战期间曾提出印度支那非殖民化的设想，反对法国战后重返印度支那，主张印度支那在战后脱离法国，置于国际托管之下。由于英法的反对，加之对轴心国作战的需要以及美国对苏战略的考虑，罗斯福去世前放弃了战后印度支那非殖民化的设想。罗斯福去世以后，美国越南政策的接力棒就传到了杜鲁门手里。杜鲁门政府延续罗斯福政府的印度支那政策，不断迎合英法的需要，正式承认法国对印度支那的主权。这是杜鲁门政府在印度支那问题上迈出的第一步。

1945 年 5 月，在有关联合国成立的旧金山会议上，与会各国对托管问题进行了讨论。美国代表在会上支持英法殖民国家，在"关于非自治领土之宣言"草案的起草过程中，反对把"独立"作为托管制度的基本目的，遭到各国的反对。在这次会议上，美国国务卿小爱德华·斯退丁纽斯对法国外长乔治·皮杜尔和法国驻美大使亨利·博内明确表示，美国对"即使是在幕后法国对印度支那的主权"① 从未怀疑。这是美国政府第一次在重大的公开场合承认法国在印度支那的主权。5 月 23 日，美国驻重庆大使帕特里克·J. 赫尔利通过其他渠道得到了这个消息，他于 5 月 28 日就此询问美国政府。国务院在 6 月 7 日给他的回电中表示，美国已经不再坚持"对印度支那进行托管，除非得到法国同意"。电报还指出，他本人要在适当的时候督促法国政府在印度支那"实现基本自由，力促建立自治政府"。电报还指示不要给予法国人不必要的援助。② 6 月 22 日，美国国务院对美国的印度支那政策做了进一步的阐述。文件强调美国在欧洲的利益，指出越盟的出现可能会给印度支那地区带来不稳定的局面，远东的和平需要联合国中的主要国家英国和法国来维持，美国能够对法国施加压力，使其在印度支那采

---

① Mike Gravel, *The Pentagon Papers: The Defense Department History of US Decisionmaking in Vietnam*, *Vol. 1*, Boston: Beacon, 1971, p. 15.

② "Telegram from The Department of State to Ambassador Hurley, Chongking, June 7, 1945," in Allan W. Cameron, *Vietnam Crisis: A Documentary History*, Ithaca: Cornell University Press, 1971, pp. 37 – 39.

取"进步"措施。因此，文件得出结论："美国承认法国对印度支那的主权。"① 这个文件成为二战结束前后美国印度支那政策的指导方针。

战争期间，印度支那被划在蒋介石的军事顾问魏德迈将军指挥下的中国战区内。1945 年 7 月，在波茨坦会议上，杜鲁门、丘吉尔和英美联合参谋长会议重新划分了盟军在印度支那的受降区域，规定中国军队占领北纬 16 度以北的地区，北纬 16 度以南划归英国海军上将路易斯·蒙巴顿勋爵指挥的东南亚战区范围。因为英国支持法国在印度支那重建殖民统治，所以波茨坦会议就为法国在越南重建殖民统治打开了方便之门，实际上把对印度支那的处置权交给了法国。8 月 15 日，国务卿詹姆斯·伯恩斯要美国驻法国大使卡弗里转告法国外长皮杜尔：波茨坦会议对印度支那战区的划分只是出于军事考虑，"没有任何政治含义"，美国已经向"英国和中国政府建议邀请法国代表参加在印度支那的接受日军投降的活动，法国政府可以就有关问题直接与英国和中国政府协商"。② 英国政府在 8 月 16 日发表的声明中阐明了英国的立场，指出英国和中国的共同目标应该是"在印度支那恢复法国政权，因此，将为法国军队和政府官员的回返提供尽可能的方便"。③ 至此，美国、英国和法国在印度支那问题上的立场已趋于一致。

日本投降后，戴高乐迫不及待地宣布："以胜利者的姿态"，"一刻不能迟延地回到印度支那去"。1945 年 8 月，法国总统戴高乐应杜鲁门的邀请访问美国。杜鲁门在与戴高乐会谈时表示，美国"政府不反对法国军队和法国当局回到印度支那去"，并保证以后不会给法国在印度支那的事务制造障碍。④ 戴高乐诡辩说："20 世纪应该是殖民地人民独立的时代。但是他们不应该以反对西方国家的方式或者类似的方式来获得独立。"⑤ 8 月 30 日，美国代理国务卿迪安·艾奇逊重申了美国承认法国对印度支那享有主权的立

---

① "Policy Papers Prepared in The Department of State, June 22, 1945, " US Department of State ed. , *Foreign Relations of the United States* (hereafter cited as *FRUS*)：*Diplomatic Papers, 1945, The British Commonwealth, the Far East, Vol. 6*, Washington D. C. ：US Government Printing Office, 1969, pp. 567 – 568.

② "Telegram from Secretary of State James Byrnes to Ambassador Caffery in Paris, August 14, 1945," *FRUS*：*Diplomatic Papers, 1945, The Far East, China, Vol. 7*, Washington D. C. ：US Government Printing Office, 1969, pp. 499 – 500.

③ "Telegram to the Secretary of State from Ambassador Hurley, " *FRUS*：*Diplomatic Papers, 1945, Vol. 7*, pp. 500 – 501.

④ 〔法〕戴高乐：《战争回忆录》第 3 卷上册，世界知识出版社，1981，第 228～229 页。

⑤ 〔法〕戴高乐：《战争回忆录》第 3 卷下册，第 551 页。

场，并告诫美国外交官员："美国无意反对在印度支那重建法国人的统治，美国政府对法国在印度支那的主权没有任何疑义。"①

　　这样，在二战结束前后，美国的印度支那政策实现了由罗斯福的"法国可以托管"到承认法国对印度支那享有主权的转变，主要原因在于杜鲁门政府将其印度支那政策服务并服从于美国战后确保欧洲、抗衡苏联以建立世界霸权的需要。这也是美国外交政策中"先欧后亚"的体现。美国为抵制苏联在欧洲的"扩张"、在西欧建立抵抗苏联的西欧防御组织也需要法国的合作。第二次世界大战结束以后，美国国务院、国防部、战略情报局以及白宫面临着两种抉择：支持越南独立，扩大对"越南民族主义者"的影响，以免使其倒向苏联；或者承认法国重返印度支那，再建殖民统治。美苏在欧洲的对立消融了美法两国在殖民主义问题上的分歧。美国军政官员认为，战后世界面临着新的定位，战争加强了苏联在欧洲和亚洲的战略地位，苏联对东欧的征服证明了斯大林更大的"征服"世界的计划。为此，美国政府决意维持法国的政治稳定，保持对法友好，以抵御苏联的扩张。杜鲁门政府得出结论，美国对"支持国际托管的建议""不感兴趣"，认为那将削弱并疏远"在欧洲我们急需的抗衡苏维埃政权的欧洲盟国"。法国在抵御苏联方面将发挥重大的作用，国务院指出美国必须"诚心诚意"地与法国进行合作，以弥补罗斯福总统时期造成的美法分歧，并且消除"法国对我们提出剥夺其殖民地的建议的担心"。美国还与英日两国达成妥协，同意帮助英国和日本在东南亚保留自己的商贸区域，以为其发展工业提供市场和原料产地。② 在国务院内部，欧洲司的势力日益增加。欧洲司坚持认为，美国在战后的政治和战略利益决定了美国不能在殖民地问题上得罪盟国。这样，美国的对越政策逐渐成为美国欧洲政策的"抵押品"。另外，杜鲁门政府还考虑如下因素：（1）罗斯福的印度支那政策遭到了在世界各地拥有广阔殖民地的法国和英国的强烈反对，它们担心印度支那的非殖民化会引起连锁反应，危害它们的殖民利益。（2）1945 年 10 月，法国举行了战后第一次制宪会议选举，共产党成为议会中第一大党，成为国内最重要的政治力量。杜鲁门政府担心，如果给予印度支那真正的独立，法国

---

①　"Cable to Max Bishop in New Delhi, Secretary of the American Commission at New Delhi, August 30, 1945," *FRUS: Diplomatic Papers, 1945, Vol. 6*, p. 313.

②　George C. Herring, *America's Longest War: the United States and Vietnam, 1950 - 1975*, New York: McGraw-Hill, 1986, pp. 8 - 9.

共产党就会从中"渔利"，从而取得政治上的优势，甚至上台执政。
（3）在越南，越盟势力激增，已经引起美国担心。（4）在联合国问题上，
美国迫切需要法国的支持。在这种情况下，杜鲁门政府开始迎合法国的需
要，彻底抛弃对战后印度支那进行托管的立场，承认法国对印度支那的
主权。

二　美国对法国在印度支那重建殖民统治的援助

1945 年 8 月，法国就组建了进占印度支那的武装部队，原法国第二装
甲师师长勒克莱尔为驻印度支那最高司令官。曾经为神甫的海军上将达让
利厄被任命为法国驻印度支那的高级专员。9 月，法军随英国军队进入印支
半岛南部。在英军的支持下，法国控制了包括老挝、柬埔寨在内的印度支
那南部地区。

美国政府虽然承认法国对印度支那的主权，但为避支持殖民主义之嫌，
在 1950 年以前声称在印度支那采取"中立"政策，在公开声明中拒绝对法
国的军事行动给予协助。但实际上，杜鲁门政府对法国在印度支那重建殖
民统治给予了大量的物质支持。

1945 年 8 月 30 日，代理国务卿迪安·艾奇逊表示，在无意反对法国重
新控制这一地区的情况下，"本政府的政策不会对法国依靠武力重建对印度
支那的统治提供任何援助，美国希望看到法国的重新控制是以法国通过将
来的行动来争取印度支那人民的支持为先决条件"。[1] 1945 年 10 月 20 日，
美国国务院远东事务科科长约翰·卡特·文森特在关于"战后远东"的讲
话中表示，美国政府"毫不怀疑法国对印度支那的主权"，但美国在印度支
那问题上保持"中立"；"美国不支持通过武力手段强行损害领土主权的行
为，但在需要的情况下，将对动乱地区的努力达成和平协议的行动提供帮
助"。[2] 10 月 24 日，国务卿詹姆斯·伯恩斯向法国、英国和荷兰等盟国提出
警告，不要用美国的租借装备来对付"当地人"，但同时他又指出，美国不
打算催促盟国交还这些租借援助物资。因此，这个声明的有效性被大大地

---

①　"Cable to Max Bishop in New Delhi, Secretary of the American Commission at New Delhi, August 30, 1945, " *FRUS: Diplomatic Papers*, 1945, *Vol. 6*, p. 313.

②　"Speech by John Carter Vincent, Director of the Office of Far Eastern Affairs, Department State, October 20, 1945, " in Department of State ed. , *Bulletin*, XIII, October 21, 1945, p. 646.

打了折扣。

1946 年 1 月 15 日，国务院通告代理国防部长，使用美国的飞机和挂有美国国旗的船只运送任何国家的军队进出印度支那或荷属东印度的行动"并不符合本政府的政策"，也不允许使用上述工具运输武器、弹药及军事装备到这些地区。① 2 月 14 日，国务院通告国防部，上述声明就是为了防止使用美国的飞机和舰船运送"用作军事目的"的物资和部队到法属印度支那和荷属东印度。

然而，美国政府实际上并未认真履行上述规定。法国以武力的形式返回印度支那，美国并没有提出异议，反而以各种隐蔽和间接的方式帮助法国在印度支那重新立足。上述声明不过是遮人耳目，以免使自己处于支持殖民主义的尴尬境地。

法国士兵身着美制服装进入越南，甚至有部分美国船只参与了运送法军的行动。美国还贷款给法国购买 75 艘运输舰只，允许法国向美国购买价值 1.6 亿美元的战争剩余物资用于印度支那战争，② 准许法国人无代价地使用美国在太平洋地区储存的用以进攻日本本土的租借物资来装备法国的军队以及英军移交给法军的美国武器装备。这虽然遭到了国务院东南亚司的反对，但杜鲁门总统对此予以默认。东南亚司曾一度阻止法国使用盟军的船只运送部队到印度支那，并促使国务卿詹姆斯·伯恩斯发布命令从美国的装备上除去美国的标记。③ 1946 年 1 月，杜鲁门还同意英国将美国按租借法提供给英国的 800 辆吉普车和卡车（当时在印度支那）转交给法国。④

就中国占领军撤出印度支那问题，法国与中国国民政府进行了谈判，而美国则从侧面协助法国。美国政府从 1945 年 9 月底开始就不断要求中国政府支持法国恢复在印度支那的主权，并指示在越南的美国顾问菲利普·加拉赫尽力敦促越南北部中国占领军长官卢汉将军早日撤军。在美国的压力下，中国军队于 1946 年 3 月开始撤出越南北部。1946 年 3 月 6 日，越南民主共和国与法国签订《越法初步协定》，规定双方停止军事冲突。通过这个协定，法国承认越南民主共和国为法兰西联邦内部的一个"自由国家"，

① *FRUS*, *1946*, *Vol. 8*, Washington D. C.：Government Printing Office, 1971, p. 800.

② Russell H. Fifield, *Americans in Southeast Asia*, New York：Thomas Y. Crowell Company, 1973, p. 117.

③ George McTurnan Kahin, *Intervention*, New York：Alfred A. Knopf, 1986, p. 7.

④ Mike Gravel, *The Pentagon Papers*：*The Defense Department History of US Decisionmaking in Vietnam*, *Vol. 1*, p. 18.

作为交换条件，胡志明同意法国人重新进入越南北部。法军很快开进河内，并进驻越南北部其他地区。随后，法军重返老挝，控制了柬埔寨。这样，继 1946 年初英军陆续撤出越南南部之后，法国取得了整个印度支那的控制权，法国在印度支那的殖民统治全面复辟。

战后的法国既没有足够的军事装备，也没有足够的财政资金来支持它在印度支那的军事活动，杜鲁门政府不断通过间接渠道为法国在越南进行战争提供了除人力资源以外的一切援助。正是有了杜鲁门政府的援助，法国才得以顺利进驻越南。法国在越南恢复殖民统治的过程中，美国推波助澜，起了决定性的作用。

法国坚持殖民政策与胡志明领导的民族解放运动发生了冲突。越法之间停止敌对行动的协议很快就遭到破坏。1946 年 4 月，驻越南北部法军司令瓦吕伊向部队发出命令，要部队拟订武装进攻的计划。5 月，法国和美国签订了经济和财政协定，美国给法国 5.5 亿美元贷款，还准备向法国提供 7.2 亿美元的信贷，作为法国购买剩余物资之用。美国在经济上对法国的支持使法国有了发动侵略战争的资本。① 9 月，《越法临时协定》签订，但法军不断发起挑衅。1946 年 12 月 19 日，第一次印度支那战争全面爆发。

冷战爆发后，杜鲁门政府更希望越南这一具有重要经济和战略地位的地区归附西方而不是落入共产党之手。在新的形势下，美国加强了对法国的支持。美国不断向法国提供大量的现代化武器装备，这些武器名义上是用来加强法国和西欧防御的，但是其中相当一部分被法国用于印度支那战场。尽管美国政府曾经规定："在与印度支那有关的情况下"，美国军火不得卖与法国，但是这个规定并未得到很好的实行。美国政府在 1948 年 9 月 27 日的一项秘密政策声明中承认了这一点："美国出口到法国的军火被转运至印度支那或被用来作为转运至印度支那的周转库存。"马歇尔计划对法援助负责人、后来担任美国驻越使团负责人的罗伯特·布拉姆后来说，二战以后，美国提供给法国的军事装备被"间接地通过巴黎用于（印度支那）重建殖民统治"。美国同样给予法国大量的财政援助，这些资金也同样被法国人用于印度支那战争。美国政府知道法国这个举动，但对此予以默认。②

---

① Senate Committee on Foreign Relation and the Department of State, *Decade of American Foreign Policy-Basic Documents*, *1941－1949*, New York: Greenwood Press, 1968, pp. 728－729.

② George McTurnan Kahin, *Intervention*, p. 7.

三　策划"保大方案"孤立越盟

为进一步巩固法国在印度支那的统治，杜鲁门政府竭力推动建立越南傀儡政权，积极策划"保大方案"。①

早在 1945 年 8～9 月，胡志明就写信给美国总统和国务卿，要求美国支持越南独立、支持越南反对法国殖民统治。据记载，胡志明曾八次写信给美国政府。他在信中表示印度支那"对美国资本和企业来说是一片沃土"，并提出可以提供金兰湾作为美国的海军基地。② 在信中，他还"请求作为联合国一员的美国支持安南（指越南中部——引者注）按照菲律宾的模式实现独立"。③ 1945 年 9～10 月，胡志明正式要求美国对法国的侵略行为进行干预，同时引用了《大西洋宪章》、《联合国宪章》以及杜鲁门总统于 1945 年 10 月支持民族自决的讲话。胡志明还做出过欢迎美国帮助越南重建国家的表示。但是这些信件均未得到答复。1946 年 9 月胡志明本人又与美国做了最后一次的直接联系，他在巴黎拜会了美国驻巴黎大使，"含糊地"要求美国帮助越南在法兰西联邦内获得独立。④

美国政府对胡志明表示怀疑，认为在胡志明的整个生涯中一直保持对莫斯科的忠诚。1948 年秋天，国务院的情报调查司就共产主义对东南亚的影响问题进行了一次调查，得出的结论是，在所有的国家都发现了克里姆林宫导演的"阴谋活动"，但越南是个例外。"越南的报刊和广播还未采取反美立场"，"没有来自于莫斯科的强硬指导"，"国务院还没有胡志明和莫斯科进行直接联系的证据"。⑤ 虽然如此，美国国务卿詹姆斯·F. 伯恩斯认为：越南民主共和国政权已被"可能与苏联保持间接联系和与延安（的中国共产党）保持直接联系的共产党所控制"。⑥ 接替伯恩斯的乔治·C. 马歇

---

① "保大方案"（Bao Dai Solution），指法国在军事"方案"难以奏效的情况下，为解决越南问题制定的第二手方案，即扶植保大傀儡政权，以对抗并孤立越盟。

② George C. Herring, *America's Longest War*, p. 10.

③ Neil Sheehan, *The Pentagon Papers, as Published by the New York Times*, New York: Quadrangle Books, 1971, p. 27.

④ Mike Gravel, *The Pentagon Papers: The Defense Department History of US Decisionmaking in Vietnam*, Vol. 1, p. 50.

⑤ Mike Gravel, *The Pentagon Papers: The Defense Department History of US Decisionmaking in Vietnam*, Vol. 1, pp. 5, 4.

⑥ Neil Sheehan, *The Pentagon Papers, as Published by the New York Times*, 1971, p. 170.

尔指出：美国"不能忽视胡志明与共产主义的直接联系的事实"，"不愿看到法国殖民帝国及其政权被来自于和受控制于克里姆林宫的哲学及其政治组织所取代"，美国政府要尽力阻止"共产主义在印度支那取胜"。① 美国政府还认为"民族主义者"不应是共产主义者，所以它不能容忍共产主义者领导民族主义运动，并把胡志明视为克里姆林宫的代理人和美国的敌人。

胡志明是一个共产主义者，对美国来说这一事实妨碍了对印度支那问题的"解决"。美国对胡志明作为一名共产党员的经历深感恐惧，并因此一直拒绝正式承认胡志明和越盟。美国怀疑越南的"民族主义运动"是在共产主义的指导下进行的，这一点是美国拒绝与越盟联系并拒绝对其进行支持的根本原因。所以，印度支那战争伊始，尤其是冷战爆发后，美国政府就认为，越盟的胜利就意味着苏维埃的胜利，越南民主共和国是美国安全的最大威胁。

第一次印度支那战争爆发后，法军在战场上不断遭到惨败，法国靠武力征服越南的计划彻底失败。1947 年 4 月 1 日，埃米尔·博拉尔接替达让利厄任法国驻印度支那高级专员。面对战场上不利的形势，博拉尔施展新的阴谋——拉拢越南叛国分子组织傀儡政权，收缩阵地，巩固占领区，以进一步削弱越南民主共和国的地位。9 月 10 日，博拉尔在河东（东京附近）发表演说，提出新的谈判条件——印度支那仍为法兰西联邦的一个成员国，内政主要由本国人治理，军事设施与对外政策由法国人管理，并宣布要进行大赦和交换俘虏。法国还提出这样一项"建议"："在法兰西联邦内"给予越南"自由"，但必须控制越南的外交、军事和经济大权。他声称法国已经失去对越南政府的"信任"，并表示法国政府愿与越南政府以外的人士就此项建议进行谈判。博拉尔强调前来谈判的人士必须完全接受他的建议。他狡辩说，这些"建议是一个整体，或是完全接受，或是完全拒绝……不可能进行任何讨价还价"。② 已经退位并正流亡香港的前安南皇帝保大于 18 日在香港发表声明，响应博拉尔的建议，并表示他要作为越南人民的代表与法国谈判。

1947 年冬，法国侵略军对越南民主共和国发动的"越北攻势"失败以后，美国看到单靠军事力量不能征服越南，为了扭转军事和政治劣势，用

①　"George C. Marshall to US Embassy Paris, February 3, 1947," *FRUS, 1947, Vol. 6*, Washington D. C.: US Government Printing Office, 1972, pp. 67 – 68.

②　Allan W. Cameron, *Vietnam Crisis: A Documentary History*, 1971, pp. 109 – 112.

虚假的独立来欺骗越南人民，便极力唆使法国在越南建立傀儡政权。受美国国务院的派遣，美国前驻法国大使威廉·C. 布利特于 1947 年 9 月到越南与博拉尔会谈。1947 年 12 月，布利特提出承认保大、援助保大建立军队的必要性。他还威胁法国，如果法国拒绝这个解决办法，美国就自行处理。1948 年 2 月布利特又到香港与保大举行会谈。据法国驻香港领事越贝兹说，布利特对保大有"好印象"，并认为利用保大即可"获致一个解决办法"。布利特的另一任务就是寻求美国获得印度支那资源的可能性。博拉尔在给法国政府的电报中指出："威廉·布利特似乎对经济问题特别感兴趣……我已请我的经济部门给布利特所需的情报。"布利特还向法国提出所谓"使越南民族主义者自己来完成击败共产主义分子的工作"的五点计划。①

实际上，就独立问题，法国和保大之间也存在着分歧，但美国方面不断施加压力。法国于 1948 年 6 月与保大签订一项协议，规定越南在法兰西联邦范围内独立，但这份协议没有规定任何举措。9 月底，布利特与保大在日内瓦会晤，布利特敦促保大与法国妥协，并承诺美国将给予援助。经过多次谈判之后，1949 年 3 月 8 日，保大与法国政府总统樊尚·奥利沃尔签订《爱丽舍协定》，规定结束"交趾支那共和国"，代之以"越南国"。《爱丽舍协定》规定越南可以拥有自己的军队来维持国内的治安，但协定对"越南国"的外交、军事、司法、文化以及经济财政做了诸多限制。协定规定，"越南国"的外交活动必须"配合"法国的外交活动，只有经法国同意，越南才能向国外派驻外交使节；越南与他国的外交谈判计划必须送交法国议会"审查"，并须在谈判时与法国外交使节"联系"；越南与他国签订的协定必须经法国议会"同意"，才能成为定案；越南军队必须采用法国军队的建制，武器必须向法国订购；法军可以在越南领土上驻扎，可在各基地之间自由通行；在战争期间，越军应由法国司令官指挥；设立"混合法庭"来审理非越南人的诉讼，对法国人的诉讼要引用法国人的法律；越南方面要保证大多数的学校教授法文；法国人在越南的企业，其法律地位，非经法国政府的同意，"不能予以改变"；法国"可以自由向越南投资"；等等。② 可以说，这个协定对越南方面来说无疑是一个彻头彻尾的卖国协定。

---

① 《印度支那问题大事纪要（1940－1954 年）》，世界知识出版社，1954，第 19 页；可参见 Mike Gravel, *The Pentagon Papers: The Defense Department History of US Decisionmaking in Vietnam*, Vol. 1, pp. 61－63。

② Direction de la Documentation, *Notes et Etudes Documentaries*, 20 September 1949, No. 1147, pp. 3－14.

　　1949 年 6 月 14 日，保大在西贡正式即皇帝位。美国政府的东南亚司和西欧司对法国是否真正执行《爱丽舍协定》表示怀疑。西欧司担心对法国施加压力会引起法国的僵持和抗拒，因此，美国政府"最后决定和英国合作并取得印度和菲律宾的帮助，来推动法国人和越南人采取更为现实的步骤"。美英两国敦促法国"将印度支那三国政府与法兰西共和国的关系从海外事务部转移到外交部，并发表一项官方声明，说《爱丽舍协定》只不过是第一步，以后还要签订条约以成立一个正式选举出来的越南政府"。在美英的压力下，法国在 1949 年 12 月 30 日宣布将内政权力交与"越南国"，并由保大亲王接受了这项权力。一个月后，法国国民议会批准了《爱丽舍协定》，承认越南、柬埔寨和老挝为法兰西联邦内的独立国家。① 不久，美国和英国同时承认了保大傀儡政权。随后，美国与法国签署了《军事财政援助协定》和《相互防卫协定》，极力支持法国进行的战争。②

　　但实际上，法国政府拒绝做出任何让步。到 1955 年保大倒台为止，保大政府一直为获得真正的"独立"而努力，结果是一场徒劳，保大这个有名的花花公子和"夜总会皇帝"只是一个徒有虚名的皇帝。事实上，保大政权完全是受法国殖民者控制的傀儡政府，其内政、外交、财政等实权仍操纵在法国驻印度支那最高专员手中，保大的军队也直接由法军指挥。保大政权与后来的越南共和国政权一样，是法国维持殖民统治的工具以及法国和美国竭力支持的用以对抗共产主义的傀儡。美国和英国资产阶级的舆论毫不讳言保大政权的傀儡本质。英国的《新政治家》杂志指出："保大仅仅是靠了法军刺刀的支持才得以存在的。"美国《报道者》双周刊的文章指出："保大政府无论如何说不上是独立国家，它的外交都由法国控制……事实上，保大从没有任何群众的支持……胡志明过去是，现在还是无可争议的领袖……而美国政府就是想把这种无法抗拒的历史潮流加以折转。"③ 美国国务卿艾奇逊指出："总的说来，这些协议是依照美国在亚洲的意图做的。"④ 实际上，"保大方案"体现了美国的"反共"要求，"越南国"的成立不过是"独立的一场闹剧"而已，法国和美国的目的就是欺骗世界舆论，孤立越盟。从此，南北双方裂痕逐渐加深。

①　〔美〕艾奇逊：《艾奇逊回忆录》下册，上海译文出版社，1978，第 566～567 页。
②　这一时期美国对法国的援助可参见拙作《新中国成立和朝鲜战争爆发对美国越南政策的影响》，《历史教学》2005 年第 4 期。
③　《印度支那问题大事纪要（1940－1954 年）》，第 23 页。
④　〔美〕艾奇逊：《艾奇逊回忆录》下册，第 566 页。

为防止印度支那这个"冷战的重要前哨"的失落,美国政府在以后相当长的时期内,不断对法国施加外交压力,敦促法国政府采取"进步"措施。法国虽然接受了美国的军事及财政援助,但仍然拒绝美国关于在越南建立完全自治政府的建议。法国欲在二战结束之后全面维护殖民地的统治,以此来洗刷它在二战之中受到的耻辱,重塑大国形象。为此,法国政府提出了针对越南的"十柱戏理论"。这个理论认为,如果法国的一个殖民地获得独立,法国其他海外殖民地的民族主义者就会受到鼓舞,从而导致其他殖民地的丧失。1947 年,法国富饶的殖民地马达加斯加爆发了反法武装起义,"十柱戏"理论在法国一时甚嚣尘上。① 这个地地道道的殖民主义理论,与日后美国的"多米诺骨牌"理论如出一辙,导致的结果也是一样的。法国在印度支那的目标是重建并维持其在印度支那的殖民统治,而美国则欲将法国在印度支那的殖民战争纳入其全球扩张的轨道。二者之间矛盾重重,难以协调。在第一次印度支那战争期间,美国和法国围绕是否给予越南"独立"地位这一问题展开了长时间的争论,直至法军奠边府战役的失败。国务卿艾奇逊在其回忆录中承认美国的中立政策"没有成功",美国既没能促使法国人放弃他们重建殖民地的努力,或帮助他们实现重建目的,也没有击败胡志明。

由同意法国重返印度支那,到大力支持法国在印度支那再建殖民统治,再到策划"保大方案",美国一步一步卷入印度支那事务。正如后来美国国务院官员约翰·奥利所说的那样,美国的介入"将是代替而不是补充法国人的责任",从而成为法国人的替罪羊,并卷进直接干涉的漩涡中去。② 这句话不幸言中。杜鲁门政府逆历史潮流而动,在美国对印度支那政策上跨出了关键的一步,使美国逐渐陷入越南战争的泥淖。

〔原刊于《北京师范大学学报》(社会科学版) 2012 年 6 月〕

---

① George McTurnan Kahin, *Intervention*, p. 9.
② 〔美〕艾奇逊:《艾奇逊回忆录》下册,第 570 – 571 页。

1946 年杜鲁门政府对苏联
联合国政策的观察

韩长青*

1946 年初起，联合国这个在二战期间反法西斯同盟的基础上成立的国际组织正式投入运行。但是，英、美、苏等各大国之间的战时同盟关系迅速走向解体，大国之间特别是美苏关系的紧张，使得联合国组织从一开始就遭遇到严重困难。杜鲁门政府在观察苏联政府整体对外政策走向的同时，也对苏联对联合国组织的态度、苏联在联合国会议上的行为表现以及双方关系的未来走向进行了多次评估，并就如何应对做了政策上的酝酿。本文从这个角度，着重从 1946 年杜鲁门政府的几份重要政策文献，来分析联合国初创时期杜鲁门政府对苏联联合国政策走向的认知，以及美国自身的思想倾向及政策因应。[1]

一 乔治·凯南与"长电报"

由于苏联政府迟迟不对世界银行和国际货币基金组织问题表态，美国

* 华东师范大学历史学系讲师。

[1] 有关杜鲁门政府对国际合作态度和对联合国组织政策的变化，详见 Dennis Merrill ed. , *Documentary History of the Truman Presidency*, Vol. 7：*The Ideological Foundations of the Cold War-the "Long Telegram," the Clifford Report, and NSC 68*, Bethesda, M. D. : University Publications of America, 1996；Dennis Merrill ed. , *Documentary History of the Truman Presidency*, Vol. 35：*The United Nations, 1945 – 1953：The Development of a World Organization*, Bethesda, M. D. : University Publications of America, 2002。战后初期联合国的一般状况，可以参考 Anthony Gaglione, *The United Nations Under Trygve Lie, 1945 – 1953*, Lanham, M. D. : Scarecrow Press, 2001。

财政部于 1946 年 2 月致电驻苏使馆，要求后者设法探询苏联政府的立场，敦促苏联政府表明态度。① 乔治·凯南借此机会一抒衷肠，向国务院发送了那封著名的电文。② "长电报" 的内容并非针对财政部提出的上述问题，但却由此而发，凯南嘲讽财政部抱残守缺，仰赖于苏联的合作。③ "长电报"在 "国务院决策圈中受到高度评价，并产生了实际效果，美国对苏政策正趋向强硬"，"国务院倾向于接受美国驻苏使馆的建议，抛弃幻想，转而采取更加实际的政策"。④

在电报中，凯南在对苏联对外政策进行全盘分析的基础上，在第三部分 "苏联观点在官方一级的应用" 一节，阐述了他关于苏联对国际合作和联合国态度的认识。凯南认为，"俄国人将正式加入国际组织，他们认为在那里有扩张苏联势力或削弱别国权力的机会。莫斯科对待联合国，并不把它看作是根据各国共同利益和目而建立的持久稳定的世界组织，而是把它看作是有利于苏联追求上述目标的一个舞台"。凯南强调，莫斯科决不会平白无故地去致力于联合国的理想，他们对于这个组织的态度基本上依旧是实用主义的和策略性的。相应的，凯南认为，在国际经济关系上，"苏联的对外贸易基本上只限于其自身安全范围内"，而 "对国际经济合作的一般原则冷眼相向"。⑤ 凯南分析说，苏联的政策是，"对处在苏联势力范围内的国家，使其经济与苏联经济结成一体"，同时 "使其与外部世界的联系减少到最低"，使其 "不太可能从世界银行或国际货币基金中获取贷款"，而参加布雷顿森林体系协定只会妨碍这项政策的落实。"苏联在自身以及卫星国国土上所制造出来的种种形势，已经排除了进行长远的国际经济与金融合作的可能性和可行性。"⑥ 而在国际文化合作领域，苏联表面上会欢迎 "深

---

①　U. S. Department of State ed. , *Foreign Relations of the United States（FRUS）*, *1946* , *Vol. 1*: *The United Nations*, Washington D. C. : Government Printing Office, 1976, pp. 1387 – 1388.

②　George F. Kennan, *Memoirs*, *1925 – 1950*, Boston: Little, Brown and Co. , 1967, pp. 292 – 293.

③　Dennis Merrill ed. , *Documentary History of the Truman Presidency*, *Vol. 7*: *The Ideological Foundations of the Cold War-the "Long Telegram,"* *the Clifford Report*, *and NSC 68*, p. 68; George F. Kennan, *Memoirs*, *1925 – 1950*, pp. 292 – 293.

④　Sean Greenwood, "Frank Roberts and the 'Other' Long Telegram: The View from the British Embassy in Moscow, March 1946," *Journal of Contemporary History*, Vol. 25, January 1990, p. 110.

⑤　Dennis Merrill ed. , *Documentary History of the Truman Presidency*, *Vol. 7*: *The Ideological Foundations of the Cold War-the "Long Telegram,"* *the Clifford Report*, *and NSC 68*, pp. 77 – 78.

⑥　Roger Bullen and M. E. Pelly, M. A. ed. , *Documents on British Policy Overseas（DBPO）*, *Series I*, *Vol. IV*, *Britain and America*: *Atomic Energy*, *Bases and Food*, *12 December 1945 – 31 July 1946*, London: HMSO, 1987, pp. 55 – 56.

化各民族间的文化交流",但"决不允许其损害苏联的安全地位",因此,所谓的文化交流只能是在"严密看管下的"有限的官方互访。

凯南认为,苏联在国际社会的目标是从各个方面来打击西方国家的潜力和实力。既然如此,苏联就会利用联合国等国际组织作为反对英美的工具,"任何形式的国际组织,只要它不接受共产主义渗透和控制……都会遭到(苏联的)攻击"。他认为,苏联的所作所为表明,苏联退出联合国的可能性是存在的,美国正好可以利用这一点推行自己的国际秩序主张。据此,凯南判断,"只要苏联人认为联合国有助于达到这个目的,他们就会留在联合国内。如果某一天得出这样的结论,联合国会使他们难堪,或会挫败他们扩张强权的目的;如果发现他们的目的通过别的方式更有成功的希望,他们将毫不迟疑地抛弃联合国"。他进一步分析说,"然而这将意味着,他们自以为已经强大到可以用退出联合国来破坏其他国家的团结,使联合国不能对他们的安全构成威胁,并采取更有效的斗争武器来取代联合国。在这种情况下,苏联对联合国的态度,将在很大程度上取决于其他国家对联合国的忠诚、干劲和果断,取决于这些国家在保卫联合国有关国际和平的原则和团结的程度。联合国所体现的这些概念是符合我们的思想的"。[1]

凯南并不是一贯地、坚定地支持联合国。战争期间,他针对罗斯福政府在敦巴顿橡树园会议上奉行与苏联合作的政策评论道,"某种旨在维持和平与安全的国际组织,并不能代替深思熟虑和现实主义的外交政策"。对战争期间国务院创建战后国际和平组织的努力和政策措施,凯南也不以为然,认为"在我们热衷于建立这样一个维持现状的国际法体系时,我们忽略现实政治的情形越严重,在国际形势变革的压力下,这种体系下走向分崩离析就会越早、越剧烈"。[2] 虽然本文并不打算评价联合国因素在凯南的遏制思想中到底占有多大分量,但上面这句话恐怕较为真实地反映了他对联合国组织以及苏联态度的看法。

二　杜勒斯论联合国在苏联对外政策中的作用

1946 年 6 月,共和党的外交政策顾问约翰·福斯特·杜勒斯在亨利·

---

① 以上可分别参见 Dennis Merrill ed., *Documentary History of the Truman Presidency*, Vol. 7: *The Ideological Foundations of the Cold War-the "Long Telegram," the Clifford Report, and NSC 68*, pp. 79 – 80, 84 – 85, 87, 77 – 78, 65 – 91。

② George F. Kennan, *Memoirs*, *1925 – 1950*, pp. 216 – 219.

卢斯主办的《生活》周刊上发表了一篇文章，题为《对苏联外交政策的思考以及我们的对策》，对苏联外交政策的内在动因和外在表现进行了全面论述，并就美国在当前形势下所应采取的对策提出建议。

杜勒斯说，跟西方的看法一样，苏联统治者也认为"全球一体"，"和平是不可分割的"，但其含义却与西方截然不同。他们认为，除非"造成现存完整世界被分割成水火不容的两半的非苏维埃式的社会（制度）被消灭"，否则苏联自身安全和永久和平便始终没有保障，联合国等国际组织的存在，也不能改变苏联统治者的这种观念。①

从上述观点出发，杜勒斯认为，苏联对外政策的长远目标是，"在世界各地造成有利于最终建立起接受苏联政治哲学的政权的形势"，最终营造一种政治上的霸权环境——"苏联治下的和平（Pax Sovietica）"。② 为此，苏联依据自身的利害关系，将世界各国分成核心、中间、外围等三大区域，分别采取不同战略和策略。在东欧、外蒙古以及中国东北等紧邻苏联的核心地带，苏联会加紧控制，直到将其完全纳入苏联领土；在铁幕之外的中间地带，主要是中东地区，苏联会加紧渗透，力求控制其政府、军队，使其对外政策接受苏联指导；而在广大的外围地带，苏联要么扶持政治反对派或少数者集团，要么唆使殖民地人民摒弃联合国宪章所规定的和平进程，而"诉诸暴力手段谋求民族独立"。③

在分析苏联对联合国组织的态度时，参与了联合国创建整个历程的杜勒斯宣称，苏联的总目标是，"苏联领导人企图从西方民主国家那里将他们目前在联合国里的压倒性优势接管过来"。④ 不管在旧金山联合国制宪会议上，还是在联合国大会和安理会会议上，苏联驻联合国代表团总是将其主张公之于众，有意制造喧嚣和争论，而一旦遭到挫败，就会诉诸"敌对势力""法西斯"等陈词滥调，攻击外部世界对苏联不友好。与此相应，苏联在参与联合国专门机构的问题上，动作也非常缓慢。在国际货币基金组织、

---

① John Foster Dulles, "Thoughts on Soviet Foreign Policy and What to Do about It," *Life*, Vol. 20, No. 22, June 3, 1946, p. 41.

② *British Documents on Foreign Affairs: Reports and Papers From The Foreign Office Confidential Print (BDFA), Part IV, Series C, North America 1946, Vol. 1, 1946*, University Publications of America, 1997, p. 197.

③ John Foster Dulles, "Thoughts on Soviet Foreign Policy and What To Do About It," *Life*, Vol. 20, No. 22, June 3, 1946, pp. 41 – 46.

④ *BDFA, Part IV, Series C, North America 1946, Vol. 1, 1946*, pp. 197 – 198.

国际复兴开发银行、联合国粮农组织、国际民用航空组织、联合国教科文组织等组织内，仍旧没有苏联的身影。最近国务院发出邀请，请苏联参加创建国际贸易组织的预备会议，但苏联迄今仍未表示出愿意参加的迹象。分析苏联上述态度的动机时，杜勒斯指出，苏联虽然从 1943 年莫斯科外长会议时就开始参加缔造联合国组织的活动，但"苏联领导人起初认为他们可以通过这个国际组织，与美国、英国一道统治全世界"，将三大国战时主导权永久化。战争结束后，苏联不得不放弃这种企图，但苏联领导人仍然觉得联合国等国际组织的存在，对其实现既定政策目标有一定价值，主要在于"将联合国用于限制西方民主国家的结盟倾向，或者用以推行苏维埃治下的世界和平理念"。加之苏联掌握安理会否决权，这就在很大程度上保证了联合国不会对苏联造成太大危害。不仅如此，苏联领导人还不断要求将否决权的使用范围大大扩展，企图加强否决权的保护作用。杜勒斯认为，苏联的对外政策"固执僵化而不可妥协"，但并非没有变化。关键在于，只有让苏联领导人认清，这种政策不符合实际也不能维护苏联利益，斯大林就会退缩，紧张局势就会得以稍微缓和。所以，在促使苏联领导人改变其外交政策方面，美国"可以而且必须有所作为"。杜勒斯主张美国人应树立这种信念。①

　　在文章的第二部分，杜勒斯论述了联合国的缺陷。他说，"在一个变动着的世界，要找出维持和平的办法总是困难的。将和平与维持现状等同起来并非解决问题的办法。但是如果一个好斗的国家将违背其他国家宗教和政治信念的行为强加于它们的话，要维持和平也是不可能的"。但他觉得，联合国也并非无可作为，甚至还大有潜力可供挖掘。他主张加强联合国大会的作用，因为苏联不能在大会中肆意使用否决权阻挠议事，从而使联合国成员国可以"以优雅、坦诚……和克制的态度讨论那些足以左右其思维的实质性问题，从而有助于消除误解，推动协调"，使联合国大会成为宪章所规定的"协调各国行动的中心"。杜勒斯指出，美国自身也需要改善在联合国的外交行为，对苏联的政策自不必说，"即便是那些与我们关系最密切的国家也在私下里抱怨，美国在方法和态度上都太过专断"。②

---

① John Foster Dulles, "Thoughts on Soviet Foreign Policy and What To Do About It," *Life*, Vol. 20, No. 22, June 3, 1946, pp. 44 - 45.

② John Foster Dulles, "Thoughts on Soviet Foreign Policy and What To Do About It," *Life*, Vol. 20, No. 23, June 10, 1946, p. 52.

时任美国驻联大代表的约翰·福斯特·杜勒斯说，联大会议的最大特征"是联合国大多数成员表现出来的紧密团结，但是也很清楚，在苏联集团之外的几乎每一个国家都惧怕苏联的强权，都想寻求美国力量的庇护"。①

杜勒斯的上述观点一面世，就引起英美舆论的广泛关注。虽然舆论觉得杜勒斯关于"苏维埃治下的和平"的说法似乎缺少根据，但是关注美苏关系的国务院高级官员却高度评价杜勒斯对苏联外交政策的判断。此前国务卿贝尔纳斯曾发表演说，谴责苏联政府以追求安全为名谋求扩张的行为，国务院官员说，杜勒斯的文章有助于理解贝尔纳斯的上述立场。②

三　杜鲁门政府开始全面清算苏联对外政策

到1946年中，随着苏联与欧美关系的恶化，越来越多的观点认为，"要填补东西方之间在意识形态上的巨大鸿沟几乎是不可能的"。③ 这个时期，美国社会上上下下都出现了要求杜鲁门政府调整对苏政策的呼声，但这些呼吁有着两种不同甚至是相反的倾向。即便在杜鲁门政府的决策层内部，也出现了明显分化。

一种观点认为，美国应纠正罗斯福政府的对苏"绥靖"政策，在各个方面包括在联合国等多边外交场合全面推行一种强硬的政策，通过炫耀军事优势来威吓苏联，迫使其退却。海军部长福莱斯特尔、总统助理克拉克·克利福德等人是这种观点的主要代表，杜鲁门则明显倾向于这种观点。

另一种观点则要求全面调整对苏联政策，改变自战争结束以来对苏联的一贯强硬做法，在重大国际问题上避免挑起同苏联的对抗，谋求缓和眼下日趋紧张的东西方关系，并且挽救联合国的命运。就美国外交政策决策集团来讲，持上述立场的主要是以商务部长亨利·华莱士和前第一夫人埃莉诺·罗斯福为代表的民主党人士。埃莉诺·罗斯福和亨利·华莱士身处罗斯福内政、外交政策的最坚定维护者行列，在战后初期罗斯福战时外交备受指责、美苏关系走向敌对的过程中，二者的立场和主张几乎成了罗斯

①　Dennis Merrill ed. , *Documentary History of the Truman Presidency*, Vol. 17: *The Origins and Establishment of the North Atlantic Treaty Organization*, *1948–1952*, Bethesda, M. D. : University Publications of America, 1997, p. 68.

②　*BDFA*, Part Ⅳ, Series C, North America 1946, Vol. 1, 1946, p. 198.

③　*BDFA*, Part Ⅳ, Series C, North America 1946, Vol. 1, 1946, p. 197.

福战时外交的象征。① 战争期间华莱士任罗斯福总统的副手，一直是罗斯福新政措施的最坚定维护者；在外交政策上，他也坚定支持罗斯福总统谋求战后与苏联合作的政策，认为在战后重建和维持和平的过程中，苏联的作用是不可或缺的。② 战后初期，埃莉诺·罗斯福一直对杜鲁门政府对苏联和联合国组织的政策持批评立场，认为杜鲁门的政策破坏了联合国组织正常运行的基础，断送了让联合国事业可以取得成功的机会。③

　　1946 年 7 月 23 日，华莱士致信杜鲁门总统，指出近期美国在外交政策指导思想上过分倚重军队和军备，认为美国不应给其他国家留下一个美国正在谋求军事优势和备战的印象。他提出应该改变当前政策，“对俄国人认为攸关自身安全的问题上采取一种全新的观点”，④ 以便“消除使俄国人产生恐惧、疑虑和不信任心理的任何合乎情理的理由”。⑤ 9 月 12 日，华莱士在纽约发表演说，公开抨击杜鲁门的对苏政策。他认为，美国应当承认自己“在政治事务上与东欧没有利害关系，正如苏联在政治事务上与拉美、西欧没有利害关系一样”，美国对苏联在东欧的所作所为可以有所不满，但东欧属于苏联的势力范围却是事实。在同苏联这样的世界强国打交道时，“强硬政策”只会适得其反，而不会带来实在和长久的收益。⑥ 他主张美国“应有意愿并且乐于为和平付出更大代价”，“放弃对（苏联的）偏见、敌意、恐惧和愚昧”。⑦ 华莱士的举动惹恼了杜鲁门，他随即勒令华莱士辞职。

---

① 详见 George McJimsey ed. , *Documentary History of the Franklin D. Roosevelt Presidency*, Vol. 20, *Eleanor Roosevelt: The Role of the First Lady*, Bethesda, M. D. : University Publications of America, 2003; John Morton Blum ed. , *The Price of Vision: The Diary of Henry A. Wallace, 1942 - 1946*, Boston, Mass. : Houghton Mifflin Company, 1973; Samuel Walker, *Henry A. Wallace and American Foreign Policy*, Westport, Conn. : Greenwood Press, 1976; Graham J. White, *Henry A. Wallace: His Search For a New World Order*, Chapel Hill: University of North Carolina Press, 1995。

② John Morton Blum ed. , *The Price of Vision: The Diary of Henry A. Wallace, 1942 - 1946*, Boston: Houghton Mittlin Company, 1973, p. 665.

③ Steve Neal ed. , *Eleanor and Harry: the Correspondence of Eleanor Roosevelt and Harry S. Truman*, New York: Scribner, 2002.

④ Clark Clifford, *Counsel to the President: A Memoir of Clark Clifford*, New York: Random House, 1991, p. 114.

⑤ 〔美〕哈里·杜鲁门：《杜鲁门回忆录》第 1 卷，李石译，生活·读书·新知三联书店，1974，第 525 页。

⑥ John Morton Blum ed. , *The Price of Vision: The Diary of Henry A. Wallace, 1942 - 1946*, pp. 664 - 665.

⑦ John Morton Blum ed. , *The Price of Vision: The Diary of Henry A. Wallace, 1942 - 1946*, p. 661.

华莱士的辞职是 1946 年美国政治史上的一则重大事件，如果同此前内政部长哈罗德·伊克斯的辞职联系起来看，这两位罗斯福新政的最坚定支持者的辞职，标志着民主党人全面退出杜鲁门政府，从一个侧面反映出杜鲁门政府内外政策走向保守。

面对来自政府内外的如潮批评，杜鲁门并不打算采取任何措施改变既定政策。他在回忆录里以华莱士"并没有提出任何具体的建议，来说明如何达到这个目的而又不在任何方面使俄国人占便宜"为借口，为其所推行的对苏强硬政策辩护。① 但显然，杜鲁门所在意的是如何防止俄国人占便宜。在这一时期，杜鲁门已经越来越强烈地表现出对苏联的厌烦情绪。② 采取措施缓和同苏联的紧张关系，已经不是杜鲁门的优先选择了。后来，杜鲁门以贝尔纳斯对苏联软弱为由，迫使其辞去国务卿一职，③ 同时，杜鲁门有意强化对新闻发布、发表演说乃至整个公众舆论的控制，④ 强调"在这种时候，公众不去批评国务院和国家的外交政策"等。⑤ 这些动向也进一步印证了杜鲁门的上述倾向。

四　CIG 情报评估和 JCS 备忘录

从 1946 年 7 月 18 日到 7 月 23 日的短短几天时间里，杜鲁门向其特别助理克拉克·克利福德接连发出多份指令，要他会同参谋长联席会议、陆海军部等军方部门，收集所有"苏联近期影响到合众国荣耀、福利和国家防务的活动"，回顾自 1941 年以来同苏联签署的所有协定以及苏联违反协定的情形，并对苏联未来的军事与外交政策走向做出全面评估，提出相应对策。⑥ 单从指令文本来看，杜鲁门好像有一种要对苏联进行全面清算的意味。随后，中央情报组⑦、海军部和参谋长联席会议⑧先后提交了各自的报

---

①　〔美〕哈里·杜鲁门：《杜鲁门回忆录》第 1 卷，第 526 页。

②　Clark Clifford, *Counsel to the President: A Memoir of Clark Clifford*, pp. 109 – 110.

③　〔美〕哈里·杜鲁门：《杜鲁门回忆录》第 1 卷，第 510～520 页。

④　Clark Clifford, *Counsel to the President: A Memoir of Clark Clifford*, p. 123.

⑤　〔美〕哈里·杜鲁门：《杜鲁门回忆录》第 1 卷，第 527 页。

⑥　Dennis Merrill ed., *Documentary History of the Truman Presidency*, Vol. 7: *The Ideological Foundations of the Cold War-the "Long Telegram," the Clifford Report, and NSC 68*, pp. 168 – 176.

⑦　Woodrow J. Kuhns ed., *Assessing the Soviet Threat: The Early Cold War Years*, Washington D. C.: Center for the Study of Intelligence, CIA, 1997, pp. 56 – 66. 中央情报组（Central Intelligence Group）是中央情报局（CIA）的前身。

⑧　Dennis Merrill ed., *Documentary History of the Truman Presidency*, Vol. 7: *The Ideological Foundations of the Cold War-the "Long Telegram," the Clifford Report, and NSC 68*, pp. 177 – 201.

告。在杜鲁门眼里，这些报告要比华莱士的意见更有分量。

7 月 23 日，成立不久的中央情报组（CIG）提交了它对苏联军事与外交政策的评估报告。[1] 报告认为，苏联对外政策的最终目标是谋取世界霸权。"决定苏联对外政策的，并非苏联人民的利益和意志，而是处在苏联共产党核心决策圈的偏执和政治伎俩。""苏联对外政策的基本宗旨，是认为资本主义国家和社会主义国家之间的和平共处是不可能的。"至于其原因，报告沿用了乔治·凯南的观点，认为"这种理念深深植根于历史传统中在对内对外政策上的不安全感，而且出于两种内在的需求，一个是要为苏维埃警察体制寻求合法性，一个是要从马克思和列宁主义那里寻找统治权威"。[2]

根据资本主义和社会主义国家间的冲突不可避免的基本判断，评估报告总结出当前苏联外交政策的四个基本方针，其中包括，"对任何影响到苏联利益的国际组合，苏联会以要求加入为要挟，必要时使用否决权，防止可能对苏联不利的国家联合起来，对于将苏联排斥在外的地区集团，使用恐吓威吓手段，迫使其走向解体；不遗余力地煽动其他国家内部的离心离德"。[3] 报告将 1945 底以来苏联所有对外政策和外交行为，都看作是对美国政策意志和决心的挑战，把苏联在联合国大会上的所作所为看成是苏联对美英心理战的延续。[4] 这一情报评估对苏联国际合作态度所做的这一基本判断，成了 1946 年下半年里所有对苏情报评估和对苏政策文件的基准。

在杜鲁门的指令里，有一项是要求对苏联的联合国政策做出评价。对此，威廉·李海于 7 月 26 日提交的备忘录同样认为，"苏联（对外）政策，以谋求世界霸权为根本目标，而共产主义国家和资本主义国家长远的和平

---

①　这是中央情报组成立后出台的第一份情报评估报告。报告分成三个部分，首先分析苏联对外政策的基础，其次分析苏联对外政策在各个地区事务上的表现，然后评估苏联军事政策的动态。Woodrow J. Kuhns ed., *Assessing the Soviet Threat: The Early Cold War Years*, pp. 56 – 66.

②　Woodrow J. Kuhns ed., *Assessing the Soviet Threat: The Early Cold War Years*, p. 58.

③　其他三个方针分别是："（1）增强苏联实力；通过将其公民与外来影响隔离开来，并维持严酷的警察统治，从而保持内部的稳定；维持强大的武装力量，使之要比任何敌对国家或敌对国家的联盟要强大；尽快建立一个强大而自给自足的经济体系；（2）抓住一切机会，扩展由苏联直接或间接控制的地区，使之成为苏联广阔国土的额外保障；（3）对于某个特定国家，苏联会使用抹黑其领导人、推动其内部纷争和国内的喧嚣动荡等手段，使其军事和经济力量走向衰弱，使其采用有助于苏联意图的外交政策。"Woodrow J. Kuhns ed., *Assessing the Soviet Threat: The Early Cold War Years*, pp. 58 –59.

④　Dennis Merrill ed., *Documentary History of the Truman Presidency*, Vol. 7: *The Ideological Foundations of the Cold War-the "Long Telegram," the Clifford Report, and NSC 68*, p. 80.

共处是不可能的"。而且，"苏联对外政策的几乎所有方面都是以此为认知基础"，为实现其最终目标，苏联会利用一切可能的手段保卫当前的地位，扩张其实力，而寻机削弱其他国家的实力，联合国就是苏联可能用来实现上述目标的手段之一。

李海对苏联参加联合国的动机提出怀疑，他说，"迄今为止的苏联行为标明，他们参加联合国仅出于政治权宜，而非出自缔造一个国际组织来稳定国际关系的真实意愿"，苏联"不是将联合国看作是一个独一无二的世界和平的捍卫者，而只是又一个可以用作宣传工具并同他国争夺霸权优势的国际论坛"。李海警告说，苏联"将会不遗余力地将其意志强加于（联合国），企图使联合国的决定尽可能贯彻苏联的政策目标"。而苏联所能使用的策略，包括在安理会无节制地使用否决权，推出东欧国家作为苏联观点的代理人，并迫使联合国接纳其另一些卫星国加入，以便扩张苏联的影响。①

对苏联可能退出联合国的猜测，李海的看法跟乔治·凯南"长电报"中的观点有所不同。他认为，"并没有迹象表明苏联会退出联合国，相反，苏联看来将积极参与联合国所有方面的活动，同时企图利用联合国为其谋求世界霸权的最终目标服务"。"苏联人意识到，留在联合国里，有利于抵制所有将联合国变为反苏集团的企图。"然而，如果苏联人"确信继续留在联合国内将会妨碍其长远目标的实现，而同时又对独自实现这些目标的能力感到自信的话，他们就会认真地考虑退出（联合国）"。在这种情况下，联合国其他成员国的团结一致，将对苏联威胁退出联合国的行为构成强有力的障碍。② 显然，李海认为，如果美国会同其他国家，在联合国对苏联采取坚定立场，苏联以退出联合国相要挟的图谋就会破产，他觉得苏联只是在虚张声势，并不会真的那么做。

五　克利福德报告

根据杜鲁门指示的精神，在参考军方提出的报告基础上，克拉克·克

① Dennis Merrill ed., *Documentary History of the Truman Presidency*, Vol. 7: The Ideological Foundations of the Cold War-the "Long Telegram," the Clifford Report, and NSC 68, pp. 190 - 193.
② Dennis Merrill ed., *Documentary History of the Truman Presidency*, Vol. 7: The Ideological Foundations of the Cold War-the "Long Telegram," the Clifford Report, and NSC 68, p. 193.

利福德于 9 月 24 日向杜鲁门递交了一份以 "美国与苏联的关系" 为题的长篇报告。[①] 这份报告长期保密，直到 1968 年才公之于世。小阿瑟·施莱辛格评论说，"其间美国（对苏）政策的许多内容都能从这份报告所描述的政策设想中得到最好的解释"。[②]

克利福德报告开宗明义，宣称应 "以对苏联政府动机和方法的准确把握取代疑虑和误解"，唯有如此，才能对克里姆林宫的军事和政治行动做出评估和预测，不然就会受谣传和谎言的摆布。在美苏关系问题上，报告根据杜鲁门的指示精神，全面梳理了自 1942 年《联合国家宣言》发表以来，有美苏参加的所有双边和多边协定，认为在所有协定上，苏联都存在或多或少违反协定的情形。报告推测苏联将继续破坏在德黑兰、雅尔塔、柏林等历次会议上达成的协议，或是为适应其一己之私而歪曲协议，从而导致和平渐行渐远，把美国对和平成果失望心情与日俱增的原因统统推卸在苏联身上。[③]

在国际合作问题上，克利福德报告对苏联态度的分析是前后呼应的，分别从策略和动机两方面加以分析。报告认为苏联并不会拒绝国际合作，因为 "为取得最终的共产主义目标，马克思和列宁鼓励同非共产国家达成妥协与合作"，苏联过去就遵循了这样的方式，将来也会继续 "在任何有利之处进行合作，以便为增强苏联实力和削弱反对者赢得时间"。这样一来，报告认为，理解当前苏联政策的关键，就在于认识到苏联领导人秉持斗争不可避免的信念，而同时 "努力延迟这种斗争，以便增强苏联实力，为与西方民主国家的冲突做好准备"。从这种逻辑出发，那就会相应地得出这样的结论，苏联参与联合国完全是权宜之计。在这一问题上以及对苏联在联合国场合所用策略的分析上，克利福德报告完全沿用了李海 7 月 26 日备忘录中的观点。

克利福德认为，"克里姆林宫对任何关系到苏联利益的国际组织都要求

① 克利福德报告的全文见 Dennis Merrill ed. , *Documentary History of the Truman Presidency*, Vol. 7: *The Ideological Foundations of the Cold War-the "Long Telegram," the Clifford Report, and NSC 68*, pp. 211 – 295。

② Arthur M. Schlesinger, Jr. ed. , *The Dynamics of World Power: A Documentary History of United States Foreign Policy, 1945 – 1973*, Vol. Ⅱ: *Eastern Europe and the Soviet Union*, New York: Chelsea House Publishers, 1973, p. 268.

③ Dennis Merrill ed. , *Documentary History of the Truman Presidency*, Vol. 7: *The Ideological Foundations of the Cold War-the "Long Telegram," the Clifford Report, and NSC 68*, pp. 221, 245 – 268.

加入并拥有否决权，借此防止任何结伙反苏的可能，它也会通过恐吓等手段阻止没有苏联参加的区域集团或其他国际共同体的形成"。苏联"会利用一切机会煽动国与国之间的敌对情绪，并通过羞辱其领袖、挑动各国内部矛盾、唆使殖民地动乱等手段破坏其他国家的团结和力量"。报告以斯大林于 2 月 9 日在莫斯科选民集会上的演说为例，认为这一演说表明，"斯大林和苏联其他领导人的近期演说对三大国团结的强调愈来愈少，而对将联合国作为苏联安全和国际和平之保障的依赖也愈来愈微弱"。"在所有攸关苏联安全的事务上，苏联领导人在要求权利和索取报偿上都表现出顽固的态度；在其他事务上，则表现出贪婪和机会主义的态度。"但根据"所遭遇到的抵抗的程度和性质的不同，苏联也在策略上表现出不同程度的灵活性"。[1]

接下来，克利福德报告试图论证苏联并没有接受国际合作、维护国际和平的诚意。报告宣称，在国际合作问题上，"美国对苏联政策的首要目标，是要使苏联领导人相信，苏联参加世界合作体系符合其利益"，美苏之间不存在诉诸战争的根本性冲突，"无论苏联还是世界其余国家的安全与繁荣，都因为苏联当前推行咄咄逼人的军事帝国主义而风雨飘摇"。但是，苏联领导人却认定美苏冲突不可避免，"只要他们还信守这种观念，那么那些以为国际和平仅仅有赖于'协议'、'互相谅解'或者'与苏联的团结'等等的论调，就都是极其危险的"。因为这样只会"驱使美国为美苏关系做出牺牲"，效果却适得其反，"苏联只会增加信心、抬高要价"，而并不可能改弦易辙。

在苏联是否会退出联合国的问题上，克利福德报告同李海备忘录的观点有着明显不同。克利福德报告也承认，"只要苏联还能继续裹胁一小撮联合国会员国，就不甘心退出联合国"，因为此举只会"放任大多数成员国组织起来反对它"。然而，"如果苏联领导人断定，作为联合国成员国付出太多却于己不利、而其图谋一再遭受挫败的话，他们可能会退出"。如果苏联决定退出，"可以想见，他们会发动苏联全部的宣传机器和所有的外交机构，大肆抹黑联合国的形象"。报告主张，美国"应支持联合国和所有促进国际谅解的组织"，但如果苏联"因不能恣意妄为而不时以退出联合国相要挟的话"，美国不应加以反对，"比起屈从苏联威胁而牺牲我们的原则，(听

---

① 　Dennis Merrill ed. , *Documentary History of the Truman Presidency*, *Vol. 7*: *The Ideological Foundations of the Cold War-the "Long Telegram*," *the Clifford Report*, *and NSC 68*, pp. 228, 222 – 223, 226 – 227.

任苏联退出从而）使联合国转变为某种民主国家联合的做法，倒会是更可取的选择"。

有鉴于此，报告主张，一方面美国应加强自身武装力量，警惕任何可能被苏联借以发动战争的行为，同时大力发展海空军力量，甚至准备发动核生化战争，"坚决反击苏联任何向同美国安全利害攸关地区扩张的企图"。另一方面要在国际合作问题上发动反击。报告提出，不仅国际裁军应该缓行，而且要认识到，"要同苏联政府友好相处绝非易事，美国人民一定要习惯于这种认识，但不能以此为由灰心失望，而要把将其看作是需要勇气去面对的客观现实"。[①] 在这种形势下，"如果我们发现在解决世界问题时，不可能取得苏联的合作，我们就应准备好同英国和其他西方国家一道，努力缔造一个我们自己的世界，这一世界将追求自己的目标，而将苏联看作是一个与其不同的个体。二者之间虽不是注定爆发冲突，但也没有共同的目标"。

这种表述十分值得重视，杜鲁门政府的这份政策文件与乔治·凯南"长电报"、杜勒斯意见、李海备忘录有明显区别，就是完全从集团对抗的眼光出发，提出要将苏联排挤出战后国际新秩序的主张。考虑到克利福德在杜鲁门政府决策体制中的重要角色，可以这么说，杜鲁门政府已经有了同苏联全面分裂乃至进行全面对抗的心理准备。

从报告的有关表述来分析，克利福德希望苏联退出联合国乃至将其强行排挤出去的意愿非常强烈。而为了促使这一情形的出现，杜鲁门政府可以使用的选项其实并不多，它恐怕会借用李海备忘录中的做法，在联合国加强与盟国的团结一致，而对苏联采取更加强硬的态度，即便不能促使苏联主动退出，也要将其开除出去。这样一来，两年以后北大西洋公约的缔结和北大西洋公约组织的建立，也就成为迟早必然要发生的事情。

将苏联排挤出以美国为首的战后国际新秩序，"努力缔造我们自己的世界"，这是克利福德报告在国际合作和国际组织问题上的基本态度，但同时，克利福德报告也不忘促使苏联演变的可能性。报告认为，美国"影响苏联领导人的最佳机会就在于，要明白无误地表明，任何同我们所理解的公平正当的世界秩序观念背道而驰的行为，都只会损害苏联体制；反之，

---

① Dennis Merrill ed. , *Documentary History of the Truman Presidency*, *Vol. 7*: *The Ideological Founda-tions of the Cold War-the "Long Telegram," the Clifford Report*, *and NSC 68*, pp. 287, 233, 292, 288 – 290.

（苏联）友好与合作的行为方能获得好处"。换言之，克利福德打算利用贸易往来和文化交流等渠道，向苏联社会灌输美国的国际秩序观念，使苏联从思想观念和政策实践上接受这种秩序观念。报告认为，"只要我们能维持这种主张，并且坚定足够长久的话，最终这种逻辑肯定会渗透进苏维埃制度中去"。①

六　杜鲁门政府的对策性思考

自 1945 年旧金山联合国制宪会议以来，美国外交政策决策集团中强调区域组织作用的声音就持续高涨。杜鲁门政府内外不少对政策有影响力的人士主张，战后美国实力的空前强大和世界地位的巩固，使美国不必也不能仰赖于苏联的合作，美国能够而且应当绕开现存的联合国体系，在西欧、北美紧密联合的基础上，缔造一个新型的国际组织。② 从英国驻美使馆发给外交部的每周政治报告中可以看出，美国的这种态度表现得越来明显。③

以乔治·凯南为例，他始终以苏联对待国际秩序的态度的变化，以美苏关系的演化线索为评价标准，认为罗斯福政府从一开始就犯下了方向性的错误，或者说，罗斯福政府就不应该参与创建战后国际组织的事情。致力于缔造战后世界新秩序，当然是应该的，但是凯南认为，罗斯福始终以美苏关系、美国与同盟各国关系的标准来衡量美国参与创建战后国际组织的是非得失，一味地、一厢情愿地推动美国参与这个事业，而不去注重美国自身的战略利益需求，不去考虑当时国际政治格局的现实状况是否容许理想化的战后国际和平组织正常运行。④

在后来国务院政策设计委员会的一份关于国际组织问题的文件中，凯

① Dennis Merrill ed. , *Documentary History of the Truman Presidency*, Vol. 7: *The Ideological Foundations of the Cold War-the "Long Telegram," the Clifford Report*, and NSC 68, pp. 288, 293 –294.
② Dennis Merrill ed. , *Documentary History of the Truman Presidency*, Vol. 35: *The United Nations*, *1945 –1953: The Development of a World Organization*, pp. 1 –10.
③ 详见 BDFA, Part Ⅲ, Series C, North America, Vol. 5, United States, January 1945 – December 1945, pp. 102 –215; BDFA, Part Ⅳ, From 1946 through 1950, Series L, Vol. 5, General affairs, January 1945 – December 1945, pp. 7 –332; BDFA, Part Ⅳ, Series M, Vol. 1, Commonwealth Affairs, 1945 –1946 and General, January 1946 – March 1946, pp. 225 –306。
④ 凯南说，苏联是"我们所面对的对美国整个安全的最严重威胁"；"我们在对外事务上的活动必须具备更加明晰的意图，措施必须更加简洁有效，必须密切协同合作，唯其如此，我们才有希望实现目标"。U. S. Department of State, Policy Planning Staff, *The State Department Policy Planning Staff Papers*, Vol. 2: 1948, Introduction by Anna Kasten Nelson, New York & London: Garland Publishing, Inc. , 1983, pp. 133 –134.

南将现存的联合国看成是美国政府执行普世主义政策的产物，遵循崇高而又单纯的道德原则，但不符合时下国际形势中强权政治的现实。他认为，"要建立起真正稳定的世界秩序，只有从历史比较悠久、发展比较成熟和比较先进的国家开始做起。在这些国家看来，秩序的观念要比权利的观念更有意义"。① 显然，凯南打算留给苏联和联合国一个选择，要么苏联退出联合国，要么美国甩开联合国单干，另组一个国际组织。这正是在筹组大西洋联盟的过程中，美国愈来愈强烈地表现出来的倾向。

美国代表在联大会议上指责苏联代表说，"我们非常担心，因为你的行为，使得联合国这个机构失去作用，即便是联合国大多数成员提出某个解决决议，你也拒绝接受；我们担心，因为我们将所有的希望和信念都寄托在联合国这个集体防御组织上，但是由于你所遵循的政策，我们无从寻求我们自身的安全，无从在联合国的框架内寻求援助，我们不得不转而从区域性安排中找寻补偿"，② 以此给美国对国际合作和联合国政策的变化寻找借口。

原苏联驻美公使诺维科夫也从反面点明了美国的倾向："贝尔纳斯宣布的对苏'强硬'政策是大国合作进程中的主要障碍……某些特定国家的政策……正是要打击或完全废除联合国安理会的否决权原则，这就会给美国组建狭隘的主要针对苏联的强权组合或集团，从而给联合国造成分裂。""各个大国对否决权的排斥，将会使联合国转变成主要由美国控制的盎格鲁-撒克逊人的领地。"③

随着大西洋联盟逐步形成，且并没有确实证据表明苏联会主动退出联合国，相反，苏联反倒会加强其在联合国大会和安理会的地位，就像杜勒斯所说的那样，"苏联领导人企图从西方民主国家那里将他们目前在联合国里的压倒性优势接管过来"，加强对联合国的控制。④ 杜鲁门政府认为，1946 年举行过的数次联合国会议表明，"苏联将联合国用作审判台，大肆抹黑英美形象，在各种关系到美国切实利益的问题上故意挑起对抗"。⑤

---

① 　FRUS, 1948, Vol. Ⅰ, General: United Nations, Part 2, Washington, D. C.: Government Printing Office, 1976, pp. 526 - 528.

② 　Dennis Merrill ed., Documentary History of the Truman Presidency, Vol. 17: The Origins and Establishment of the North Atlantic Treaty Organization, 1948 - 1952, p. 68.

③ 　Kenneth M. Jensen ed., Origins of the Cold War: The Novikov, Kennan, and Roberts "Long Telegrams" of 1946, Washington, D. C.: United States Institute of Peace Press, 1991, pp. 13 - 14.

④ 　BDFA, Part Ⅳ, Series C, North America 1946, Vol. 1, 1946, pp. 197 - 198.

⑤ 　BDFA, Part Ⅳ, Series A, Soviet Union and Finland 1946, Vol. 1, Northern Affairs, January 1946 - June 1946, p. 109.

　　1946 年 10 月 29 日，苏联外交人民委员莫洛托夫在联大发言中说："在联合国组织内部有两种倾向争相对议程主要潮流施加影响力，一种是建立在联合国组织的主要原则并尊重宪章基础上的，而另一种正相反，企图动摇联合国组织赖以建立的基础，要为逆流而动的支持者们扫清障碍。"① 英美对莫洛托夫的表态做出了激烈反应。英国驻美代表格莱德温·杰布指责莫洛托夫的发言是"苏联领导人自战争结束以来……所做的最为强硬的声明。除非（西方）接受苏联的条件，否则苏联与西方的任何实质性合作都没有了可能"。但莫洛托夫在指责美国等国在联合国推行反动政策的同时仍然表示，"苏联将一如既往地遵守上述国际合作的种种原则，并准备为此做出不懈努力。相应的，苏联将坚定地支持联合国组织，认为应忠实和长久地落实联合国宪章"。②

　　后来国务院起草的一份政策文件中，一方面强调美国对联合国的贡献，同时指责苏联肆意阻挠的权术，另一方面针对喧嚣一时的修改联合国宪章的呼声，认为联合国虽遭遇到严重困难，但并不需要对其结构动大手术。因为联合国可以用来作为同苏联的沟通渠道，而如果全面废止否决权，甚至废止联合国本身，以欧美为核心重新创建一个国际组织的话，就会冒断绝同苏联联络的风险，也不利于世界和平事业。③ 在这种形势下，大致从 1946 年末开始，杜鲁门政府内部主张将苏联排挤出联合国的声音逐渐弱化。

　　在当时的形势下，美国已经"准备好同英国和其他西方国家一道，努力缔造一个我们自己的世界"。④ 美国很快改变了原先在英苏斗争中尽量保持中立的立场，不再顾忌是否会给外界留下英美结伙反苏的印象。美国战略情报局一份秘密报告提出，"鉴于美英之间稳固的传统友谊和频繁的政策协调，英国对内对外政策的方方面面几乎都跟美国的利害攸关"。报告列出英美拥有共同利益、可以采取共同立场的 12 个政策领域，联合国正是其中

①　BDFA, Part Ⅳ, Series M, International Organizations, Commonwealth Affairs and General, 1946, Vol. 2, General, April 1946 – December 1946, p. 438.

②　BDFA, Part Ⅳ, Series M, International Organizations, Commonwealth Affairs and General, 1946, Vol. 2, General, April 1946 – December 1946, pp. 444 – 447, 435 – 438.

③　Dennis Merrill ed., Documentary History of the Truman Presidency, Vol. 7: The Ideological Foundations of the Cold War-the "Long Telegram," the Clifford Report, and NSC 68, p. 300.

④　Dennis Merrill ed., Documentary History of the Truman Presidency, Vol. 7: The Ideological Foundations of the Cold War-the "Long Telegram," the Clifford Report, and NSC 68, p. 288.

之一，指出在联合国问题上，英美可以也应该结成同盟。① 国务院也决定，"如果要反击苏联的大陆扩张，就必须维护英国作为西欧主要的军事和经济强国的地位"，"在联合国的框架内向英国和英联邦提供所有可行的政治、经济以及必要的军事支持"。② 此时，英国政府也觉得杜鲁门政府在处理对苏外交中，已经采取更加成熟和现实的方式，同时英国在战后的衰弱地位，也促使美国勇于承担责任，站在对苏斗争的前列。③

　　在北大西洋公约组织成立后，再主张将苏联排挤出联合国组织的观点就显得有些不合时宜了。因为，此举只能促使苏联全面抛弃联合国，转而仿效美国建立以自己为首的类似北约的集体防御组织，那么美国与其西方盟国将失去联合国这样一个可以用来约束苏联、遏制苏联的工具。这个工具当然不是十分有效，却是不可或缺的，因为不仅美国的道义领袖地位借助联合国得以彰显，而且美国可以凭借它在安理会和联合国大会中所掌握的多数票优势，依凭对其有利的国内外舆论和国际形势，将拒不与其配合的苏联置于联合国这一审判台随意加以批判。

　　这种意图在杜鲁门于 1947 年 3 月 12 日在国会两院联席会议上宣读的咨文中就已表现得非常明显。杜鲁门一边指责联合国软弱无力，对"希腊危机未能予以必要的援助"，一边却又打出捍卫联合国宪章的旗号，为干涉希腊、土耳其局势进行辩护。杜鲁门鼓吹"美国已经在建设联合国方面担负起首要责任"，他指责苏联企图把极权政体"通过直接或间接地入侵而强加于各国的自由人民"，从而"削弱国际和平的基础，危害美国自身安全"，④从国际道义和现实政治两方面对苏联进行批判，联合国简直成了美国予取予求的道义法庭。此后，联合国组织对美国的战略价值，以及杜鲁门政府对联合国组织的态度和政策，都日益服从和服务于美国的对苏冷战政策。

（原刊于徐蓝主编《近现代国际关系史研究》

第 4 辑，世界知识出版社，2013）

---

①　Ronan Fanning, "The Anglo-American Alliance and the Irish Application for Membership of the United Nations," *Irish Studies in International Affairs*, Vol. 2, No. 2, 1986, p. 54.

②　*FRUS*, *1946*, *Vol. 1*: *The United Nations*, pp. 1167 – 1171.

③　*DBPO*, Series I, Vol. IV, *Britain and America*: *Atomic Energy*, *Bases and Food*, *12 December 1945 – 31 July 1946*, pp. 37 – 41.

④　Arthur M. Schlesinger, Jr. ed., *The Dynamics of World Power*: *A Documentary History of United States Foreign Policy*, *1945 – 1973*, Vol. II: *Eastern Europe and the Soviet Union*, pp. 311 – 312.

二战后英国的对欧政策与
法德和解的缘起

鞠维伟[*]

在欧洲一体化史研究中，有关法国为何在二战后选择与德国和解的政策，一般观点认为是法国对德政策偏好的改变，或认为是美国积极推动的结果。那么，战后初期一直反对欧洲一体化的英国，在促成法国选择法德和解政策方面起到了何种作用？又是如何起到这些作用的呢？史学界对此关注较少。本文将从英国对战后国际秩序的设想、英国与法国对德政策的差异、美苏针对德国的竞争、英法间的外交互动等层面来论述英国战后初期的对欧政策，以及该政策是如何对法国最终选择与德国和解的道路产生影响的。

一 英国在雅尔塔会议上力争法国进入对德管制委员会

大战之后如何处置战败国关乎未来国际秩序的塑造。在英国的战后设想之中，德国无疑是未来国际秩序设计的焦点：不能让其陷入 1870 年以前的不统一状态，以免为苏联势力的扩张提供机会，或致使德国再次成为大国的用武场所；但若要让德国作为一个国家存在，不让其重蹈经济危机引发纳粹登台的困境再现，则必须繁荣其经济，但又如何才能建设一个"胖而无能"的德国呢？同时，在美苏两极崛起、欧洲大国势力衰落的情势下，英国如何才能维持其两强之外的第三强地位？西欧素来是英国的势力范围，那么现在能否成为英国大国力量的主要支撑之一？在与美苏打交道中势单

* 中国社会科学院欧洲研究所博士后。

力薄、面临美苏瓦解其殖民帝国压力的英国，会找谁作为未来国际角逐中的帮手或朋友？显而易见，法国是绝好的选择。因此，英国政府在战争期间极力主张扩大罗斯福的"四警察"计划，将法国拉入五大常任理事国之中。

同样，英国若要在战后德国问题的处理中加强自己的地位，举荐法国进入盟国管制委员会也未尝不是可行途径。对于英国来说，法国的战略作用不可忽视。战后若要维护欧洲的安全和稳定，一方面需要恢复法国的欧洲大国地位，使其能够防范德国的重新崛起；另一方面，面临德国再度崛起威胁的法国自然要依赖英国的支持。因此，英国要力争让法国成为继英、美、苏之后的第四个战后参与占领和管制德国的大国，获得在德国问题上的发言权，以便于英法联合行动。

在 1945 年 2 月 5 日雅尔塔会议第二次全体会议上，① 丘吉尔建议从英国和美国的占领区中划出一定区域作为法国占领区；而为了获得苏联的支持，他还特别向斯大林保证："这个占领区在任何情况下都不会影响拟议中的苏联占领区。"② 丘吉尔进而提出要让法国参加战后对德管制机构。斯大林虽然不反对法国从英美占领区内获得一个占领区，但反对法国加入对德管制机构，理由有两个。第一，一旦允许法国加入对德管制机构，那么其他欧洲国家也有可能提出类似的要求，从而导致战后管理德国事务的混乱。其实，斯大林更担心的是，如果更多的欧洲国家特别是西欧国家加入对德管制机构的话，苏联在其中的地位和作用就会受到冲击。第二，斯大林认为法国在对德作战中的贡献不大，而"管制委员会应该由那些坚决抵抗德国，并且为取得胜利而做出了最重大牺牲的国家来领导"。③ 为此斯大林主张允许法国"协助占领，而无权参与三大国有关德国的决策"，④ 实际上就是同意法国从英美占领区内获得一个占领区，但是不能参与对德管制机构。

丘吉尔不满意斯大林的方案，坚持法国在欧洲与对德处理问题上的重要地位，要求必须让法国加入对德管制机构。丘吉尔表示，首先，法国紧

---

①　在英国相关档案记载中，丘吉尔在第一次全体会议上就提出了让法国获得占领区并且进入盟国管制委员会的要求，但根据美国档案文件中所记，丘吉尔应该是在第二次全体会议上提出上述要求的。

②　United States Department of State ed., *Foreign relations of the United States*（*FRUS*），*Conferences at Malta and Yalta*（hereafter cited as *FRUS Conferences at Malta and Yalta*），*1945*，p. 617.

③　*FRUS*，*Conferences at Malta and Yalta*，*1945*，p. 617.

④　*FRUS*，*Conferences at Malta and Yalta*，*1945*，pp. 617 - 618.

邻德国,并且在和德国人打交道方面有着长期的经验,英国不可能也不想完全承担战后控制和管理德国的责任,因此一个强大的法国可以成为英国在处理德国事务上的重要帮手。其次,罗斯福总统在会议上明确表示"美国军队留在欧洲的时间不会超过两年",而且国会和美国民众也不会支持"在欧洲维持一支数量可观的美国军队"。既然美国战后会从欧洲撤军,则法国就应该加入对德管制机构中来,以便在较长的时期内管理和控制德国。另外,法国也不会接受只给予占领区而不让其加入对德管制机构的做法。英国外交大臣艾登也在会议上强调说:"如果法国不参加管制委员会,她就不会接受从英国和美国占领区中得到一块占领区。"苏联和英国对于法国是否能够加入对德管制机构无法达成一致,而美国此时的态度却倾向苏联。罗斯福同意斯大林的意见,不让法国参加对德管制机构,他这样做主要是担心其他国家也提出类似的要求。鉴于斯大林对此不肯退让,而罗斯福又偏向苏联的意见,丘吉尔就提议让三国外长继续讨论法国加入管制委员会问题。其后,在三国外长的讨论中,苏联外长莫洛托夫和美国国务卿斯退汀纽斯建议将这一问题交给欧洲咨询委员会去解决,但是艾登坚持"现在就讨论这个问题,并且在管制委员会里给法国一个席位"。①

2 月 7 日召开的全体会议上,丘吉尔再次要求给予法国参加对德管制委员会(Allied Control Commission for Germany)的资格;而为了说服苏美两国,丘吉尔指出对德管制委员会只是个附属机构,最终还是要听命于三大盟国,法国即使参加对德管制委员会也不会削弱三大国在处置德国问题上的优势地位,而且还可以安抚法国。丘吉尔声称,"在相当的一段时间内,他也不会让法国参加我们的三大国会议,而这样的让步(法国加入管制委员会)会在一定程度上满足法国人的自尊心"。② 因此,法国的加入对于三大国在对德问题上的利益不会造成太大的冲击。至于把这个问题交给欧洲咨询委员会去解决,丘吉尔也觉不妥,因为"欧洲咨询委员会是个比较软弱的机构,法国也是其中的成员",如果该问题交给欧洲咨询委员会势必会造成英法一方与苏美一方的对峙僵局,会有伤盟国的团结,因此该问题应该在此次会议上解决。虽然斯大林和罗斯福都认为应该在会后再讨论法国

---

① *FRUS*, *Conferences at Malta and Yalta*, 1945, pp. 618, 619, 709.

② *CAB Paper*(英国内阁档案, *CAB*)66/63, WP(45)157, Record of the Political Proceedings of the "Argonaut" Conference held at Malta and in the Crimea from 1st February to 11th February 1945, p. 40。

的相关问题，但由于丘吉尔的坚持，三方同意在会议期间讨论法国的占领区问题。①

由于英国方面对于法国加入对德管制委员会问题的态度明确，特别是丘吉尔坚持要求法国应当加入盟国管制委员会的立场，使得苏联和美国方面态度发生了转变。美国方面看到英国对该问题如此坚持，而且自认为会在不久的将来从欧洲撤军，而未来国际局势发展又有太多不确定因素，转而考虑让法国担当更多的管制和监视德国的任务。苏联方面，斯大林看到法国从英美那里得到占领区已经是基本确定的事情，而且西部德国处于苏军控制之外，苏联对于法国获得占领区也采取不了过多的干涉行动，还不如卖给法国一个人情，以争取法国未来的合作，遂同意其加入管制委员会。因此在2月10日的会议上，罗斯福和斯大林一改之前的口气，表示同意法国成为盟军对德管制委员会的成员。丘吉尔则趁热打铁要求在会议公报上明确提出邀请法国加入对德管制委员会；艾登更是积极，他建议立即以三大国名义给法国发电报，邀请其参加对德管制委员会。② 这两项建议都得到了美苏两国代表的同意。

英国坚持法国获取占领区和加入对德管制委员会，是要在未来的德国与欧洲问题上借助法国的支持，以平衡美苏两强的压力，并不是要使对德国的管制安排复杂化，或是要借用将更多欧洲国家纳入对德管制委员会而蓄意破坏大国合作。因此雅尔塔会议之后，当卢森堡、希腊等国提出向德国派遣驻军，帮助盟国参与战后对德占领、管制等事务的要求时，都遭到了英国方面的拒绝。③ 正因为英国同苏联、美国在维持大国合作主导国际事务方面的一致性、对未来与法国关系的考虑，使得苏美两国能够答应英国让法国加入对德管制委员会的要求，改变之前的三大国占领设计，实行四大国占领。

二　英法两国对处置战败德国的不同看法

虽然英国帮助法国进入对德管制委员会，并希望法国能在德国问题上

---

① *CAB* 66/63，WP（45）157，p. 41.

② *CAB* 66/63，WP（45）157，p. 100.

③ Paul Preston ed. ，*British Documents on Foreign Affairs*：*Reports and Papers from the Foreign Office Confidential Print*（*BDFA*），*Part Ⅲ*，*Series L*，*World War Ⅱ*，*Vol. 5*，University Publications of America，1998，pp. 334，550.

发挥更大的作用，但这并不意味着英国和法国的战后对德政策是一致的。

政治上，英国出于战略利益考虑不愿彻底地削弱德国，不想彻底肢解德国，或摧毁德国的经济，而是希望保留一个完整的德国及其一定的经济能力，这样才能促进战后欧洲的稳定和重建。二战期间在讨论战后对德政策时，英国政府内部就已有战后不要对德国处罚太严的观点。1943 年 3 月 8 日英国外交大臣艾登向内阁提交了一份名为《德国的未来》（The Future of Germany）的备忘录，① 该备忘录不主张战后将德国肢解为数个小国家。艾登指出，历史上德国的统一是建立在民族感情之上的，"现代的德国人思想从神圣罗马帝国直到希特勒的第三帝国以来一直具有连贯性"。② 因此即使摧毁了德国的政治实体也不会导致德意志民族的最终分裂。与其改变德国的版图还不如改变德国的政治体制，避免因无法得到德国人民认同的肢解德国而导致的不稳定，让德国战后实行民主化和建立联邦制是很好的选择。

经济上，英国最担心战后德国会出现混乱和动荡。艾德礼在 1944 年 7 月 11 日向停战与战后事务委员会③提交的一份备忘录中指出，战后要避免德国出现混乱，要帮助德国人恢复经济和社会秩序，并为他们提供食物。这是因为"我们想要德国能够支付战争赔款，我们想要尽量减轻占领军的负担，而且我们认为德国经济的复兴对于欧洲的经济繁荣是非常重要的"。④ 总之，艾德礼认为战后对德国严厉也好，宽容也罢，最终是为了英国的利益，因此对德政策不能伤害到英国的利益。艾登对此也表示赞同。艾登认为，"我们的主要目标是：德国非军事化，消灭纳粹党，从德国获得最大的物资和劳力来进行各种重建……很明显，德国经济上的混乱会致使德国既不能给我们带来物资也不会给我们提供劳力。在经济混乱的情况下我们不可能达到我们的政治目标，而且经济萧条曾经是德国纳粹滋生的主要原因之一"。⑤ 在 1944 年 9 月份召开的英美魁北克会议上，英国对美国财政部长亨利·摩根索提出的旨在彻底摧毁战后德国工业的摩根索计划提出了强烈

① 参见 CAB 66/34，WP（43）96，The future of Germany。
② CAB 66/34，WP（43）96，The future of Germany，p. 9.
③ 停战与战后事务委员会（The Armistice and Post-War Committee），战时内阁在 1943 年夏成立该委员会，专门研究如何处置战败后的德国。
④ Sir Llewellyn Woodward, British Foreign Policy in the Second World War, Vol. V, London: Her Majesty's Stationery Office, 1976, pp. 212 - 213.
⑤ Sir Llewellyn Woodward, British Foreign Policy in the Second World War, Vol. V, p. 213.

的质疑和反对。①

　　但是法国长期以来与德国有宿怨，自 1870 年以来的三次法德大战之后，法国对自身安全的追求非常迫切。因此在二战即将结束、盟国讨论如何处理德国问题时，法国尤其希望能严惩德国，使之彻底被削弱，特别是在与法国密切相关的鲁尔—莱茵兰地区的问题上，最能体现法国对德国的仇恨和戒备之心。为了能消灭德国的工业能力，早在巴黎解放后不久，法国临时政府就向英国政府提出将德国的工业中心——鲁尔地区从德国永久分离出来的建议，主张使之经济上从属于法国，并在该地区实行国际共管。但是波茨坦会议上，三大国对于肢解德国的态度发生转变，做出了要把德国作为一个统一的经济体来看待，并在柏林建立相应的中央机构的决定，对鲁尔地区的未来的问题只字不提。法国担心，将德国作为一个经济整体来看待，鲁尔—莱茵兰地区就无法从德国彻底分离出去，而建立德国的中央行政机构则会导致未来德国的再度统一与强大。法国政府因此强烈反对波茨坦协定中有关将德国作为整体对待并建立德国中央行政机构的协议。

　　此外，由于未能参加雅尔塔会议、波茨坦会议，而这两次会议恰恰是商讨和安排欧洲战后命运以及相关对德政策的，法国对此一直耿耿于怀。因而法国以此为借口强调波茨坦会议达成的对德政策协议并不能代表法国的意愿。在对德管制委员会的会议上，法方代表就曾提出，由于法国没有参加波茨坦会议，法国政府也没有同意波茨坦会议上达成的协定，因此法国在对德问题上保留自己的意见。②

三　英国在关于德国相关问题上对法国的政策

　　与法国结盟是战时英国政府的战略选择。工党上台后继续此项政策。1945 年 8 月 13 日，接任艾登成为外交大臣的欧内斯特·贝文（Ernest Bevin）不久就领导召开了一次外交部会议。会上，贝文与外交部主要官员都认为，无论是从长远战略还是近期政策来看，与法国建立更紧密的关系都是十分重要的。贝文在会议上表示"与法国开展关系是非常必要的，他

---

　　①　参见鞠维伟《论二战后美国处置德国的失败设想——摩根索计划》，《江西社会科学》2011 年第 7 期。

　　②　M. E. Pelly, H. J. Yasamee eds., *Documents on British Policy Overseas*（*DBPO*）, Series Ⅰ, Vol. Ⅴ, London: Her Majesty's Stationery Office, 1990, p. 143.

非常急切地想把英国与法国的关系尽快发展到一个更好的基础之上"。①

1945 年 8 月 28 日法国驻英大使雷内·马西格利(Rene Massigli)在同英国政府有关人员商谈时表示,"在涉及一个中央化的德国的问题上要采取最谨慎的态度",② 同时建议沿着鲁尔和莱茵兰地区东部划出一条界线,该线以西的部分包括鲁尔谷地和莱茵河左岸地区,不受德国中央行政机构的管辖。这一地区应做如下具体安排:(1)法国得到萨尔地区煤矿的所有权,萨尔的领土置于一个特别机构的管理下,而该机构由法国实际控制;(2)法国在莱茵河左岸地区永久驻军,但是该地区领土不属于法国;(3)莱茵——威斯特法伦地区由西方盟国控制;(4)从鲁尔北部一直到沿海地区由英国和荷兰控制。③ 这实际上就是要将鲁尔—莱茵兰地区作为一个独立地区存在于德国之外,并且由西方国家负责该地区未来的经济、政治和军事方面的管理。对于法国的意见,英国会谈人员哈维(Oliver C. Harvey)表示英国仍然在研究该问题,不便做出更多的回应。会后哈维立即将法国的建议和计划报给外交大臣贝文,并且指出:"我们已经相信很有必要在鲁尔成功地建立一个特别政权,该政权在政治上与德国分离,而且很有必要考虑建立一个独立的国家……要使她处于西方大国的控制之下是很有必要的。"④ 哈维的建议表明他对法国的设想表示一定程度的支持,实际上贝文也有此意向,即愿意将鲁尔地区从德国分裂出去,以加强同法国的同盟关系。

在 1945 年 9 月的伦敦外长会议上,法国向英国提出了自己关于战后对德政策的主张。法国对德政策主张主要有三点:(1)法国不准备接受建立德国中央政府的决议;(2)在未确定的领土上建立政党或者中央机构等做法是不明智的;(3)德国的东西边界问题要作为一个整体来讨论。⑤ 法国态度很明确,坚决反对建立德国中央行政机构的决议与重建德国政治党派的行动,而提及德国东部边界问题,实际上是为了将来能够为修改德国西部边界留下伏笔,因为既然德国东部边界战后做了重大调整,那么与法国相邻的德国西部边界也应可以做调整。

英国外交部认为,鉴于"与法国保持紧密关系是我们的政策,而且也

---

① M. E. Pelly, H. J. Yasamee eds., *DBPO*, Series I, Vol. V, p. 16.

② Paul Preston ed., *BDFA*, Part III, Series F, Europe, Vol. 7, p. 255.

③ Paul Preston ed., *BDFA*, Part III, Series F, Europe, Vol. 7, p. 258.

④ Paul Preston ed., *BDFA*, Part III, Series F, Europe, Vol. 7, p. 256.

⑤ Roger Bullen, M. E. Pelly eds., *DBPO*, Series I, Vol. II, p. 86.

必须看到有关德国的一些重要决定是在法国缺席的情况下达成的；并且对德管制委员会实行的一致原则能使法国人阻碍执行那些他们所反对的决定"，因此英国不应该拒绝和法国讨论这些问题。但英国外交部也认为，要与法国在这三点上达成一致是很困难的，因为只有在德国建立起相关的中央行政机构才能更好地处理战后德国的经济问题，而且"把德国看成一个经济的统一体是我们政策中的核心原则"。① 外交部的最后意见是，在不牺牲政策原则的情况下同意法国某些要求，在德国西部边界问题上，不能完全满足法国的要求。

　　法国寻求削弱德国的一个主要方案就是将鲁尔—莱茵兰地区从德国版图中分裂出去，使德国丧失这一重要的工业基地。战后英国在德国的占领区主要是鲁尔地区以及莱茵兰的大部地区，所以法国必须与英国进行商讨，并取得英国的同意。1945 年 10 月 12 日至 26 日，英、法两国进行了关于鲁尔—莱茵兰地区未来地位和管理的商谈。商谈中法国外长皮杜尔和驻英大使马西格利提出了法国对于未来鲁尔—莱茵兰地区的安排意见。法国人仍旧是老生常谈，反对在德国建立中央行政机构等波茨坦会议上的对德决议，并提出了法国的七条方案。第一，法国最关心的是安全问题，因此决不能重蹈一战后的覆辙，不能再让德国统一成为一个军国主义国家。第二，法国反对波茨坦会议的安排，因为根据波茨坦会议的精神，将会建立一个德国的中央行政机构，而且该机构会建于柏林。成立这样的中央机构不利于未来对德政策的执行。法国政府不反对由盟国当局统治下的中央机构以及各占领区的行政机构，也不反对协助盟军当局的德国领导人，但是反对各占领区的德国人都听从柏林发号施令。第三，关于莱茵兰地区，法国政府不要求任何的领土割让，而是要谋求在该地区的永久驻军权力。第四，鲁尔地区应由国际共管，鲁尔和莱茵兰不能组合在一起形成一个新的国家，莱茵兰地区可以由法国、英国、比利时分区占领。第五，法国想得到对萨尔地区的经济控制权，特别是对该地区煤矿的控制权。第六，鲁尔地区可以向德国其他地区出口煤炭、工业品，并从德国其他地区进口粮食，但是要严格监管鲁尔区的经济，不能让其生产或者出口用于战争目的的产品和物资。第七，法国最终希望鲁尔和莱茵兰地区都能从德国的版图中分裂出去，从而削弱德国，防止其东山再起。②

---

①　Roger Bullen, M. E. Pelly eds. , *DBPO*, Series I, Vol. II , pp. 86 – 87.

②　Paul Preston ed. , *BDFA*, Part III , Series F, Europe, Vol. 8, pp. 22 – 24.

对于法国人提出的方案，贝文最初表示"这可以作为英、法双方的军事、财政、经济以及法律专家们进行进一步讨论协商的基础"。但当法国的方案提交给英国政府各个部门讨论时，遭遇了不少反对。来自财政部的大卫·韦利（David Waley）反对将鲁尔地区从德国分裂出来形成一个单独的国家。他在给外交部的报告中表示，将鲁尔地区从德国中分裂出来会带来很多政治上的麻烦。从经济角度考虑，如果将鲁尔变为一个独立的国家，"这样的一个完全依靠工业的国家比起其他国家对于经济危机更加敏感"。另外，他认为即使将鲁尔地区分裂出来也不能最终削弱德国发动战争的经济能力。因为鲁尔地区未来不会被强有力的关税壁垒所包围，有可能鲁尔为了支付从德国进口的物资而将自己的资源出口到德国，这样鲁尔地区和德国还是一个经济整体。如此，法国的方案就不能使鲁尔地区独立于德国之外，而"我们认为，鲁尔应该不依靠德国，但是德国仍然要依靠鲁尔，这应该是我们所寻求的维护安全的最好方法"。包括外交部在内的一些政府部门的官员也反对法国分离鲁尔地区的要求。鉴于政府内部的反对意见和法国在德国问题上的坚执，贝文对于法国人的要求逐渐不再同情，他在 11 月 16 日给驻法大使达夫·库珀（Duff Cooper）的电报中表示，"现在英国政府对于法国政府所提及的问题不做出明确的表态和决议，现在主要是要研究法国政府的相关计划及其本意，以便于以后英国政府在这一问题上处于有利地位"。①

法国的方案不仅遭到了许多英国官员的反对，也引起了美、苏、荷、比、卢等国的不满。在这种情况下，1945 年 12 月份，贝文在一份备忘录中表示：为了保证对德安全而又不摧毁德国的工业潜力，应对鲁尔工业实行国际化而不将鲁尔从德国分离出来。② 1946 年 2 月 1 日贝文与马西格利的会谈中，马西格利坚持法国对德的强硬态度，而贝文明确指出："让德国处于饥饿的条件下去控制德国人，这样的做法是不可行的。这样一个政策在未来几年的时间内会导致德国好战的反应……鲁尔的工业通过服务于大众能有利于欧洲的团结。"③ 此后在 1946 年 4 月巴黎外长会议上，贝文再次向法国方面表达了英国对德政策的态度："德国问题的解决要着眼于整个德国的未来"，英国会考虑到法国的愿望，但是英国对法国解决对德问题的

---

① *BDFA*, *Part Ⅲ*, *Series F*, *Europe*, *Vol. 8*, pp. 22, 70, 73, 57.
② 岳伟：《战后鲁尔问题与德国北莱茵 – 威斯特伐伦州的建立》，《德国研究》2009 年第 1 期。
③ Paul Preston ed., *BDFA*, *Part Ⅲ*, *Series F*, *Europe*, *Vol. 3*, p. 25.

方案"越来越感到其不能有效"。① 英国拒绝了法国对于鲁尔—莱茵兰地区的方案。此后英美两国着手筹划合并各自的占领区、加快建立一个亲西方德国的行动。美国为此也公开反对法国的方案。1946 年 9 月 6 日，美国国务卿贝尔纳斯公开宣示："凡是对无可争议的属于德国的地区所提出的任何要求，美国都将不予支持；凡不是出自于当地居民自己的要求而想脱离德国的地区，美国也不予支持。据美国所知，鲁尔区和莱茵州的居民仍然希望与德国的其余地区联合在一起，美国将不违背这一愿望。"② 英美两国的表态使得法国不得不放弃了自己的打算。但是英美为了安抚法国，暂且默认法国将萨尔地区从德国中独立出来的要求，并使其经济上归属于法国。

四　结语

英法两国在对德政策上的冲突实际上了反映了英法两国不同的战略安全需要。英国仍旧保留着一些传统的"大陆均势"战略思想，无论是在欧洲事务中抬高法国的地位，还是希望战后不要彻底削弱和瓦解德国的政策，都是不希望欧洲旧有的格局发生重大改变。英国仍试图维护并加强英法合作，以免未来欧洲或全球体系中出现针对英国的强大力量。但是二战结束后，法国把削弱甚至是消灭德国作为维护国家安全利益的重要方面。由于是战争刚刚结束，法国大可以利用世界舆论对于德国法西斯政权的憎恨以及盟国对德的军事占领，一鼓作气把德国彻底从欧洲大国的行列中排除出去，使其永世不得翻身。

英国在对待法国的对德政策上处于两难的境地：为了能让法国在战后德国事务上起到更大作用，不得不让法国在对德政策方面有更大的发言权；但是法国在对德政策上过于严厉的态度又与英国战后希望保留一个比较完整的德国，不希望过分削弱德国的战略有所冲突。从雅尔塔会议上英国力争法国在德国问题上与三大国的平等地位，到战后贝文同情法国人的态度，这些都是英国出于战后英法合作的战略目的而蓄意维护法国大国地位的努力。英国不仅帮助法国在处理德国问题上获得发言权，而且也准备尽量满

---

① Paul Preston ed., *BDFA*, *Part Ⅲ*, *Series F*, *Europe*, *Vol. 1*, p. 277.
② 〔西德〕康德拉·阿登纳：《阿登纳回忆录 1945 – 1953》（一），上海人民出版社，1976，第 105 页。

足法国的战略安全需要以及经济上防范和削弱德国的愿望。

但是战后英国的极度衰落与大国关系的变迁,使英国无法在英美、英法、英苏等双边关系中就德国处置问题达成平衡。从苏联方面来说,战后要完全消除德国对自身的威胁,进而强烈要求彻底削弱德国,苏联大规模拆除德国境内工业设备作为战争赔偿就是当时最好的例子。同时,苏联为了巩固西部边界,扩大自己的战略缓冲地带,也寻求将德国特别是苏占区下的德国纳入自己的势力范围,因此战后苏联积极支持东部德国的统一社会党合并其他德国非社会主义党派,使其听命于苏联的指示。美国在二战结束后初期,迫于国内的呼声,曾一度想迅速从欧洲撤出军队,回归孤立主义。但是美国的政治家们已经深知,美国已经和欧洲产生了密不可分的关系,尤其此时美国的政治、经济、军事实力空前强大,领导西方,称霸世界的野心已经昭然若揭,而苏联在德国的种种行为已经被美国看作共产主义向欧洲的"侵略扩张"。因此,二战后美国的杜鲁门主义、马歇尔计划等一系列遏制苏联的措施纷纷出台。在这样的国际背景下,英国力图维护一流大国的地位,在欧洲事务中积极发挥自身的作用,与法国的结盟就是其中的一个重要步骤。但试图领导英法合作的英国却发现法国的各种顽固要求十分令自己头疼,为了防止苏联在欧洲的进一步扩张,英国只得趋利避害,逐渐放弃对英法联合的幻想并转而更侧重与美国的特殊同盟关系。

对于法国而言,坚持安全需求、要求削弱德国是其主要政策,但其政策关注缺乏全球性视野。根据历史经验,面对来自东方的威胁,英法两国应该联合起来,但法国又非英国的仆从国,它也有自己的设想与要求。最终,实力的衰落让英国无法主导法国的政策选择,导致其依靠英法联合成为第三力量的战略无法实施。法兰西第四共和国内政上的党派争夺此起彼伏,外交上也缺乏可行的大战略,无法肢解德国,英国转向英美特殊关系又让法国丧失了所希求的安全保证与国际支持。一个失败的战胜国面对不得不打交道的前敌国,在强硬政策的弹药用尽之时,和解与合作政策就会提上日程。由此而言,战后英国放弃其英法密切合作以成为第三力量的战略,对于以法德为核心的欧洲一体化的发动具有促发作用。当然,这只是众多一体化动力中的一种力量。

（原刊于中国欧洲学会欧洲一体化分会编《欧洲一体化史研究——新思路、新方法、新框架》,世界图书出版广东有限公司,2012）

英国对联邦德国重新武装的政策初探

鞠维伟*

　　1949 年西方将联邦德国政府一手扶植起来，但是仍然对西德实行非军事化和解除武装（demilitarization，disarmament）的政策。在冷战所形成的东西方对峙的两极格局大背景下，包括英国在内的西方国家看到了西德的军事潜力，并认为如果能将其用于遏制苏联，不仅可以弥补西欧军事防御力量的薄弱，而且可以拉拢西德加入西方阵营。在西德重新武装的道路上，英国的相关战略和政策值得进一步研究。① 本文通过对英国内阁档案和外交部档案的解读，初步梳理和总结了 1949 年 6 月至 1950 年 9 月纽约外长会议期间英国对重新武装西德的态度和政策，以及英国的政策对强化两极格局的影响。

---

　　* 中国社会科学院欧洲研究所博士后。

　　① 关于英国与联邦德国的重新武装，国外学术界的主要成果有：〔英〕S. 多克里尔《英国对西德重新武装的政策（1950 - 1955）》（Saki Dockrill，*Britain's Policy for West German Rearmament*，*1950 - 1955*，Cambridge University Press，1991），该书梳理了英国在重新武装西德方面的主要政策，重点关注在这一问题上英国与美、法等盟国商讨和相互关系；〔英〕斯宾塞·莫比：《遏制德国：英国与联邦德国的武装》（Spencer Mawby，*Containing Germany*：*Britain and the Arming of the Federal Republic*，London：Macmillan Press，1999），该书研究了1949 ~ 1955 年期间英国对于联邦德国重新武装的各项政策，说明在这一历史过程中英国政府相关政策进行了多次调整，但是英国在对德政策上的目标没有改变，那就是在西方军事体系和框架内控制联邦德国的军事力量。国内学术界相关研究成果有：刘芝平《联邦德国与北约发展》（2011），全书梳理了 20 世纪 50 年代至冷战结束时期，联邦德国在北约组织内发展本国军事力量以及与其他北约成员国的关系等内容；王飞麟《联邦德国重新武装与入盟西方战略：1949—1955》（2009），主要以联邦德国在重新武装的过程中与英、法、美、苏等大国的关系为主要内容，对西德这一历史时期的国内反应和外交政策进行了论述。这两本专著对于英国的作用和政策论述较少。洪邮生的《英国与德国的重新武装》（《史学月刊》2002 年第 12 期）一文从英国对西欧联盟的政策方面入手，研究了英国在 20 世纪 50 年代德国重新武装过程中的政策，但是没有梳理和分析英国对西德重新武装的早期政策。

一　英国政府内部对重新武装西德的不同看法

1949 年 6 月，第一次柏林危机结束，然而东西方的冷战气氛丝毫未减。英国此时对于西欧在未来的时间里是否能够抵御苏联的进攻存在很大疑虑。1949 年 7 月 15 日，英国参谋长委员会（Chiefs of Staff）在一份备忘录中认为，"如果战争在 1951 年至 1953 年间爆发，那么西方联盟没有足够的资源来抵抗俄国的进攻，而且我们所能提供的贡献也是极其微弱的"。① 由于国力衰弱，战后的英国已经无力组织起大规模的军事防御。英国军方认为，法国是 "欧洲防御体系中最重要的成员"，② 在西欧其他国家中，法国在抵御苏联、防御欧洲中可能发挥的作用最大。然而，英国也深知，在当时的情况下，法国也根本担当不起领导西欧对抗苏联的责任，英国外交大臣欧内斯特·贝文（Ernest Bevin）在 1950 年 7 月表示："现在法国和比利时、荷兰、卢森堡等国家的军事能力仍然十分弱小，法国依然萎靡不振，法国现在比签署《布鲁塞尔条约》的时候更脆弱。"③

在这样的情况下，处于冷战前沿的联邦德国（西德）在西欧防御体系中的作用越来越明显。1949 年东西德国分裂之后，联邦德国成为了西方国家对抗苏联的桥头堡。原德国的大部分工业特别是重工业都位于西德境内。此外，二战期间德国军队积累了大量与苏联大规模兵团作战的经验。如果能充分运用西德的工业和人力方面的军事潜力，那么西德势必能为防卫西欧做出很大贡献。早在 1948 年，英国陆军元帅蒙哥马利（Bernard Law Montgomery）就要求招募德国部队，美国和法国方面也有人在 1949 年提出重新武装德国的建议。④

1949 年 11 月，参谋长委员会向外交部建议迅速在西德建立一支武装警察部队，并进一步提出，如果德国完成统一，德国军队的规模应当同法国

---

① *CAB Paper*（英国内阁档案，以下简称 *CAB*，来源：英国国家档案馆网 http://www.nationalarchives.goVol.uk/），*CAB* 131/7，DO（49）45，Western Europe Defence：United Kingdom Commitment，p. 2.

② *CAB* 131/9，DO（50）20，United Kingdom Contribution to the Defence of Western Europe，p. 2.

③ Spencer Mawby，*Containing Germany：Britain and the Arming of the Federal Republic*，p. 22.

④ Lawrence Martin，"The American Decision to Rearm Germany"，Harold Stein ed.，*American Civil-Military Decisions*，Birmingham：University of Alabama Press，1963，p. 647.

相当。① 但是外交部反对这个建议，理由是：目前西欧的政治军事形势十分复杂，重新武装西德必定遭到法国的反对；美国政府已经在西欧防御和武装西德方面做了明确表态，西德要非军事化和解除武装；另外，外交部担心武装西德会引起苏联方面的反对，会给苏联进一步武装和驻军东德提供借口，因此外交部极力避免在时机不成熟的时候讨论重新武装西德的问题。

然而英国军方对于重新武装西德的积极性没有就此停止，1950 年 5 月 1 日参谋长委员会向内阁提交的报告中再次强调西德在西欧防御中的作用，主张建立"德国军队"。该报告指出，除非西德能够在政治和军事上成为西方的一部分，否则整个德国就会成为东方的一部分，莱茵河至易北河之间的军事真空地带不会保持长久；西德的防御仅靠西方国家是不够的，而且西德政府也不会满足于自己被两三个师所保护。该报告认为"最终目标是在西欧军队中建立一支德国部队"，不过这支德国部队组建的具体方式还有待进一步研究。另外该报告特别强调："任何德国军队都必须是西欧防御力量框架下的组成部分。"②

1950 年 6 月朝鲜战争爆发前夕，英军驻德国司令罗伯逊将军（Brian Robertson）离任，他在给贝文的离职报告中同样强烈要求重新武装西德。他在该报告中指出，如果不把西德加入防御安排中来的话，西欧是不能抵御苏联的，"必须重新武装德国"，否则会使西欧在防御方面处于被动。他强烈建议：要立即重视重新武装德国人的事情，至于那些"何时武装"和"怎样武装"等技术问题留待进一步的研究；他还特别指出在这一问题上英国应该采取主动，不要在苏联的威胁或者德国的请求之下才开始考虑武装西德的问题。③

可以看出，英国军方之所以要求重新武装西德，主要原因有两点：其一，担心苏联的军事威胁，担心西欧国家普遍没有足够的军事力量来完成防卫西欧的任务，而重新武装处于欧洲冷战前线的西德可以在军事上极大补充西欧防御力量的不足；其二，重新武装西德不仅可以更加表明西方遏制苏联的决心，也能让西德更加坚定与西方结盟的决心。

---

① Spencer Mawby, *Containing Germany*: *Britain and the Arming of the Federal Republic*, p. 23.

② *CAB* 131/9, DO (50) 34, Defence Policy and Global Strategy, p. 7.

③ Paul Preston and Michael ed. , *British Documents on Foreign Affairs*: *Reports And Papers From The Foreign Office Confidential Print*（以下简称 BDFA），*Part Ⅳ*, *Series F*, *Vol. 23*, University Publications of America, pp. 160 – 161.

然而，到 1950 年初的时候，英国外交部对于重新武装西德这一问题的态度还是比较谨慎的。英国外交大臣贝文 4 月份向内阁提交的关于对德政策的备忘录指出，"《彼得斯贝栖协议》仍然是英国政府现在对德国政策的基础"。① 1949 年 11 月，联邦德国总理阿登纳与驻西德盟国最高委员会的英、法、美三国代表签署了《彼得斯贝格协议》，该协议的主要精神是放松对联邦德国政府的限制，如让其作为准成员国加入欧洲委员会（Council of Europe）并加入马歇尔计划，联邦德国政府在外交、经济方面拥有一定的自主权（仍然不准设立外交部）等。协议虽然对停止对联邦德国战争状态的问题予以考虑，但不做出相关的改变。② 贝文特别强调，"联邦德国政府保证实行非军事化、非武装化、非纳粹化和解散卡特尔组织的政策"。③ 按照《彼得斯贝格协议》，英、法、美对德的战争状态还没有结束，联邦德国还没有获得全部主权，还处于西方盟国的军事占领之下。在这样的情况下，如果立即让联邦德国加入西方军事阵营并对其重新武装，显然是存在困难的。所以尽管贝文强调要恢复西德正常的国家状态，恢复其外交方面的权力，但是对武装西德和恢复其军事、国防方面的权力却只字未提。

1950 年 5 月，贝文在与美国国务卿艾奇逊的会谈中讨论了欧洲的局势。艾奇逊表示苏联武装力量已经远远大于西方，这就导致"在未来的三四年里，苏联会采取更加挑衅性和进攻性的政策"，④ 因此要增强西方阵营的力量。贝文同意艾奇逊的分析，并进一步指出，应对苏联的威胁不能仅靠英国的力量，而是要依靠北约组织的作用，实际上强调美国对欧洲的军事支援。随后贝文暗示希望西德能够加入北约组织，他说道："如果德国某一天成为西方体系中的平等一员，那么应该有一个她（西德）能够加入其中的比单纯的欧洲组织更宽泛的组织。"⑤ 显然北约就是这样一个现成的组织。但是贝文也指出了西德加入北约的最大障碍就是法国的反对，"法国不愿看到西德以任何方式与大西洋条约联系起来"。⑥ 贝文对法国的这种态度表示"理解"，并表示为了维护现有的西方同盟体系，不会立即寻求西德加入北约组织的政策。艾奇逊和贝文都看到了德国在未来东西方冷战中的作用和

① *CAB* 129/39，CP（50）80，Policy towards Germany，p. 1.
② 世界知识出版社编《国际条约集》，世界知识出版社，1959，第 517～520 页。
③ *CAB* 129/39，CP（50）80，p. 1.
④ *CAB* 129/40，CP（50）114，Conversations with Mr. Acheson on 9th and 10th May，p. 1.
⑤ *CAB* 129/40，CP（50）114，p. 3.
⑥ *CAB* 129/40，CP（50）114，p. 2.

地位，贝文指出德国可以在欧洲经合组织中进行活动，特别强调要和平地进行。他和艾奇逊都同意"避免进行重新武装德国人的任何讨论"，① 但是德国可以从经济方面支援西方的防御体系，比如为盟国驻西德的军队提供占领费用。两天之后，在贝文、艾奇逊和法国外长舒曼会谈中，三国外长再次确认《彼得斯贝格协议》的重要性，并指出，"德国应该逐渐重新回归欧洲自由人民的社会之中"，西德政府希望尽快实现这一目标，但是这需要"联邦德国政府和人民展示真诚的合作和自信"，另外盟国的安全要得到满足，这就需要"德国愿意与盟国保持和平、友好的合作"。② 可以看出，贝文和艾奇逊虽然感到苏联对西欧的威胁，但认为苏联的进攻不会立即发生；至于西德方面，英美都不想立即将西德拉入北约组织，而是希望采取渐进的步骤让西德入盟西方阵营。所以此时英国不但不会轻易提出重新武装西德的建议，而且还要极力避免谈论该话题。

二　朝鲜战争爆发后英国对联邦德国重新武装的政策

1950 年 6 月 25 日朝鲜战争爆发，这一事件无疑给英国外交政策和西欧防御战略带来了重大影响。英国朝野普遍认为，朝鲜的情况很可能在德国重现，即东德在苏联的支持下发动吞并西德的战争。在 7 月 14 日的内阁会议上，内阁大臣们认为美国如果承担远东的责任，那么就会将主要力量投入到朝鲜，这样就分散了美国对西欧的援助。与此同时，蒙哥马利元帅的报告认为，法国军队陷入印度支那的战争中，导致了西欧防御力量的进一步削弱。总之，"西欧的状况是极度令人不安的"。③ 可见朝鲜战争的爆发，使得英国更加担忧西欧防御力量不足的问题。

朝鲜战争爆发后，西德政府也感到了来自苏联和东德方面的压力。8 月 17 日，阿登纳在与盟国驻西德最高委员会的会谈中强调了苏联和东德的军事威胁：苏军已经增至 13 个坦克师和 9 个摩托化师；改善机场，喷气战斗机向前沿机场靠拢；扩大此前已经组建的东德人民警察军（Volkspolizei），将其增至 5 万到 6 万人；开设 15 个训练学校，训练东德军官。

---

① *CAB* 129/40, CP（50）114, p. 4.
② *CAB* 129/40, CP（50）115, Conversations with M. Schuman and Mr. Acheson on 11th, 12th and 13th May, p. 7.
③ *CAB* 131/8, DO（50）, 14th Meeting, p. 4.

阿登纳认为"斯大林打算尽快完整地占领西德"。为此他呼吁西方国家在军事上加强对西德的防卫，"或者授权他（阿登纳）建立针对人民警察军的某种军队"。①

在这种情况下，英国参谋长委员会再次提出了重新武装西德的建议，并且提出了具体方案。8 月份，参谋长委员会提出了使用西德资源用于防御西欧的报告，② 主要内容是：再次提出西方盟国的军事目标是"西德的军队应该成为西欧力量中的一部分"，西德军队"必须成为西欧防御体系框架内一体化的组成部分（而不是独立的部分）"；实现利用西德力量来防御西欧的目标，就要让西德最终成为北约组织的正式成员国；西德如果成为北约组织成员，首先要对其武器装备、军队规模做出一系列的限制，让西德军队装备防御型的武器，不装备进攻型的武器；德国的工业必须用于西方的防御，并且在北约相关组织的监督和指导下，德国的军事工业要被重新启动。该报告催促英国政府立即与西方盟国商谈西德重新武装的问题，尽快开启武装西德的进程。

阿登纳对西方国家的警告以及英国参谋长委员会的报告引起了外交部的重视。8 月 29 日，贝文向内阁防务委员会提交了一份备忘录，阐述了自己的看法。

对阿登纳的警告，他认为阿登纳所陈述的情况与盟国所掌握的情报基本一致。"如果我们不能建立起足够的针对苏联及其相关行动的威慑力，那么我极为担心明年苏联政府就会在德国重复他们已经在朝鲜所做的事情。"③ 贝文认为，东德的军队已经建立起来了，这支军队需要 15 个月的时间才能充分准备好进攻西德，这对于西方来说"没剩下多少时间了"。④ 但是贝文又提出重新武装德国有两个主要障碍。其一，法国一直以来强烈反对武装西德。其二，联邦德国内部的政党以及西德人民对于重新武装的态度仍比较消极，联邦德国第二大政党——社会民主党强烈反对德国再军事化。西德的广大民众不愿参战，他们认为西方盟国让西德非军事化，那么就应该由西方盟国来保卫自己；德国人不想在两次战争后卷入第三次战争；德国

---

① *CAB* 131/9，DO（50）66，German Association With Secretary of State For Foreign Affairs, p. 6.
② 该报告原件上写的时间是 8 月 30 日，但是在贝文备忘录中提到该报告是 8 月 18 日提交的，可见该报告在 8 月初就形成了。
③ *CAB* 131/9，DO（50）66，p. 7.
④ *CAB* 131/9，DO（50）66，p. 5.

人认为盟军的计划是守住莱茵河沿线，一旦开战西德可能会被西方盟国放弃。① 对于以上障碍，贝文认为可以通过与法国、西德方面的协商得到进一步解决。

但是他认为参谋长委员会提出的重新武装西德的计划规模太大，现在无法实行。他认为可能实行的武装西德的规模要远小于参谋长委员会的计划：征召 10 万人的德国志愿者组建联邦警察部队，由西方盟国提供装备；在柏林组建类似的由 3000 人组成的部队；放弃在州一级建立宪兵部队的方案；略微扩充和提高德国边境海关警察的力量；停止拆除和转移西德的工业设备。② 贝文要求内阁授权将这一方案告知美国和法国，并在即将于纽约召开的英法美三国外长会议上就此方案达成协议。③

该备忘录提交后的第二天，即 8 月 30 日，贝文又提交了一份关于停止拆除德国工业设备和工厂的备忘录。该备忘录指出：西德在军事和工业方面实际上已经解除了武装，它既没有意愿也没有办法来威胁西方国家；如果英国当局还在努力进行摧毁德国剩余的防御力量，"那么就不能鼓舞德国人为西方防御做出任何形式的贡献"。④ 贝文建议内阁要求英国驻德国最高司令停止进行拆除德国工业设备以及相关活动，并将相关的设备归还给德国人。⑤

在 9 月 1 日的内阁防务委员会的会议上，贝文强调现在大规模武装西德的言论会引起苏联、东德以及其他东欧国家的"严重反应"，在西欧更加强大之前还不能建立一支德国部队。⑥ 首相艾德礼领导下的防务委员会批准了贝文以上两份备忘录，并且授权他在纽约外长会议上寻求法国和美国的支持。⑦

---

① *CAB* 131/9, DO（50）66, pp. 3 - 4. 该备忘录最后附有阿登纳与盟国驻德国最高委员会代表的会谈纪要，会谈中阿登纳表示西德人民和社会民主党主席舒马赫都支持重新武装西德的建议，显然贝文对此说法不太相信。

② *CAB* 131/9, DO（50）66, p. 2.

③ *CAB* 131/9, DO（50）66, p. 2.

④ *CAB* 131/9, DO（50）68, Demolition of Buildings and Installations in Germany, p. 1.

⑤ *CAB* 131/9 DO（50）68, p. 2.

⑥ *CAB* 131/8, DO（50）, 17th Meeting, p. 4.

⑦ *CAB* 131/8, DO（50）, 17th Meeting, p. 5. 1950 年 9 月 12 日电报中，外交部表示内阁防务委员会已经决定停止在英国占领区内拆除工业设备以及其他非军事化的相关行动，美、法两国同意了这一决定，外交部指示要求秘密执行这一决定，不得公之于众。参见 *BDFA, Part IV, Series F, Vol. 23*, pp. 190 - 191。

在前往纽约前，贝文分别会见了法国大使和美国大使。8 月 31 日，贝文与法国驻英国大使马西里（Massigli）进行了会谈，贝文表示英国内阁还没有就西德的重新武装做出决议。他表示："我倾向创建联邦德国的警察。在很多事情没完成之前我不想贸然进行创建德国军队的任何讨论。"① 他还反复向马西里强调，这仅是他个人的观点，不代表英国政府，并希望马西里私下报告给法国外长舒曼，不要引起法国政界的关注。

9 月 4 日，贝文与美国驻英国代理大使霍姆斯（J. Holmes）进行了会谈。霍姆斯向贝文透露了美国政府关于加强西欧防御的看法，其核心内容是：希望建立一支统一的欧洲军，并且为这支军队建立最高司令部和联合参谋部；在这样的情况下，一支受约束的德国部队加入其中。② 但是贝文认为，美国让西德加入欧洲军的建议比较"危险"，因为首先法国对德国的恐惧是根深蒂固的，"任何关于将会创建德国国家军的建议都很可能给法国带来危险性的影响"；其次，联邦德国的民众很可能不接受重新武装的建议。③ 虽然贝文表示了质疑，但是他并没有一口否决美国的建议，表示愿意就此问题在外长会议上进行讨论。同时他向霍姆斯提出了英国方面关于重新武装西德的计划，认为现阶段重新武装西德的步骤应该仅限于建立 10 万人的联邦德国警察部队，而且这支部队由志愿者组成。贝文之所以没有坚决反对美国的建议，是因为在他看来，一旦如霍姆斯所说的组建统一的欧洲军队，美国军队将会参加进来，以加强西欧防务，因此美国的建议"将会使其承担比目前为止更大的责任"。④

与霍姆斯会晤之后，贝文当天就向首相艾德礼转达了美国政府的计划，艾德礼十分满意美国愿意加强西欧军事力量的态度。⑤ 下午召开的内阁会议上，贝文向内阁汇报了美国的相关计划，并且强调自己已经答应愿意在纽约外长会议以及北大西洋理事会上商讨美国的计划。但是贝文也向美国方面提出了条件：美国政府要做出切实的保证向西欧国家政府提供一定规模的财政援助，以增加西欧防御的经费。⑥ 内阁会议同意了贝文的处理意见，

---

① *BDFA*, *Part Ⅳ*, *Series F*, *Vol. 23*, p. 344.
② Roger Bullen and M. E. Pelly ed., *Documents on British Policy Overseas*（*hereafter cited as DBPO*），*Series Ⅱ*, *Vol. 3*, London: Her Majesty's Stationery Office, 1989, p. 7.
③ *DBPO*, *Series Ⅱ*, *Vol. 3*, p. 5.
④ *DBPO*, *Series Ⅱ*, *Vol. 3*, p. 8.
⑤ *DBPO*, *Series Ⅱ*, *Vol. 3*, p. 8, Note 11.
⑥ *CAB* 128/18, CM（50）55th Conclusions, p. 4.

并且授权他在纽约外长会议上与美国讨论建立欧洲一体化军队的计划，前提是美国必须实现贝文所提出的条件。①

很显然，在纽约外长会议之前，法国对西德重新武装依然坚决反对，但是美国出现了重大的政策调整，明确表示了重新武装西德的态度。英国一方面安抚法国，另一方面也不反对美国的重新武装西德计划，英、法、美的不同态度也预示了接下来的外长会议不甚和谐的气氛。

三　纽约外长会议上英国对重新武装西德政策的态度

1950 年 9 月，英、法、美三国外长参加在纽约召开的外长会议以及北大西洋理事会，讨论西欧的防御问题和北约组织的相关问题。会上，美国国务卿艾奇逊正式提出了重新武装西德的计划，该计划的主要内容是：在北约组织的框架下建立欧洲一体化军队，由参加北约组织的欧洲国家军队和美军组成，任命一位最高司令官来统辖这支军队，而且西德的军事力量也要参与进来。由此可见，美国提出该计划也就意味着要重新武装西德。美国在提交给英法外长的备忘录中特别指出了对将来重新武装西德的一些限制性的措施。主要有：1. 不允许联邦德国建立国防军、总参谋部和独立的军事指挥系统，西德的军队加入欧洲一体化军中，不受西德政府的指挥；2. 西德军队的编制仅能达到师一级，西德师要与其他国家的军队一起组成军一级的建制；3. 西德的工业要为欧洲的防务做出贡献，但是西德军队的关键武器装备不能依靠自己生产。②

对美国的计划，英国外交大臣贝文和法国外长舒曼都表示欢迎美国向欧洲提供军队以及组建一体化军队，但是又都质疑立即让西德军队加入其中。尤其是舒曼坚持认为，"现阶段，法国的民意是不会容忍以这种方式重新武装（西德）"，"最急需的不是武装德国，而是武装西方的盟国"。③ 贝文则表示重新武装西德要谨慎，他的理由是现在如果贸然开启重新武装西德的进程，那么西德政府很有可能利用西方国家急切的心情作为恢复其主权的筹码，贝文说道："我们一定不能让德国人处在与我们讨价还价的位置

---

① *CAB* 128/18，CM（50）55th Conclusions，p. 5.
② *DBPO*，*Series Ⅱ*，*Vol. 3*，London：Her Majesty's Stationery Office，1989，pp. 72 – 73.
③ *CAB* 129/42，CP（50）223，New York Meetings：Defence of Europe and German Participation，p. 1.

上。"① 贝文希望重新武装西德和建立欧洲一体化军队分开进行，在重新武装西德问题上贝文还是提出首先组建西德的警察部队的看法。

在 9 月 13 日的会议上，美国国务卿艾奇逊明确表示，美国是否在欧洲部署军队要看整个西欧国家的团结一致性，但是"没有德国人参与欧洲的防御"，西欧的团结就不会实现。他再次强调了重新武装西德的必要性。同时艾奇逊还保证，如果重新武装西德的原则得到同意，那么相关的技术问题可以留待以后进行商讨，而且现在相关的计划也不会公之于众。②

美国的表态让贝文意识到，重新武装西德并将其纳入西欧防御，是美国全面承担西欧的防御重担和提供军事援助的前提性条件。贝文立即向国内发电报，要求英国内阁同意美国的方案。他在 14 日的电报中指出：首先，美国将会投入军队和财力来承担起西欧防御的责任；其次，重新武装西德来对抗苏联已经是美国的根本政策，因为一旦西德被苏联所控制，"美国政府是无法面对公众和国会的"；再次，阿登纳已经愿意采取建立军队的步骤和措施，同时愿意同西方国家的代表商讨有关问题，这就说明来自西德方面反对重新武装的压力也变小了。③ 英国内阁立即召开会议讨论贝文的电报，随后通知贝文英国政府的决定：1. 总体上接受西德参与西欧防御的原则，同时要遵守美国提出的限制西德军事力量的种种措施，首先的步骤是扩充西德的警察部队；2. 与西德政府讨论建立武装力量的时候，建议北约国家不要表现出对西德恳求的态度。④

但是法国仍然拒绝同意重新武装西德，仅同意西德可以在工业生产方面为西欧的防御提供支持。尽管法国也愿意在西德建立警察部队，但是具体的数量还有待确定。针对法国坚决反对重新武装西德的态度，艾奇逊在会议上表态：如果德国不参与欧洲一体化军事力量，那么美国政府就不能向西欧驻扎大量军队和提供大规模军事援助。艾奇逊的逻辑是：美国承担对西欧防御责任的前提是西欧国家军事力量能够联合起来，没有西德军事力量的参与，西欧的防御力量既不是完整的、也不是联合的，所以如果不允许西德重新武装并加入西欧的防御，美国也就不会向西欧提供军事保障。⑤

---

① *CAB* 129/42, CP（50）222, p. 2.

② *DBPO*, Series Ⅱ, Vol. 3, pp. 43, 44.

③ *BDFA*, Part Ⅳ, Series F, Vol. 23, p. 181.

④ *CAB* 128/18, CM（50）59th Conclusions, p. 38.

⑤ *DBPO*, Series Ⅱ, Vol. 3, p. 55.

但是即使面对美国的警告，法国仍然不同意重新武装西德。9 月 15、16日法国内阁召开会议并做出决定：法国政府不会接受在会议公报中提及任何关于重新武装西德的说法；法国政府也不同意西德参加欧洲的防御，即使是"原则上的和今后对相关协议保密的情况下也不同意"。①

由于法国政府不同意西德加入西欧的军事防御，以及英国方面的谨慎态度，会议公报中关于开启西德重新武装之路的说法含糊不清："关于联邦德国加入欧洲共同防御的问题，现在还处于研究和交换意见的阶段"②；同意西德建立警察部队，虽然这支警察部队是在联邦德国各州成立的，但是联邦政府在紧急情况下完全有权力调动和使用这支部队，警察部队计划的编制为 3 万人。③ 为了显示西方国家保卫西德的决心，公报也明确提出：西方国家将要加强在西德的军事力量；任何针对联邦德国和西柏林的攻击将被看作是对西方盟国的进攻。此外，公报还提出西方国家要进一步放松对联邦德国工业的限制，"联邦德国政府将被授权建立外交部，以在合适的范围内处理同其他国家的关系"。④

对这份公报美国显然是不满意的，艾奇逊在给美国总统杜鲁门的电报中写道："他们（英、法代表）仅准备接受我们提供的东西，却不同意我们所提出的要求……（会议讨论）结果就是我们的代表不能发表我们想要同意的文件，在公报中不能宣布任何决定。"⑤

英国方面认为会议公报中所提出的基本原则精神符合英国最初对于联邦德国恢复武装的设想。实际上，贝文在此次会议之前就预料到了重新武装西德面临着种种困境：法国方面的反对；西德内部的意见分歧；可能引起苏联的强烈反应；等等。这些问题不可能在短短的几天会上就得到解决。但是，纽约外长会议明确了西方盟国对西德和西柏林的军事保障责任，在经济和外交领域放松对西德的监管，这些决定符合英国对德政策的大方向；在武装西德的具体步骤上，会议采纳了英国提出的建立西德警察部队的方案，尽管这支警察部队在人数上比预期的大打折扣，但是毕竟有了实际的

---

① *DBPO*, Series Ⅱ, Vol. 3, p. 63, note 2.

② *CAB* 129/42, CP（50）222, New York Meetings: Tripartite Discussions on German Problems, Annex, p. 5.

③ 关于警察部队的具体人数并没有在公报中写出来，是在外长会议中三国外长最终讨论后才制定出来的。

④ *CAB* 129/42, CP（50）222, Annex, pp. 5, 6.

⑤ *FRUS*, *1950*, *Vol. 3*, Washington D. C.: U. S. Government Printing Office, 1977, p. 1230.

行动。因此贝文在对此次会议的总结中认为：会议对于西德加入计划中的欧洲一体化防御力量，以及相关的盟国之间的谈判奠定了一个坚实的基础。①

　　总之，从德国分裂到 1950 年 9 月伦敦外长会议的召开，由于冷战所促成的两极格局逐渐形成以及朝鲜战争的爆发，英、法、美、苏等大国之间以及它们与联邦德国之间的关系也发生了重要变化。在这种形势下，英国政府内部对重新武装德国形成了重要共识：第一，联邦德国的重新武装是对抗苏东集团的必然选择；第二，未来西德的军事力量要置于一个强有力的、美国参与的大西洋联盟之下，受到西方盟国的监督和控制，其意义不仅是防范西德军事力量的复兴威胁欧洲的和平，也是西德完成重新武装的重要保障；第三，鉴于以法国为代表的西欧国家防范德国的态度，重新武装西德需要渐进的过程和稳妥的方式，既不能让美国人感到西欧不能团结一致对抗苏联，也不能让法国对德国的恐惧和防范彻底断送西德重新武装之路，而是尽可能维护西方三大国在对德政策方面的一致性。但是必须进一步指出的是，英国在德国重新武装的问题上并不是中立的，支持和推动联邦德国的重新武装是英国的基本国策，而这一政策的持续发展以及与美国和法国相关政策的进一步互动，也成为强化两极格局的一个重要因素。

（原刊于《历史教学》2013 年第 10 期下）

---

① *CAB* 129/42，CP（50）222，New York Meetings，Tripartite Discussions on German Problems，p. 4. 当然，英国政府也有人批评美国方面太过于着急，没有协调好各方的利益就抛出了重新武装西德的计划。英国驻华盛顿大使馆的德国事务顾问彭森（J. Hubert Penson）就在给外交部的电报中认为此次会议是"令人失望的"。参见 *DBPO*，Series Ⅱ，*Vol. 3*，p. 151。

没有飞起来的鹰

——"天鹰行动"评析

张　华[*]

第二次世界大战期间，加拿大和美国基于保卫北美大陆安全这一共同的国家利益开始了安全合作。二战结束后，出于社会制度和意识形态的本能反应，加、美两国又重新选定了新的共同敌人——苏联。于是，共同抵御苏联对北美大陆的安全威胁，成为冷战时期两国安全合作的动力之源。1945～1956 年，为了防备苏联远程轰炸机携载热核武器从西部、东部和北部入侵北美大陆，加、美在北美大陆北纬 49 度附近、加拿大中部以及远至北极圈的广大地区耗费巨资建立了三条雷达预警线，以加强空中防御的战略纵深。

1957 年，两国在安全领域中的互动升级达到一个历史性的转折点，即两国建立了统一的北美空防司令部（NORAD），[①] 它的建立标志着北美大陆开始步入作为一个单一的军事单元统一谋划、统一部署、统一指挥的高级阶段，形成了北美大陆安全同盟。北美大陆安全同盟是美国冷战战略极为重要的组成部分。必须看到，在苏联军事关键技术核武器和远程轰炸机取

---

[*]　湖南文理学院讲师。

[①]　北美空防司令部（North American Air Defense Command，简称 NORAD），主要负责北美大陆的空中防御，该组织统一指挥加拿大空军和美国战略空军，是北美防御的重要组成部分。参见 Department of State, *Bulletin*, August 19, 1957, p. 306, http：//www. bpl. org/online/govdocs/department_of_state_bulletin. htm（以下如无特殊说明，网络更新日期均到 2011 年 5 月 4 日）。关于北美空防司令部的建立有两个重要日期，从军事和技术角度讲，它在 1957 年 12 月 9 日正式运行；从外交和政治角度看，加、美两国关于 NORAD 协定的正式外交换文在 1958 年 5 月 12 日。一般把第一个时间作为它的正式建立时间。参见 Joseph T. Jockel, *Canada in NOARD, 1957 - 2007：A History*, Montreal：McGill-Queen's University Press, 2007。

得突破之时，美国如果没有坚实的本土防御，何谈对苏联的遏制和战略包围。因此，取得加拿大在北美大陆安全领域内的支持与合作，对美国至关重要。而加拿大除了在北美大陆与美国紧密合作外，还是美国在北大西洋公约组织中的坚定盟友，① 共同抵抗苏联在欧洲的军事威慑，所以加拿大受到 NORAD 和北约组织的双重制约。由此观之，加拿大在美国的冷战战略体系中，身兼二任，是美国的欧洲盟国所不能比拟的。因此，加美安全关系在冷战时期所有国家间的安全关系中具有典型性和独特意义。然而，加、美在北美大陆的安全合作并不是一帆风顺的。NORAD 计划于 1959 年 10 月举行第一次大规模军事演习——"天鹰行动"，由于加拿大的最终反对而未能实施。这一事件既是 NORAD 建立后两国在安全领域的第一次正面冲撞，也是迪芬贝克执政时期加拿大与美国关系起伏跌宕的开端。对这一问题的探讨，对于理解冷战中的加美关系具有重要意义。然而长期以来，由于受到档案解密期限的限制，国内外学界对该问题的研究有待进一步深入，② 本文以近年来加、美双方解密的相关档案为依据③，试对此事件做较全面考察，以求教于方家。

一　"天鹰行动"计划的酝酿与制定

自北极圈附近的雷达预警线（亦称 DEW 雷达预警线）在 1956 年建成后，加、美在北美大陆的雷达线建设就基本完成。但是，这些雷达线是否能有效探测到来袭的敌方飞机，还是未知数。虽然两国空军多次对雷达线

---

① 加拿大是北大西洋公约组织（NATO）的积极倡导者和重要成员，除了以军事装备支援欧洲盟国外，朝鲜战争爆发后，还向欧洲派遣陆军和空军部队并长期驻扎在德国最前线。参见 John B. Mclin, *Canada's Changing Defense Policy, 1957 - 1963: The Problems of a Middle Power in Alliance*, Johns Hopkins Press, 1967, pp. 12 - 20。

② 作为亲历者，时任加拿大外交部驻总理办公室联络员的总理近臣 H. 巴兹尔·鲁滨逊（H. Basil Robinson）简要描述了因天鹰事件引起的加、美关系的紧张状况，但是其写作重点不在两国安全关系而在迪芬贝克的民粹主义外交。参见 H. Basil Robinson, *Diefenbaker's World: A Populist in Foreign Affairs*, Toronto, Buffalo, London: University of Toronto Press, 1989, p. 110。安德鲁·里克特（Andrew Richter）虽然也简要分析了加拿大在天鹰事件上的惊人转变以及外交部的作用，但是未对该事件进行评价。参见 Andrew Richter, *Avoiding Armageddon: Canadian Military Strategy and Nuclear Weapons, 1950 - 63*, Vancouver: UBC Press, 2002, p. 97。

③ 本文主要以加拿大外交档案（以下简称 DCER）和美国外交档案（*Foreign Relations of the United States*，简称 FRUS）以及数字化国家安全档案（*Digital National Security Archive*，简称 DNSA）、艾森豪威尔总统档案（*The Papers of Dwight David Eisenhower*, Vol. XX, Part Ⅷ, The Presidency: Keeping the Peace）为基础开展研究。

性能进行过测试，但都是在民航没有停飞的状况下进行的，所以加美两国军方都认为有必要在民航停飞的状态下对雷达预警线进行一次全面测试。

为了对北美大陆的雷达系统进行全面测试，1959 年 1 月，两国在 NO-RAD 的空军代表开始策划一个代号为"天鹰行动"的演习计划，其设想如下：要求加、美两国所有民航飞机在演习期间停航；为了减少民航的损失，演习安排在美国东部时间的零时至 7 时之间进行；安排配备电子对抗设备的美国战略轰炸机群扮演假想敌角色，从东、南、西、北四面飞抵北美大陆，以测试北美大陆的雷达系统和其他探测设备的灵敏度和有效性；为安全考虑，参演的战略轰炸机不携带核武器。[①] 1959 年 7 月下旬，该演习计划得到两国参谋部的批准。根据 NORAD 协定的政治磋商条款，[②] 加美军方还须把这一计划提交给两国行政部门审核。

8 月 5 日，美国总统艾森豪威尔批准了"天鹰行动"演习计划，这就意味着该计划在美国走完了所有程序，只等加拿大政府表态同意，美国的战略轰炸机就可起飞。但是，加拿大军方并未及时将该演习计划提交给加拿大政府审核，因此，当 8 月 11 日美国国防部长尼尔·H. 迈克尔罗伊（Neil H. McElroy）向加拿大国防部长乔治·皮尔克斯（George Pearkes）通报天鹰军演计划已经得到美国总统批准一事时，他并不知晓加拿大军方还未向本国政府报告此事。直到 8 月 21 日，即美国政府批准该计划 16 天后，加拿大外交部才从加拿大驻美大使馆得知这个军演计划，[③] 而此时总理约翰·G. 迪芬贝克（John G. Diefenbaker）仍不知情。加、美两国在"天鹰行动"计划审核程序上的不同步，成为两国在安全关系领域外交斗争的引爆点。

二　加、美两国政府关于"天鹰行动"计划的外交斗争

（一）8 月 26 日加拿大内阁会议[④]

8 月 21 日，加拿大驻美大使馆从美方得到两国即将开始军事演习的情

---

①　*DCER*, *XXVI*, Document 199, http：//www. international. gc. ca/department/history-histoire/dcer/browse-en. asp.（以下 DCER 文件均来自该网站）

②　该条款规定："受各自政府之命，NORAD 制定的任何计划或安排都应该由军方提交给相关部门审查并进行政府间协调。"参见 Andrew Richter, *Avoiding Armageddon：Canadian Military Strategy and Nuclear Weapons*, 1950 – 63, p. 223。

③　*DCER*, *XXVI*, Document 199.

④　*DCER*, *XXVI*, Document 200.

报，随即上报给副外长霍尔姆斯（John W. Holmes）；当天，霍尔姆斯向外长霍华德·格林（Howard Green）报告此事，格林随即向加拿大总理迪芬贝克做了汇报。此事引起迪芬贝克总理的高度关注。加拿大军方在这么长时间里瞒着政府制订军事演习计划，而且美方也没有通过外交渠道与加拿大磋商此事，这让加拿大文官政府感到问题的性质很严重。8 月 26 日，加拿大政府召开内阁会议讨论此事。

　　会议一开始，迪芬贝克总理就严厉批评了相关责任人的越权决策。他质疑这样一个未经内阁讨论、涉及民航停飞的重要军事演习计划的决策过程的合法性，并认为，军方瞒着文官政府制订该计划的行为极为不妥，NO-RAD 的加方高级军官不向政府报告该计划的行为令人震惊，军方现在已掌握了过多权力。而国防部长皮尔克斯则辩解道，虽然演习要求民航必须停飞会带来一些问题，但演习本身是合理的。

　　随后迪芬贝克严厉质问天鹰军演时机的合理性："值此各方正在努力减少世界紧张局面之时，实施这样一次军演，公众将会做何反应？值此赫鲁晓夫刚刚结束访美①之时，实施这样一次军演，赫鲁晓夫将会做何反应？赫鲁晓夫先生不可能视之为善意行为，只会认为西方在炫耀武力。演习日期在赫鲁晓夫访美日程安排之前即已确定，那么在政府未对该演习计划做出评估之前，难道不应推迟演习吗？只有提供合法的解释，（加拿大）民众才会支持。"② 迪芬贝克用了三个反问句，两个"将会做何反应（What would be reaction of）"，其语气之强烈，情绪之激动，可见一斑。由此也可以看出，迪芬贝克坚决反对"天鹰行动"计划的立场是鲜明的。实际上，迪芬贝克对军演的时机和军演的合理性的关注是一以贯之的，不是一时心血来潮。③

　　此次内阁会议，加拿大政府定下了处理天鹰军演事件的政策基调：一是反对美国在东西方谋求缓和之时举行具有挑衅性的军事演习；二是将天鹰事件的处理权交给外交部，使事件的发展进入非军方轨道。④ 8 月 26 日的内阁会议成了事件的重要转折点。

---

　①　DCER 把赫鲁晓夫访美的时间注释为 9 月 19～27 日有误，实际应是 9 月 15～27 日。参见 *FRUS, 1958－60, Vol. Ⅶ, Part 1*, Document 303, Note 3, p. 763。

　②　迪芬贝克尤其认为这次军演的时间相当糟糕（"The timing of the exercise was considered particularly bad"）。参见 *DCER, Vol. XXVI*, Document 200, para. 11（b）。

　③　*DNSA*, NH00875, http://rsarchive. chadwyck. com/marketing/index. jsp。

　④　*DCER, XXVI*, Document 200.

（二）8 月 28 日至 8 月 29 日的加美外交斗争

美国政府在得知加方反对军演的决定后，从 8 月 28 日至 9 月 2 日，一直试图通过外交渠道改变加拿大政府的态度，挽救濒死的"天鹰行动"。但加拿大抓住问题要害，据理力争，立场坚定。

8 月 28 日，美国国务院收到加拿大外交部反对举行天鹰军演的备忘录。① 当天，美国国务院会同参谋长联席会议主席召开紧急会议商讨对策。会议一结束，负责加拿大事务的美国务院欧洲司司长科勒（Foy D. Kohler）就拜会了加拿大驻美大使希尼（A. D. P. Heeney），表达了美方立场。科勒称，天鹰军演是测试北美防御体系极为必要的手段，8 月 5 日，美国总统在全面考虑了其政治影响之后批准了该项军演计划；取消军演会暴露盟国的虚弱，从而会导致与苏联会谈的失败。科勒对于加方仅仅为了赫鲁晓夫的访问就放松军备的做法表示震惊，他提出，美苏首脑级会谈后紧跟着将会举行外长级会谈，一个接一个的会谈将持续很长一段时间，美方不可能为了营造会谈的良好氛围而长时间放松军备建设。科勒还引用了一封加拿大军方的信件，以说明加方实际上已经同意举行天鹰军演，而且也知道美方正在等待加拿大政府最高层的批准。科勒含蓄地指责加方现在反对军演是出尔反尔，并警告说，如果加方现在不同意军演，NORAD 的内部分歧将暴露无遗。

希尼赞同科勒不应暴露两国矛盾的观点，但对军演的性质表示了不同看法。希尼认为，军演拟中断民航交通就必须知会相关国家的政府，这次军演显然与以往的例行演习都大不相同，肯定会引起外界的议论。希尼强调，加拿大不是对军演本身存有异议，而是对军演举行的时机有不同意见，美国总统将演习时间推迟到 10 月 4 日，② 本身就说明其也特别考虑了军演时机的政治影响。希尼试图以自己揣测的美国总统推迟军演时间的意图，为加方提出的军演时机不恰当的观点加分，但遭到了科勒的反驳。科勒指出，美国总统之所以决定推迟军演的时间，并不是基于希尼所说的政治考

---

① *FRUS*, *1958－60*, *Vol. Ⅶ*, *Part 1*, pp. 763－764.

② 天鹰军演的日期原拟定在 8 月的某一天，后来美国总统艾森豪威尔根据赫鲁晓夫访美的行程安排将演习时间从原定的 8 月推迟到 10 月 4 日。参见 *DCER*, *XXⅥ*, Document 200, Document 204。

量，而是希望在赫鲁晓夫访美期间最好不出现民航停飞①。希尼进一步解释了加方对军演时机的异议：既然我们最终要与苏联和解，任何干扰首脑会晤的事情都要尽量避免；如果如期举行军演不损害美苏首脑会晤，加方不反对军演。② 然而，科勒恰恰在这一关键问题上没有做出正面回答，只是强调：美苏谈判只有在相互尊重的前提下才能取得成果，任何放松军备的迹象都会损害美国总统的谈判地位。科勒进一步指出，如果取消演习，NORAD 参谋人员为制订军演计划付出的 6 个月辛苦，以及为准备军演耗费的几百万美元都将付之东流。③ 但是，相对于东西方缓和的大局来说，科勒的理由太微不足道了，无法改变希尼的立场。

从加美这一轮谈判的结果来看，两国对天鹰军演可能造成的后果的理解大相径庭。加美两国在战略目标上是一致的，但策略往往不一样。④ 加拿大的冷战策略是以缓和促和平，认为军演会破坏东西方缓和的大趋势；美国的冷战策略是以遏制促和平，选择美苏首脑会晤后立即举行军演是为了宣示美国坚决抵制扩张的决心。科勒的辩解透露出美方不仅要利用军演检验空防体系的有效性，更要利用军演加重美方在美苏谈判中的筹码。⑤ 因此，不管科勒如何为美国政府辩解，他都无法就排除军演损害东西方缓和的可能性上做出正面回答，也就无法在关键问题上说服希尼。

这次谈判的失败让美方大感意外，也迫使美国代理国务卿道格拉斯·C. 狄龙 (Douglas C. Dillon) 不得不在当天晚些时候紧急约见希尼，再次表明美方的立场。但是，狄龙除了重申科勒的大部分观点外，就是严词指责加方没有尽早提出自己的意见，事到临头却坚决反对，让美方措手不及。狄龙的说辞换汤不换药，加方不会因此改变对军演的态度，而狄龙盛气凌人的态度只会增加加方的反感而无益于争端的解决。但是，美方对天鹰军

---

① 其实希尼对美国总统意图的推测是正确的。艾森豪威尔将演习时间从原定的 8 月推迟到赫鲁晓夫访美结束后的 10 月，确实有不愿在会谈前刺激苏联的政治考量。参见 *DCER*, *Vol. XXVI*, *Document 200*, p. 204。

② 参见 *FRUS*, *1958 – 60*, *Vol. Ⅶ*, *Part 1*, p. 764; *DCER*, *Vol. XXVI*, Document 201, Document 202, par. 2。

③ *DCER*, *XXVI*, Document 201, Document 202.

④ Andrew Richer, *Avoiding Armageddon: Canadian Military Strategy and Nuclear Weapons*, *1950 – 63*, pp. 78 – 79.

⑤ 9 月 2 日艾森豪威尔致迪芬贝克的亲笔信也证明了美国利用军演在向苏方施压的观点。参见 *The Papers of Dwight David Eisenhower*, *The Presidency: Keeping the Peace*, *Vol. XX*, *Part Ⅷ*, Document 1302. Baltimore and London: The Johns Hopkins University Press, 2001, p. 1647.

演的严重关切还是引起了希尼的高度重视。①② 希尼不敢大意，当天就把自己与美方特别是与狄龙的会谈情况向加外长格林做了汇报。

对于一向不怎么重视对加外交的美国而言，一天两次约见加国大使，这在美加外交史上并不多见，由此也可看出美方对天鹰军演的重视。因为正如科勒所说，天鹰军演不仅对于北美大陆空防体系的建设是非常重要的一环，而且对于即将举行的美苏首脑会晤也是很重要的一步棋。加方在如此关键的时刻表示反对，对美国来说无异于釜底抽薪。于是美方决定继续加强外交努力，提高外交谈判级别，要求由美国驻加大使直接与加总理迪芬贝克讨论这个问题，以期说服加拿大最高决策者，使天鹰军演计划起死回生。

8 月 29 日下午 3 时，美国驻加大使理查德·B. 威格尔斯沃思（Richard B. Wigglesworth）拜会了加拿大总理迪芬贝克。③ 威格尔斯沃思直言相告，因为在思想上毫无准备，面对加拿大政府对军演计划的突然反对，美国决策层"快要疯掉了"。④ 随后，威格尔斯沃思为未能就军演计划与加拿大政府进行政治磋商辩护：筹划军演计划是 NORAD 的职责，但是在该计划筹划早期，NORAD 认为天鹰军演不过是例行军事演习，因此没有进行最高级别的磋商。迪芬贝克当即质问：涉及如此多的民航班机停飞的演习还是例行演习吗？迪芬贝克言下之意，如果筹划早期不与加拿大政府磋商尚可原谅，但是，在筹划后期，军演计划涉及了民航停飞就明显越出了例行演习的范围。因为根据 NORAD 协定的政治磋商条款，无论如何，美国政府都有义务就此与加拿大政府密切磋商。加拿大当初强烈要求该条款就是为了防止 NORAD 脱离政治轨道，更重要的是为了防止加拿大主权的受损。在筹划该军演计划的过程中，当军演的性质已经发生了显著变化时，美方仍然不与加方举行政府间磋商，这就是对加拿大主权极不尊重的行为了。正是由于有这些考量，迪芬贝克对威格尔斯沃思的质问不仅不耐烦而且情绪愤怒。遗憾的是，威格尔斯沃思既没有注意到迪芬贝克的情绪变化，更没有意识到

---

① DCER, Vol. XXVI, Document 202.
② FRUS, 1958－60. Vol. VII, Part 1, p. 764.
③ DCER, Vol. XXVI, Document 204.
④ 档案文献上直接引用了美国大使的原话"快要疯掉了"（mad as hell）。这句话可理解为（美国人说）加拿大简直疯了。但是，从外交礼仪上讲，美国大使不可能当着加拿大总理的面说出这种无礼的话，因此其意应该是说美国人自己要疯掉了。参见 DCER, Vol. XXVI, Document 204。

美国政府的行为已经明显违背了 NORAD 协定的条款和精神，反而指责正是由于加方各部门协调失灵，致使天鹰军演计划不能上达总理，因此责任不在美方。最后，威格尔斯沃思希望迪芬贝克以集体安全利益为重、重新考虑加拿大政府的立场，但遭到后者的拒绝。迪芬贝克指出：加拿大内阁进行了认真仔细的政策评估，特别考虑了天鹰军演的国际影响以及它对 NORAD 政治磋商原则的影响，最终决定反对军演计划；但是，如果美方不关闭民航，加方有可能改变立场。他还表示，没有必要就此问题再继续讨论下去。① 在这里，迪芬贝克为天鹰军演留了一扇小窗，即在不关闭民航的情况下进行军演。但是，民航如果不停飞，军演就达不到测试效果，所以美国宁肯不推开这扇窗。② 谈判陷入僵局。

当晚 9 时，威格尔斯沃思把会谈情况整理后迅速向美国国务院汇报，认为外交部门已无法解决此争端，建议由美国总统亲自劝说迪芬贝克。③

（三）天鹰事件的结局

9 月 2 日，美国驻加大使威格尔斯沃思向加拿大总理迪芬贝克转交了美国总统艾森豪威尔的亲笔信。艾森豪威尔在信中强调了军演对于确保北美大陆防御的极端重要性，并且指出，演习不会对赫鲁晓夫的访问产生负面影响，相反，如果能让苏联认识到西方抵御侵略的能力和决心，还有助于会晤取得成功，希望加拿大总理重新考虑加方的决定。④ 但是，在迪芬贝克看来，艾森豪威尔的说项不过是以美国总统的身份老调重弹，没有新意，无法解除他对军演将产生破坏性影响的担忧。9 月 7 日，迪芬贝克做出答复，重申了自己的立场。⑤

迪芬贝克冷淡且坚决的态度，让艾森豪威尔政府彻底明白：天鹰军演计划的夭折已经无法挽回。因为美国军方和国务院都无法按照加方的建议，在不停飞民航的前提下实施军演，所以不得不建议总统取消或推迟军演。⑥

---

① 参见 "determined not to have Canada 'put on the tail of the United States'"，*DCER*，Vol. XXVI，Document 206。

② *DNSA*，NH01364，http：//nsarchive. chadwyck. com/marketing/index. jsp。

③ *FRUS*，1958 - 60，Vol. VII，Part 1，pp. 765 - 766.

④ *The Papers of Dwight David Eisenhower*，Vol. XX，Part VIII，Baltimore and London：the Johns Hopkins University Press，2001，Document 1302，p. 1647.

⑤ *DCER*，Vol. XXVI，Document 208.

⑥ *DNSA*，NH01364.

9 月 15 日，艾森豪威尔致信迪芬贝克，表示美国不再坚持在 10 月上旬举行军演，但是希望另择时机实施。[①] 至此，冷战期间加方在安全领域里与美国的第一次正面冲撞以胜利而告终，美国的战略轰炸机成了没有飞起来的鹰。[②]

三　"天鹰行动"计划失败的原因

1957 年 7 月，刚就任加拿大总理的迪芬贝克，出于进行有效的北美军事安全合作的考虑，仓促签署了 NORAD 协定。但是在 1959 年 8 月，同样是迪芬贝克，却坚决否定了 NORAD 拟定的"天鹰行动"计划，究其原因，主要有以下几点。

（一）加拿大对国家利益和国际安全形势的考虑

每一个国家都根据其国家利益和国际安全形势制订安全政策。自 1867 年加拿大成为自治领以来，其主要的国家利益就是追求主权独立、国家统一、经济繁荣和价值观的长久保持，而主权独立和国家统一是其核心利益。二战后期，加拿大对国际安全形势进行评估，认为能威胁其核心利益的国家主要是美国和苏联。[③]

二战前，加拿大主要利用英国的力量平衡美国的势力，保卫主权独立。由于英国在二战中过度消耗，势力很快衰落，加拿大只好求助于联合国、英联邦和北约这些多边力量，平衡美国的影响。二战后，加拿大对美国的心态很复杂：在加拿大军事实力相对弱小的情况下，它既要防范美国对其主权的侵蚀，又要担心苏联入侵北美大陆的现实威胁，这就迫使它必须依赖美国提供的安全保护；然而，美国的驻军又使加国的主权蒙受损失。尽管加拿大有这种矛盾情绪，但由于保障北美大陆安全是加美两国的共同利益，所以两国还是进行了安全合作，建立了北美空防司令部。但是，加拿大在北美空防中采取合作的态度并不意味加方会接受美方提出的所有安全倡议。一旦涉及加拿大主权这一敏感问题，加拿大的反应就十分强烈。在

① *The Papers of Dwight David Eisenhower*, *The Presidency*: *Keeping the Peace*, Vol. XX, Part VIII, Document 1302, p. 1661, Baltimore and London: the Johns Hopkins University Press, 2001.

② *DCER*, Vol. XXVI, Document 213; *FRUS*, *1958–60*, Vol. VII, Part 1, p. 768.

③ 参见 "Final Report of Advisory Committee on Post-Hostilities Problems", Secret, January/February 1945, *DCER*, Vol. 11, Part II, Document 978, pp. 1567–1573。

天鹰军演事件上，加方认为，对于牵涉民航大面积停飞这样的重大军事演习，美国竟然不通过最高层政治磋商就单方面做出决定，这是对加拿大主权的严重侵犯。① 而且，1959 年 8 月 9 日，美国官员与加拿大国防部长皮尔克斯详细讨论天鹰军演计划时，皮尔克斯向美方澄清，加拿大政府还未批准该演习计划，美方官员对皮尔克斯不能独自做出决定很是吃惊。② 天鹰军演计划必须经美国总统批准而可以不经加拿大总理批准，美国官员的吃惊反应恰恰说明他们对加拿大主权的忽视、对加拿大文官政府的轻视和对 NO-RAD 协定规定的磋商程序的不尊重。这是加方难以容忍的。

此外，加拿大的对苏政策有别于美国。加拿大在抵制苏联对西方安全的威胁上与美国一致，但是，它倡导对苏有限接触、和平演变的政策，希望以此减少东西方对抗，维护世界和平，确保自己的安全利益。③ 这种接触政策包括两个方面：一方面认同苏联的和平共处的思想，④ 另一方面积极发展与苏联的粮食贸易关系。⑤ 在这种政策的指导下，加拿大认为，即将举行的美苏元首会晤是进一步缓和东西方紧张关系的好机会，减少苏联的敌意将有助于改善北美大陆的安全环境。美国要在美苏元首会晤之后不久即举行军事演习，加拿大理所当然要坚决反对。⑥

（二） 加美两国在军演时机与磋商程序上的分歧

加拿大并不反对构建北美空防体系，但是在天鹰军演的举行时机上与美国有分歧。上文已经提到，加方认为在赫鲁晓夫访美结束后不久即举行

---

① 参见 FRUS, 1958－60, Vol. VII, Part 1, Document 320, p. 804, Document 304, p. 765。"加拿大外交部不能允许美国对加拿大利益为所欲为"。参见 Andrew Richter, Avoiding Armageddon: Canadian Military Strategy and Nuclear Weapons, 1950－63, p. 97。

② DCER, Vol. XXVI.

③ 必须注意到，加拿大在二战后以比较公正、和平的形象出现在世界舞台，典型的事例有参加印度支那监督委员会、在苏伊士运河危机中斡旋协调并首创维和部队维护中东和平，加拿大皮尔逊外长还因此荣获了 1956 年的诺贝尔和平奖。1959 年，霍华德·格林出任迪芬贝克政府的第二任外交部长，其外交理念也是推动世界裁军和无核化，为世界和平做贡献。参见 Kim Richard Nossal, The Politics of Canadian Foreign Policy, 2nd ed. , Scarborough, Ontario: Prentice-Hall Canada Inc. , 1989, p. 50。

④ John W. Holmes, Life with Uncle: the Canadian-American Relationship, Toronto: Toronto University Press, 1984, pp. 32－33.

⑤ 在 DCER 和 FRUS 的文件中，二战后，特别是圣劳伦特政府后期以及迪芬贝克政府时期，加美争议最多的问题之一就是加拿大不断增加对苏小麦贸易的问题。

⑥ Andrew Richter, Avoiding Armageddon: Canadian Military Strategy and Nuclear Weapons, 1950－63, p. 97.

军演会对美苏首脑会晤产生负面影响，会使苏联对西方的会谈动机产生怀疑，不利于东西方关系的缓和，也就不利于世界和平的进程。① 而美方认为，如果通过军演能让苏联明白西方的能力和决心，军演就将增加总统在会晤中的优势地位，军演时机并无不当之处。② 然而，加方从政治影响的角度来考虑军演的时机问题，让美方很难辩驳，因为美方也有同样的考虑。实际上，不管是赫鲁晓夫访美之前还是之后，举行军演本身就是炫耀武力，从本质上都不利于改善东西方关系。在军演时机的恰当性上，双方谁也无法说服对方。

在磋商程序上，美国认为，在天鹰军演计划制订过程中，加拿大派驻NORAD 的官员一直参与其中，加拿大内部沟通出了问题，不能责怪美国未与加方磋商。③ 事实上，从科勒到狄龙到艾森豪威尔，美国政府始终没有认识到违反 NORAD 协定的政治磋商条款可能对加方造成的严重伤害。而加拿大出于维护主权的考虑坚持必须履行政治磋商程序，并认为美国应该为其未履行该程序承担责任。美国不对自己的行为道歉，是迪芬贝克反对天鹰军演计划的又一重要理由。

（三）　加拿大国内舆论的反对

在西方民主政治中，政治家的政治立场与决策常常受到民意的左右。1957 年，迪芬贝克领导的进步保守党正是由于把握住了民众不断增长的反美主义脉动，才能够在在野 22 年之后最终赢得大选。在对天鹰军演事件的处理上，迪芬贝克同样非常重视舆论。在 8 月 26 日召开的内阁会议上，迪芬贝克一再提出天鹰军演如果举行将会引发民众怎样的反应："世界正在努力缓和紧张之时，举行这种类型的军演，民众将会做何反应？" "如果能（就天鹰行动）做出合法的解释，民众的反应会更有利"；"尽管天鹰行动是出于安全考虑，但是我们必须考虑我们自己的人民如何看待它"。④ 8 月 29日下午，在迪芬贝克接见美国大使之前，加拿大枢密院书记官和内阁秘书布莱斯（R. B. Bryce）试图为这次外交执拗转圜，迪芬贝克仍然以民众舆论为由驳回了布莱斯："加拿大民众很难理解此刻为什么要举行这样一个涉及

---

① *DCER*, Vol. *XXVI*, Document 200.
② *The Papers of Dwight David Eisenhower*, *The Presidency*：*Keeping the Peace*, Vol. *XX*, Part *VIII*, Document 1302, p. 1661.
③ *DCER*, Vol. *XXVI*, Document 203.
④ *DCER*, Vol. *XXVI*, Document 200.

民航停飞的大规模演习。不管华盛顿如何反应，加拿大政府的拒绝立场不会改变。"① 迪芬贝克在接见美国大使时，也再次强调"加拿大的民间舆论认为不需要那样特殊的演习"。②

迪芬贝克不仅很重视公众舆论，而且很在意反对党的批评。在 NORAD 建立的问题上，加拿大国防部干预外交的行为让迪芬贝克饱受在野党的指责，自由党曾在国会内外一再批评政府受军方挟持，NORAD 批准程序不合法。③ 因此，在天鹰军演事件上，迪芬贝克不想再次成为被攻击的靶子，相反，他试图利用该事件向公众证明总理才是真正的权威，反对党对政府的批评纯属诬蔑。正如威格尔斯沃思所说："有关政治上不受欢迎的 NORAD 的记忆又复活了，迪芬贝克不想天鹰行动又受到反对党的关注，他有可能认为（否决天鹰行动）是一个证明自己政治权威的好机会。"④

四 天鹰行动对两国安全关系的影响

1959 年 9 月 22 日，⑤ 加拿大驻美大使希尼在致外交部长的备忘录中就天鹰军演事件对未来两国安全关系可能产生的影响谈了两点担忧：一是未来两国协商机制可能失灵，二是两国高层的互信将严重受损。⑥ 希尼一语成谶，天鹰军演事件后，艾森豪威尔对迪芬贝克的信任度大幅降低，两国安全关系严重受损。

天鹰军演计划失败迫使美国迅速采取行动以改善两国关系。1959 年 10 月 20 日，美国召开由前驻加大使、现负责欧洲事务的副国务卿麦钱特（Livingston T. Merchant）、副国防部长欧文（John N. Irwin II）共同主持的部际联席会议，就天鹰事件反映出来的两国安全关系问题进行检讨。⑦

① *DCER*, Vol. *XXVI*, Document 205.
② *DCER*, Vol. *XXVI*, Document 204.
③ *FRUS*, 1958 – 60, Vol. *VII*, Part 1, p. 765.
④ Andrew Richer, *Avoiding Armageddon: Canadian Military Strategy and Nuclear Weapons*, 1950 – 63, pp. 57, 97.
⑤ 这份备忘录的时间应是 9 月 22 日，H. 巴兹尔·鲁滨逊记载的日期是 9 月 11 日，有误。一是艾森豪威尔决定取消天鹰行动致加拿大总理的亲笔信是 9 月 15 日，天鹰事件最终尘埃落定，在此之前，希尼还谈不上总结该事件的教训问题；二是 *DCER* 显示该备忘录的时间是 9 月 22 日。参见 *DCER*, Vol. *XXVI*, Document 211。
⑥ H. Basil Robinson, *Diefenbaker's World: A Populist in Foreign Affairs*, Toronto, Buffalo, London: University of Toronto Press, 1989.
⑦ *FRUS*, 1958 – 60, Vol. *VII*, Part 1, pp. 769 – 772、804.

　　然而，自诩为"加拿大通"的麦钱特仍然把天鹰军演的失败主要归因于加拿大军方和文职部门之间的斗争以及加总理和外长对大陆防御的共同事业缺乏理解。为此，麦钱特提出了五条具体的政策建议：邀请迪芬贝克和其他加拿大内阁成员访问 NORAD 和其他美国军事机构如美国战略空军司令部；加强共同防御常设委员会（PJBD）①的职能；NORAD 增加政治顾问；加拿大空军驻扎美国；美国国防大学重新招收加拿大学员。但是，由于美方没有认识到天鹰军演计划失败的真正原因，所以，美国政府采取的这些补救措施就未能从根本上改善业已受损的加美安全关系。

　　1959 年 11 月 8～9 日，在戴维营召开了第二届加、美部际安全联席会议。会议由两国外长和防长共同主持，对天鹰事件进行了检讨，并且商讨在未来适当时候再次举行类似军演。1960 年 1 月 18～21 日又召开了 PJBD 会议。② 两次会议议题广泛，讨论也很热烈。③ 会议除了讨论未来的军演外，还讨论了久拖未决的加拿大接受核武器以及不平衡的军工生产合作等问题。但表面的热烈掩盖不了彼此间深层次的不信任。④ 天鹰事件后，艾森豪威尔对迪芬贝克的信任度大幅度降低，两国严重受损的安全关系不可能因为一两次会谈重新热络起来。

　　迪芬贝克在肯尼迪政府时期内对美国仍然持怀疑和批判态度，在安全领域继续采取不合作的立场。⑤ 迪芬贝克之所以在安全领域继续与美国唱反调，固然与他的民粹主义立场和维护主权的决心关系密切，恐怕也与他在天鹰行动中取得的成功有关联，认为只要有勇气有决心就会再次取得成功。但问题是，肯尼迪不是艾森豪威尔，一个经验老到，比较容易对迪芬贝克的反抗持容忍态度；一个年轻气盛，对弱邻的任何不支持、不配合行为都会视为不履行条约义务和对盟主的背叛。迪芬贝克成了加美安全合作的最大障碍。肯尼迪对迪芬贝克的敌意非常惊人，必欲除之而后快，不仅如此，

---

① PJBD 是 1940 年加美两国为应对北美大陆的安全威胁而建立的安全协调机构"共同防御常设委员会"的英文首字母简称。

② *FRUS*, 1958–60, Vol. Ⅶ, Part 1, pp. 7720, 804.

③ *DCER*, Vol. ⅩⅩⅤⅠ, Document 229.

④ Gordon T. Stewart, *The American Response to Canada since 1776*, East Lansing: Michigan State University Press, 1992.

⑤ 迪芬贝克在后期不肯与美国合作，甚至采取反美的立场，主要表现在：其一，加拿大始终不肯同意在加拿大领土部署核武器；其二，在古巴导弹危机期间，加拿大没有响应美国的建议，与美国步调一致的进入一级战备状态。参见 H. Basil Robinson, *Diefenbaker's World: A Populist in Foreign Affairs*, pp. 283–320。

为了扫除加美安全合作关系发展的障碍,在 1963 年的大选中,他明显支持反对党领导人皮尔逊,干涉加拿大国内选举①,最终导致了迪芬贝克因大选失败而下台。

天鹰军演事件是加拿大自 1940 年与美国结成盟国关系以来,在安全领域与美国发生的第一次正面冲撞。冲撞的根本原因在于迪芬贝克政府从国家的根本利益和维护国家主权独立出发,与美国的冷战战略发生了直接冲突。尽管从短期来看,迪芬贝克取得了这次冲撞的胜利,但是,由于加拿大和美国这两个相邻的国家实力悬殊,又有共同的安全利益,因此以后的历届加拿大政府仍然不得不接受美国安全体系的保护。加美安全关系继续沿着合作多于冲突的方向发展。矛盾的加美安全关系是地缘战略和冷战现实以及国家利益交互作用的结果。

〔原刊于《首都师范大学学报》(社会科学版) 2013 年第 3 期〕

---

① 肯尼迪派出自己总统竞选的智囊团为反对党皮尔逊出谋划策。H. Basil Robinson, *Diefenbaker's World: A Populist in Foreign Affairs*, pp. 304–315.

戴高乐、艾森豪威尔与美英法
三边会谈（1958～1960）

姚百慧*

20世纪50年代中期，随着以美苏为首的两大集团在政治、经济、军事和地缘政治等领域对抗局面的形成与发展，两极格局最终形成。但与此同时，一股多极化的力量也开始生长出来。① 欧洲经济共同体、原子能共同体的组建，日本的经济恢复，新中国的发展壮大，第三世界的形成与发展，美苏实力的相对下降，这些因素都影响着美苏对峙的两极局面。在西方集团内部，1958年戴高乐重新执政后的种种对美政策挑战，就是以法国为代表的欧洲力量冲击两极格局的表现。对于戴高乐第二次执政时期（1958～1969）的美法关系，西方学术界虽已取得不少高水平成果，② 但对一些具体问题仍缺乏深入研究，本文拟探讨的美英法三边会谈即为一例。1958年9月，戴高乐同时向美英提出了著名的"九月备忘录"。此后，围绕这份备忘录，美英法三国进行了多次大使级和外长级的三边会谈。如果给1958年到

---

* 首都师范大学历史学院副教授。

① 对于两极格局的形成过程及其不对称、不完整性的详细研究，参见徐蓝《试论冷战的爆发与两极格局的形成》，《首都师范大学学报》（社会科学版）2002年第2期。

② 如 Frank Costigliola, *France and the United States: The Cold Alliance since World War II*, New York: Twayne's of G. K. Hall, 1992; Charles Cogan, *Oldest Allies, Guarded Friends: the United States and France since 1940*, Westport, Conn.: Praeger, 1994; Frédéric Bozo, *Deux stratégies pour l'Europe, De Gaulle, les états-Unis et l'Alliance atlantique 1958–1969*, Paris: Plon, Fondation Charles de Gaulle, 1996; Constantine A. Pagedas, *Anglo-American Strategic Relations and the French Problem, 1960–1963: a Troubled Partnership*, London; Portland, OR: Frank Cass, 2000; Irwin M. Wall, *France, the United States, and the Algerian War*, Berkeley: University of California Press, 2001; Erin R. Mahan, *Kennedy, de Gaulle, and Western Europe*, Basingstoke, Hampshire: Palgrave Macmillan, 2002; Sebastian Reyn, *Atlantis lost: The American Experience with De Gaulle, 1958–1969*, Amsterdam: Amsterdam University Press, 2011; 等等。

1960 年的美法关系找一个关键词的话，三边会谈无疑是非常重要的一个。①
实际上，美法围绕三边会谈进行的种种交涉，也恰恰可反映此段时期美法
关系的基本特点。有鉴于此，本文拟以美国档案为主，来探讨这些会谈的
缘起和具体情况，并从美法关系和国际格局的角度略做评述。

一　三边会谈的缘起

在国际交往中，很早就存在多边会谈的形式。第二次世界大战期间，
罗斯福、斯大林、丘吉尔"三巨头"会议，对二战中重大战略问题和战后
世界规划起到了重要作用。美英法三国也一直有三边对话，只不过传统上
限定于德国、裁军等具体问题。在戴高乐第二次执政前，法兰西第四共和
国政府曾多次提出扩大三边关系的范围。北约初创时期的外交努力，让法
国得以在北约军事委员会的核心"常设小组"（Standing Group）中占据一席
之地，该小组由美英法三国的高级军官组成。1950 年 4 月，法国总理乔
治·皮杜尔（Georges Bidault）提议在北约内设立由美英法三国拥有常设席
位的"大西洋高级和平理事会"（Atlantic High Council of Peace）。② 1951 年，
法国总理勒内·普莱文（René Pleven）两次向艾奇逊提出建立三国磋商机
构以协调世界范围的政策。③ 法国提议的本质在于扩大法国在大西洋联盟中
的地位，取得同美国（至少是同英国）同等的地位。但是这种要求毫无疑
问与战后初年法国的经济、政治地位不相符合，法国自身的虚弱地位及对
美外交的依赖，使这些建议很少能得到美国重视。

1958 年 6 月 1 日，戴高乐成为第四共和国的总理。重新执掌权力的戴
高乐，为恢复法国的"伟大"和"独立"，在外交上推行几个相互关联的举
措：对美独立外交，发展核武器，要求改革北约，建立法国领导下的欧洲，
缓和同苏东国家关系，与中国建交，倡导越南的"中立化"。就是在这样的
外交理念下，他向美英提出了建立美英法三边机制处理世界问题的建议。9
月 17 日，戴高乐同时致信美国总统艾森豪威尔和英国首相哈罗德·麦克米

---

① 从已经出版的 1958 ~ 1960 年《美国外交文件集》（FRUS）第 7 卷第 2 部分来看，仅仅以三边
　会谈为主题的文件就近 40 份，约占这一时期法国部分总文件的 1/3，这还不包括其他涉及三
　边会谈的文件。FRUS, Vol. 7, Part 2, Western Europe, Washington D. C.: USGPO, 1993, pp. 1 –
　430.

② Sebastian Reyn, Atlantis Lost: The American Experience with De Gaulle, 1958 – 1969, p. 42.

③ Dean Acheson, Present At the Creation: My Years at the State Department, New York: W. W. Norton
　& Co., p. 552.

伦（Harold Macmillan），并附上著名的备忘录（"九月备忘录"）。① 他建议，从"世界政治和战略高度"建立一个美英法三国组织，由该组织负责制订与实施影响世界安全尤其是与核武器有关的战略计划，负责诸如北冰洋、大西洋、太平洋和印度洋等地区的防务问题。戴高乐要求在有关政府之间"尽早进行磋商"，否则法国将不参加任何发展北约的工作并不得不保留它要求废除北约或修改北约的权力。戴高乐的建议与第四共和国的要求在本质上并无不同，只不过更明确也更强硬。在其回忆录中，他说他其实是建议"联盟的领导权由三个国家而不是由两个国家来掌握"。②

　　对于戴高乐的备忘录，美英做了大致类似的反应。在艾森豪威尔和副国务卿克里斯琴·赫脱（Christian A. Herter）看来，戴高乐的这些要求，不过是想获得二战中他未能获得的东西——成为"三巨头"会议的成员之一；并认为该备忘录更多反映了戴高乐本人的过分要求。③ 美国既担心采纳戴高乐的建议会影响自己在西方联盟的领导地位，引发其他盟国如西德、意大利等的不满，又担心完全拒绝会影响美法关系。英国则不愿意让法国影响英美特殊关系，但在英法围绕自由贸易区进行谈判时，又不想开罪法国。因此，美国曾试图让法国收回这封备忘录，或者在北约内讨论戴高乐的建议，都遭到法国的拒绝。④ 最终，美英虽勉强同意召开三边会谈，但正如艾森豪威尔所定下的调子：这些会谈是"讨论"而不是"执行"戴高乐的计划。⑤

　　美国赞同召开三边会谈的另一原因是第二次柏林危机的发生。1958 年11 月 10 日，赫鲁晓夫宣布将与东德签署和平条约，并终止美英法三国在西柏林驻军的权力。11 月底，苏联向美英法递交了相同内容的照会，建议三

①　Le Général de Gaulle Président du Conseil Francais à M. Macmillan Premier Ministre de Grande-Bretagne, septembre 17, 1958, Ministere des Affaires Etrangeres, *Documents Diplomatiques Francais（DDF）, 1958, Tome II. 1er juillet – 31 décembre*, Paris: Imprimerie Nationale, 1993, pp. 376 – 377; M. Couve de Murville, Ministre des Affaires Etrangeres, à L'ambassade de France à Washington, septembre 18, 1958, *ibid*, pp. 383 – 394.

②　〔法〕夏尔·戴高乐：《希望回忆录》，《希望回忆录》翻译组译，中国人民大学出版社，2005，第 179 页。

③　Memorandum of Discussion at the 390th Meeting of the National Security Council, December 11, 1958, *FRUS, 1958 – 1960, Vol. 7, Part 1, Western European Integration and Canada*, Washington D. C.: USGPO, 1993, pp. 366 – 369.

④　美英对"九月备忘录"的反应，详见拙文《艾森豪威尔政府对法政策研究——关于"三国理事会事件"的历史考察》，《历史教学》（高校版）2007 年第 10 期。

⑤　Memorandum of Conversation with the President, October 13, 1958, *Declassified Documents Reference System（DDRS）*, Formington Hills, Mich.: Gale, 2011, Document Number: CK3100198245.

国 6 个月内撤出西柏林，西柏林将成为联合国监督下的一个非军事化自由城市。柏林危机让西方这三个在西柏林有特殊权力的国家展开了更密切的三边接触，也让美国觉得有必要在三边会谈问题上向法国做出一定妥协。

但美国还是力图延期正式三边会谈的召开，比如要求澄清"九月备忘录"中一些措辞的具体含义。① 1958 年 12 月 4 日和 10 日，法国驻美大使埃尔韦·阿尔方（Hervé Alphand）奉命解释了法国的原则立场："（1）建立一个关乎世界问题的三国行动程序是否可能？……（2）三国军方能否在处理世界军事冲突中有共同的战略行动？……"法国想要知道英美对这些原则问题的反应，如果认为戴高乐的方案"太大"，不同意法国的原则，就没有讨论细节问题的必要。法国的设想并不像一些媒体描述的要建立"理事会"，而是"有组织的、有规律的、经常的磋商"。阿尔方还重复了戴高乐在备忘录中的威胁，如果不能满足法国的要求，"法国不得不保留它要求废除北约或修改北约的权力"。② 而美国恰恰是不同意戴高乐的"原则"。

美国的拖延立场引发了法国的极端不满，这种不满在杜勒斯 12 月访问巴黎期间表现得尤其强烈。12 月 15 日，杜勒斯在出席北约部长会议期间顺访戴高乐，却受到了"很不礼貌、怀有敌意的对待"。他被带进了戴高乐的办公室，听到的是一片牢骚声。③ 在这次被杜勒斯总结为"最不满意的会议"中，戴高乐继续要求建立"正式的"三边组织，来处理全球战略以及核武器使用的问题，并把这些要求同法国在北约内的合作明确联系起来："如果法国没有决策权，它就不会同意北约在其国土上部署中程导弹、储存核武器以及部署欧洲空防体系。"④

---

① Telegram From the Department of State to the Embassy in France, October 31, 1958, *FRUS, 1958 – 1960, Vol. 7, Part 2, Western Europe*, pp. 113 – 115; Letter From the British Ambassador (Caccia) to Secretary of State Dulles, November 7, 1958, *FRUS, 1958 – 1960, Vol. 7, Part 2, Western Europe*, pp. 115 – 117.

② Memorandum of Conversation, December 4, 1958, *FRUS, 1958 – 1960, Vol. 7, Part 2, Western Europe*, pp. 128 – 137; Memorandum of Conversation, December 10, 1958, *ibid*, pp. 138 – 144.

③ 〔澳〕布赖恩·克罗泽：《戴高乐传》下册，西安外国语学院英语系等译，商务印书馆，1978，第 636 页。

④ Memorandum of Conversation, December 15, 1958, *FRUS, 1958 – 1960, Vol. 7, Part 2, Western Europe*, pp. 148 – 152; Telegram from Secretary of State Dulles to the Department State, December 15, 1958, *ibid*, pp. 154 – 155. 杜勒斯把这些情况向艾森豪威尔汇报后，后者表示非常理解戴高乐的"挫败感"。Telegram From the Department of State to the Embassy in France, Robert E. Lester ed., *Confidential U. S. State Department Central Files（CUSSDCF）, France, Foreign Affairs, 1955 –1959*, LexisNexis, 2005, 8：0966.

一方面为增强西方对抗苏联的力量，另一方面也为缓和法国的怨恨情绪，美英法三国最终于 1959 年 2 月开始了"实质性的三边会谈"（阿尔方语）。① 但是，美法对于会谈的内容和形式存在巨大差异。法国希望建立世界性的组织，讨论包括核武器使用在内的联盟政治、军事问题，而把重点放在北约以外的地区。② 美国则不同意讨论世界战略、扩大北约等问题，仅仅认为会谈是对北约以外的地区尤其是中东、非洲地区的问题进行某种三边磋商。③ 法国希望三边会谈能"正式"和"机制化"，美国要保持这些会谈在非正式、临时性的基础上。美法的这些分歧，为三边会谈的举行蒙上了阴影。

二　大使级三边会谈

1959 年 2 月到 10 月，美英法举行了四轮 10 次大使级三边会谈（见表 1）。

表 1　大使级三边会谈简表（1959. 2. 3 ~ 10. 9）

轮次	会议时间	参加者	主题
第一轮 （远东）	第一次 1959.2.3	法国：阿尔方；马克斯·热莱（军） 英国：加西亚；迈克尔·丹尼（军） 美国：墨菲；W. 罗伯逊；罗伯特·丹尼森（军）	程序问题
	第二次 1959.2.3	同上	中国；朝鲜
	第三次 1959.2.5	法国：阿尔方 英国：加西亚；丹尼 美国：墨菲；帕森·J. 格雷厄姆；丹尼森	中国；朝鲜；印尼；老挝

---

① 首次会议本定于 1 月 29 日举行，后来由于阿尔方回国述职，推迟到 2 月 3 日。阿尔方回国后与戴高乐的讨论，参见 Hervé Alphand, *L'étonnement d'être: journal, 1939 - 1973*, Paris: Fayard, 1977, pp. 300 - 301。

② Memorandum of Conversation, November 20, 1958, *FRUS, 1958 - 1960, Vol. 7, Part 2, Western Europe*, pp. 119 - 121; Telegram From the Department of State to the Embassy in France, October 31, 1958, *ibid*, pp. 113 - 115.

③ Telegram From the Department of State to the Embassy in France, October 25, 1958, *FRUS, 1958 - 1960, Vol. 7, Part 2, Western Europe*, pp. 110 - 111.

续表

轮次	会议时间	参加者	主题
第二轮 (非洲)	第一次 1959.4.16	法国：若克斯；阿尔方；热莱 英国：加西亚；丹尼 美国：墨菲；约瑟夫·萨特思韦特； D. V. 约翰逊（军）	非洲重要性；苏联威胁；应对方法
	第二次 1959.4.17	法国：若克斯 英国：加西亚 美国：墨菲	阿尔及利亚；法兰西共同体；马格里布；撒哈拉；
	第三次 1959.4.20	同上	阿尔及利亚；几内亚；北非国家；英国的非洲政策文件；武器问题
	第四次 1959.4.21	同上	（没有资料）
	第五次 1959.4.21	同上	军事战略、经济援助
第三轮 (北非)	1959.10.8 到 1959.10.9	（没有资料）	摩洛哥、突尼斯
第四轮 (远东)	1959.10.9	法国：阿尔方 英国：加西亚 美国：格雷厄姆	老挝

材料来源：U. S. Department of State ed., *FRUS, 1958 – 1960, Vol. 16, East Asian-Pacific Region*; *Cambodia*; *Laos*, Washington D. C.: USGPO, 1992, pp. 69 – 73; U. S. Department of State ed., *FRUS, 1958 – 1960, Vol. 14, Africa*, Washington D. C.: USGPO, 1993, pp. 44 – 53; *FRUS, 1958 – 1960, Vol. 7, Part 2, Western Europe*, pp. 169 – 180, 288 – 289。

　　这四轮三方会谈，确实把已经存在的美英法三国磋商从传统的德国问题、裁军问题扩展到了非洲问题、远东问题，但讨论的只是"问题"，戴高乐所要求的"原则"并未得到美国承认，这一点在法国所要求的三边军事会谈上集中体现出来。

　　1959 年 1 月 7 日，阿尔方与杜勒斯就首次实质性三边会谈议题交换了意见。阿尔方提议，在进行政治三边会谈的同时，举行军方人员参与的与政治会谈平行的三边军事会谈。① 9 日，阿尔方再次向美国强调，单是政治讨论而没有军事讨论是"不够的"，"军事合作同政治合作一样重要，而正

---

① Memorandum of Conversation, January 7, 1958, *FRUS, 1958 – 1960, Vol. 7, Part 2, Western Europe*, pp. 156 – 159.

是这种合作控制着大西洋联盟的将来"。① 22 日，阿尔方在同杜勒斯的谈话中又一次讲到军事会谈问题，并具体谈到了法国的地中海舰队指挥权（指法国要收回其隶属于北约的地中海舰队指挥权）和核武器的使用问题。②

法国要求举行三边军事会谈的建议遭到美国军方的强烈反对，北约欧洲盟军最高司令劳里斯·诺斯塔德（Lauris Norstad）将军等人对此提议持有"最严肃"的保留态度。在美国军方看来，举行三边军事会谈同北约已经存在的常设小组在功能上相互冲突，从而会削弱北约的功能；而这一建议也无法为其他盟国接受。法国提出军事讨论的提议和地中海舰队的指挥权问题，明显是要和美国竞争"北约军事权威"。总之，让军方人员参与三边会谈是一件"糟糕"的事情，不能让三国的军方人员去讨论全球战略问题。在军方的强烈反对下，杜勒斯认为，国务院不应该鼓励三边军事讨论，在国防部的观点明确以前，不对法国的建议做进一步的回应。③ 因此在 1 月 14 日关于三边会谈的工作性会议中，英美代表建议最好不要在第一次会议中就出现军方的代表，而把这一问题留给第一次会议讨论解决。④ 而此之前杜勒斯已告知阿尔方，军事会谈之门虽然"敞开着"，但却不知"开向何处"。⑤

到了 1 月底，法国、英国都任命了参加三边会谈的军方代表。在这种情况下，根据副国务卿罗伯特·墨菲（Robert Murphy）的提议，国务院要求国防部派遣一名"军事观察员"参与会谈，但不举行专门的三边军事会谈。⑥ 后来，美方任命罗伯特·丹尼森（Admiral Robert Dennison）为军方代表。这样在 2 月 3 日的会议上，三国都有军方代表参与。不过，这些代表作为"观察员"，起到的作用非常有限。比如，他们在第一轮第 1、第 2 次会议中完全没有发言；在有的会议中他们虽然发了言，也仅仅是介绍相关军

---

① Memorandum of Conversation, January 9, 1958, *FRUS*, *1958 – 1960*, *Vol. 7*, *Part 2*, *Western Europe*, pp. 160 – 162.

② Memorandum of Conversation, January 22, 1958, *FRUS*, *1958 – 1960*, *Vol. 7*, *Part 2*, *Western Europe*, p. 165.

③ *FRUS*, *1958 – 1960*, *Vol. 7*, *Part 2*, *Western Europe*, p. 162, note 2; Memorandum of Conversation, between Nostard, Dulles and Barbour, February 5, 1959, ProQuest LLC, *Digital National Security Archive*（*DNSA*）, NH01090.

④ *FRUS*, *1958 – 1960*, *Vol. 7*, *Part 2*, *Western Europe*, p. 164, note 1.

⑤ Memorandum of Conversation, between Nostard, Dulles and Barbour, February 5, 1959, *DNSA*, NH01090.

⑥ Editorial Note, *FRUS*, *1958 – 1960*, *Vol. 7*, *Part 2*, *Western Europe*, pp. 168 – 169.

事情况，根本谈不上讨论什么战略计划。另外，从法国的要求来说，美国的军方代表甚至起到"负面"作用。例如，在 2 月 5 日关于远东问题的第三次会议上，法国代表建议，一旦老挝面临被入侵的情况，美英法应该制订联合应对计划。这一建议遭到墨菲的反对。墨菲认为，"老挝问题更是一个政治问题而非军事问题"，对其进行三边干涉会在东南亚条约组织的其他成员中引发尴尬局面。军方代表丹尼森立刻支持说，由于现今非东南亚国家试图主宰东南亚的事务，东南亚条约组织和美英法三国正在遭受批评。①

法国在核武器使用问题上的要求也没有在三边会谈中得到满足。根据戴高乐的"九月备忘录"以及法国人的谈话，法国的要求可总结为：希望美国在使用核武器前能通知法国，甚至要求对美国使用核武器拥有否决权。然而，在苏联已经拥有摧毁美国核力量能力的情况下，把核控制权掌握在手中，已成了生死攸关的利益问题，美国根本就不可能在这个问题上让步。这就是杜勒斯所说的，在这个问题上"并不容许有三边事前磋商和否决权"。② 因此，三边会谈中丝毫没有涉及核武器使用问题。

戴高乐对这种会谈显然并不满意，开始从另外的渠道施加压力。1959年 2 月 27 日，法国通知北约秘书长亨利·斯巴克（Henry Spaak），法国将在 3 月 2 日从北约撤出法国的地中海舰队。③ 法国并建议，应通过三边会谈的方式来解决舰队问题。美国把这一行动视为"勒索"，即利用这一事件，要求美国在三边会谈等问题上让步；美国还担心，法国的这种行动会

---

① Memorandum of Conversation, February 5, 1959, *FRUS, 1958 – 1960, Vol. 16, East Asian-Pacific Region; Cambochia; Laos*, p. 70.

② *FRUS, 1958 – 1960, Vol. 7, Part 2, Western Europe*, p. 172, note 4. 克罗泽在著作中引约翰·纽豪斯书中的材料认为，杜勒斯在 1959 年 2 月 6 日访问巴黎时向戴高乐做了重大让步。"他（指约翰·纽豪斯）的记载说明，国务卿已对戴高乐做出了很大让步，实际上使法国有权否决美国在欧洲大陆部署核武器……看来很清楚，这是杜勒斯准备付出的代价，以换取法国在北约内的合作，以及美国可以在法国土地上储存核武器。"参见〔澳〕布赖恩·克罗泽《戴高乐传》下册，第 638 页。但这一说法非常值得怀疑，也并未得到档案材料的印证。依据美国档案，两人会晤中谈到了三边会谈以及地中海舰队问题，对这次会议的记录，见 *FRUS, 1958 – 1960, Vol. 7, Part 2, Western Europe*, p. 181; *FRUS, 1958 – 1960, Vol. 8, The Berlin Crisis; 1958 – 1959, Foreign Ministers Meeting, 1959*, Washington D. C.: USGPO, 1993, p. 334; *FRUS, 1958 – 1960, Vol. 7, Part 1, Western European Integration and Security; Canada*, p. 437。戴高乐自己的回忆则更简单："1959 年 2 月，我又见到了他。他的态度总是那样明朗和坚定，但是他已经知道自己快死了。三个月后，他去世了。"参见〔法〕夏尔·戴高乐《希望回忆录》，第 185 页。

③ Telegram From the Embassy in France to the Department of State, February 27, 1959, *DDRS*, CK3100216141.

引起连锁反应，从而导致联盟的瓦解，因此决定在两个方面向法国施压。一是停止三边会谈，原定于 3 月 16 日举行的关于非洲的三边会谈被推迟。二是中断了与法国的核潜艇合作谈判，这项合作是 1957 年 12 月北约部长会议上美法之间达成的，其目标是给法国发展核潜艇提供援助。① 就解决方式而言，美国则力图在北约的框架内讨论，以利用其他北约国家向法国施压。最终，美国的反制措施未能起到作用，法国仍撤回了其地中海舰队。②

继杜勒斯之后担任国务卿的赫脱由此认为，戴高乐对军事问题颇为重视。他于 4 月在给总统的备忘录中指出，法国要讨论非洲军事计划以及全球战略方针，确实给美国出了"难题"；既不能满足法国的这种要求，也不能完全拒绝，适当的策略是给法国谈判代表这样的感觉：戴高乐的主张正在得到"积极的"而不是"负面的"反应。③ 国务院最终同意在临时的基础上举行平行的三边军事会谈。1959 年 5 月 1 日，国务院与参谋长联席会议举行联合会议，墨菲在会上要求军方给予人员支持。然而，由于担心军事人员卷入外交事务，参谋长联席会议最初拒绝了这一要求。以后国务院与参谋长联席会议几经交涉，保证这种会议是"探索性的""临时性的"之后，军方才在 6 月 25 日任命约翰逊（D. V. Johnson）为参与三边军事会谈的代表。④

然而，法国却打了退堂鼓，对举行三边军事会谈的建议未做任何反应。⑤ 1959 年 10 月 9 日的三边政治会谈举行后，三边大使级会谈也告终结。此后，美国曾在 1960 年 2 月 1 日通过驻法使馆通知法方，如果法国愿意，美国仍可就非洲问题进行三边讨论，法国对这一提议同样没有给予回复。⑥

---

① 艾森豪威尔政府对法国发展核潜艇的政策，可参阅拙文《艾森豪威尔政府援助法国发展核潜艇问题之研究》，《国际论坛》2007 年第 6 期。

② 围绕法国撤出地中海舰队事件的美法交涉，可参阅拙文《1959 年法国从北约撤出地中海舰队事件初探》，《唐都学刊》2008 年第 5 期。

③ Editorial Note, *FRUS*, *1958－1960*, *Vol. 14*, *Africa*, p. 52; Memorandum for the President, April 27, 1959, DDRS, CK3100096688－89. 在后一份文件中，赫脱详细描述了三边会谈中法国在非洲问题上的要求。

④ Editorial Note, *FRUS*, *1958－1960*, *Vol. 14*, *Africa*, pp. 52－53.

⑤ Editorial Note, *FRUS*, *1958－1960*, *Vol. 7*, *Part 2*, *Western Europe*, p. 194.

⑥ Editorial Note, *FRUS*, *1958－1960*, *Vol. 7*, *Part 2*, *Western Europe*, p. 289.

三　伦敦秘密小组

三边会谈上的僵局需要在高层才能突破。美英法都借助了首脑外交的形式。1959 年 9 月 2～4 日，艾森豪威尔应邀访问巴黎，受到法国政府机关和巴黎市民"竭尽全力"的隆重接待。戴高乐重提建立三国理事会的建议，艾森豪威尔打算接受，但认为"这是一个只宜心照不宣地执行而不宜公开的主意"，指出"这种安排一旦公之于世，它将会对我们的许多盟国以及新兴国家和中立国家发生何等的影响，而这些国家在联合国都是拥有完全的投票权……建立北约成员国'三巨头'联盟的任何尝试，都会遭到所有其他国家的怨恨，而且或许会导致北约本身的瓦解。"艾森豪威尔希望谋求"协调的实质与好处，而不是一个三大国自封为权威的外表"。对于这一观点，戴高乐"大方地"加以接受。①

1959 年 12 月 19 日，戴高乐邀请美英德三国首脑到巴黎访问。会谈有时在四国间进行，有时在美英法三国间举行。戴高乐在回忆录中谈到，这次会议主要探讨了是否举行东西方首脑会晤问题、德国问题、裁军问题以及对发展中国家的援助问题。② 还有一点戴高乐完全没有说，那就是关于尝试建立三边秘密小组的问题。20 日，戴高乐、艾森豪威尔、麦克米伦三人在朗布依埃举行会晤。戴高乐声称，建立某种三头政治，来促进三国在全世界的共同利益，是三国进行合作的"最好办法"。这一建议得到艾森豪威尔的赞同，他主张在"秘密的基础上"建立"一个三边组织"，讨论三国有共同利益的问题。艾森豪威尔甚至还给出了具体的机构形式：每个国家任命 1～2 名有能力的"高级官员"，在政治、经济和军事人员的协助下进行秘密接触。至于碰头地点，可以是三国首都之一，他个人倾向于伦敦，但只要与北约无关，在哪个首都"并不重要"。③ 这是"伦敦秘密小组"建议的雏形。麦克米伦与戴高乐对此建议都表示赞同。

---

① 〔美〕德怀特·艾森豪威尔《艾森豪威尔回忆录》下卷第二分册，静海译，三联书店，1977，第 481～482 页。

② 〔法〕夏尔·戴高乐：《希望回忆录》，第 196～198 页。

③ Record of Meeting, December 20, 1959, *FRUS, 1958 – 1960, Vol. 7, Part 2, Western Europe*, p. 319. 艾森豪威尔在回忆录中提到了戴高乐提出三头政治建议，但丝毫没有提到自己建议的"伦敦秘密小组"的相关情况。参见〔美〕德怀特·艾森豪威尔《艾森豪威尔回忆录》下卷第二分册，第 574 页。

美国不仅极力倡导"伦敦秘密小组"，还督促尽早实现。12 月 30 日，赫脱通知英法，美国打算任命驻英国公使沃尔沃思·巴伯（Walworth Barbour）作为秘密小组的高级代表，具体的聚会形式则采取私人餐会的形式。① 法国最初对这个计划反应不错，然而美法两国之间的分歧很快就表现出来。法方坚持要建立"正式"的三边机构，而美方只同意"非正式"的三边安排。② 1960 年开始的头三个月，两国外长就此问题不断交换看法，但并未取得一致，最后相商在 4 月中旬华盛顿会议上三国外长再讨论该问题。

在这一阶段，麦克米伦经常为戴高乐的建议辩护，甚至提议举行经常的三国首脑会晤。1960 年 2 月 17 日，麦克米伦在给美国总统的信中提议，三国应该摆脱对戴高乐"九月备忘录"本身的纠葛，对涉及三方利益的具体问题进行实际讨论，"由于事实上我们三个人有可能经常会面，秘密小组的官员能做相当的铺垫和后续工作"。3 月 14 日，麦克米伦在访法后再次告知艾森豪威尔他的访法感想："戴高乐的主体思想并未改变"，仍执着追求法国在欧洲应当扮演的角色。③

但此时的美国已经对"正式"还是"非正式"的讨论感到厌烦，决定放弃"伦敦秘密小组"的设想。艾森豪威尔在给麦克米伦的回信中，对戴高乐如此"拘泥于形式"感到相当震惊，他虽同意摆脱争论进行实际讨论，但认为经常的首脑会谈不切合实际。④ 4 月 13 日，在戴高乐访美前夕，艾森豪威尔已经从他在朗布依埃的许诺中完全退了下来，他在与赫脱等人的谈话中回忆说他去年在朗布依埃会议中提议建立"伦敦秘密小组"，但该小组的负责人选"职务要相对低"，除了把有麻烦的问题提请外长注意外别无权力。⑤ "伦敦秘密小组"就这样不了了之。

---

①　Letter Form Seretary of State Herter to Foreign Minister Couve de Murville, December 30, 1959, *FRUS*, *1958 - 1960*, *Vol. 7*, *Part 2*, *Western Europe*, p. 322.

②　Editorial Note, *FRUS*, *1958 - 1960*, *Vol. 7*, *Part 2*, *Western Europe*, pp. 326 - 327; Memorandum of Conversation, between Hood and McBride, September 20, 1959, *CUSSDCF*, *France*, *Foreign Affairs*, *1955 - 1959*, 9: 0193.

③　Letter Form Prime Minister Macmillian to President Eisenhower, March 14, 1960, *FRUS*, *1958 - 1960*, *Vol. 7*, *Part 2*, *Western Europe*, pp. 329 - 330, 328, note 1.

④　Letter Form President Eisenhower to Prime Minister Macmillian, March 14, 1960, *FRUS*, *1958 - 1960*, *Vol. 7*, *Part 2*, *Western Europe*, pp. 328, 330, note 4.

⑤　Memorandum of Conference with President Eisenhower, April 22, 1960, *DDRS*, CK3100416550 - 57.

四　三边外长会谈

持续一年多的三边会谈，似乎已经走到尽头。然而，峰回路转，由 U－2 飞机事件所引发的东西方最高级会晤①的失败，再一次给三边会谈带来转机。1960 年 5 月 1 日，美国飞行员弗朗西斯·鲍尔斯（Francis Powers）驾驶 U－2 高空侦察机在苏联上空进行间谍侦察时，飞机在咸海地区上空被击落，鲍尔斯被俘。事件发生后，美英法苏四国首脑虽然于 16 日如期在巴黎举行会谈，但会议很快在 "赫鲁晓夫的咆哮声中" 破了产。艾森豪威尔情绪低落，当他从会议室中走出来时，戴高乐碰了碰他的胳膊肘说，"无论发生什么事情，我们都支持你"。②

18 日，赫鲁晓夫打道回府。同一天，美英法三国首脑继续在巴黎召开会议，再次谈到了三边会谈问题，并取得了一致意见。这一次是艾森豪威尔主动建议，要找到某种方法来加强三人之间或者外长之间的交流；他尤其提议国家首脑应该经常会晤，但不创造复杂的机构，以免引起别人的怀疑；他还表示，尽管这不是建立操纵世界的 "理事会"，但由于三国有明确责任，许多事情不得不在它们之间被 "特殊" 考虑。艾森豪威尔的言下之意，是搞只做不说的三头政治。麦克米伦则谨慎得多，只是建议外长级的会谈 "不仅讨论具体问题，而且要达成真正一致的观点"。戴高乐则提到他两年前的 "九月备忘录" 没有受到应有的重视，并表示他将很快给两人写信，本着同样精神，但措辞会更为明确。③ 不过，美法在三边会谈上的矛盾依旧，艾森豪威尔强调的是 "不依赖大而笨重的机构"，而戴高乐却想把三边会谈安排建立在 "长期的基础之上"，使之不会因为国家领导人的变更而变化。④

18 日的会议并未就三边会谈的级别、形式、内容、日程等展开具体探讨。5 月 25 日，麦克米伦再次完善了他在会议中提到的外长会谈建议。他同时交给美法一份题为《三边磋商机制》的备忘录，主张建立秘密的三国

---

① 原定于 1960 年 5 月在巴黎召开美苏英法四国首脑会议，讨论德国和柏林问题。
② 〔美〕德怀特·艾森豪威尔《艾森豪威尔回忆录》下卷第二分册，第 628 页。
③ Memorandum of Conversation, May 18, 1960, *FRUS, 1958 – 1960, Vol. 7, Part 2, Western Europe*, pp. 360 – 363.
④ Memorandum of Conversation, May 18, 1960, *FRUS, 1958 – 1960, Vol. 7, Part 2, Western Europe*, p. 364.

外长磋商机制，同时辅以非正式的政府首脑会议。具体方案是：在每年的北约会议（5 月、12 月）、东南亚条约组织会议（5～6 月）、联大会议（9 月）期间，三国外长留出专门的时间来进行三边会谈，讨论三国首脑关心的任何问题，既包括具体问题，也包括长期的战略规划；三国可以任命一个专门的官员提前安排会议和处理会后问题；讨论的日程应该提前获得政府首脑同意。①

外长秘密会谈的建议得到美法赞同。6 月 1 日，在华盛顿举行的东南亚条约理事会会议期间，三国外长基本就此达成一致，并初步确定了三国派出有权负责世界性问题代表组成某种“秘书处”。美国派出的是政治事务副国务卿利文斯顿·麦钱特（Livingston T. Merchant），英国是外交次长弗雷德里克·霍耶·米勒（Frederick Hoyer Millar）。②

尽管随后美法之间还有不愉快的争吵，但从 1960 年 9 月 20 日开始，三国外交人员还是进行了两轮 9 次会议（具体情况见表 2）。目前解密的档案还不能完全揭示会谈的具体内容，不过赫脱曾在 9 月 28 日说，三边会谈进展得“相当不错”，尤其是在老挝、柏林等具体问题上。③ 一位西方学者指出：“会谈涉及世界上大部分悬而未决的问题，而且除了北约组织和阿尔及利亚问题外，都取得了一致意见。但没有讨论军事问题。”④

表 2　1960 年外长级三边会谈简况

轮次	会议时间	参加者	主题
第一轮 纽约会谈	第一次 1960.9.20	麦钱特；吕塞； 米勒	程序问题
	第二次 1960.9.21	同上	北约；日本；加勒比；中东武器；中东；非洲；南亚
	第三次 1960.9.22	同上	北约；关于柏林问题决议草案；在联合国的策划；苏联压力

---

① Message From Prime Minister Macmillan to President Eisenhower, *FRUS*, *1958 – 1960*, *Vol. 7*, *Part 2*, *Western Europe*, pp. 370 – 371.

② Memorandum of Conversation, June 1, 1960, *FRUS*, *1958 – 1960*, *Vol. 7*, *Part 2*, *Western Europe*, pp. 372 – 379.

③ Memorandum of Conference With President Eisenhower, September 27, 1960, *DDRS*, CK3100133369.

④ 〔澳〕布赖恩·克罗泽：《戴高乐传》下册，第 649 页。

续表

轮次	会议时间	参加者	主题
第二轮 巴黎会谈	第一次 1960. 12. 14	同上	程序问题、东西方关系
	第二次 1960. 12. 14	同上	非洲（刚果、葡萄牙和非洲、苏丹、摩洛哥）；老挝；加勒比
	第三次 1960. 12. 15	德姆维尔；赫脱；霍姆	非洲（刚果、埃塞俄比亚、阿尔及利亚）；联合国趋势；老挝
	第四次 1960. 12. 15	同上	老挝；刚果；东西方关系；拉美
	第五次 1960. 12. 18	麦钱特；霍姆；德姆维尔	联合国关于阿尔及利亚的辩论
	第六次 1960. 12. 18	德姆维尔；赫脱；霍姆	老挝

资料来源：FRUS, 1958 – 1960, Vol. 7, Part 2, Western Europe, pp. 419, 430；FRUS, 1958 – 1960, Vol. 14, Africa, pp. 631 – 635。

　　如同大使级三边会谈中的情况一样，法国对三边外长会谈没有涉及军事问题同样不满。就在上述 6 月 1 日会议期间，德姆维尔就曾表示，三边外长会谈"在政治层面上令人满意"，"但它们未能覆盖军事合作问题"，并暗示可以利用北约驻华盛顿的常设小组来进行此种军事磋商。[1] 6 月 10 日，戴高乐在给麦克米伦的回信中，正式建议通过常设小组代表，就战略领域的合作问题展开三边军事会谈，但会谈的议程完全在这个机构的程序之外。也就是说，在举行三边外长会谈的同时，再举行平行的三边军事会谈。[2] 戴高乐给了艾森豪威尔一份这封信的复印件。

　　对于戴高乐要求三边军事会谈的建议，艾森豪威尔倾向于接受。在东西方最高级会议破产之后，艾森豪威尔无疑是想用三边合作的方式来加强西方的团结，同时也挽回一些自己受损的威望。7 月 1 日，在与赫脱的电话交谈中，他批评"我们总是拒绝三边主义，而现在我们做的事却正在毁掉北约"，他想知道是否有什么办法能在常设小组外进行"战略和军事问题上

---

[1] Memorandum of Conversation, June 1, 1960, FRUS, 1958 – 1960, Vol. 7, Part 2, Western Europe, p. 374.

[2] Letter From President de Gaulle to President Eisenhower, June 10, 1960, FRUS, 1958 – 1960, Vol. 7, Part 2, Western Europe, pp. 384 – 386.

的真正三边讨论"，以换取戴高乐在北约的合作。^① 但是，国务院却认为，戴高乐要求的核否决权和核合作根本无法满足，而"如果无法满足法国在诸如战略军事计划以及核计划合作上的要求，很明显我们就无法在三边主义上满足戴高乐"，所以即便举行三边军事会谈也未必就有什么效果，何况这样的会谈会对北约其他国家造成不利影响。^②

于是，美国一方面答应可以举行三边军事会谈，另一方面又对这种会谈施加了种种限制。在机构选择上，艾森豪威尔回复戴高乐说，他怀疑使用隶属北约的诸如常设小组等机构来进行战略磋商在实践上是否可行，"因为确信其他盟国会反对"。^③ 在磋商内容上也设定了框框：它远不是讨论法国所希望的"在全球范围内有组织的战略计划"，而只是谈谈在军事领域里加强联盟的办法。^④ 8 月 2 日，艾森豪威尔在给戴高乐的正式回复中，首次表示可以在华盛顿举行三边军事会谈，英法可以自由派遣有能力的军事代表，美国也不反对法国任命常设小组代表，但美国将会任命一个与常设小组完全无关的人物。^⑤ 信中虽然说讨论的范围是世界不同地方的问题，但完全没有提及战略问题。正如赫脱自己对该信的评价："它避免了承担他（指的是戴高乐）所想要的任何全球战略计划的义务。"^⑥

五　首脑会晤的建议

戴高乐对美国在战略军事会谈方面的限制果然非常不满。他在 8 月 9 日给艾森豪威尔的回信中，建议 9 月份召开三国首脑会晤。他在信中接受了麦

---

① Memorandum of Telephone Conversation Between President Eisenhower and Secretary of State Herter, July 1, 1960, *FRUS, 1958 – 1960, Vol. 7, Part 2, Western Europe*, p. 397.
② Telegram From the Embassy in France to the Department of State, June 24, 1960, *FRUS, 1958 – 1960, Vol. 7, Part 2, Western Europe*, pp. 392 – 394; Memorandum of Telephone Conversation Between President Eisenhower and Secretary of State Herter, July 1, 1960, *ibid*, p. 397; Telegram From the Department of State to the Embassy in France, June 18, 1960, DDRS, CK3100319866 – 67.
③ *FRUS, 1958 – 1960, Vol. 7, Part 2, Western Europe*, p. 386, note 5.
④ Telegram From the Department of State to the Embassy in the United Kingdom, June 30, 1960, *FRUS, 1958 – 1960, Vol. 7, Part 2, Western Europe*, pp. 395 – 396.
⑤ Letter From President Eisenhower to President de Gaulle, August 2, 1960, *FRUS, 1958 – 1960, Vol. 7, Part 2, Western Europe*, pp. 398 – 399. 关于这封复信的形成过程，见 Memorandum for the President, July 28, 1960, DDRS, CK3100231444 – 45; Memorandum for Goodpaster, July 29, 1960, DDRS, CK3100231446。
⑥ *FRUS, 1958 – 1960, Vol. 7, Part 2, Western Europe*, p. 398, source note.

克米伦提出的外长定期会晤并辅以首脑不定期会晤的建议，但认为艾森豪威尔的信有"太多限制，以致不能给我们西方（our West）带来任何联合行动，不能真正有效地加强我们的联盟"。他引用刚果危机①的例子说，正是由于西方缺乏协调，才让这个国家"陷入混乱和无政府状态"；他批评大西洋联盟的地理范围有限到已经"与法国的世界责任不相符合了"；而把欧洲的军事大权都交给美国也让现在的法国"无法接受"。他最后建议艾森豪威尔、麦克米伦和他一起共同制订关于世界问题的联合计划，重组联盟，并建议在 9 月份举行三巨头会晤。②

　　戴高乐的这封信再次引起争执。第二天，艾森豪威尔对赫脱说，戴高乐一直用模糊的语言来说明他的主张，这封信终于让人明白了，他想要的是"理事会"。两人对戴高乐信中所提到的刚果危机困惑不解，因为在这个问题上美法并不缺乏沟通；对于信中三次出现的"我们西方"一语，艾森豪威尔也表示疑惑，戴高乐用这个词时仅仅提到了美英法三国，他是真的想要置其他盟国于不顾吗？不管如何，举行三边会谈肯定会对西德、意大利、比利时、荷兰等国造成负面影响。令他们感到不解的另外一个问题是，在 7 月底西德总理阿登纳与戴高乐的会晤中，戴高乐似乎答应不再坚持三边主义，但现在却一反常态。最终美国决定先征询一下英国的看法。③

　　英国内部的看法并不统一。麦克米伦本人打算支持戴高乐。他希望三

---

①　1960 年，比属刚果独立。6 月，刚果共和国成立。7 月 6 日，刚果士兵游行示威，要求撤换刚果军队中的全部比利时殖民官。比利时政府乘机入侵刚果，并策动冲伯集团建立"加丹加共和国"，策动卡隆吉集团成立"开赛矿业国"。应刚果中央政府请求，联合国通过决议要求比利时撤军，并在 7 月 13 日派军队进驻刚果，但刚果内战仍然继续。参见资中筠主编《战后美国外交史——从杜鲁门到里根》上册，世界知识出版社，1994，第 330 页。

②　Letter From President de Gaulle to President Eisenhower, August 9, 1960, *FRUS, 1958 - 1960, Vol. 7, Part 2, Western Europe*, pp. 400 - 401.

③　Memorandum of Telephone Conversation between President Eisenhower and Secretary of State Herter, August 10, 1960, *FRUS, 1958 - 1960, Vol. 7, Part 2, Western Europe*, pp. 402 - 405. 7 月 29 日到 30 日，阿登纳与戴高乐在朗布依埃举行了会晤。由于此前法国总理米歇尔·德勃雷（Michel Debré）曾在法国国民议会上提出过美英法"三国平等共事关系"的说法，并称"没有原子弹的国家就是卫星国"，让阿登纳十分不满。7 月 29 日的会议上戴高乐解释说，他从来就没有提出在北约要搞什么"三国平等共事关系"，阿登纳对此立刻进行了反驳，说德勃雷在议会上明确要求"一个北大西洋公约组织内的三国平等共事关系"，并对德勃雷关于卫星国的说法表示震惊。戴高乐对此未作答复。参见〔西德〕康德拉·阿登纳《阿登纳回忆录》四，上海外国语学院德法语系德语组部分同志译，上海人民出版社，1973，第 59 页。而美国从种种消息来源，错误地认为戴高乐同意不再提出三边主义问题。*FRUS, 1958 - 1960, Vol. 7, Part 2, Western Europe*, p. 403, note 4; Telegram from the Embassy in France to the Department of State, September 10, 1960, *DDRS*, CK3100109242 - 44.

边主义能换取法国合作。他在给艾森豪威尔的信中说，戴高乐此举无非是想趁着艾森豪威尔还在任时开次先例。① 麦克米伦更深层次的考虑是通过三边会谈来加强法国力量，这样就可以为将来的法德平衡打下基础。他在事后对艾森豪威尔说，展望将来，可以预见到有法德平衡问题。在这两国中，他认为美英应该致力于在尽可能的范围内让法国更为强大，这能在戴高乐活着的时候实现，而在德国变得更为强大之后，让两国平衡就会更难了。② 然而下级官员完全反对举行这样的首脑会谈。英国驻美大使哈罗德·加西亚（Harold A. Caccia）在同赫脱的谈话中，质疑这样的会谈在美国当前的国内政治情况下是否可取，并担心这样的会谈将导致苏联在柏林问题上采取更强硬的路线。③

8月17日，麦钱特、原子能委员会主席约翰·麦科恩（Jone A. McCone）等人赴伦敦与英国讨论核试验问题，同时交流了对戴高乐信件的看法。麦克米伦建议，即便艾森豪威尔不愿意在9月与戴高乐见面，也不要直接拒绝，而是指出其中的困难；他还提出代替的建议：先让外长进行讨论，并建议或暗示随后可能进行首脑会晤。在后来的谈话中麦克米伦又给美国出主意，如果艾森豪威尔总统能在12月来英国看他的二战属下，那么这或许就是一个同戴高乐见面的机会。④ 麦克米伦这些建议与美方的看法不谋而合，当天美国副国务卿道格拉斯·狄龙（Douglas C. Dillon）在答复阿尔方有关三国首脑会晤的询问时，口径如出一辙，表示将在9月的外长会议上加以讨论。狄龙还称，美国参议院拨款委员会的一些成员正主张减少海外驻军以平衡预算，戴高乐在信中批评美国对北约的军事控制只会加强这种主张。⑤

8月30日，艾森豪威尔给戴高乐回了一封长信。他在信中虽然表示可以"原则上"接受最高级会议的想法，但又说在9月23日联大开幕时三国外长就此进一步磋商之前不做最终决定，并表示已经考虑在年底去英国探

①　Letter from Prime Minister Macmillan to President Eisenhower, August 13, 1960, *FRUS, 1958 – 1960, Vol. 7, Part 2, Western Europe*, p. 407.

②　Memorandum of Conference with President Eisenhower, September 27, 1960, *DDRS*, CK3100133369 – 75.

③　Memorandum of Conversation, Herter and Caccia, August 12, 1960, *DDRS*, CK3100124980 – 81.

④　Memorandum of Conversation, August 17, 1960, *FRUS, 1958 – 1960, Vol. 7, Part 2, Western Europe*, pp. 408 – 412.

⑤　Memorandum of Conversation, August 17, 1960, *DDRS*, CK3100455738 – 39.

访二战战友，这可能提供一个三人会晤的机会。随后他系统回答了戴高乐信中所涉及的具体问题。他警告美国不会撤出北约，如果"真正的政治和军事合作"意味着"削弱美国与其他国家和盟友的紧密工作关系，或者将这种关系放在从属地位"，意味着"重组北约而让美国部队从欧洲撤出来"，那么这种合作就无法建立；他翻出旧账，说法国在地中海舰队、空防一体化以及储存核武器问题上的行动，"妨碍了加强北约组织的努力"；他批驳了戴高乐认为是西方缺乏协调导致刚果混乱的说法，信中附上了从6月1日到8月22日双方就刚果问题进行磋商的日程表（共计40多次）；他进一步指出，如果双方在经过所有这些接触后，立场仍有"一定的距离"，那么人们就会怀疑，"不管是什么级别的三边会谈，也不管这些会谈是更为正式的还是精心安排的，结果会有什么不同之处"。艾森豪威尔以十分强硬的口气结束了他的信，说他"完全不能理解法国今天的基本哲学"：法国反对在北约内有紧密的联盟，却又主张建立美英法三国紧密的联盟，这个联盟有否决权，可以把它的决定强加给其他盟国。法国所设想的三国特别合作究竟是什么呢？"你是否设想法国将在这个论坛里面代表其联盟里的其他大陆成员发言？在战后联邦德国正在紧密向西方靠拢的情况下，你是否认为削弱我的政府和阿登纳总理的政府之间关系是明智的呢？"①

　　戴高乐无疑把这封信当作是对其建议的完全拒绝，他已经对秘密的交涉不抱任何希望了。1960年9月5日，他在记者招待会上公开了三国的分歧和对北约的不满。他声称，如果美英法三国从刚果危机一开始就协调彼此的态度，鼓励比利时人和刚果人在更可行的条件下建立关系，如果三大国采取措施帮助刚果发展并保证它不会被人干涉，"结果会比现在这个新国家中存在的流血和无政府状态要好得多"，另外，"西方的威信和团结也会比完全让所谓联合国采取不适当的和代价浩大的行动得到更好的保证"。他说十年前建立的北约已经不适应现实，有两点需要修改，一是北约的范围只是限于欧洲地区；二是关于欧洲防务一体化问题。② 戴高乐决心不接受12

---

① Letter From President Eisenhower to President de Gaulle, August 30, 1960, *FRUS, 1958 - 1960, Vol. 7, Part 2, Western Europe*, pp. 413 - 417. 这份文件由狄龙负责准备，在8月24日有了草稿，后来艾森豪威尔同意了下属的一些修改意见。Memorandum for the President, August 24, *DDRS*, CK3100319868. 澳大利亚学者布赖恩·克罗泽在其《戴高乐传》中（下册，第647页）将回信的时间误作"9月初"。

② 《1960年9月5日在记者招待会上的讲话》，国际关系研究所编译《戴高乐言论集》，世界知识出版社，1964，第185、193～195页。

月份在英国进行首脑会晤的暗示，他在 9 月 6 日的正式回信中丝毫没有提及此事。虽然艾森豪威尔还是希望能找到让戴高乐加入讨论的基础，希望找到改善美法关系的办法，① 但三头政治最终也没有建立起来。

六　结语

综观 1958 年以来的美英法三边会谈，虽然提议不断，但取得的成果却不大。"伦敦秘密小组"不了了之，首脑会晤机制未能建立，大使级、外长级的三边会谈只是讨论了一些地区的具体问题，远远没有达到制定联合政策的程度，更没有平行的三边军事会谈。导致这种局面的原因，可以从美法两个方面来找。从法国方面来说，戴高乐的固执态度是重要原因。虽然美国已一再让步，从不同意平行军事会谈到同意军事会谈，从把会谈级别从大使级提升到外长级甚至是秘密首脑会晤，但戴高乐却既要求内容，也要求形式，否则就宁可什么也不要。从美国方面来说，为照顾其他盟国反应，为维护美国的领导地位以及生死攸关的核决策权，它根本不可能答应戴高乐"九月备忘录"中提出的关键要求。

不过，三边会谈能在艾森豪威尔政府任期内延续两年，以后又在肯尼迪政府时期继续存在，这本身也说明了美法关系的某种韧性，表明美法仍不断尝试以合作、对话的方式来化解彼此的矛盾。戴高乐虽然推行独立外交，但显然还是想在联盟内获取更高的地位；艾森豪威尔虽然对戴高乐的外交不满，不过也反复寻找把法国留在联盟内的方法。虽然三边会谈对解决实质性问题贡献不大，但它扩展了美英法之间原有的三边磋商的范围，对缓和美法之间的紧张关系颇有裨益。三边会谈的延续很好地体现了这一时段美法关系"斗而不破"的特征。

戴高乐的"九月备忘录"及其所引发的三边会谈从三方面反映了当时的国际状况。其一，由三边会谈所体现的美法分歧的加剧，反映着战后初年所奠定的国际力量的两极格局以及美国在西方的霸主地位，已逐渐不符合 20 世纪五六十年代的国际力量分布。其二，三边会谈中戴高乐的要求未能得到满足，说明以当时法国一国的力量还不足以挑战美国的霸权地位，全面冲击两极格局。其三，三边会谈的持续时间以及美法要在联盟内解决

---

① 〔澳〕布赖恩·克罗泽：《戴高乐传》下册，第 649 页；Memorandum of Conference with President Eisenhower, September 27, 1960, *DDRS*, CK3100133369 – 75。

分歧的办法，也反映了冷战中两大集团对立的局面仍制约着美法矛盾的发展。第二次柏林危机、东西方首脑会谈失败等冷战因素，是美法关系的黏合剂之一，也是促进三边会谈在关键时刻向前发展的重要原因。

（原刊于《历史教学》2013 年第 10 期下）

英国与 1961 年柏林墙危机的缓和

滕　帅[*]

　　1961 年发生的柏林墙危机是第二次柏林危机（1958～1963）的高潮，也被许多学者公认为是冷战高潮的标志之一。它的发生、发展以及最终的缓和对第二次柏林危机的结束乃至 20 世纪 60 年代东西方关系的缓和具有十分重要的影响和意义。因此，柏林墙危机一直是西方学术界争相研究的热点，至今不衰。[①] 随着国际冷战史研究的不断深入，以美、苏为主要研究对象的局面逐步被打破，对柏林墙危机的研究开始拓展到东西两大集团内部的盟国关系上，[②] 强调分析盟国之间的分歧和协调对盟国整体决策的影响，以探讨制约或推动危机解决的各种力量所起的不同作用。基于此，本文试图通过档案[③]间的互证研究来阐述英国在柏林墙危机期间所奉行的外交政

---

　　[*]　中南民族大学马克思主义学院讲师。

　　[①]　西方有关柏林墙危机的研究主要有：Robert M. Slusser, *The Berlin Crisis of 1961：Soviet-American Relations and the Struggle for Power in the Kremlin*, June-November 1961, Baltimore, M. D.：Johns Hopkins University Press, 1973；Curtis Cate, *The Ides of August：The Kennedy and the Berlin Wall Crisis：A Case Study in US Decision-Making Berlin Wall Crisis of 1961*, London：Weidenfeld & Nicolson, 1978；Honore M. Catudal, *Berlin：Berlin Verlag*, 1980。

　　[②]　其中代表性的研究包括：John S. Gearson, *Harold Macmillan and the Berlin Wall Crisis, 1958－1962, the limits of interest and force*, New York：St. Martin's Press, 1998；Hope M. Harrison, *Driving the Soviets up the Wall：Soviet-East German Relations, 1953－1961*, Princeton：Princeton University Press, 2004。约翰·吉尔森的著作虽然比较详细地叙述了英国与柏林墙危机的关系，但并未给予英国外交政策以积极评价，基本仍把英国在危机中所起作用看作英国外交追随美国外交的产物。本文试图利用新发掘的英国外交档案，重新梳理英国在柏林墙危机中所起到的具体作用，以求得到更为客观的结论。

　　[③]　本文所用外交档案主要有：1. 英国外交档案，包括英国外交部（Foreign Office，以下简称 *FO*）档案、英国内阁文件（*Cabinet Papers*，以下简称 *CAB*），其中英国外交部档案主要来源于英国海外政策文件（*Documents on British Policy Overseas*，以下简称 *DBPO*）；2. 美国外交档案，主要是美国国务院编著的《美国对外关系文件（1958－1963）》（*Foreign Relations of the United States*，以下简称 *FRUS*）。

策，以及这一外交政策是如何影响西方盟国决策，最终促进柏林墙危机走向缓和的。

一　英国对柏林局势的判断

1961 年 7 月，由东德逃亡西德的人数急剧攀升，甚至达到 3 万人以上。为了控制这一局面，8 月 13 日，苏联及东德封锁了东西柏林之间的边界，并从 15 日起沿东西柏林分界线在东柏林境内筑起柏林墙，西柏林人进入东柏林都需经过边境站的检查，还需办理入境手续。这一突然举动以及此后引发的东西方之间的激烈斗争，使双方再次陷入军事冲突乃至战争的危机边缘。

面对苏联和东德的行动，英国外交部首先对苏联的行为动机做了分析，认为东德对柏林边界施加控制的直接目的就是解决东德难民西逃问题，并非是为加速解决柏林问题而故意所为。8 月 14 日，西德外交部长冯·布伦塔诺（Heinrich Von Brentano）召集美、英、法驻西德大使开会讨论当前的柏林形势。关于行为动机，布伦塔诺和法国大使弗朗索瓦·赛杜（Francois Seydoux）倾向于认为这是苏联和东德为逐步实现其自由市的观念而对西方反应所进行的测试，但英国驻西德大使斯蒂尔（Christopher Steel）和美国大使道灵（Walter C. Dowling）则认为这是东德由于难民潮问题被迫采取的行动。[①] 英国外交部肯定了斯蒂尔的意见，认为苏联和东德对柏林边界施加的控制应该是稳定东德局势的临时性措施，而非主动迈向单边解决柏林问题的第一步。原因是它们虽然实施了行动，但仍希望能够低调处理此事并保持克制。这主要体现在：1. 苏联的报纸和广播都在明显地强调此事的防卫性质；2. 苏联领导人在此事上一直保持沉默；3. 除了一些小规模的军事调动以支持对难民的控制之外，苏联再没有采取任何重要的军事行动；4. 苏联大使向阿登纳保证，在西柏林选举之前，赫鲁晓夫不会做任何加重柏林局势的事情；5. 8 月 15 日，西方司令官交给苏联方面有关施加新的限制的抗议书，但苏联司令官的回复表现出相对的温和并具有自我防卫的特点。[②]

---

① Bonn tel 777, 14 August 1961, FO371 /160509 CG10113 /16, Doc. No. 265, *DBPO*, *Series* II, Volume VI.

② Minute by Northern Dept, 18 August 1961, FO371 /160512 CG10113 /77, Doc. No. 305, *DBPO*, *Series* III, Volume VI.

英国认为其中的第 4 项内容，即阿登纳与苏联大使斯米尔诺夫（Smirnov）的会谈极具意义，是苏联希望保持柏林局势稳定的重要体现。

英国分析认为，从赫鲁晓夫的观点看，在施加边界控制的直接影响下，首先以难民问题为开端与西方谈判，显然不利于苏联；而如果让当前形势至少维持几个星期，并在谈判开始前被各方默认的话，那将对赫鲁晓夫更有利。英国进一步认为，"从西方的立场来看，难民问题已被通过既成事实的方式得以解决的情况使我们的谈判立场变得更宽松了。东德将不再可能以阻止难民逃跑为理由来控制西方进出柏林的通道"，同样，西方在谈判中也不必保证给东德以某种事实上的哪怕是最低程度的承认。① 这种对施加边界控制有利于双方谈判的分析，说明英国外交部更倾向于相信苏联和东德所采取的行动具有推动谈判或为谈判做准备的目的。而斯蒂尔进一步的报告则印证了外交部的看法，他认为，"很明显，苏联人的目标是让阿登纳安心，以阻止西德在柏林采取行动从而破坏谈判的前景"。②

综合以上情况，英国外交部认为，当前主要的政策目标是通过谈判达成协定，这个协定要能够保证西方在柏林的地位以及西柏林自身的自由和生存能力。③ 但在西德大选之前，英国不会与苏联进行谈判。从目前柏林的紧张情况看，很可能 9 月 17 日④之前就会出现困难形势。困难一方面是来自盟国的压力，即柏林有可能出现紧急情况因而需要西方四国共同磋商，而磋商结果有可能对未来的谈判产生不利影响；另一方面是来自苏联的压力，即苏联和东德可能采取进一步措施来试探盟国的反应。因此，为了避免双方在谈判前做出使形势进一步恶化的举动，达到 9 月 17 日之后盟国与苏联进行谈判的目标，英国认为它当前的主要任务有两个，一是劝说盟国不要在此日期之前采取刺激性行动；二是采取非接触的有限威慑行动阻止苏联和东德进一步行动，显示西方的强硬和团结。虽然手段不同，针对对象也不同，但共同目的都是防止危险的柏林局势进一步升级，确保双方谈判的大门敞开着。

---

① Minute by Northern Dept, 18 August 1961, FO371 /160512 CG10113 /77, Doc. No. 305, *DBPO*, Series Ⅲ, Volume Ⅵ.

② Bonn tel 805, 18 August 1961, FO371 /160511 CG10113 /48, Doc. No. 306, *DBPO*, Series Ⅲ, Volume Ⅵ.

③ Tel 5518 to Washington, 15 August 1961, FO371 /160510 CG10113 /52, Doc. No. 281, *DBPO*, Series Ⅲ, Volume Ⅵ.

④ 1961 年 9 月 17 日是西德进行大选的日子。

二　英国最初的行动及影响

在上述政策目标与任务的指导下，围绕着柏林墙危机的发展与变化，英国采取了以下几个行动。

第一，反对盟国采取过激的报复性措施。8 月 14 日，西德外长要求盟国同意取消东德颁发的通往西方国家的临时旅游签证，作为反击东德施加边界控制的反措施。① 8 月 15 日，西德大使格雷韦（Wilhelm C. Grewe）在华盛顿召开的大使级工作组②会议上再次提出这一要求时，获得了法国代表的支持。但英国代表明确反对把取消临时旅游签证的做法当作对东德的报复措施。美国认可英国的主张，助理国务卿科勒甚至称这一提议是"没有价值的"。③ 英国之所以反对的理由是：1. 只有柏林通道或者全体西柏林居民的活动自由受到干涉时，盟国才会采取反措施，而目前的情况并不直接涉及盟国的利益；2. 更为重要的一点是：这样的措施几乎不会产生预期的结果，反而有可能刺激东德采取更为严厉的反措施，加剧业已紧张的局势。所以，英国主张保留采取这项措施的权利，直到盟国的利益受到直接影响的时候才予以考虑。④ 但是鉴于西德的压力，英国又不得不做出妥协的决定，同意有选择性地取消临时旅游签证，但同时需要向公众宣布：之所以不采取全部取消临时旅游签证的措施，是因为英国不希望切断东西德之间的全部联系。⑤

第二，劝说盟国发表具有谈判要素的三国政府首脑联合宣言。由于受到来自西德的压力，⑥ 美国方面不得不采取进一步行动。8 月 17 日，国务卿腊斯克（Dean Rusk）提出两项行动建议并获得了总统肯尼迪的批准，一是

---

① Bonn tel 777, 14 August 1961, FO371 /160509 CG10113 /16, Doc. No. 265, *DBPO*, *Series* Ⅲ, *Volume* Ⅵ.

② 大使级工作组由英、法、西德驻美大使和美国官员组成，主要负责西方应对柏林危机的政策协商和起草。

③ Telegram From the Department of State to the Embassy in Germany, 15 August, 1961, *FRUS*, *1961 – 1962*, *Vol.* ⅩⅣ, pp. 337 – 339.

④ Tel 1555 to Bonn, 14 August 1961, FO371 /160509 CG10113 /16, Doc. No. 269, *DBPO*, *Series* Ⅲ, *Volume* Ⅵ.

⑤ Tel 5541 to Washington, 16 August 1961, FO371 /160510 CG10113 /22, Doc. No. 288, *DBPO*, *Series* Ⅲ, *Volume* Ⅵ.

⑥ Telegram From the Mission at Berlin to the Department of State, 16 August, 1961, *FRUS*, *1961 – 1962*, *Vol.* ⅩⅣ, pp. 345 – 346.

加强盟国在柏林的守卫；二是发表一份三国政府首脑联合宣言。① 同日，肯尼迪致电英国首相麦克米伦（Harold Macmillan），② 要求他能同意发表一份三国政府首脑联合宣言，重申盟国对柏林所承担的责任和义务，以帮助提升西柏林人民的士气。③ 麦克米伦很快回电肯尼迪，认为按照美国提供的草案来发表宣言是他所不能同意的，但是如果这一宣言能传递出盟国准备探寻谈判可能性的信号，他将予以重新考虑。④ 法国则主张联合宣言应当保持强硬的态度，不应含有谈判的动机。对于这样的观点，英国坚决不同意。在英国看来，"当所有人都希望通过建设性的努力来结束危机的时候，世界舆论不会对这样的宣言有好的反应，因为这样的宣言整体上是消极的，而且是趋向于加剧紧张关系的"。所以，英国外交部指示驻美大使卡西亚（Sir Harold A. Cassia）向美国国务卿腊斯克陈述首相的意见，并要求大使级工作组重新考虑在宣言中加入谈判要素。⑤ 不过，这一劝说还未进行，肯尼迪就因为三方分歧过大而放弃了发表联合宣言的主张⑥。

第三，支持盟国采取必要而谨慎的军事行动。在外交层面，英国一贯积极支持盟国通过抗议和照会的形式回应苏联和东德实施边界控制的行动。8 月 17 日和 8 月 26 日，英国政府配合盟国发表了针对苏联和东德的措辞强硬的照会，重申盟国进出柏林的权利和自由。⑦ 与外交行动相配合，英国在军事方面也给予了盟国一定的支持。8 月 17 日，肯尼迪决定加强盟国在柏林的驻防，并下令派遣一支 1500 人组成的战斗部队飞往柏林，增援美国在柏林的驻军，希望盟军在柏林的总兵力可以达到 2500 人。⑧ 之后，美国国务卿腊斯克要求英国和法国能够采取相应的行动予以配合，还暗示英国最

① Record of Meeting of the Berlin Steering Group, 17 August, 1961, *FRUS*, *1961 – 1962*, *Vol. XIV*, pp. 347 – 349.
② 其执政时间是 1957 年 1 月至 1963 年 10 月。
③ Letter from Kennedy to Macmillan, 17 August 1961, FO371 /160511 CG10113 /43, Doc. No. 296, *DBPO*, Series Ⅲ, Volume Ⅵ.
④ Tel 5634 to Washington, 18 August 1961, FO371 /160511 CG10113 /43, Doc. No. 309, *DBPO*, Series Ⅲ, Volume Ⅵ.
⑤ Ibid.
⑥ Washington tel 1981, 19 August 1961, FO371 /160511 CG10113 /43, Doc. No. 320, *DBPO*, Series Ⅲ, Volume Ⅵ.
⑦ 〔英〕D. C. 瓦特主编《国际事务概览：1961》上册，于树生等译，上海译文出版社，1988，第 329 ~ 333 页。
⑧ Record of Meeting of the Berlin Steering Group, 17 August 1961, *FRUS*, *1961 – 1962*, *Vol. XIV*, pp. 347 – 349.

好能派遣一个加强营去柏林。① 但令美国失望的是，麦克米伦只同意派遣一些装甲车，而不同意从西德抽调作战部队前往柏林。② 尽管美国方面已经解释了这种军事行动的非战斗性质，说明其目的除加强西柏林人民的士气之外，更多的是向苏联显示盟国保卫西柏林的决心，具有象征性作用，③ 但是英国仍未全力支持，说明英国对盟国在军事方面的行动是持相当谨慎态度的，不希望盟国的行动引发不必要的危险。

总之，在与苏联进行谈判的思想指导下，英国在危机前期采取的措施都是出于保持克制的目的。无论反对实施报复措施还是反对派遣战斗部队，都显示出英国极度的谨慎，甚至是过度的谨慎。但也正是这样的态度和政策，使英国成为防止盟国采取过激措施的制约力量，避免了因为过激措施可能引发事态升级乃至战争的危险。从这一角度看，英国在危机前期所采取的行动使它成为维持柏林局势稳定的最为重要的力量，也为危机后期盟国与苏联之间的探索性会谈奠定了基础。

三　英国推动美国展开对苏谈判

当然，稳定眼前的柏林局势并非英国的根本目的，它是服务于英国主张盟国对苏进行谈判的总目标的。柏林墙危机后期，英国推动谈判的努力和影响仍然主要体现在对美国谈判政策的支持和配合上。

美国虽然在危机初期加强了对柏林的军事行动，但是这也没有超出危机之前美国所制定的柏林政策的范围，其加强柏林军事守卫的目的最终是为其对苏谈判服务的。从实际情况看，柏林墙的建立并未使盟国的利益受损，它虽然阻断了东、西柏林间的交通，但并没有干扰西柏林与西德之间的交通线，西柏林的自由和安全因此也未受到影响。这也是美国做出强烈反应但仍愿意进行谈判的主要原因。8 月下旬开始，美国方面就加快了寻求盟国对苏谈判的行动。8 月 21 日，肯尼迪指示国务卿腊斯克要加快盟国对

---

① Washington tel 1960, 18 August 1961, FO371 /160510 CG10113 /40, Doc. No. 302, *DBPO*, Series Ⅲ Volume Ⅵ.

② Tel 5634 to Washington, 18 August 1961, FO371 /160511 CG10113 /43, Doc. No. 309, *DBPO*, Series Ⅲ, Volume Ⅵ.

③ UK Del Paris tel 109, 19 August 1961, FO371 /160489 CG1016 /86, Doc. No. 321, *DBPO*, Series Ⅲ, Volume Ⅵ.

苏谈判的步伐。① 同一天，在西方四国大使会议上，科勒表达了美国在柏林问题上的态度，即在加强军事行动的同时，必须尽早主动寻求对苏谈判。②

英国对美国的谈判政策给予肯定和支持。首先，英国坚持认为，东、西柏林间交通的中断以及难民问题的解决为盟国与苏联谈判消除了障碍。英国外交大臣霍姆（Douglas Home）认为，西柏林的"橱窗"和来自东柏林的逃亡通道都已被关闭，某种程度上说，这使西柏林对东德的危险性比原来减少了，至少苏联抱怨西柏林与西德之间现存交通自由（即它被用来传送难民）的一个理由被消除了，这让双方进行谈判并达成协议更加容易。在这样的理解下，英国更加积极地推动美国与苏谈判的计划，所以霍姆在给内阁的备忘录中称，"我们自然会全心全意的支持美国在柏林问题上的进步立场"。关于解决柏林问题的方案，英国的看法也很明确，即在赫鲁晓夫所支持的"西柏林自由市"方案与西方控制的西柏林方案之间寻求某种妥协，而所谓西方对西柏林的控制就是要保留西方军队、保持通道畅通以及西柏林人的自由。③ 这与美国进行谈判的原则是完全一致的。但是，美英主张谈判的立场遭到了法国的强烈反对。8 月 24 日，法国大使阿尔方向美国国务卿腊斯克表示，法国只准备在紧张消除的情况下开始对话，不希望在威胁下开始谈判。④ 8 月 26 日，戴高乐亲自写信给肯尼迪，力陈法国不支持主动对苏谈判的立场⑤。

英国不顾来自法国的反对，还是坚决支持美苏之间进行"探索性会谈"，以求为盟国与苏联的正式谈判铺平道路。9 月 14 日，英美法三国外长在华盛顿召开会议，协商有关腊斯克与苏联外长葛罗米柯进行探索性会谈的问题。美国方面提议，可以借联合国大会召开、国务卿腊斯克与葛罗米柯接近之际探索盟国与苏联进行谈判的可能性。但法国外长德姆维尔（Couve de Murville）认为这种努力完全是徒劳的，依然坚持保守立场不变。面对法国的反对，英国外交大臣霍姆直截了当地阐明了与苏联进行谈判的

---

①　Memorandum from President Kennedy to Secretary of State Rusk, 21 August, 1961, *FRUS*, *1961 – 1962*, Vol. XIV, pp. 359 – 360.

②　Memorandum of Conversation, 21 August, 1961, *FRUS*, *1961 – 1962*, Vol. XIV, pp. 361 – 362.

③　Cabinet Memorandum by Home, C（61）132check, 1 September 1961, *CAB* 129 /102, Doc. No. 332, *DBPO*, *Series III*, *Volume VI*.

④　Memorandum of Conversation, 24 August, 1961, *FRUS*, *1961 – 1962*, Vol. XIV, pp. 366 – 368.

⑤　Letter From President de Gaulle to President Kennedy, 26 August, 1961, *FRUS*, *1961 – 1962*, Vol. XIV, pp. 376 – 378.

理由:"我们十分清楚,必须跟苏联人进行谈判,苏联的政策的确强硬,但我们必须在某种程度上接受这一点,否则我们就有冒变成'核灰烬'的危险。我们越推迟谈判,就会越紧张,我们的人民就会越不理解我们的态度……如果有一个谈判的基础,我们应该立即着手予以完善,以便我们可以在 10 月底或 11 月初展开谈判。"面对德姆维尔的顽固态度,霍姆进一步指出:"如果我们现在不选择谈判,我们将会使我们自己被迫进入苏联人的谈判立场——一种最不受欢迎的立场。"所以他建议:"如果有一个恰当的机会进入谈判而法国又不同意的话,英国认为,法国与其在稍后的时间退出,不如现在就从这种探索中分离出去。"所以,霍姆同意腊斯克先与葛罗米柯进行试探性的会晤,然后再举行相关会谈,以了解有哪些实际工作可以进行。① 9 月 15 日,英法美德四国外长召开会议继续讨论有关美苏"探索性会谈"以及对苏谈判的问题,以期达成一致意见。会议中,霍姆进一步提出盟国对苏谈判的理由。他认为,在"探索性会谈"之后,盟国应当与苏联召开一次会议,而且"如果这次会议能够确定日期的话,那将会使赫鲁晓夫打算在柏林采取单边行动的企图变得更加难以实施"。尽管英国和美国的主张遭到法国和西德的共同反对,但是迫于英美的压力,法德两国最后表示同意腊斯克与葛罗米柯就与谈判相关的问题进行讨论。②

在英国和美国的共同推动下,腊斯克与葛罗米柯于 9 月 21 日、27 日和 30 日进行了会谈,肯尼迪还于 10 月 6 日与葛罗米柯进行了短暂会晤。两国虽然没有就谈判的实质性问题达成共识,但是苏联表示,如果双方在有关承认德国边界、尊重东德主权、防止核武器在欧洲扩散以及同意西柏林自由市地位的问题上达成相关协议的话,苏联愿意与西方签订新的协定以解决柏林通道问题,双方还同意进一步就更为广泛的问题在莫斯科继续进行会谈。③ 英国认为,虽然苏联没有做出明显让步,但是至少双方在通过谈判寻求问题解决方面取得了一些进展,在盟国与苏联进行正式谈判之前,英

---

① Memorandum of Conversation, 14 September, 1961, *FRUS*, *1961 - 1962*, *Vol. XIV*, pp. 405 - 408.

② Memorandum of Conversation, 15 September, 1961, *FRUS*, *1961 - 1962*, *Vol. XIV*, pp. 411 - 424.

③ Memorandum From the President's Special Assistant for National Security Affairs (Bundy) to President Kennedy, 2 October; Memorandum of Conversation, 6 October, 1961, *FRUS*, *1961 - 1962*, *Vol. XIV*, pp. 460 - 461, 468 - 480.

国应当继续支持这样的会谈。① 10 月 8 日，霍姆致信腊斯克，表达了英国赞成美苏继续进行"探索性会谈"并劝说法国和西德给予支持的意见。他认为："美国人必须对德国人施加压力。我们一定支持他们——德国人当然主要重视美国人的话，因为美国人是他们的赞助者和保护人……时间愈来愈少了，因为赫鲁晓夫必须在 17 日党的会议上讲话。我们应当能够在莫斯科继续进行我们最近在纽约同苏联外长葛罗米柯所进行的那种'谈判'。但是这需要征得法国和德国的同意（如果我们和美国人要代表盟国发言的话）。"②

其实，英国在美苏进行探索性会谈时一直有所担心：一方面担心法国和西德反对和阻挠谈判；另一方面担心柏林形势出现新的危机而使当前的会谈戛然而止。英国的担心并非多余，1961 年 10 月底柏林局势果然再度紧张，美苏两国的坦克一度在东柏林检查站附近对峙，苏联还宣布重新进行核试验。紧张局势的发生使英国加紧劝说盟国同意对苏谈判。10 月 27 日麦克米伦与肯尼迪通话，商定一旦西德新政府成立，肯尼迪将在访问柏林时竭力劝说阿登纳，而麦克米伦则会在 11 月与戴高乐的会晤中进行同样的工作。③

四　探索性会谈的持续与危机的缓和

为应对 11 月英美两国对法德的劝说行动，英国内阁专门就盟国对苏谈判问题进行了讨论，进一步明确了下一步的行动方向和外交目标。

11 月 2 日，英国内阁会议就盟国对苏谈判问题得出结论：首先，继续加强与美国合作以推动对苏谈判的展开；其次，尽最大努力劝说法国同意盟国对苏谈判的立场；最后，支持肯尼迪劝说西德的行动，使后者同意西方盟国应当为达成一项现实的柏林协定而主动进行谈判。④ 首相麦克米伦最后总结指出：当前英国外交的目标仍然是寻求西方四国一致同意开始对苏谈判。其主要依据有二：其一，要显示盟国力量的团结，因为维持盟国的凝聚力仍然是盟国的主要目标。盟国既不可能迫使西德承认东德和奥德－尼斯

---

① Cabinet Conclusion 53（61）Minute 4, 5 October 1961, *CAB* 128 /35.
② 〔英〕哈罗德·麦克米伦：《麦克米伦回忆录》（五），商务印书馆，1976，第 487 ~ 488 页。
③ 〔英〕哈罗德·麦克米伦：《麦克米伦回忆录》（五），第 490 页。
④ Cabinet Conclusion 59（61）Minute 2, 2 November 1961, *CAB* 128 /35.

河边界，因为那将加强西德对盟国的分离倾向，但又不能完全按照西德和法国的意见行事，因为那将加大盟国最终陷入战争的风险。其二，盟国尤其是英国自身需要通过谈判以稳定中欧局势，绝不能不尝试谈判就允许局势走向恶化。这一点特别适用于英国，因为英国的财政稳定很大程度上依赖于人们的信心。所以，既能维护盟国团结又能进行谈判的最好办法是西德自己采取主动与苏联进行接触，但是鉴于这一点很难实现，所以英国和美国只能尽力劝说法国和西德与它们达成一致意见，同意进行对苏谈判。①

　　其实，在麦克米伦看来，西德和法国都不愿意为柏林问题而进行战争，所以无须等到危机发展到战争前的最后一刻再做出妥协，那样风险太大；既然迟早要做出妥协才能解决危机，不如采取灵活态度，变被动为主动，以求在谈判中获得更多的回旋余地和利益。麦克米伦在他的回忆录中写道："这个老问题依旧存在——如何表现出一种态度，它既显示力量的团结。又在采用可能的解决办法方面带有灵活性。法国人和德国人也许合乎逻辑的认为，这两种态度是不相融的。英国人和美国人却本能地相信这种处理办法的价值。在此时期，我们必须等待总统和阿登纳会谈和戴高乐即将来英访问的结果。"11 月 9 日，肯尼迪致电麦克米伦，希望为他与阿登纳的会谈提供一些建议。麦克米伦建议肯尼迪尽可能地向阿登纳施压，让他理解盟国与苏联有进行谈判的可能性。② 11 月 20 日至 22 日，肯尼迪与阿登纳进行了会谈。会谈的结果是，阿登纳同意盟国与苏谈判，作为妥协，肯尼迪同意与苏联的谈判仅限于解决柏林问题，而不与有关德国的其他问题挂钩。西德驻美大使格雷韦认为："实际上会谈最重要的结果，就是取得了一致意见，认为应该争取一个有限的柏林协议，并继续为此目的而同莫斯科进行探索性会谈。对双方来说，这都是个不错的结果。对肯尼迪来说，他摆脱了他所讨厌的柏林问题同德国问题的联系。对我们来说，这给了我们一个更好的根据，可以防止别人牺牲我们而在欧洲安全、裁军以及承认现状等方面慷慨地作出让步。"③

　　相比之下，麦克米伦与戴高乐的会谈并无太多进展。11 月 24 日至 29 日，麦克米伦与到访的戴高乐就柏林问题和对苏谈判问题进行了长时间的

---

①　Cabinet Conclusion 59（61）Minute 2，2 November 1961，*CAB* 128 /35.
②　〔英〕哈罗德·麦克米伦：《麦克米伦回忆录》（五），第 495、493～494 页。
③　〔德〕威廉·格雷韦：《西德外交风云纪实》，梅兆荣等译，世界知识出版社，1984，第 506 页。

讨论，戴高乐仍然拒绝在目前的情况下进行对苏谈判。会谈之后，麦克米伦向肯尼迪陈述了会谈经过，他在电报中称："在柏林问题上，法国人根本没有移动一步，他们的观点是，目前他们看不出有一种能够据以进行令人满意的谈判的基础。换句话说，苏联的最低要求比西方最大的让步还要大。戴高乐并不反对英美驻莫斯科大使做进一步试探，以便正式'确认或许可能据以进行谈判的基础'。他也不反对正在深入进行的对实质性问题的试探。可是他不愿让法国大使参与其事。"麦克米伦认为，戴高乐现在不愿参与谈判的目的是不想承担任何让西德做出让步的责任，所以他建议英美两国必须设法确保西德政府与它们共同分担进行试探性活动的责任，否则会造成英美出卖德国的不良影响。为了进一步推动法国改变立场，麦克米伦继续向肯尼迪建议，首先可以在北约组织内部向法国施压，如不奏效，可以接着举行西方四国政府首脑会议进行磋商，以求达成盟国对苏谈判的一致立场。①

从实际情况看，英国和美国推动法国转变立场的行动几乎不可能实现，因为西德已经与法国背地里达成了一致，共同抵制英美对苏谈判立场。12月 9 日阿登纳访问巴黎，与戴高乐举行了会谈。对于法国不参加当前英美所主张的探索性会谈，阿登纳表示理解，但他认为法国应当积极与英美协商，以避免让英美主导谈判而使西德陷于孤立的情况发生。② 从这次会谈可以看出，西德希望法国积极参与盟国有关对苏谈判的协商，并不是要推动对苏谈判，而是要法国成为牵制的一方，协助势单力薄的西德共同抵制英美的立场。由此也可以看到，西德同意与苏联进行谈判的表示，只不过是应付英美压力而不得已做出的决定，它本身并不希望看到柏林和德国的现状有任何改变。在这种背景之下，12 月 10 日至 12 日举行的西方四国外长会议的结果也就可想而知，虽然英美和法国进行了激烈的争论，但法国仍然拒绝进入谈判。法国外长重申：法国不会参加下一步的探索性会谈，不过也不反对英国和美国进行这样的外交行动。③

在明确了法国不反对下一步探索性会谈之后，英国再次支持美国尽快

---

① 〔英〕哈罗德·麦克米伦：《麦克米伦回忆录》（五），第 509～511、512～513 页。
② 〔德〕康拉德·阿登纳：《阿登纳回忆录 1955－1959》（三），上海人民出版社，1973，第 141～142 页。
③ Memorandum of Conversation, 12 December, 1961, *FRUS*, *1961－1962*, *Vol.* XIV, pp. 672－648.

展开新一轮汤普森①－葛罗米柯会谈。12 月 21 至 22 日，英国与美国在百慕大就汤普森－葛罗米柯会谈的时间、目的和内容等进行了讨论并最终达成一致意见。这些意见要求美国驻苏大使汤普森在此后数星期内，通过 3 ～ 4 次会谈来判断苏联是否真的想要达成协定。如果这些会谈成功的话，那么随后将举行四国外长会议。而在这一过程中，英国驻苏大使将会给予汤普森全力支持。② 为配合汤普森－葛罗米柯会谈顺利进行，麦克米伦还在 12 月 22 日致信赫鲁晓夫，向他表达盟国是愿意为达成协议而寻找妥协方案的，而且只要双方在原则上达成协议，就可以继续扩大商谈范围并创造更有希望的前景。③

　　1962 年 1 月 2 日，继腊斯克－葛罗米柯探索性会谈之后，新一轮的汤普森－葛罗米柯会谈开始。从 1 月 2 日到 3 月初，两人共进行了 5 次会谈。会谈中，美方将重点放在柏林的交通安全上，而苏联则强调，只有在达成有关尊重东德主权的相关协议下，才能就柏林交通不受限制的问题达成一致。双方在这一问题上互不相让，最终导致会谈无法取得任何成果。但是，从柏林危机发展的角度来看，1961 年 8 月重新紧张的柏林局势正是因为美苏之间的这两次探索性会谈而再一次缓和了。在腊斯克－葛罗米柯会谈之后，赫鲁晓夫就在 10 月 17 日召开的苏共二十二大的讲话中指出："西方大国正在对形势有所了解，对德国问题和西柏林问题，它们颇希望在彼此可接受的基础上谋求一种解决办法……只要西方大国有意解决柏林问题，'签订对德和约的期限问题就不再是那么重要了；在那种情况下，我们也不再坚持和约一定要在 1961 年 12 月 31 日以前签订'。"④ 而实际情况是，从 1961 年 12 月 31 日至 1962 年 3 月，柏林局势相对稳定，没有发生任何引起双方紧张的事件；尽管苏联方面还是主张要与德国签订和平条约，但是再也没有提及最后期限的问题。这说明英美所主张的探索性会谈已经明确地使苏联相信西方是愿意进行谈判的。英国虽然没有直接参与这些会谈，但是它在支持和配合美国推动这种会谈方面起到了重要的作用。

---

① 时任美国驻苏大使。
② Cabinet Conclusion 1 (63) Minute 3, 3 January 1961, *CAB* 128 /36, pp. 672 - 648.
③ 〔英〕哈罗德·麦克米伦：《麦克米伦回忆录》（六），商务印书馆，1980，第 145 ～ 147 页。
④ 〔英〕D. C. 瓦特主编《国际事务概览：1961》上册，第 357 页。

五　余论

在柏林墙危机从发生、发展到最后的缓和这一过程中，英国无疑是西方盟国中坚定地主张通过对话与谈判解决危机的重要力量。无论是对苏联行为动机的判断，还是对盟国采取过激性应对措施的反对；无论是对法德的积极劝说，还是对盟国参与对苏试探性会谈的推动，都显示出英国外交政策的目标是：1. 稳定柏林局势，避免危机升级，从而消除战争所带来的风险；2. 积极主张盟国与苏联进行谈判并达成一项有关解决柏林问题的协定，实现柏林的安全和稳定。从结果上看，英国虽然没有促成盟国与苏联之间达成任何协定，但从缓和危机、避免战争的角度讲，英国的外交政策还是成功的，也是值得肯定的。

英国之所以实行这样的外交政策，是由它自身的实力和利益决定的。20世纪 50 年代末 60 年代初，英国经济发展相对缓慢，国际地位下降，已经成为二流大国。对英国而言，避免东西方之间发生战争、维持稳定的国际环境是它的首要外交目标。[①] 因为无论全球性战争还是有限战争都不仅会破坏英国赖以生存的海外贸易，还会迫使英国为战争投入大量人力、物力和财力，而那将给摇摇欲坠的英帝国以致命打击。此外，英国积极主张和平解决柏林墙危机也是提振自己大国地位的需要。柏林墙危机爆发后，柏林再次成为国际关系聚焦点，而解决柏林问题的紧张性和复杂性给予了英国发挥重要作用的机会。一方面，在盟国内部，英国可以通过影响盟国政策来提高它在西方的地位和影响力；另一方面，美苏之间、盟国和苏联之间因为相互威胁和恫吓而关系趋于紧张，难以调和与沟通，英国可以利用其现实而灵活的外交手段进行斡旋，通过推动双方谈判与对话来提高其国际影响力，如能促使双方危机解决或是缓和紧张的国际局势，则能获得更广泛的国际赞誉。

从更广阔的视角看，柏林墙危机是第二次柏林危机的核心，柏林墙危机的缓和是第二次柏林危机最终走向缓和的重要阶段。柏林墙危机中的英

---

① C (58) 9, Relation with Soviet Union: Cabinet memorandum by Mr. Selwyn Lloyd, 21 January, 1958, *CAB* 129 /91, *British Documents at the End of the Empire Project*, *Series A*, *Volume* 4, *The Conservative Government and the End of Empire 1957 – 1964*, *Part Ⅱ*, London: The Stationery Office, pp. 239 – 240.

国外交政策，整体上是第二次柏林危机前期英国缓和政策的发展和继续，①
而之后它又为第二次柏林危机后期的缓和起到了指导和推动作用。由此我
们可以看到，促进欧洲冷战走向缓和的力量是多元的，美苏所起的作用固
然重要，但英国在其中的作用亦不可或缺，它在柏林墙危机中所起到的缓
和作用就充分说明了这一点。因此，进一步研究其他国家在欧洲冷战缓和
中起到的作用，可以使我们更加全面而客观地理解影响欧洲冷战发展的多
种因素。而且，还应该看到，英国以国家现实利益为出发点来处理危机的
理念是它影响盟国对苏政策制订并促成东西方缓和局面出现的关键性因素。
这不仅在当时有利于冲破意识形态的束缚，为东西方之间的谈判与缓和创
造机会和条件，还有助于为我们今天国与国之间关系的正常发展提供参考
和借鉴。

〔原刊于《首都师范大学学报》（社会科学版）2013 年第 1 期〕

---

① 有关第二次柏林危机前期英国缓和政策的研究可参见拙作《试论第二次柏林危机初期的英
国外交》，《首都师范大学学报》（社会科学版）2011 年第 2 期。

肯尼迪政府对古巴的应急作战计划

赵学功*

古巴革命胜利以来，美国政府一直对其奉行政治上敌视、外交上孤立、经济上封锁的强硬政策，致使两国关系长期处于紧张的对峙状态。不仅如此，肯尼迪执政时期，美国政府还曾秘密制订了一整套应急作战计划，试图通过空袭、入侵等方式推翻卡斯特罗领导的古巴政府，建立一个亲美政权。多年来，围绕这一问题，人们各执一词。曾担任肯尼迪政府国防部长的麦克纳马拉、国家安全事务助理麦乔治·邦迪、肯尼迪的特别助理小阿瑟·施莱辛格、负责拉美事务的助理国务卿马丁等人和一些美国学者对此坚决予以否认。麦克纳马拉和邦迪都声称，美国"绝对没有入侵古巴的计划"，高层决策者中没有人认真考虑过对古巴采取军事行动，不论白宫还是五角大楼都没有以武力推翻古巴政府的企图，更没有讨论过采取这类行动。施莱辛格表示，美国从未制订过入侵古巴的秘密计划，如果肯尼迪试图入侵古巴，那么核武器在古巴的发现无疑为实施这一行动提供了一个天赐良机，但他却拒绝行动。马丁认为，美国对古巴的行动基本上是经济的，而非军事的，旨在通过禁运、采取破坏手段来为古巴经济制造困难，提高苏联援助古巴的代价，并采取外交手段减少古巴和苏联在拉美地区的影响。① 一些美国学者持大致相同的观点，不承认肯尼迪政府有任何针对古巴的应急作战计划。即使在相关档案资料公开之后，还有一些学者称，这些应急

---

* 南开大学历史学院教授、博士生导师。

① James Blight et al. , *Cuba on the Brink*: *Castro*, *the Missile Crisis*, *and the Soviet Collapse*, New York: Pantheon Books, 1993, pp. 141, 160 – 161, 289 – 290; Bruce Allyn, James Blight and David Welch, eds. , *Back to the Brink*, Lanham: University Press of America, 1992, p. 9; James Blight and David Welch, *On the Brink*: *Americans and Soviets Reexamine the Cuban Missile Crisis*, New York: Hill & Wang, 1989, pp. 249 – 250.

计划不过是美国对苏联向古巴提供军事援助和在古巴建立导弹基地所做出的"预防性反应"而已。① 20 世纪 90 年代以来，美国学者对古巴导弹危机前美国的应急作战计划进行了初步研究，揭示了美国采取的种种隐蔽破坏行动，但大部分论著对此仍讳莫如深。② 古巴和苏联（俄罗斯）的学者则坚持认为，1962 年初美国准备实施进攻古巴的计划，目的就是要"彻底消灭古巴"，正是因为苏联向古巴提供了包括导弹在内的军事援助才阻止了美国的入侵。③ 本文主要依据近年来解密的美国档案文献，特别是有关军方的资料，对肯尼迪政府的应急作战计划进行全面考察，阐释 20 世纪 60 年代初期美国对古巴的政策。

一　隐蔽行动与军事干预双管齐下

1959 年古巴革命胜利后，由于美国政府对卡斯特罗领导的革命政权采取了一系列敌视政策，致使两国关系急剧恶化。肯尼迪执政后，尽管古巴曾通过各种途径表示"准备重新开始"，愿意与美国进行谈判以改善双边关系，但美国决策者对此置若罔闻。肯尼迪认为，古巴已成为"最大危险的来源"，"威胁着整个西半球的安全"，是共产党国家在美洲"进行渗透、颠覆活动的基地"，严重危及美国在该地区的霸权地位。古巴问题已经不单是古巴与美国关系的问题，而是美苏冷战的一个重点。他特别担心，卡斯特罗政权的存在会在拉美引起"多米诺骨牌"效应，因而决意推翻古巴政府。④ 在肯尼迪执政的最初几个月里，入侵古巴成为美国决策者讨论的一个

①　Raymond L. Garthoff, *Reflections on the Cuban Missile Crisis*, Washington, D. C. : The Brookings Institution, 1989, pp. 6, 9, 50; Allyn, Blight and Welch, "Essence of Revision: Moscow, Havana and the Cuban Missile Crisis, " *International Security*, Vol. 14, No. 3, 1989/1990, pp. 146 – 147; Michael C. Desch, " 'That Deep Mud in Cuba': The Strategic Threat and U. S. Planning for a Conventional Response during the Missile Crisis," *Security Studies*, Vol. 1, No. 2, 1991, p. 332; Dale C. Copeland, *The Origins of Major War*, Ithaca: Cornell University Press, 2000, p. 189.

②　James Hershberg, "Before 'the Missiles of October': Did Kennedy Plan a Military Strike against Cuba?" *Diplomatic History*, Vol. 14, No. 2, 1990.

③　Wayne S. Smith, ed. , *The Russians Aren't Coming: New Soviet Policy in Latin America*, Boulder: Lynne Rienner Publishers, 1992, p. 163; James Blight et al. , *Cuba on the Brink: Castro, the Missile Crisis, and the Soviet Collapse*, p. 151.

④　Herbert Parmet, *J F K: The Presidency of John F. Kennedy*, New York: Penguin Books, 1986, pp. 46 – 47; Trumbull Higgins, *The Perfect Failure: Kennedy, Eisenhower, and the CIA at the Bay of Pigs*, New York: Norton, 1987, pp. 58 – 59.

主要问题。1961 年 4 月 17 日，由美国一手组织、训练和装备的古巴流亡分子 1400 多人在古巴南部的猪湾登陆，结果以惨败而告终。但这并没有使美国决策者改变对古巴政策的目标，所改变的不过是手段和方法而已。

　　肯尼迪的一些自由派顾问多次奉劝他谨慎行事，强调应对古巴"威胁"的主要手段是加快推行"争取进步联盟"计划，建议通过美洲国家组织集体的努力来促使古巴发生变革，明确表示不赞成对古巴采取直接行动。助理国务卿鲍尔斯提醒肯尼迪，"卡斯特罗固然对美国来说是个灾难，但是更大的灾难是忽视造就他并使其能够存在下去的各种力量"。① 但在决策者看来，这些建议太软弱了。司法部长罗伯特·肯尼迪强调，"我们实在不能认输"，必须采取某种强有力的和决定性的行动，否则莫斯科就会认为美国人是"纸老虎"。他认为"摊牌"的时间已经到了，因为再过一两年局势将变得更为恶化。② 在猪湾事件发生后的最初几天里，美国决策者讨论了各种措施来对付古巴，以雪入侵失败之耻，他们"感情冲动，几近野蛮"。麦克纳马拉等人后来都承认，当时美国对古巴的政策"简直就是歇斯底里"。③ 正是在这种情绪和心态的支配下，美国对古巴的"猫鼬行动"计划和应急作战计划应运而生。

　　国务院政策规划委员会主任罗斯托认为，古巴对美国构成了五大威胁：有可能成为苏联部署进攻性空中力量和导弹的基地；可能会加强自身常规军事力量建设，这不仅会导致西半球的军备竞赛，同时还威胁到其他拉美国家的独立；可能会构筑秘密的颠覆行动网络，以此从内部对其他拉美国家造成威胁；古巴的意识形态对美国构成一种道义和政治上的"冒犯"；作为一种成功的革命模式，古巴对一些拉美国家具有一定吸引力。因而，美国应制订一份全面的应急计划，一旦国家利益需要时即动用美军推翻古巴政府。④ 一个由助理国防部长尼采领导的特别研究小组得出了相似结论。中央情报局和国务院情报研究处的联合工作小组则指出，卡斯特罗政权的继

① Mike Mansfield, "The Cuban Aftermath," 1 May 1961, *Digital National Security Archive* (*DNSA*), Cuba, No. 67; Arthur M. Schlesinger, Jr., *Robert Kennedy and His Times*, Boston: Houghton Mifflin, 1978, p. 473.

② *Foreign Relations of the United States* (*FRUS*), *1961 - 1963*, *Vol. 10*, Washington, D. C.: US Government Printing Office, 1997, pp. 302 - 304.

③ Chester Bowles, *Promises to Keep*, New York: Harper & Row, 1971, pp. 330 - 331; Thomas Paterson, ed., *Kennedy's Quest for Victory*, New York: Oxford University Press, 1989, p. 123; Don Bohning, *The Castro Obsession*, Washington, D. C.: Potomac Books, 2005, p. 92.

④ Rostow, "Notes on Cuba Policy," April 24 1961, DNSA/Cuba, No. 53.

续存在将从根本上改变拉美国家与美国的关系,美国的克制将被拉美各国视为软弱的证据。① 由肯尼迪的军事顾问泰勒领导的一个研究小组也强调卡斯特罗"构成了真正的威胁",美国不可能与古巴现政权作为邻居长期共存下去,必须立即采取积极措施,拟定新的政治、军事、经济和心理等各种行动计划。② 美国决策者在5月5日的国家安全委员会会议上确定,对古巴的政策应当是"旨在让卡斯特罗倒台"。肯尼迪指示中央情报局密切关注苏联对古巴的军事援助情况,以便确定日后美国军事干预的程度,同时要与政府其他部门一道研究古巴的"脆弱性"。③

经过一段时间的反复谋划,11月30日,肯尼迪正式批准了一项代号为"猫鼬行动"的秘密行动计划,旨在使用一切可资利用的资源,通过古巴流亡分子的准军事行动,采取破坏、挑起骚乱乃至暗杀等手段,削弱并最终推翻卡斯特罗领导的革命政权。④ 为了协调行动,并加强对行动的监控,避免猪湾事件的重演,肯尼迪指示建立了一个高级部际特别扩大小组,任命泰勒为该小组负责人,成员包括罗伯特·肯尼迪、麦乔治·邦迪、中央情报局局长麦科恩等,国务卿腊斯克、国防部长麦克纳马拉等在必要时也参与讨论。"猫鼬行动"的计划制定、实施则由助理国防部长兰斯代尔具体负责。

与猪湾入侵计划不同的是,根据"猫鼬行动"计划,要想根本解决古巴问题,需要美国进行公开的军事干预。"猫鼬行动"只不过是为美军的干预进行前期准备,创造必要的先决条件。美国决策者试图通过"猫鼬行动"和应急作战计划双管齐下,里应外合,待机会成熟时一举达到推翻古巴政府的意图。一位负责行动实施的中情局官员称,"猫鼬行动"应该"最大限度地使用中情局和军方的资源"来挑起古巴内部的骚乱,或诱使古巴对美国人的生命财产进行挑衅,从而为美国的全面军事干预提供"正当理由",否则,"猫鼬行动"就没有什么意义。时任海军作战部长的安德森后来也承认,"猫鼬行动"与应急作战计划是相辅相成、互为呼应的。⑤ 实际上,在

---

① FRUS, 1961-1963, Vol. 10, pp. 422, 459-460; Laurence Chang and Peter Kornbluh, ed., The Cuban Missile Crisis, 1962, New York: The New Press, 1998, p. 4.

② FRUS, 1961-1963, Vol. 10, pp. 605-606.

③ FRUS, 1961-1963, Vol. 10, pp. 475-479, 481-483.

④ FRUS, 1961-1963, Vol. 10, p. 688.

⑤ Lawrence Freedman, Kennedy's Wars, New York: Oxford University Press, 2000, p. 157; James Hershberg, "Before 'the Missiles of October': Did Kennedy Plan a Military Strike against Cuba?" pp. 195-196.

"猫鼬行动"计划正式出笼之前，肯尼迪、麦克纳马拉就已指示军方制订针对古巴的作战方案，准备以"压倒性力量"进行直接军事干涉，确保在最短的时间内推翻卡斯特罗政府。据此，麦克纳马拉要求参谋长联席会议（以下简称"参联会"）尽快提交报告，主要内容应包括：对古巴的军事实力进行评估；分析实现推翻古巴政府这一目标的各项计划，如全面海空封锁或军事入侵等；美国所需动用的军队以及完成任务所需要的时间；美军行动的时间表和具体行动的说明；估计美军和古巴军队的伤亡情况；行动过程中各种应急情况的预案；对古巴采取行动期间美军在世界其他地区的兵力部署情况，特别是应对潜在的老挝、越南和柏林军事冲突的能力。①

参联会认为，除非美国立即采取强有力的行动，否则古巴将变成共产主义阵营的一员，"其后果对于西半球的安全来说是灾难性的"，"古巴将成为共产党国家向业已不稳定的、潜伏着危险的拉美国家输出革命的一个基地"；美国对古巴政策的主要目标在于"尽快推翻卡斯特罗政权，建立一个亲美的政府"。② 参联会提出了五种行动方案：海空封锁，阻止共产党国家的武器装备和人员进入古巴；公开支持古巴的反政府力量；美洲国家组织对古巴进行军事干预；由来自拉美各国的"志愿者"加入美国对古巴的公开行动；美国单方面采取军事行动。参联会认为只有最后一项方案才能在最短的时间内实现美国所确定的目标，并能产生最大程度的冲击效果，负面影响是会招致不少国家的强烈批评，拉美国家会因此而对美国愈发不信任。不过军方确信，如果能迅速采取决定性的行动推翻卡斯特罗政府，届时包括对美国持批评态度的所有国家都会接受既成事实。不仅如此，美国也会因对共产主义采取果断行动而重新赢得"自由世界"的信任。参联会强调，如果美国采取公开行动，就必须确保成功，并要做到速战速决。它建议精心策划一场事端，这样美军就可以"师出有名"，减少国际社会的负面反应。参联会表示，美军需要18天的准备时间，进攻开始后6~8天可以控制哈瓦那，完全占领古巴则需要一个月左右的时间，最佳攻击时间应不晚于1961年7月，并估计地面部队的各种伤亡率为16%。在随后提交的报

① FRUS, 1961 - 1963, Vol. 10, pp. 306 - 307; Weapon Systems Evaluation Group, "Historical Analysis of Command and Control Actions in the 1962 Cuban Crisis," 14 August 1964, DNSA/CU1440, p. 45.

② FRUS, 1961 - 1963, Vol. 10, pp. 57 - 58.

告中，参联会又将美军反应时间增加至 25 天，出动 6 万兵力在 8 天之内完全控制古巴。①

　　肯尼迪、麦克纳马拉等人审议了军方的这一报告，指示应最大限度地减少美军和古巴人的伤亡，确保行动取得成功，要求将准备时间缩短至 5 ~ 7 天，并就此提出更为详细的作战方案，以便具体实施，同时强调在计划付诸实施之前应严格保密。② 麦克纳马拉与参联会商议后决定，在美军大陆司令部、战术空军司令部和海军陆战队司令部的协助下，由美军大西洋司令部的一个特别小组拟定空袭和入侵古巴的应急作战计划，在最短的时间内"推翻卡斯特罗政府，控制古巴，恢复并保持那里的法律与秩序，帮助建立一个对美国友好、支持美国政府的政权"。③ 1961 年 5 月初，参联会正式指示大西洋司令部司令丹尼森尽快拟定对古巴的行动计划，确定并着手部署所需各类部队及装备，要求在接到指令 5 天内即可发起突然攻击，确保在尽可能短的时间内推翻古巴政府，并对古巴局势和关塔那摩海军基地进行有效的控制。④ 19 日，大西洋司令部将计划大纲提交给参联会审议，表示 5 天的准备时间太仓促，要求延至 18 天，以确保在相对较短的时间内控制古巴。参联会对此表示同意，同时向麦克纳马拉保证，如果出现紧急情况，两个空降师仍可在 8 日之内对哈瓦那地区发起攻击。⑤ 8 月初，参联会提出了日后应急作战计划的雏形：经过 18 天的准备，在航空母舰、战斗机的支援下，出动 5.3 万人的陆军和两个空降师 (2.3 万人)，10 天之内完全控制古巴。尽管如此，参联会仍希望大西洋司令部拟定一份快速反应的计划，尽可能缩短准备时间，一旦出现机会，即可迅速出击。⑥ 肯尼迪在国家安全委员会会议上强调，尽管用武力解决古巴问题的时机还不成熟，但美国必须为此而做好各项准备。⑦

---

① *FRUS*, *1961 – 1963*, *Vol. 10*, pp. 371 – 383; Historical Division/Joint Chiefs of Staff, "The Joint Chiefs of Staff and US Military Responses to the Threat of Castro's Cuba," April 1981, p. 10.

② *FRUS*, *1961 – 1963*, *Vol. 10*, pp. 405 – 436.

③ US Army, "US Army in the Cuban Crisis," January 1963, DNSA/Cuba, No. 2819, p. 1; Weapon Systems Evaluation Group, "Historical Analysis of Command and Control Actions in the 1962 Cuban Crisis," pp. 46 – 47.

④ *FRUS*, *1961 – 1963*, *Vol. 10*, pp. 423, 516 – 517.

⑤ Historical Division/Joint Chiefs of Staff, "The Joint Chiefs of Staff and US Military Responses to the Threat of Castro's Cuba," p. 11.

⑥ Weapon Systems Evaluation Group, "Historical Analysis of Command and Control Actions in the 1962 Cuban Crisis," pp. 49, 51; *FRUS*, *1961 – 1963*, *Vol. 10*, pp. 638 – 639.

⑦ *FRUS*, *1961 – 1963*, *Vol. 10*, p. 710.

　　1962 年 1 月兰斯代尔拟定了对古巴的行动计划，要求国防部准备一份应急作战计划，以便必要时对古巴直接采取军事行动，帮助古巴的反政府力量推翻现政权；中央情报局提出实施破坏行动的具体方案，并进一步收集相关情报，对古巴的政治、经济和军事情况做出最新的评估；国务院拟定对古巴施加更大经济压力的各项措施。① 2 月下旬，兰斯代尔敦促政府必须尽快采取行动，并为此制订了一份行动时间表：1962 年 3 月开始启动计划，8~9 月进入游击战阶段，10 月在古巴挑起公开的骚乱，并最终推翻共产党政权，建立一个新的古巴政权。在他看来，最重要的是，一旦在古巴出现公开骚乱，美国政府必须立即做出反应，公开动用军事力量来"帮助古巴人推翻卡斯特罗"。他特别强调，美国独立革命之所以能够取得成功，在很大程度上是因为获得了国外及时的、强有力的政治、经济和军事援助；对古巴行动的最终成功需要美国的军事干预。② 这一计划得到了美国高层的首肯。"猫鼬行动"计划确定可以基于以下两点来实施：第一，美国将最大限度地利用古巴人来推翻卡斯特罗政权，同时也认识到行动的最终成功需要美国"决定性地"介入；第二，鼓励古巴人采取行动，这不仅是为美国的军事干预进行必要的准备，而且也是提供理由，并有助于干预行动取得成功。③

　　与猪湾入侵计划一样，"猫鼬行动"有一个致命的错误，即过高估计了古巴国内的所谓反政府力量，认为只要挑起骚乱，就会形成群起响应的局面。这当然是策划者的一厢情愿，他们没有认识到或者是不愿承认古巴政府得到了中下层民众的广泛支持这一基本事实。根据中情局的报告，"卡斯特罗政权有充分的民众支持，在可预见的未来有能力对付任何可能的内部威胁的发展"；虽然古巴面临着严重的经济困难，但这些困难并不是不可克服的。在中情局看来，不论是在古巴国内还是在流亡分子中间，缺乏一个富有生命力的领导层，而且也不会很快就建立起来。④ 国务院情报研究处处

---

① 　*FRUS*, *1961 - 1963*, *Vol. 10*, pp. 710 - 718; Fabian Escalante, *The Cuba Project*, New York: Ocean Press, 2004, pp. 99 - 100.

② 　Lawrence Chang and Peter Kornbluh, eds., *The Cuban Missile Crisis*, 1962, pp. 23 - 37; *FRUS*, *1961 - 1963*, *Vol. 10*, pp. 745 - 747.

③ 　*FRUS*, *1961 - 1963*, *Vol. 10*, pp. 771 - 772; Lawrence Chang and Peter Kornbluh, eds., *The Cuban Missile Crisis*, 1962, p. 38.

④ 　CIA Special National Intelligence Estimate No. 85 - 61, "The Situation and Prospects in Cuba," 28 November 1961, DNSA/Cuba, No. 18.

长希尔斯曼也明确表示，兰斯代尔的行动计划在很大程度上依赖于古巴国内存在一个政治行动组织，并获得了大多数古巴民众的支持，但是，"我还没有看到有关这一组织存在的任何确凿情报"，甚至看不到在短期内这一组织建立起来的前景；除非美国直接出兵干预，否则不可能推翻卡斯特罗政府。①

与"猫鼬行动"相呼应，1961 年底至 1962 年初，美国军方将完成对古巴的各项应急作战计划列为"首要任务"，并加紧筹划。鉴于决策者希望缩短实施行动的准备时间，参联会、大西洋司令部分别拟定了"314 行动计划"和"316 行动计划"，两者都是大规模入侵古巴的方案，只是前者需要准备行动的时间较长，收到指令 18 天后在以哈瓦那为重点的古巴西部地区实施空袭和两栖登陆；而后者则要求快速行动，下达命令 5 天后首先实施空袭，3 天之后再进行两栖登陆。两者所需部队相同，主要包括 2 个空降师、1 个装甲师、1 个陆军师及其他支援部队。② 国防部要求确保美国决定性的军事干涉能力，缩减反应时间，将"314 行动计划"所需反应时间从 18 天压缩至 4 天，"316 行动计划"的反应时间由 5 天减至 2 天，这样一旦古巴出现了合适的机会，即可迅速采取行动。在大西洋司令部看来，随着古巴军事力量的不断增强，而美国投入的兵力又有限，准备实施"316 行动计划"的时间不宜再压缩，建议基于"314 行动计划"行事。但国防部仍倾向于速战速决。③ 在此情形下，参联会和大西洋司令部又拟定了"312 行动计划"，作为实施上述两项应急计划的开始，要求首先对古巴的军事目标按照先后次序实施快速、突然的空中打击，从对某一特定目标的定点打击到对有选择的多个目标的大规模打击，乃至对古巴进行全面空袭。计划规定，在攻击命令发出之后的 24～72 小时内，应随时可以发动进攻。空袭力量主要包括一艘航空母舰、一个歼击机中队、两个海军陆战队飞行大队和 17 个空军战斗机中队。④ 国防部还建立了一个特别小组，由国防部、参联会和军

①　FRUS, 1961 - 1963, Vol. 10, pp. 747 - 748.

②　The Atlantic Command, "CINCLANT Historical Account of Cuban Crisis," 29 April 1963, DNSA/Cuba, No. 3087, pp. 20 - 21; Jean R. Moenk, "USCONARC Participation in the Cuban Crisis 1962," October 1963, DNSA/Cuba, No. 3164, pp. 6 - 7, 16.

③　FRUS, 1961 - 1963, Vol. 10, pp. 749 - 756; Jean R. Moenk, "USCONARC Participation in the Cuban Crisis 1962," p. 17.

④　Lawrence Kaplan et al., History of the Office of the Secretary of Defense, Vol. 5, Washington, D. C.: Historical Office of the Secretary of Defense, 2006, p. 200; Weapon Systems Evaluation Group, "Historical Analysis of Command and Control Actions in the 1962 Cuban Crisis," pp. 55 - 56.

事情报局等部门的代表组成，旨在协调各部门的行动，并指定专人负责与"猫鼬行动"特别扩大小组之间的联系。肯尼迪向古巴流亡分子的一位领导人表示，美国准备用武力解决古巴问题，这需要动用6个师的兵力。①

美国军方对尽早实施应急作战计划有些迫不及待，认为在今后9～10个月内古巴爆发内乱的可能性不大，美国有必要制造事端，为军事干预寻找正当理由。为此，参联会提出了一系列可以采取的挑衅举措，其中包括举行大规模军事演习，通过骚扰和欺骗手段使古巴确信入侵迫在眉睫，从而促其做出某种反应，一旦出现机会，美军即可由演习转变为实际的干预；在关塔那摩精心策划一系列事端，并给人以是古巴所为的感觉，借机采取行动；袭击古巴邻国和美国的运输船只，干扰美国民航，并在公海攻击民航客机，然后嫁祸于古巴；等等。参联会认为，时间对古巴有利，古巴问题必须在短期内尽快得到解决，军事干预是唯一的解决办法，无论是内部骚乱还是外部的政治、经济或心理压力都不足以使古巴政府倒台，而且美军的干预可以做到速战速决，确保在苏联做出反应之前有效地控制住古巴局势。参联会再次重申，美国不能容忍古巴共产党政权在西半球长期存在下去，否则拉美国家就会纷纷落入苏联阵营，苏联也可能会在古巴建立军事基地。军方领导人还向肯尼迪表示，入侵之后，只需要一个约1.5万人的步兵师就足以控制整个古巴。② 毫无疑问，情报部门对苏联行为的判断进一步鼓舞了军方。根据中情局的报告，如果美国进攻古巴，苏联将不会向古巴提供有效的援助，"几乎可以确定，苏联不会为了挽救卡斯特罗政权而诉诸全面战争"，很可能是采取各种手段向美国施加政治和心理压力，并谋求在联合国通过谴责美国侵略古巴的决议。③

二　应急作战计划的制订

1962年秋季，随着美国国会中期选举的临近和越来越多的苏联船只驶

---

①　Tomas Diez Acosta, *October 1962: The "Missile" Crisis as Seen from Cuba*, New York: Pathfinder, 2002, p. 87.

②　Walter S. Poole, *The Joint Chiefs of Staff and National Policy*, Vol. 8, 1961 – 1964, Washington, D. C.: Office of Joint History/Office of the Chairman of the Joint Chiefs of Staff, 2011, pp. 160 – 161; Mark White, *The Kennedys and Cuba*, Chicago: Ivan R. Dee, 1999, pp. 110 – 115, 118 – 119.

③　*FRUS*, 1961 – 1963, Vol. 10, p. 785.

往古巴,古巴再度成为美国国内政治斗争的焦点。共和党利用有关苏联在古巴建设导弹基地的传言,指责政府对苏联在古巴咄咄逼人的攻势采取了消极的无所作为政策,把古巴问题说成是"政府优柔寡断的可悲象征"。参议员基廷频频发表讲话,要求肯尼迪立即采取有力措施以捍卫正在遭受苏联破坏的"门罗主义"。他警告说,美国正处在历史的十字路口,"如果我们不在古巴采取决定性的行动,我们将在柏林和世界其他地区面临更多而不是更少的麻烦";从长远来说,无所作为和接受古巴的现状将导致自"失去中国"以来整个美国外交政策最大的失败。参议员凯普哈特、瑟蒙德、道尔等要求政府立即入侵古巴,推翻卡斯特罗政府,以"保卫美国的利益"。① 共和党议员皮尔逊称,美国在多米尼加、越南、老挝、泰国等地采取了干涉政策,却让苏联控制了古巴,这就使得古巴成为西半球的柏林墙,"一道耻辱之墙,一个犹豫不决、无所作为的象征"。9月初,美国国会还通过了两名议员起草的一份议案,授权肯尼迪必要时可动用军事力量解决古巴问题,以此向世人表明美国的决心和意志。这两名议员称,从美国的重要利益和国家安全的角度来看,"古巴的局势不仅非常严峻,而且正变得越来越糟",美国领导人必须尽快采取有效的、决定性的行动。根据一位美国新闻记者的说法,在当时的华盛顿,主战派如同1898年鼓动发起美西战争的鹰派分子一样活跃。② 共和党之所以抓住古巴问题大做文章,很大程度上旨在赢得11月的国会中期选举。正如肯尼迪的一名顾问所言,自从猪湾惨败之后,古巴一直是肯尼迪政府一个最沉重的政治负担,是政治上"唯一致命的弱点"。共和党参、众两院竞选委员会公开宣称,古巴问题"将成为1962年竞选运动的主要问题","是共和党一笔最大的资产"。③ 而对于肯尼迪来说,确保一个由民主党控制的国会是非常重要的。资深参议员富布赖特评论说:如果肯尼迪不能控制国会,并得到国会的合作,"那么他这一届政府将是一个失败"。不仅如此,民主党议员也要求肯尼迪对古巴采取强硬

---

① Robert Weisbrot, *Maximum Danger*, Chicago: Ivan R. Dee, 2001, p. 83; Dino Brugioni, *Eyeball to Eyeball: The Inside Story of the Cuban Missile Crisis*, New York: Random House, 1991, pp. 112 – 114.

② Jeremy Pressman, "September Statements, October Missiles, November Elections," *Security Studies*, Vol. 10, No. 3, 2001, p. 88; Arthur M. Schlesinger, Jr., *Robert Kennedy and His Times*, p. 506; David Larson, *The Cuban Crisis of 1962*, Boston: Houghton Mifflin, 1963, pp. 5 – 6.

③ Theodore Sorensen, *Kennedy*, New York: Harper & Row, 1965, pp. 669 – 670; Arthur M. Schlesinger, Jr., *Robert Kennedy and His Times*, p. 506.

态度，至少在军事上"有所表示"，否则他们将不得不"在古巴问题上抛弃他"。①

古巴问题也成为美国公众和媒体谈论的焦点。1962 年 9 月的盖洛普民意测验表明，24% 的受访民众将古巴列为美国面临的最主要问题，71% 的人要求对古巴采取强硬行动。② 《时代周刊》主张援引"门罗主义"，以"外科手术般的速度和效率"对古巴实施大规模军事入侵。《生活周刊》载文称，"对古巴进行干涉或者不进行干涉的决定，现在所牵涉的不仅是美国的威望而且是美国继续生存的问题"。《国会季刊》的调查显示，1962 年 9 月底 10 月初，报纸编辑和国会议员谈论最多的问题就是古巴问题，而将老年人的医疗保健问题列为第二大问题。英国《经济学家》评论说，此时整个美国国内对"古巴问题"简直是"走火入魔"。③

随着苏联在古巴活动的日益频繁，再加上来自国会和舆论的压力，美国政府决定加快实施"猫鼬行动"和应急作战计划。政治上，通过广播、传单等手段进一步诋毁古巴政府；鼓励、支持拉美国家的反古行动；拟定古巴政府倒台后新政府的组成计划。经济上，强化对古巴的禁运；对古巴的主要工厂和公共设施，特别是通信、交通和发电站等进行大规模的破坏活动；利用各种手段减少古巴农产品的出口，摧毁其经济命脉。情报方面，广泛招募和培训有关情报人员，最大限度地扩大情报来源。军事上，继续不断完善对古巴的应急作战计划，确保最大限度地做好军事干预准备，以压倒性优势消灭古巴军队；在古巴主要城市及其他所选择的地区招募、训练小规模的反政府力量，并向其提供武器、弹药和各种装备。军方向"猫鼬行动"特别扩大小组通报说，已经做好一切行动准备：接到指令 18 天后即可展开空投和两栖登陆，10 天之内控制古巴主要的军事设施和城市；6 ~ 12 小时之内即可对所选择的目标进行空袭；24 小时之内对古巴进行有效的海空封锁，全面封锁约需 48 小时。8 月初，参联会和国防部警告说，随着

①　Thomas Paterson and William Brophy, "October Missiles and November Elections: The Cuban Missile Crisis and American Politics, 1962," *Journal of American History*, Vol. 73, No. 1, 1986, p. 88; Robert Dallek, *An Unfinished Life: John F. Kennedy, 1917 – 1963*, Boston: Little, Brown and Company, 2003, p. 540.

②　Tom Smith, "The Cuban Missile Crisis and U. S. Public Opinion," *Public Opinion Quarterly*, Vol. 67, No. 2, 2003, pp. 266 – 267.

③　Robert Weisbrot, *Maximum Danger*, p. 86; James Nathan, *Anatomy of the Cuban Missile Crisis*, Westport: Greenwood Press, 2001, p. 84.

苏联向古巴提供越来越多的现代化武器，并帮助训练其军队，使其作战能力大大增强，推翻古巴政府的任务因而变得更为紧迫。文件的倾向性很明显，行动越早，成功的可能性也就越大。①

"猫鼬行动"几乎从开始就遭到中情局局长麦科恩等人的反对，他们非常怀疑能够在古巴成功地发动一场"起义"，认为除非美国公开进行军事干预，否则对古巴施加的外交、政治和经济压力就不会取得既定目标；随着时间的推移，苏联的大量援助会使古巴政府变得更为强大，并完全倒向莫斯科一边，要求政府"使用军队摧毁古巴政权，占领古巴"。② 8 月初，中情局完成了分析报告，结论是卡斯特罗仍牢牢控制着古巴，古巴军队几乎可以肯定会支持和捍卫现政府，在目前形势下完全有能力平息任何反叛行动。③ 泰勒也坦承，如果没有美军的直接介入，看不到卡斯特罗政权被推翻的可能性。④ 8 月 23 日，肯尼迪同意尽一切努力加快实施"猫鼬行动"，以挑起反对古巴政府的大规模骚乱，必要时美国将进行军事干预，并要求国防部制订计划，准备摧毁古巴对美国可能实施核打击的任何设施。⑤

由于古巴政府采取了严密的防范措施，美国策划的各种破坏活动进展迟缓，美国领导人要求采取"新的、更为有力的"大规模行动，以削弱卡斯特罗政府，为美军的直接干预创造有利机会。美国发现苏联在古巴的导弹基地后，"猫鼬行动"暂时停止活动。据古巴方面统计，自 1962 年 1 月至 8 月，古巴流亡分子共在 716 处实施了 5780 次破坏行动和恐怖袭击，其中不少是针对重要的工业和公共设施。⑥ 美国没有达到挑起内乱、推翻古巴政府的目的，但给古巴经济和社会造成了一定的危害，并在很大程度上促使古巴领导人向苏联寻求支持和帮助，以对抗美国可能的直接入侵，确保国家的安全。在古巴和苏联领导人看来，这些破坏活动只不过是美国大规模军事干预的前奏。

尽管在实施"猫鼬行动"方面成效不大，美国对古巴的应急作战计划

---

① *FRUS*, *1961 – 1963*, *Vol. 10*, pp. 868 – 869, 917 – 920.
② *FRUS*, *1961 – 1963*, *Vol. 10*, pp. 790 – 792, 800 – 801, 955 – 956.
③ CIA NIE 85 – 2 – 62, "The Situation and Prospects in Cuba," 1 August 1962, DNSA/Cuba, No. 256.
④ *FRUS*, *1961 – 1963*, *Vol. 10*, pp. 947 – 949; Mary McAuliffe, ed., *CIA Documents on the Cuban Missile Crisis*, *1962*, Washington, D. C.: CIA History Staff, 1992, p. 23.
⑤ *FRUS*, *1961 – 1963*, *Vol. 10*, pp. 957 – 958.
⑥ Clara Nieto, *Masters of War*, New York: Seven Stories Press, 2003, p. 79; Tomas Diez Acosta, *October 1962: The "Missile" Crisis as Seen from Cuba*, p. 85.

却得到大幅完善，从西海岸向加勒比海地区调集了大量军队、轰炸机和舰艇等，在东南沿海各基地储备了充足的燃油、弹药和各种作战物资，并加强了该地区的防空能力。英国政府同意美国在巴哈马群岛的一个小岛上预先存放作战物资和装备，条件是这只是一个"君子协议"，不签署正式文件，并要求美国在使用这些物资、装备时应事先取得英国同意。① 一位参与制订应急作战计划的海军官员回忆：当时政府正从各地调集军队和飞机，"实际上我们所做的一切都是为了准备入侵古巴"。另外一位在两栖登陆部队中负责情报工作的官员也承认，"我们一直都在训练并准备发动大规模的两栖进攻"，并"仔细研究了各种地图和可能的登陆滩头"。② 同时，为了摧毁古巴经济，美国军方也在加紧准备对古巴实施海空封锁，认为这一措施可以在相对短的时间内使古巴经济陷于停滞，特别是石油禁运，对古巴经济的影响将是灾难性的，古巴经济会因此陷于崩溃。③

随着古巴防御系统的不断加强，特别是在发现了地对空导弹之后，美国军方对应急作战计划做了较大幅度的修改。肯尼迪、麦克纳马拉与参联会讨论了对苏联在古巴的地对空导弹基地发动空中打击的可行性，以及美国可能遭受的伤亡，指示空军和海军飞行员进行模拟攻击训练，强调要确保对应急作战计划不断进行完善，必须考虑到苏联的装备和技术人员源源不断地涌入古巴这一因素。肯尼迪还要求军方考虑重建一支古巴人的武装力量，以便参与实施应急作战计划。④ 9 月初，国防部副部长吉尔帕特里克向肯尼迪表示，尽管古巴的进攻与防御能力都较前有了很大提高，参联会认为按照目前的应急计划，美军可以应对任何新的威胁。14 日，海军作战部敦促参联会尽早采取行动，推翻古巴政府，担心古巴的防御体系一旦完成，苏联就会在古巴建立进攻性基地，并部署核武器，届时如果美国再发动进攻则会付出更高昂的代价，甚至有可能引发一场大战。⑤ 18 日，空军开始进行大规模的模拟轰炸飞行训练，以便实施"312 行动计划"，各项要求

---

① US Marine Corps Emergency Action Center, "Summary of Items of Significant Interest," DNSA/Cuba, No. 571.

② Norman Polmar and John Gresham, *Defcon - 2: Standing on the Brink of Nuclear War during the Cuban Missile Crisis*, Hoboken: John Wiley & Sons, 2006, p. 133; Mark White, *Missile in Cuba*, Chicago: Ivan R. Dee, 1997, p. 76.

③ *FRUS, 1961 - 1963, Vol. 10*, pp. 1082 - 1083.

④ *FRUS, 1961 - 1963, Vol. 10*, p. 1081; Lawrence Kaplan et al., *History of the Office of the Secretary of Defense*, Vol. 5, p. 203.

⑤ Walter S. Poole, *The Joint Chiefs of Staff and National Policy*, Vol. 8, p. 162.

均与实战要求大体相当。27 日，斯威尼将作战计划提交给空军参谋长莱梅和大西洋司令部，并获批准。莱梅指示，空军部门应到 10 月 20 日完成实施"312 行动计划"的一切准备工作。①

按照"312 行动计划"，美军将在 6 小时内投入 152 架飞机、12 小时内增至 384 架飞机、24 小时内出动 470 架飞机对古巴实施空袭，以摧毁古巴的空军和导弹设施，削弱其进行战争的能力。打击目标首先是机场、导弹基地、雷达及其他防空设施；其次是有选择性地摧毁其交通和通信设施；最后是部队和炮火的集结地及海军舰艇等。入侵计划确定在古巴东、西部发起进攻，进入古巴境内的部队应在目标区域内迅速集结，切实保护区域内的机场和港口，同时要有能力尽快对哈瓦那地区实施占领。西部地区是主战场，进攻之日由美军第 82 和第 101 空降师将空降部队送往指定的六个区域，占领哈瓦那附近的四个主要机场以及马里埃尔港口。在此区域作战的部队包括第 1 和第 2 步兵师、第 1 装甲师和海军陆战队第 5 特遣旅等，另有第 4、5 步兵师和第 2 装甲师为机动预备队。在东部，主要是加强关塔那摩海军基地的力量。②

10 月 1 日，麦克纳马拉、参联会新任主席泰勒审议了对古巴的应急作战计划，商讨了在何种情况下采取军事行动以及采取何种行动等问题，确定到 10 月 20 日最大限度地完成空袭和入侵行动的一切准备。③ 麦克纳马拉要求五角大楼就行动准备、所需动用的兵力、行动后果以及对美国应对其他地区的威胁所造成的影响等进行研究，提出具体的行动方案，同时强调应急作战计划的政治目标是消除苏联进攻性武器对美国的安全威胁，并推翻卡斯特罗政府。他表示，实现第二个目标更为困难，一旦实现第一个目标，应集中力量确保完成第二项目标。④

---

① USAF Historical Division Liaison Office, "The Air Force Response to the Cuban Crisis," DNSA/Cuba, No. 1361, p. 21; The Atlantic Command, "CINCLANT Historical Account of Cuban Crisis," pp. 19, 163.

② Walter S. Poole, *The Joint Chiefs of Staff and National Policy*, Vol. 8, p. 164; Michael C. Desch, "That Deep Mud in Cuba," p. 336.

③ Adam Yarmolinsky, "Department of Defense Operations During the Cuban Crisis," 12 February 1963, DNSA/Cuba, No. 2925, p. 1; The Atlantic Command, "CINCLANT Historical Account of Cuban Crisis," p. 39.

④ The Atlantic Command, "CINCLANT Historical Account of Cuban Crisis," pp. 41 – 42; Weapon Systems Evaluation Group, "Historical Analysis of Command and Control Actions in the 1962 Cuban Crisis," pp. 67 – 68; *FRUS, 1961 – 1963, Vol. 11*, Washington, D. C.: US Government Printing House, 1996, pp. 6 – 7.

肯尼迪要求空军部门模拟建造苏联地对空导弹发射台，以便进行轰炸演练。但在五角大楼看来，古巴飞机的混凝土掩体要比地对空导弹发射台更难于摧毁。因而，战术空军司令部在内华达一空军基地建造了古巴机场使用的混凝土防弹掩体模型，用来进行投弹演练和分析轰炸效果。麦克纳马拉向肯尼迪表示，"已经采取措施以确保我们对古巴的应急作战计划不断更新"，打击目标清单已经分发给飞行员；一旦确定了新的导弹发射台，在收到照片的数小时之内即可将其列入攻击目标清单。[①] 10 月 6 日，丹尼森敦促有关各部进一步做好实施应急作战计划的准备，包括预先部署与调拨部队、飞机、船只、装备及补给，指示参与作战行动的航空母舰、海军陆战队应尽可能驻守在有利位置，以便尽可能地减少开始行动的反应时间。大西洋司令部还为空袭部队准备了有关打击目标、路径和防空情况的详细资料，并开始制订对古巴实施海上封锁的相关措施。[②] 12 日，参联会就空袭和入侵行动的各项准备和减少反应时间进行了研究，要求参战部队充分估计可能遇到的各种突发事件，全面考虑应对措施，并对实施行动计划的准备事宜做出具体安排。[③] 15 日，麦克纳马拉与参联会一起再次审议了应急作战计划，并决定做出如下调整：缩减反应时间，优先考虑实施"316 行动计划"，各部应为此做好"最高程度"的准备；为地面作战部队增派一个装甲师；部署一个步兵师作为后备力量；计划出动 24～36 艘驱逐舰和一艘航空母舰执行封锁任务；部署 450～500 架飞机实施空袭计划；"314 行动计划"需要首先出动 3.2 万人的空降和两栖登陆部队，在随后的 18 日之内将作战部队增至 8 万人；"316 行动计划"要求在进攻之日出动 4.9 万人的部队同时实施空降和两栖登陆，5 日后使作战部队增至 6 万人，16 天内达到 8 万人；进一步加强东南沿海地区的防空能力。参联会提出，最好由拉美国家出动象征性的部队参加行动，并与美洲国家组织和联合国进行协商，以减少美军对古巴军事行动所造成的负面影响，同时强调严格保密是确保行动成功的关键。作为应急作战计划的辅助方案，大西洋司令部还开始准备对

---

① *FRUS*, *1961 - 1963*, *Vol. 11*, pp. 10 - 11; Robert McNamara, "Presidential Interest in SA - 2 Missiles System and Contingency Planning for Cuba," 4 October 1962, DNSA/Cuba, No. 515.

② The Atlantic Command, "CINCLANT Historical Account of Cuban Crisis," pp. 39 - 40, 154; John M. Young, *When the Russians Blinked: The U. S. Maritime Response to the Cuban Missile Crisis*, Washington, D. C.: US Marine Corps, 1990, pp. 66 - 67.

③ The Atlantic Command, "CINCLANT Historical Account of Cuban Crisis," pp. 44 - 45; Jean R. Moenk, "USCONARC Participation in the Cuban Crisis 1962," p. 9.

古巴实施心理战行动。①

为进一步完善对古巴的应急作战计划，提高部队的两栖和协调作战能力，并借机进行军事部署，1962 年 4～5 月、8～10 月，美国在加勒比海和西大西洋地区接连举行大规模军事演习。在为期两周的代号为"快速打击 II"的军事演习中有 4 个陆军师、8 个战斗机中队、2 个战术侦察机中队参加，总人数达 7 万人，五角大楼称之为"美国军事史上和平时期进行的规模最大的军事演习"。② 根据丹尼森的建议，国防部决定于 10 月 15 日在波多黎各附近的一个小岛进行为期三周的演习，参加演习的有 2 万名海军和4000 名海军陆战队官兵，以及 4 艘航空母舰、20 艘驱逐舰和 15 艘运输舰，演习内容主要是在一个假想的敌对国家实施两栖登陆及各兵种的协同海上作战，推翻 Ortsac（卡斯特罗名字的倒写）的统治。③

美国一系列大规模军事演习引起了古巴和苏联领导人的高度关注，他们确信美国正准备对古巴采取军事行动，古巴面临着前所未有的危险局面。卡斯特罗宣布全国进入紧急状态，命令所有部队做好战斗准备。④

三　军方力主空袭和入侵

1962 年 10 月 16 日美匡发现苏联在古巴的导弹基地后，肯尼迪立即召集其主要顾问组成国家安全委员会执行委员会（简称执委会）商讨对策，并逐渐形成了空袭和封锁两大派意见。邦迪、麦科恩、尼采、财政部长狄龙、前国务卿艾奇逊等为代表的所谓"鹰派"都强烈主张对导弹基地尽早实施"外科手术式"的突然空袭，认为这样可以干净利落地解决苏联的导弹，给世人造成既成事实，并借以显示美国保护其重要利益的决心。麦克纳马拉、副国务卿鲍尔、国务院顾问汤普森等少数人则主张实行海上封锁，反对采取"珍珠港式"的突袭，强调这不符合美国的传统，有悖于美国的

① US Army, "US Army in the Cuban Crisis," p. 2; Mark White, *The Kennedys and Cuba*, pp. 167 – 168.
② James Nathan, ed., *The Cuban Missile Crisis Revisited*, New York, St. Martin's Press, 1992, p. 250; Richard Lebow and Janice Stein, *We All Lost the Cold War*, Princeton: Princeton University Press, 1994, p. 26.
③ The Atlantic Command, "CINCLANT Historical Account of Cuban Crisis," pp. 2 – 3; Adam Yarmolinsky, "Department of Defense Operations During the Cuban Crisis," p. 1.
④ *FRUS*, *1961 – 1963*, *Vol. 11*, p. 159; Philip Brenner, "Cuba and the Missile Crisis," *Journal of Latin American Studies*, Vol. 22, No. 1, 1990, pp. 121 – 122.

价值观念，并将严重损害美国的道义立场。

美国军方力主通过军事手段解决问题。16 日，参联会对美国应做出何种反应进行了讨论，强烈反对只对导弹基地进行有限的空袭，认为这样会失去打击的突然性，招致苏联和古巴对美国以及关塔那摩海军基地的报复性攻击。在军方领导人看来，与其进行有限的空袭还不如不采取军事行动，因为那将产生"难以接受的危险"，并使美国遭受不必要的伤亡。他们要求对凡是影响到美国及其军队的所有重大军事目标进行强有力的大规模空中打击，一天出动 700～1000 架次的飞机，连续轰炸 5 天，打击目标包括所有的导弹基地、飞机、防空系统、可疑的核武器储藏地、坦克、登陆艇等，同时全面封锁古巴，加强关塔那摩海军基地的力量，并准备实施入侵。在他们看来，实现古巴政权更迭的时间和机会已经到来，军事行动的目标"应是消除对美国的威胁，同时解放古巴"。① 代表军方参加执委会会议的泰勒强调，苏联在古巴的导弹基地极大地改变了美苏之间的战略平衡，提高了苏联打击美国本土的能力，必须消除这些基地，而只有采取突然袭击的办法才能做到这一点；为了阻止苏联将更多的导弹运入古巴，空袭的同时还必须对古巴实施海上封锁。他向肯尼迪表示，空袭并不能保证摧毁所有的导弹基地，第一次打击至多能摧毁 90%，对随后发现的目标应立即进行持续性空袭。②

自始至终，美国军方领导人的立场一直非常明确：动用压倒性的军事力量击败在古巴的苏联军队和古巴军队，推翻卡斯特罗政府，这是一劳永逸解决古巴问题的唯一办法。海军作战部长安德森后来曾表示：参联会认为，导弹的存在为美国入侵古巴、推翻卡斯特罗政权提供了很好的借口，美国政府应该立即采取直接的行动，彻底消除距离美国只有 90 英里的"威胁"，这的确是一个理想的机会；几个月以来，"我们的研究小组一直在考虑各种使美国干预古巴正当化的可能手段，甚至考虑蓄意挑起事端使古巴对美国率先采取某种行动，这样美国就可以入侵古巴，导弹危机正是我们

①　"Notes Taken from Transcripts of Meetings of the Joint Chiefs of Staff," 15 November 1962, DNSA/Cuba, No. 1183, pp. 3 - 4；Historical Division/Joint Chiefs of Staff, "Chronology of JCS Decisions Concerning the Cuban Crisis," 21 December 1962, DNSA/Cuba, No. 2780, pp. 9 - 12；Anatoli Gribkov and William Smith, *Operation Anadyr*, Chicago: Edition Q, 1994, pp. 125 - 126, 132.

②　Ernest May and Philip D. Zelikow, eds., *The Kennedy Tapes*, Cambridge: The Belknap Press of Harvard University Press, 1997, pp. 58 - 59, 63.

一直所期望的事件","毕竟,我们一直在寻找这样的机会".① 军方领导人认为,苏联不会因为古巴而发动全面战争,可能会对柏林、中国沿海岛屿,或者伊朗、土耳其、韩国等施加新的压力。根据联合战略考察委员会的报告,如果美国进攻古巴,苏联很可能在柏林采取报复行动,但不会出兵占领,更不会挑起一场大战。为了预防全面战争的爆发,军方领导人建议将携带核武器的轰炸机进行疏散;全球美军做好战斗准备;战略空军司令部1/8 的轰炸机处于警戒状态;进一步加强东南沿海的防空能力。他们认为,发动大规模空袭的时间最早应在 21 日,但他们倾向于 23 日进行;可能最早的入侵日期是 28 日,但 30 日为最佳。②

10 月 19 日,肯尼迪就美国所应采取的行动与参联会进行商议。他表示非常担心如果进攻古巴,苏联很可能会夺取柏林,届时美国的行动将失去盟国的支持,因为英国、法国等更为关注欧洲的局势。泰勒和空军参谋长莱梅对此明确表示不以为然,称如果美国对苏联在古巴的所作所为保持克制,将对美国与盟国的关系造成严重影响,柏林局势会进一步恶化,苏联将感到美国"软弱可欺"而"猛击柏林"。相反,如果对古巴采取强有力的措施,就会威慑苏联不敢在欧洲轻举妄动。莱梅坚持认为,直接进行军事打击是解决问题的唯一办法,封锁以及政治谈判将被视为一种相当软弱的反应,不仅使苏联人有时间将导弹藏匿在树林或掩体中,而且只能导致战争,"采取这种办法几乎如同慕尼黑绥靖政策一样糟糕"。他宣称,"除了现在就进行直接军事干预外,我看不出还有什么别的解决办法",有限封锁"纯粹是一场灾难".③ 其他几位军方领导人都对此表示赞成。安德森认为,从军事上说,对古巴实施封锁会导致与苏联在海上立即发生对抗,更有可能引发一场全面战争,而且对于已在古巴的那些导弹不起任何作用,反而给苏联和古巴更多的时间装配导弹和伊尔轰炸机,并使其做好战斗准备;倘若美国随后再采取军事行动,在军事上将处于非常不利的地位,遭受更大的伤亡。如果美国发动入侵,"毫无疑问我们会取得成功",美军的伤亡

① *Anderson Oral History*, 25 April 1967, pp. 4 – 5, John F. Kennedy Library; George Anderson, "The Cuban Blockade: An Admiral's Memoir," *The Washington Quarterly*, Vol. 5, No. 4, 1982, p. 84.

② Historical Division/Joint Chiefs of Staff, "Chronology of JCS Decisions Concerning the Cuban Crisis," pp. 14 – 15, 17 – 18; Walter S. Poole, *The Joint Chiefs of Staff and National Policy*, Vol. 8, p. 169.

③ Ernest May and Philip Zelikow, eds., *The Kennedy Tapes*, pp. 177 – 178, 182, 185 – 186; "Notes Taken from Transcripts of Meetings of the Joint Chiefs of Staff," p. 10.

程度相对来说会比较低，而且只要发起进攻，就会立即得到古巴民众的支持，美国就可以在古巴建立一个对美友好的政府。他确信，如通过适当途径向苏联发出警告，美军就不会在古巴与苏军发生直接的军事对抗。陆军参谋长惠勒强调，"从军事上来讲，保护美国人民免受可能攻击的风险最低的办法就是采取突然空袭、封锁和入侵行动"。海军陆战队司令肖普赞成直接出兵入侵，夺取古巴，这样不仅可以消除对美国的威胁，还可以在古巴建立一个新的、非共产党的政权。他确信，如果肯尼迪做出了决定，美国将很快就取得决定性的胜利，否则，美国甚至会比柏林、南越和韩国还容易遭受苏联的打击。① 为了保持行动的突然性，同时又能获得盟国的支持，参联会建议在发动任何军事行动之前两小时左右告知西欧各盟国领导人。②

肯尼迪对军方领导人的建议表示怀疑，指出苏联不会对美国的行动无动于衷，听任美国轰炸他们的导弹；尽管其洲际导弹的性能并不完全可靠，但仍然可以瞄准美国的城市，并给美国造成难以预料的伤亡；封锁的好处就是可以避免冲突升级为核战争，使美国能够控制住局面。③ 参谋长们没有说服肯尼迪，但他们并不气馁，20 日再次向泰勒提出，要求在 23 日发起全面空袭，因为一旦导弹基地投入使用，美军所要付出的代价就会大大增加。④ 莱梅、惠勒等军方领导人一直对肯尼迪在古巴导弹危机中的"胆怯"表现耿耿于怀，指责他未能抓住这一难得机会，彻底消除古巴对美国所构成的"威胁"。⑤

随着讨论的逐步深入，不论是有限空袭还是全面空袭都不再是一种诱人的方案，其弊端越来越明显，而封锁方案逐渐赢得了大多数人的支持。其一，空袭并不能保证所有导弹都被摧毁，也不能保证剩余的导弹不会打向美国。泰勒、斯威尼都表示，即使在最好的情况下，空袭也只能摧毁已

---

① Ernest May and Philip Zelikow, eds. , *The Kennedy Tapes*, pp. 178 – 179, 181 – 182; Norman Polmar and John Gresham, *Defcon – 2: Standing on the Brink of Nuclear War during the Cuban Missile Crisis*, p. 279.

② Historical Division/Joint Chiefs of Staff, "Chronology of JCS Decisions Concerning the Cuban Crisis," p. 19.

③ "Notes Taken from Transcripts of Meetings of the Joint Chiefs of Staff," pp. 9 – 10; Ernest May and Philip Zelikow, eds. , *The Kennedy Tapes*, p. 184.

④ Historical Division/Joint Chiefs of Staff, "Chronology of JCS Decisions Concerning the Cuban Crisis," p. 23.

⑤ Steven Rearden, *Council of War: A History of the Joint Chiefs of Staff, 1942 – 1991*, Washington, D. C. : NDU Press, 2012, p. 232; Richard Kohn and Joseph Harahan, *Strategic Air Warfare*, Washington, D. C. : Office of Air Force History, 1988, pp. 114, 119.

发现导弹的 90%。① 麦克纳马拉也多次强调，所谓"外科手术式"的空中袭击在军事上是不现实的。其二，空袭无法解决预先警告的问题。不发出警告，就违反了一种道义原则，用罗伯特·肯尼迪的话来说，就成了"珍珠港事件"的重演；而事先发出警告，又会使美国失去主动权。② 其三，空袭并不能保证只杀死古巴人而不伤害到苏联人，更有可能激起苏联做出强烈反应，使其对柏林、土耳其甚至直接对美国采取报复行动，其结果将是美苏之间的直接军事对抗，乃至一场全面战争。③ 封锁方案虽然不能立即消除苏联在古巴的导弹基地，但这是一条介乎无所作为和战争之间的中间道路，是"最不可能触发一场全面战争的措施"。而且，封锁的灵活性较大，使美国可以有效地控制事态的发展，保持日后行动的自由，处于既可战又可和的有利地位，同时也使双方都有时间考虑一下各自的利害关系，找出一条不动用武力解决危机的办法。如果封锁难以奏效，必要时美国仍有选择空袭或入侵等军事行动的自由，而且那时将不会再有"珍珠港事件"重演之嫌。同时，这一方案还可以减少美国与盟友之间的紧张关系，最大限度地获得盟国和世界舆论的支持，避免因突然袭击而引起的震惊。④

四 美国的大规模军事部署

尽管肯尼迪最终决定对古巴实施海上封锁，但他并不能确定此举能否奏效，迫使苏联从古巴撤走导弹。因而，美国进攻古巴的各项准备工作仍在加紧进行，并在东南沿海集结了"二战以来规模最大的入侵部队"。国防部、参联会以及包括战略空军在内的所有美国军事力量都进入了二级战备状态，国务院则为在入侵和占领古巴后建立一个临时政府并救济古巴难民加紧筹划。为实施应急作战计划，五角大楼建立了由丹尼森、斯威尼等共同领导的联合特遣部队指挥部，组建了由 100 多名军官组成的作战参谋部，计划首批登陆 1.7 万名美军，其中伞兵 1.45 万人，出动 750 架作战飞机和

---

① Ernest May and Philip Zelikow, eds., *The Kennedy Tapes*, pp. 205 – 206.

② Robert Kennedy, *Thirteen Days*, New York: Norton, 1969, p. 38.

③ Fred Kaplan, *The Wizards of Armageddon*, Stanford: Stanford University Press, 1991, p. 305; Theodore Sorensen, *Kennedy*, p. 685.

④ Theodore Sorensen, *Counselor*, New York: HarperCollins, 2008, p. 295; Graham Allison and Philip Zelikow, *Essence of Decision: Explaining the Cuban Missile Crisis*, New York: Longman, 1999, p. 120.

140 艘各类舰艇。参与登陆作战的主要有第 82、第 101 空降师，第 1 步兵师和第 2 步兵师的一个旅，第 1 装甲师，海军陆战队第 2 师及第 5 特遣旅，第 4、第 5 步兵师和第 2 装甲师则作为预备队。打击目标清单和数千份古巴道路图已分发完毕。陆军还计划在古巴投入特种部队，并建立了一支非常规联合作战部队和两个行动基地。10 月 17 日，参联会将 "316 行动计划" 的反应时间从 5 天增至 7 天，以便使更多的军队能够参与作战，并大大降低行动失败的风险；首先出动 500 架次的飞机摧毁古巴的飞机和已发现的导弹基地，然后派遣 2.5 万人的海军陆战队和陆军实施入侵，两周之内使登陆部队增至 9 万人，并为此准备了 15 天的后勤补给。随着大量人员、飞机和各类作战物资涌入佛罗里达，美军在该地建立了一个后勤司令部，拥有各类人员 1 万人。[①]

根据空袭计划，攻击导弹基地和核武器的藏匿地需出动 52 架次飞机；如再加上打击米格 - 21 和伊尔 - 28 轰炸机，需出动 104 架次；若要再摧毁地对空导弹、巡航导弹和其他飞机，则需要 194 架次；打击除了坦克之外的所有军事目标，要出动 474 架次；作为入侵的前奏，摧毁已发现的所有军事目标共计 1397 个，则要进行 2002 架次的轰炸。[②] 为此，美军大西洋司令部准备了 579 架战术轰炸机、49 架护航战斗机、64 架侦察机和 40 架加油机，此外还有相当数量防空司令部的载有空对空导弹的截击机，在佛罗里达基地的 1.5 万名空军官兵同样准备了 15 天的后勤供给。10 月 20 日，大西洋司令部根据作战任务将 "312 行动计划" 分为三个行动阶段：首先是有选择地摧毁地对空导弹发射台；其次是对机场、地对空导弹发射基地等一个或多个目标进行有限打击；最后是对古巴发动全面空袭。计划规定，为了协助入侵部队，第一天将对古巴发起三轮轰炸，第一轮出动 576 架次，第二、第三轮分别出动 307 架次，总共是 1190 架次的攻击行动，连续轰炸一周。轰炸目标首先是地对地导弹基地、主要机场和防空部队，其次是备用机场、分散的炮兵、油库、弹药库、军队指挥部和交通枢纽。24 日，大西洋司令部建议应立即实施 "312 行动计划"。[③]

①　Adam Yarmolinsky, "Department of Defense Operations During the Cuban Crisis," pp. 9, 12; US Army, "US Army in the Cuban Crisis," pp. 3, 6 ; John M. Young, *When the Russians Blinked*, pp. 71 – 73.

②　Graham Allison and Philip Zelikow, *Essence of Decision*: *Explaining the Cuban Missile Crisis*, p. 227; Ernest May and Philip Zelikow, eds. , *The Kennedy Tapes*, p. 119.

③　The Atlantic Command, "CINCLANT Historical Account of Cuban Crisis," pp. 18 – 19; Jean R. Moenk, "USCONARC Participation in the Cuban Crisis 1962," p. 63.

美国军方对作战计划不断进行更新、完善。10 月 25 日美国发现在古巴有战术核导弹后，参联会决定为入侵部队与支援部队配备短程核武器，但同时规定没有华盛顿的明确指示不得使用核弹头。① 由于担心军队大规模的长时间集结，很容易成为苏联先发制人核打击的目标，参联会决定放弃 "314 行动计划"，以便集中力量实施 "316 行动计划"，并为大西洋司令部增加兵力，力争做到速战速决。泰勒向麦克纳马拉表示，2 小时之内即可对古巴的地对空导弹基地发起空袭，对所有军事目标实施全面轰炸需要 12 小时的准备时间，实施入侵则需要 7 天的准备时间，以便最大限度地摧毁古巴的空军和地面力量，减少美军伤亡。② 为了应对古巴和苏军可能的报复行动，美国国防部制订了紧急民防计划，包括有选择地疏散东南沿海地区的居民；建立应急供水系统、简易医院和药店等；储备压缩食品等。同时还决定进行广泛的宣传动员，对佛罗里达等地的 1.4 万名建筑工程师和建筑承包商进行快速培训，以建造更多的防护所，并在公共防护所内为每人储存 3 天的食物。③

美国军方领导人一直认为封锁方案过于软弱，不足以迫使苏联撤走导弹，只有军事行动才是解决问题的唯一出路，因此继续敦促肯尼迪尽早实施应急作战计划，于 10 月 28 日或最迟在 29 日开始进行全面空袭，一周后实施入侵，并强调这是消除威胁的最后机会，而且从长远来说也是 "最好的选择"。他们强调，美国不仅在战略上而且在战术上都享有优势，并控制着局势的发展，根本用不着担心什么。情报部门估计，如果空袭导弹基地和机场，除了通过在联合国谴责美国的行动，并向苏联周边地区的美军基地施加政治压力外，苏联领导人不会采取军事行动。倘若拒不行动，就会给世人留下这样的印象，即美国虽然是一个强国，但在关键时刻却并不愿意使用自己的力量。④ 10 月 27 日，美国 U－2 侦察机在古巴上空被导弹击落

①　Historical Division/Joint Chiefs of Staff, "Chronology of JCS Decisions Concerning the Cuban Crisis," p. 52; Lawrence Chang and Peter Kornbluh, *The Cuban Missile Crisis*, p. 186.

②　Taylor, "Timing Factors," 25 October 1962, DNSA/Cuba, No. 1326; The Atlantic Command, "CINCLANT Historical Account of Cuban Crisis," pp. 67 – 68; Walter S. Poole, *The Joint Chiefs of Staff and National Policy*, Vol. 8, p. 178.

③　Adam Yarmolinsky, "Department of Defense Operations During the Cuban Crisis," p. 18; Alice George, *Awaiting Armageddon: How Americans Faced the Cuban Missile Crisis*, Chapel Hill: The University of North Carolina Press, 2003, pp. 65 – 66.

④　Walter S. Poole, *The Joint Chiefs of Staff and National Policy*, Vol. 8, p. 179; Historical Division/Joint Chiefs of Staff, "Chronology of JCS Decisions Concerning the Cuban Crisis," pp. 46, 49; *FRUS, 1961 – 1963, Vol. 11*, p. 267.

后，莱梅甚至擅自下令对古巴进行大规模空袭，幸好飞机在起飞前被白宫及时制止，一场冲突得以避免。①

此时，美国在古巴附近海域部署了 2 艘航空母舰、9 艘护卫舰、12 艘驱逐舰和巡洋舰，并处于 15 分钟警戒状态。3 个海军陆战队营进驻关塔那摩海军基地，使驻守美军由 8000 人增至 1.6 万人，家属和非战斗人员也已从该基地分批撤出。美军联合防空司令部在东南沿海部署了携带空对空导弹的 183 架截击机，其中 22 架预警时间为 5 分钟，72 架为 15 分钟，5 架飞机则一直在佛罗里达上空巡视。战术空军司令部在佛罗里达的 5 个基地部署了 850 架轰炸机，准备实施空袭计划。陆军、海军和海军陆战队部署了近 9 个师的兵力，一支由步兵、装甲兵和炮兵组成的特种作战部队也从美国西海岸赶赴佛罗里达。24 个空军预备役运输中队立即转入现役，负责空投物资和部队。为了威慑苏联，美国战略空军所属的 1436 架轰炸机和 916 架加油机都已做好战斗准备。自 10 月 22 日起，52 架 B-52 轰炸机携带 196 枚核导弹一直在空中待命。在地面，271 架 B-52 轰炸机和 340 架 B-47 轰炸机处于 15 分钟预警状态，并载有 1634 枚核武器；136 枚"大力神"和"宇宙神"以及 9 枚"民兵"洲际弹道导弹待命发射。到了 28 日，战略空军司令部的 1576 架轰炸机和 382 枚导弹全部处于待命状态。在海上，7 艘"北极星"潜艇处于 15 分钟戒备状态。500 万张用西班牙语印制的传单已装箱，准备空投至古巴。②

军方的意见得到了麦科恩、邦迪等人的支持，他们同样认为军事手段不仅可以消除苏联导弹的威胁，而且还可以借此推翻卡斯特罗政府。在他们看来，即使苏联撤走了导弹，如果卡斯特罗依然掌握着政权，拉美局势仍令人担忧。麦科恩称，中情局经过对空袭效果的重新评估，确信可以摧毁全部导弹的概率非常高。虽然如此，肯尼迪还是努力通过外交谈判和秘密磋商来摆脱危机，把军事行动作为向苏联和古巴施加压力、促其妥协的重要手段。经过反复交涉，美苏双方于 10 月 28 日达成协议，苏联同意拆除在古巴的导弹基地，而肯尼迪则保证不入侵古巴，并秘密承诺一旦危机结束，还将从土耳其撤走对准苏联目标的中程导弹。在军方看来，赫鲁晓夫

① Sheldon Stern, *The Week the World Stood Still*, Stanford: Stanford University Press, 2005, p. 188; Dino Brugioni, *Eyeball to Eyeball: The Inside Story of the Cuban Missile Crisis*, pp. 463-464.

② "Cuba Fact Sheet," 27 October 1962, DNSA/Cuba, No. 1477; Lawrence Kaplan et al., *History of the Office of the Secretary of Defense*, Vol. 5, p. 213; USAF Historical Division Liaison Office, "The Air Force Response to the Cuban Crisis," p. 8.

的让步是其玩弄的一个把戏，不过是缓兵之计，旨在延缓美国采取军事行动，为导弹基地的建设赢得更多的时间，推迟采取军事行动只会有利于苏联，使得占领古巴变得更为困难，美军也将付出更为高昂的代价，并极大地增加美国本土遭受直接攻击的危险。莱梅甚至称，危机的解决是"我们历史上最大的一次失败"。①

美国军方并未因古巴导弹危机的和平解决而放弃实施应急作战计划的努力，集结在东南沿海地区的部队仍处于待命状态，随时准备发起攻击。②11月初，军方领导人借苏联留在古巴的42架伊尔轰炸机问题继续敦促肯尼迪对古巴采取军事行动。他们认为，这种轰炸机有能力从古巴飞到美国，应被列入进攻性武器范畴，为美国公开使用军事手段彻底解决古巴问题提供了一个机会。在莱梅看来，一旦空军完成了对古巴的全面空袭，入侵将是件轻而易举的事情，等于是"走进古巴"。陆军参谋长惠勒视察了预定发起第一次进攻的部队，称在其30年的服役期间，"我们从来没有准备得如此充分"。③ 16日，参联会向肯尼迪报告说，美军不仅已经做好了空袭和入侵古巴的一切准备，而且还可以在全球范围内有效地遏制苏联的军事反应，现在是实施应急作战计划的最佳时机，空军可以根据所需力量在2～12小时内实施有选择的攻击行动，两栖登陆部队可在空袭7天之后采取行动。由"企业"号和"独立"号两艘航空母舰率领的特遣部队正在古巴南部海域游弋，随时可发起攻击，每艘航母还备有大约40枚核弹。当时美军在东南沿海地区集结了8.5万名海军和海军陆战队士兵，近10万人的陆军，其中包括1.45万名伞兵。参联会还计划征召两个师的国民警卫队，协助占领古巴。不仅如此，美国战略空军司令部的1479架轰炸机装载着2962件核武器、182枚洲际导弹、144枚"北极星"潜艇导弹和1003架加油机都处于待命状态，随时准备打击预定目标。④ 直至11月下旬，计划参加对古巴作战的部队才开始陆续返回原驻地。

---

① Walter Poole, *The Joint Chiefs of Staff and National Policy*, Vol. 8, p. 180; Ernest May and Philip Zelikow, eds., *The Kennedy Tapes*, p. 635.

② US Army, "US Army in the Cuban Crisis," p. 4.

③ "Notes Taken from Transcripts of Meetings of the Joint Chiefs of Staff," p. 28; Aleksandr Fursenko and Timothy Naftali, *"One Hell of a Gamble": Khrushchev, Castro, and Kennedy, 1958 – 1964*, New York: Norton, 1997, p. 299.

④ Historical Division/Joint Chiefs of Staff, "Chronology of JCS Decisions Concerning the Cuban Crisis," pp. 97 – 98; Michael Dobbs, *One Minute to Midnight: Kennedy, Khrushchev, and Castro on the Brink of Nuclear War*, New York: Alfred A. Knopf, 2008, pp. 95, 249.

虽然美国政府做出了不入侵古巴的承诺，但并未因此而放弃这些作战计划。肯尼迪认为，原定计划的成功在很大程度上有赖于两个空降师进入并控制住古巴两个机场，但是所需兵力不足。为此，国防部、参联会对原定计划做出调整，为大西洋司令部大幅增加了兵力和装备。麦克纳马拉于1963年5月向肯尼迪表示：参联会已经修正了入侵计划，确保行动初期将大量部队和装备运抵目标区域，这将大大增加行动的力度和成功的概率；从决定攻击到发动全面空袭只需3天的准备时间；所有主要作战部队登陆还需9天，整个行动从开始到结束共计27天。此后，美国政府仍不断更新、完善对古巴的作战计划，并伺机而动。①

五 制约美国实施应急作战计划的因素

尽管肯尼迪政府制订了旨在推翻古巴政府的作战计划，但由于受到诸多复杂因素的制约，使其终究未能付诸实施。其一，通过支持反对派来实现一个国家的政权更迭是美国的惯用手法，但不论是在古巴国内还是国外，都缺乏一个强有力的政治派别，美国的情报部门也多次指出古巴政府赢得了大多数民众的支持，国内政局稳定，美国策划的骚乱或反叛行动不可能取得成功，这就使美国失去了军事干涉的基本前提。也正因为如此，自肯尼迪政府以来，虽然历届美国政府都对古巴坚持奉行强硬的政策，但始终未敢越雷池一步。其二，无论是空袭还是入侵古巴这样一个小国都会在全世界特别是拉美地区引发一场反美浪潮，在政治上给美国造成严重的负面影响，并使美国与盟国的关系复杂化。因而，美国国务院一直对采取军事手段解决古巴问题持反对态度。即使在美国国内，绝大部分民众也不赞成采取大规模空袭或入侵这样的极端行动，担心这将引发一场更大的战争。②其三，美国要为军事干涉付出高昂的代价，且行动后果难以预料。据大西洋司令部估计，在实施"316行动计划"的首日，美军将伤亡4462人，10天之内伤亡人数为1.85万人，其中陆军为9千余人，海军陆战队为8千余人。③

① Lawrence Kaplan et al., *History of the Office of the Secretary of Defense*, Vol. 5, p. 225；Walter Poole, *The Joint Chiefs of Staff and National Policy*, Vol. 8, pp. 233–234；Jean R. Moenk, "US-CONARC Participation in the Cuban Crisis 1962," pp. 26–29.
② Marcus Pohlmann, "Constraining Presidents at the Brink: The Cuban Missile Crisis," *Presidential Studies Quarterly*, Vol. 19, No. 2, Spring 1989, pp. 340–341.
③ The Atlantic Command, "CINCLANT Historical Account of Cuban Crisis," pp. 55–56；US Army, "US Army in the Cuban Crisis," p. 8.

当时美国情报部门推测在古巴的苏军只有 8000 人，至多 1 万人，更不清楚苏军配备有大量战术核武器。很显然，其对伤亡数字的估计是非常不准确的。事实上，古巴导弹危机发生时，苏联在古巴驻军 41902 人，拥有 36 枚中程导弹和 24 枚中远程导弹、576 枚地对空导弹、80 枚巡航导弹、12 枚战术核导弹和 158 颗核弹头。① 如前所述，美国军方并不能确保大规模空袭就能彻底摧毁苏联在古巴的导弹，也不能保证美国免遭报复。倘若美军实施对古巴的应急作战计划，其结果只能是一场灾难。当时，美国已经完成的庇护所能容纳 6000 万人，不到美国总人口的 1/3。负责民防事务的助理国防部长曾向肯尼迪汇报说，9200 万美国人和 58 个人口超过 10 万人的城市处于古巴导弹的射程之内。因而，民防成为肯尼迪面临的一大难题。他曾考虑对东南沿海若干大城市的居民进行疏散，但鉴于此举势必会造成全国范围的恐慌而作罢。② 入侵可能带来的问题还有很多，古巴 27 万人的部队和数量庞大的民兵组织以及广大民众将对美军实施游击战，4 万苏军也将与古巴军民一道抗击入侵者，从而使得大量美军旷日持久地陷入古巴泥潭。事实上，肯尼迪非常担心对古巴的战争会牵制美国几个师的兵力，从而削弱美军在其他更重要地区的防御与作战能力。他明确地告诫下属："我认为我们应该牢记英国人在布尔战争、苏联人在苏芬战争以及我们自己在北朝鲜的教训。"③ 更为重要的是，美国决策者非常担心空袭或入侵古巴会导致同苏联的战争，这很可能是两国之间的一场核较量。当时美国国家资源评估中心曾用计算机模拟系统就苏联对美国发动大规模核打击的可能后果进行了分析，称在两天之内，苏联可向美国投掷 355 件核武器，即便其攻击的目标限于军事基地而不是城市，仍会有 50 个城市的中心地区遭受严重破坏，3400 多万人将严重缺水，48% 的工厂设施不能使用，有 25 个州的州政府因受到辐射和爆炸冲击波的影响至少在三个月内不能正常运转。④

此外，美国领导人也高度关注当时另一个热点地区，那就是柏林。不论是古巴导弹危机发生之前还是之后，柏林始终是美国政府的一根软肋。

---

① Graham Allison and Philip Zelikow, *Essence of Decision: Explaining the Cuban Missile Crisis*, pp. 204 - 205; Len Scott, *The Cuban Missile Crisis and the Threat of Nuclear War*, London: Continuum, 2007, p. 38.

② *FRUS*, *1961 - 1963*, *Vol. 11*, pp. 173 - 174; Ernest May and Philip Zelikow, eds., *The Kennedy Tapes*, p. 338.

③ *FRUS*, *1961 - 1963*, *Vol. 11*, p. 381.

④ Alice George, *Awaiting Armageddon: How Americans Faced the Cuban Missile Crisis*, p. 41.

与古巴相比，苏联在柏林占有相对优势，特别是在常规力量方面。自 1958 年 11 月以来，美苏两国在柏林展开了新一轮的激烈角逐，双方剑拔弩张，战争一触即发。肯尼迪及其主要顾问大都认为，柏林局势与古巴紧密相连，如果美国对古巴采取行动，苏联势必会在柏林做出反应，夺取整个柏林。腊斯克等人甚至确信，苏联领导人之所以在古巴部署导弹，就是为了声东击西，转移美国人的视线，或刺激美国对古巴动武，以便趁机将西方势力完全赶出柏林。① 1962 年 10 月初，肯尼迪曾向西柏林市长勃兰特表示，"柏林是美国的关键承诺"，"如果不是因为柏林，我们可以在古巴自由采取行动"。这句话虽然对柏林因素的制约作用有些夸大其词，但也的确道出了柏林与古巴之间的内在联系。②

　　美国军方和政府中的一些"鹰派"分子一味地要求使用武力解决问题，确信导弹危机为美国推翻古巴政府提供了难得的机会。军方领导人先后提交了 24 份报告要求采取军事行动，认为不论是在战略力量还是常规力量方面美国都具有明显的优势，这意味着如果美国对古巴采取行动不会有"真正的战争危险"，苏联进行报复或做出军事反应的可能性非常小，甚至完全没有，除了退却之外别无选择；美国面临的最大危险是无所作为，而不是采取空袭和入侵古巴这类具有"决定性"意义的行动。③ 这显然是大大低估了当时的战争风险。肯尼迪坚持军事行动必须同外交谈判协调起来，并服从于政治的需要，通过妥协的方式谋求危机的解决。对他而言，军事部署乃是向苏联和古巴施加压力、促其妥协的重要手段，是实现政治目标的重要工具。肯尼迪政府对古巴的应急作战计划清晰地折射出美国对古巴政策的复杂性以及冷战的一些基本特征，也揭示出美国霸权的限度。

（原刊于《历史研究》2013 年第 2 期）

---

① Richard Betts, *Nuclear Blackmail and Nuclear Balance*, Washington, D. C.：Brookings Institution, 1978, p. 115.
② *FRUS, 1961 - 1963, Vol. 15*, p. 347.
③ Anatoli Gribkov and William Smith, *Operation Anadyr*, p. 151；Gregg Herken, *Counsels of War*, New York：Alfred A. Knopf, 1985, p. 168；Richard Kohn and Joseph Harahan, "U. S. Strategic Air Power, 1948 - 1962," *International Security*, Vol. 12, No. 4, 1988, pp. 93 - 94.

美日对中国研制核武器的认识
与对策（1959～1969）

崔　丕[*]

20 世纪 60 年代，中国研制核武器的进程引起美日两国政府的高度关注。20 世纪末以来，美国政府率先公开有关中国研制核武器的绝密档案，激发了国际学术界关于美国对中国研制核武器的认识与反应问题的研究热潮。作为中国的近邻同时又是美国在亚洲最重要的盟国，日本政府究竟是怎样认识中国研制核武器的呢？美日两国政府是从何时起交换有关中国研制核武器的绝密情报并协商应对中国研制核武器这一重大事态的？在这一过程中，美日两国政府选择并确定了何种政策？美日两国政府的抉择，对美日关系和亚洲冷战究竟产生了何种影响？在这一研究领域，有许多重要的历史事实需要澄清和认定，有许多重要的历史认识问题需要重新思考。

一　美日对中国研制核武器进程的认识与特征

20 世纪 50 年代，中苏同盟是中国对外政策的基石，也是中国与美国对抗的后盾。朝鲜战争和第一次台湾海峡危机以后，中国政府做出推进国防现代化的重大决策并向苏联请求援助。1955～1958 年期间，中苏两国先后签署六项与研制核武器有关的科学技术协定，根据这些协定，苏联将向中国提供铀矿勘探技术、精炼技术、铀浓缩技术、核燃料成型加工技术、核反应堆技术、化学处理技术、核武器制造技术、核武器储存技术、核试验基地建设等方面的援助。从 1958 年起，中国开始研制核武器。1959 年 6 月 20 日苏联撕毁《中苏国防新技术协定》、中断对华核技术援助以后，中国继续独立研制。[①]

---

* 华东师范大学历史学系教授、博士生导师。
① 《中国政府发言人声明——评苏联政府八月三日的声明》，《人民日报》1963 年 8 月 15 日，第 1 版。

从 1950 年代后半期起，美国政府就开始密切关注中国研制核武器的进程。1959 年 9 月 25 日，美国政府首次对中国研制核武器的进程做出基本判断。美国国家安全委员会认为，在 1963 年前中国将拥有核武器。① 如果说，这一判断的主要依据是关于中国核工业发展状况和苏联对华援助水平的情报。那么，进入 20 世纪 60 年代，美国政府更多地依赖 U2 高空侦察机和 KH－4 侦察卫星搜集中国研制核武器的情报。1960 年 12 月 13 日，美国国家情报机构第一次对中国研制核武器的进程进行全面评估。"国家情报评估第 13－2－60"文件从中国原子能计划的历史沿革、技术能力、核材料制取、核武器以及苏联对华援助等方面进行分析，认为"中国第一台制造反应堆大约在 1961 年末达到临界状态；第一台钚反应堆可能在 1962 年建成"；"中国进行第一次核武器试验的时间，最大可能是在 1963 年，当然也可能推迟到 1964 年或提前到 1962 年"，中国研制核武器的进程取决于苏联的援助水平；中国在 1962 年年底以前不可能制造出足够的浓缩铀，中国爆炸的第一个核装置将是"钚弹"。② 此后，美国政府对中国研制核武器的情报掌握得越来越全面，关注的焦点不再是"中国是否研制核武器"，而是"中国在何时进行核武器试验"，以及如何应对中国拥有核武器的新形势。③

20 世纪 60 年代，日本关于中国研制核武器的情报调查和分析评估工作，主要是由外务省中国课、国际资料部调查课、放射能对策本部这三个部门承担的，其中以外务省中国课为主。每当遇到重要情报，中国课官员通常是在与防卫厅和科学技术厅有关人士交换意见以后再提出评估报告。④ "中共情报总第 603 号"文件（1960 年 2 月 1 日）、"中共情报总第 619 号"

① NSC5913/1, U. S. Policy in the Far East, September 25, 1959, Paul Kesaris, ed., *Documents Of The National Security Council*, *Third Supplement*, Frederick: University Publications of America, Inc., 1987, Reel 3. 在美国国家安全委员会第 419 次会议上，没有任何人对此提出异议。Paul Kesaris, ed., *Minutes Of Meetings Of The National Security Council*, *Third Supplement*, Frederick: University Publications of America, Inc., 1995, Reel 6.
② NIE13－2－60, The Chinese Communist Atomic Energy Program, 13 December 1960, NIE China Collection, www. foia. cia. gov/.
③ NIE13－2－62, Chinese Communist Advanced Weapons Capabilities, 25 April 1962; NIE13－6－63, Communist China's Advanced Weapons Program, 24 July 1963; SNIE13－4－64, Communist China's Advanced Weapons Program, 26 August 1964, NIE China Collection, www. foia. cia. gov/.
④ 日本外务省外交史料館：《原水爆実験関係・中共関係》，第 19 回公開，平成 17 年 2 月 25 日。C'－421/1－6。该批解密档案共计 4 个卷宗，收录昭和 35 年 2 月 22 日至昭和 44 年 10 月 7 日期间日本对中国第一次核试验至第十次核试验的调查资料和有关文电。以下在引证该卷宗档案时仅注明文件名称、时间、卷宗分类号。

文件（1960 年 4 月 6 日）、"中共情报总第 756 号" 文件（1961 年 9 月 9 日）、"中共情报总第 829 号" 文件（1962 年 8 月 30 日）这四份评估报告，体现了日本外务省对中国研制核武器进程的初步判断。其中，"中共情报总第 603 号" 文件的主要内容是关于中国核工业的发展状况。"中共情报总第 619 号" 文件《关于中国核试验完成的时间》的分析视角与基本判断有以下几点。首先，从核爆材料的提取技术来看，铀 235、钚 239、铀 233 这三种核裂变物质都可以作为核爆材料。由于在技术上提取铀 233 的难度非常之大，还没有任何一个国家能够以此作为核爆材料。"如果不是电力资源丰富的国家"，难以对铀 235 进行分离浓缩。而任何国家只要拥有反应堆，无论是研究性反应堆还是作为动力使用的反应堆，都能够制取钚 239。美国在广岛投放的第一颗原子弹使用的是铀 235，在长崎投放的第二颗原子弹使用的是钚 239。1960 年 2 月法国在撒哈拉沙漠进行的核试验使用的也是钚 239。由此推断，中国原子弹的核爆材料将是 "钚"。其次，从苏联对华核技术援助来看，1958 年 6 月，中国在北京郊外建设第一座功率为 7000～10000 千瓦的实验性重水反应堆，1959 年投入使用，以浓缩铀作为燃料，每年能够生产 2.5～3 公斤钚，制造一颗原子弹需要 10 公斤钚，加之中国尚未拥有核原料化学处理设备，由此推断："即使苏联给予某种程度的援助，估计将在 1965 年前后进行原子弹爆炸。"最后，美国、苏联、英国、法国从建设研究性反应堆到建立生产钚反应堆的时间通常需要 2～5 年，从生产钚反应堆运转到完成原子弹爆炸通常需要 2～3 年。因此，中国进行第一颗原子弹爆炸的时间也将在 "1965 年前后"。[1]

如果说，"中共情报总第 619 号" 文件所做出的判断完全是依靠日本外务省独立的情报来源，"中共情报总第 756 号" 文件则表明，日本外务省从英国和美国那里获得的某些情报成为其判断的另一个基本依据。该文件指出：根据英国从苏联原子能专家那里获得的情报，除 1958 年建设的北京 1 号反应堆以外，中国还在北京、西安等地新建 3 座核反应堆，功率分别为 2500 千瓦、750 千瓦、25000 千瓦。"其可靠性尚未确认"。另据美国方面的情报，"中国在研究所和大学建立了 20 多个研究机构，除苏联提供的实验性反应堆和回旋加速器以外，其余设备都是中国自己制造的"。"根据能够获得的所有证据，中共进行第一次核试验的可能时间是 1963 年年中。"日

---

① 中国課：《中共の原爆完成の時期について》，昭和 35 年 4 月 6 日。C'-421/1-6。

本防卫厅专家的意见是："只要中国不是从苏联那里获得核裂变物质或原子弹本身，即使中国拥有 4 座核反应堆，也最早将在 1963 年内进行核试验。"① 在这里，我们可以看到，日本方面主要是从核反应堆的数量与中国积存到足以制造一颗核弹所需要的核爆材料数量这一逻辑关系做出判断的。其科学理论基础是核装置引起链式反应（连续性核裂变反应）所需要的核材料的最低量值（临界质量）。这种认识，在"中共情报总第 829 号"文件中仍然没有变化。②

在确认中国研制核武器的事实以后，日本政府就开始在国际外交活动中与西欧国家交换对这一重大事态的看法。1962 年 10 月，大平正芳外务大臣在与意大利政府外长的会谈中指出：如果没有苏联的援助，"中共难以很快独立实现核武装，即使能够进行核试验，距离获得核武器运载手段还需要相当长的时间，目前没有必要夸大危险"。③ 1962 年 11 月 12 日，池田勇人首相访问英国。在与麦克米伦首相的谈话中，池田首相强调说："尽管发生了中印边境争端，但是，中印边境争端并没有扩大，没有必要夸大中国的威胁。""中国人口众多，在经济方面如果没有苏联的援助，就一定会出现问题。也许能够进行一两次核试验，但是，达不到法国的水平。""共产党国家集团出现多元化，苏联唯恐中国的进步和发展，已经停止了对华援助，中共还无力独自称大。没有必要担心中国的核武装。"一言以蔽之："我害怕共产主义，但我不害怕中国。"④

如此看来，日本政府并不是首先与美国讨论中国研制核武器问题的。那么，美国政府究竟是从何时起向日本提供详细情报的呢？根据美国政府解密的各类档案来看，1962 年 12 月 3 日，美日两国外长在东京举行会谈。美国国务卿腊斯克指出："如果北平获得核武器，我们完全相信他们正在试图这样做，现在太平洋地区存在的危险将急剧增加。我们必须认真看待这

①　中国課：《中共の核爆発実験時期について》，昭和 36 年 9 月 9 日。C'-421/1-6。
②　中国課：《中共の核爆発実験の時期について》，昭和 37 年 8 月 30 日。C'-421/1-6。
③　欧亚局：《大平大臣・イタリア首脳会談録》，1962 年 11 月；日本外务省外交史料馆：《大平外務大臣欧米訪問関係》，第 14 回公開，平成 10 年 6 月 15 日。A'-0357。
④　欧亚局：《池田総理訪欧の際の会談要旨》，1962 年 12 月；日本外务省外交史料馆：《池田総理欧洲訪問関係》，第 14 回公開，平成 10 年 6 月 15 日。A'-0363；Record of Conversation between the Prime Minister and the Prime Minister of Japan at Admiraltu House at 3 p. m. on November 12, 1962, *Foreign Office Files for Japan and the Far East*, Series Two: British Foreign Office Files for Post-War Japan, Marlborough: Adam Matthew Publications 1998, Reel 111, pp. 320-329。在这一时期，英国认为中国将在 1963 年末爆炸第一个核装置。

种威胁。"腊斯克提出三项建议:"首先,日本是否可以比现在计划更快的速度增强其整体防卫力量,为加强自由世界做出贡献?其次,目前,当我们必须想方设法增加对印度和南越的援助时,日本是否能够设法减轻美国的负担?再次,日本是否能够设法减轻美国维持驻日美军的开支?"① 在 12月 4 日的会谈中,腊斯克已经不再使用"如果"这样的假设语气,而是明确指出:"中国正在研制核武器,即使没有苏联的援助,中国可能在一两年内就能够成功研制原子弹。"中国拥有核武器,将对周边国家构成威胁,美国希望与日本共同讨论这些问题。② 显然,腊斯克鼓吹"中国威胁"的用意在于敦促日本加强防卫力量建设和分担美国海外防务开支。1962 年 12 月 19日,美国驻日大使赖肖尔拜会池田勇人首相。正是在这次谈话中,池田首相提议美日双方交换有关中国研制核武器的情报。③ 根据日本外务省解密的档案,美日两国防务部门的高级官员讨论中国研制核武器问题,始于 1962年 11 月美国国防部长麦克纳马拉与日本防卫厅长官志贺健次郎的会谈。麦克纳马拉问道:"日本自卫队怎样认识中国核武装问题?中国的核武装对日本防卫计划将产生怎样的影响?"志贺健次郎答曰:"我认为对日本的防卫计划没有太大的影响。"④ 可以说,直到 1962 年 12 月 19 日,美日两国只是原则性讨论中国研制核武器问题,美国对其已经掌握的有关绝密情报还有所保留。美国真正将其掌握的绝密情报透露给日本政府,是在 1963 年 1 月9 日美国驻日大使赖肖尔与大平外相的谈话中。负责会谈记录的是外务省亚洲局局长安藤吉光。日本外务省解密的会谈记录全文如下:"赖肖尔:关于共产党中国是在今年进行核试验还是以后进行核试验的问题,美国专家也在讨论。如果核爆推迟,核武器运载系统方面的研制也将推迟。(1962 年 12月 28 日,赖肖尔大使在白金官邸拜访大平大臣时依据空中摄影图片说明苏联在古巴部署的导弹基地。关于共产党中国以及共产党国家在西伯利亚的

---

①　Memorandum of Conversation, Subject: The Japanese Defense Effort and Military Offsets, December 3, 1962, *National Security Archives, Japan and United States: Diplomatic, Security and Economic Relations, 1960 - 1976*, ProQuest LLC., 2008, JU00187. 以下使用缩略语 *NSAJU*。

②　Memorandum of Conversation, Subject: Rusk, Ohira, et al., Chinese Communist Nuclear Explosion, December 4, 1962. NSF, CF, Box 124A, *John F. Kennedy Library*, Boston, Mass. 以下使用缩略语 *JFKL*。

③　Tokyo to Secretary of State, December 19, 1962, *NSAJU00190*.

④　米課:《志賀防衛庁長官訪米の際の米国防省首脳との会談要旨》,昭和 38 年 2 月 4 日;日本外务省外交史料館:《米国要人本邦訪問関係雑件》第 4 巻,(Ⅱ)《ギルパトリック国防次官》,第 18 回公開,平成 15 年 12 月 24 日。A'-0429。

导弹基地，因为近日将获得新的情报，那时再详细说明）。由于今天获得了新情报，希望根据这些新情报，以导弹为中心说明大陆的军事形势。随后，他依据在过去的一年中空中拍摄的 20 幅图片和导弹配置图介绍了共产党中国的导弹军备状况。即共产党中国拥有五个导弹中心：（1）双城子：导弹试验和研制中心；（2）莲山（根据对方的地图，是在山海关以南——安藤）：导弹基地；（3）兰州：水电站—气体扩散厂；（4）大连：导弹基地；（5）西安：导弹训练中心。"①

　　美国政府向日本提供以上详细情报以后，日本对中国研制核武器进程的认识出现一些重要的变化。1963 年 2 月 15 日的"中国情报总第 875 号"文件认为，"中国在研究人员、技术水平、资源等方面已经具备独立研制核武器的能力。1960 年以来，苏联事实上已经中断对华援助，这虽然减缓了研制速度，但是，中共仍然能够继续独立进行研制"。"关于核反应堆的数量问题，虽然已经公开发表的只有北京的研究性反应堆，即使仅以这一座反应堆来计算，已经积存了理论上进行一次核试验所需要的钚的数量。""钚弹的临界质量值是 16.45 公斤，核装置外壳的厚度不同，所需要的钚含量亦有所不同，只要有 6 公斤到 10 公斤的钚，就能够爆炸。在制造技术上，使用铀 235 的核弹要比使用钚 239 的核弹容易些。""根据美国方面的情报，虽然还不能确认中国大陆存在制造铀 235 的装置，但是，存在中共尝试制造铀 235 的可能性。""在理论上（物质上），中国在 1963 年进行核试验的可能性最大，但是，在现实中可能性最大的是 1964 年。"②

　　在这里应当指出，按照美国向日本提供的情报，当中国成功爆炸第一颗原子弹时，美国已经进行了 337 次各种类型的核试验。③ 1954 年 12 月起，美国开始在冲绳部署核武器。到 1960 年前后，美军在亚洲太平洋地区各军事基地部署了近 1700 枚核武器。其中，在冲绳有 800 枚，在韩国有 600 枚，在关岛有 225 枚，在菲律宾有 60 枚，在中国台湾有 12 枚。1967 年是美国在亚洲太平洋地区部署核武器最多的年份，共计 3200 枚。其中，约有 1300 枚部署在冲绳。④ 美国已经在中国周边建立起相当完备的核武器攻守体系。因

---

① アメリカ局北米課：《大平大臣、ライシャウァ一大使会談の件》，昭和 38 年 1 月 9 日。C' - 421/1 - 6。

② 中国課：《中共の核実験問題》，昭和 38 年 2 月 15 日。C' - 421/1 - 6。

③ 苏联进行了 127 次核试验；英国进行了 24 次核试验；法国进行了 5 次核试验。中国課：《中共の第 2 回核実験について》，昭和 40 年 5 月 24 日。C' - 421/1 - 6。

④ 我部政明：《沖縄返還とは何だったのか》，東京：日本放送出版協会，2000，第 79 頁。

此，尽管美日两国对所谓"中国威胁"问题的认识不尽相同，但是，在分析判断中国研制核武器的进程问题时，两国始终都低估中国核科学技术的水平，贬低中国核武器在军事战略领域的意义，强调中国拥有核武器并没有改变世界核力量的格局，只是将对亚洲非共产党国家产生政治和心理影响。① 尽管美日两国政府在中国成功进行第一次核试验和第二次核试验以后确认了以下事实：中国使用的核爆材料是铀 235，而非钚 239；在铀分离浓缩工艺方面使用的是"气体扩散法"；引爆方式为内爆式；核当量从相当于 2 万吨梯恩梯炸药发展到 4 万吨梯恩梯炸药；实验方式从在地面铁塔上引爆发展到使用图 - 4 型轰炸机或图 - 16 型轰炸机空投，中国的核试验正在向武器化方向发展。但是，美日两国对中国研制核武器在军事战略领域的意义和对亚洲非共产党国家的政治心理影响之认识，却并没有发生根本性的变化。② 这种认识方式直接影响着它们如何选择应对之策。

二　美国遏制中国核开发的对策构想及其变化趋向

在美国情报机构不遗余力地搜集和分析中国研制核武器的有关情报的过程中，美国政府决策者提出了多种阻挠中国研制核武器的进程、抵消中国对亚洲非共产党国家的政治心理影响的对策。这些对策构想集中在五个方面：其一，在日本本土部署核武器，以备随时对中国进行核打击；其二，以何种方式直接摧毁中国的核设施；其三，美苏联合排除中国的核能力；其四，向日本转让核武器还是向日本提供核保护？其五，美日宇宙空间技术合作。从时间上看，美国政府提出向日本转让核武器和美日宇宙空间技术合作的构想，早于在日本本土部署核武器、直接摧毁中国核设施、美苏联合排除中国核能力等构想。若从美国政府后来的现实政策取向来看，在向日本转让核武器还是向日本承诺提供核保护的问题上，存在着前后相承和转换的内在联系。在美国遏制中国核开发的种种对策构想中，只有美国

---

① Department of State Policy Planning Council, the Implications of a Chinese Communist Nuclear Detonation and Nuclear Capability, June 1 , 1964；《米側調書 "中共の核爆発と核戦力の意義" に対するコメント》，昭和 39 年 7 月 21 日；昭和 39 年 8 月 5 日。C'-421/1 - 6。

② 中国課：《中共の核爆発とその影響》，昭和 39 年 10 月 24 日；中国課：《中共の核・ミサイル開発に対する各国の評価》，昭和 39 年 11 月 25 日；中国課：《中共の核実験、核開発に関する米国の考え方》，昭和 40 年 3 月 16 日；中国課：《中共の第 2 回核実験について》，昭和 40 年 5 月 24 日。C'-421/1 - 6。

对日核保护政策和美日宇宙空间技术合作政策成为现实。从方法论的角度来说，我们在考察美国遏制中国核开发的对策构想及其变化趋向时，应当注重区分对策构想与现实政策二者的差异和联系，应当注重揭示美国对华政策与对日政策之间的内在相关性。

（一）关于美军在日本本土部署核武器，以备随时对中国进行核打击的构想

1961 年 6 月 26 日，参谋长联席会议在致国防部长麦克纳马拉的备忘录中指出：共产党中国获得核武器将给美国和自由世界特别是亚洲非共产党国家的安全带来巨大的影响，美国政府应当通过政治、经济、心理以及军事手段抵制这种影响，制订一项联合行动计划，以确保采取准确和及时的行动应对将来所遇到的问题。① 1962 年 3 月 23 日，参谋长联席会议提出了三个建议方案。其一，"国务院正式开始同日本政府谈判，要求日本政府同意美军在日本本土储存和部署核武器"。其二，"与日本政府防卫厅长官或其他适当的高级官员达成关于承认在日本本土储存部署核武器的秘密口头谅解"，此乃效法美国与联邦德国阿登纳政府之间达成的秘密谅解。"即使该秘密谅解被泄露，日本内阁总理大臣也完全可以否认此事与自己有关。"其三，运载核武器的飞机在美军驻冲绳军事基地与驻日本本土军事基地之间定期巡航。这就是所谓"高速运转计划"。按照这个计划，以美军驻冲绳嘉手纳空军基地为根据地，使用部署在嘉手纳空军基地的 C－130 运输机，每两三架运输机编成一组，运载储存在嘉手纳美军基地的核武器，定期在美军驻板付空军基地（福冈县）、横田空军基地（东京都）、三泽空军基地（青森县）之间飞行。只要这些运输机能够在上述空军基地之间持续高速运行，就能够做到无论何时都在日本本土经常性地配置核武器，缩短发动核攻击作战的时间，提高美军的核威慑力。三个方案当中，参谋长联席会议最倾向于最后一个。国务院认为，"在今后相当长的时间内，只要日本人对核武器普遍持嫌恶态度，日本政府就很难承认美军在日本本土储存核武器的权利"。"高速运转计划将给美日之间构筑起来的相互信赖关系带来直接的消极影响。""一旦真相败露，就可能使美国丧失全部驻日本本土的军事基地。"从此，参谋长联席会议不再坚持谋求平时在日本本土储存核武器的

---

① Memorandum from the Joint Chiefs of Staff to Secretary of Defense McNamara, 26 June 1961, *FRUS*, *1961－1963*, *Vol. 22*, *Northeast*, Washington, D. C.：USGPO, 1996, pp. 84－85.

权利,而是考虑怎样在"紧急事态"时期拥有在日本本土储存部署核武器的权利。①

(二) 关于以何种方式摧毁中国核设施的构想

1963 年 7 月 31 日,负责国际安全事务的助理国防部长威廉·邦迪向参谋长联席会议主席建议:对中国核武器制造基地进行常规军事打击。1963 年 11 月 18 日,参谋长联席会议主席泰勒提出了第一个关于摧毁中国核设施的秘密行动计划。② 12 月 14 日,泰勒在致国防部长麦克纳马拉的备忘录中提议:使用核武器进行军事打击。③ 1964 年 4 月 22 日,政策设计委员会主任罗斯托向美国国家安全委员会提出了多种可供选择的方案。其中第一个方案就是"直接摧毁中国的核设施"。在他看来,这不仅能够延缓中国研制核武器的进程,而且还将极大地减少印度研制核武器的直接动机,以及日本获得核能力的可能性。但是,美国无法保证这个行动能够彻底摧毁中国的核能力,在任何情况下,中国都能够重新建设其核设施。关于是否应当实施秘密行动计划,他认为,"秘密行动似乎在政治上最可行","在技术上的可行性仍将是一个问题,须继续分析"。④ 1964 年 5 月 1 日,腊斯克向约翰逊总统提出:"在怎样对抗中国核试验的军事以及政治心理影响问题上,军事摧毁中国核设施的构想是不受欢迎的。"⑤ 1964 年 9 月 15 日,美国政府决定放弃直接摧毁中国核设施的构想。⑥ 从 1965 年开始,国务院与国防部

---

① Dispersal of Nuclear Weapons to Japan, March 23, 1962; Edward E. Rice to Johnson, Nuclear Weapons Storage in Japan, March 23, 1962, *NSAJU00155*, *NSAJU00154*.

② Memorandum, General Maxwell D. Taylor, Chairman, Joint Chiefs of Staff to General LeMay, General Wheeler, Admiral McDonald, General Shoup, Chinese Nuclear Development, 18 November 1963, RG 218, Records of the Joint Chiefs of Staff, Chairman's Files (Maxwell D. Taylor), Box 1, CM – 1963, N. A.

③ Memorandum, General Maxwell D. Taylor, Chairman, Joint Chief of Staff to Secretary of Defense McNamara, 14 December 1963, RG 218, Records of the Joint Chiefs of Staff, Chairman's Files (Maxwell D. Taylor), Box 1, CM – 1963, N. A.

④ Walt Rostow to White House – Mr. Bundy, The Bases for Direct Action Against Chinese Communist Nuclear Facilities, April 22, 1964, *Declassified Documents Reference System* (*DDRS*), Gale: 2010, CK3100491853 – CK3100491887.

⑤ Memorandum from Secretary of State Rusk to President Johnson, Items for Evening Reading, 1 May 1964, enclosing W. W. Rostow, Chairman, Policy Planning Council to the President, The Implications of a Chinese Communist Nuclear Capability, 30 April 30, 1964, RG 59, President's Evening Reports, 1964 – 74, Box 1, Presidents Evening Reading Items, 1964, N. A.

⑥ McGeorge Bundy, Memorandum for the Record, September 15, 1964, National Security File, McGeorge Bundy, Memos to the President, Vol. 6, *Lyndon B. Johnson Library* (*LBJL*), Austin, Texas.

联合组建关于"共产党中国研究"的特别小组，分别进行"短期研究"和"长期研究"。"短期研究"旨在阐明中美对抗在 1965 年可能出现的发展态势。① "长期研究"旨在阐明美国与中国在 1966~1976 年期间的政治军事地位。② 在这一时期，美国在亚洲的核战略部署始终围绕着中国核武器的发展进程进行调整。③

（三）关于美苏联合排除中国核能力的构想

这一构想是建立在两个重要事实前提之上的。其一，古巴导弹危机以后美苏在核不扩散领域的合作。其二，中苏同盟已经名存实亡，中苏关系日益恶化。1963 年 1 月 23 日，在美国国家安全委员会会议上，助理国务卿哈里曼提出关于美苏合作的构想，得到参谋长联席会议的支持。④ 按照这一方针，1963 年 6 月 12 日，国务院政策设计委员会提出了关于美苏联合排除中国核能力的计划，包括政治说服、贸易禁运、海上封锁、使用常规军事力量摧毁中国的核设施。⑤ 1964 年 9 月 15 日，约翰逊总统主持召开的内阁会议决定："国务卿应当尽快与苏联驻美大使多勃雷宁进行私下讨论。"⑥ 虽然现在还难以确认腊斯克是否同多勃雷宁进行了私下讨论，但从 1964 年 9 月 25 日邦迪与多勃雷宁的会谈来看，苏联的反应是相当消极的。多勃雷宁指出："中国的核武器对苏联和美国都没有什么重要性，只不过会在亚洲产生一些心理影响罢了。这种影响对他的政府并不重要"；"苏联与中国之间

---

① Special State-Defense Study Group Short Range Report on Communist China, April 30, 1965, *DDRS*, CK3100119641 – CK3100119817; State-Defense Meeting on Communist China Study, 27 August 1965, *DDRS*, CK3100133987 – CK3100133992.

② Special State-Defense Study Group Long-Range Study on Communist China, June 1, 1966, *DDRS*, CK3100134582-CK3100134802; Working Paper: Terms of Reference for Communist China Study to be Conducted by a Special State-Defense Study Group, 2 July 1965, *DDRS*, CK3100133977-CK3100133979.

③ National Security Study Memorandum 69, Subject: U. S. Nuclear Policy in Asia, July 14, 1969, NSC Institution of Files, Box H-161, Nixon Presidential Materials, College Park, MD.

④ General Curtis E. LeMay, Acting Chairman, Joint Chiefs of Staff , to Secretary of Defense, Study of Chinese Communist Vulnerability, 29 April, with Report on Chinese Communist Vulnerability Attached, RG 59, Records of Bureau of Eastern Affairs, Office of the Country Director for the Republic of China, Top Secret Files Relating to the Republic of China, 1954 – 65, Box 4, 1963, N. A.

⑤ Department of State, Aborting the CHICOM Nuclear Capability, 12 June 1963, *DDRS*, CK3100488491.

⑥ McGeorge Bundy, Memorandum for the Record, September 15, 1964, National Security Files, McGeorge Bundy, Memos to the President, Vol. 6, *LBJL*.

的条约仍然有效"。①

(四) 关于向日本转让核武器还是向日本提供核保护的构想

1961 年 1 月 9 日，参谋长联席会议提出："在未来五年内，也可能在十年以内，中国将成为拥有洲际弹道导弹的国家，美国特别是战略空军应当考虑怎样应对共产党中国的长期威胁问题。"1961 年 2 月 8 日，美国空军司令部提交对策文件《共产党中国的长期威胁》。该文件认为，中国研制核武器的进程可以分成为三个阶段：在第一阶段，中国将研制出少量的核装置，包括核武器和运载工具，中国将强调这是中国成为世界主要大国的象征；在第二阶段，中国将拥有相当数量的核武器和运载能力，能够在亚洲范围内使用；在第三阶段，中国将拥有直接攻击美国的能力，但只有到 1970 年以后才能具备这种能力。因此，在中国研制核武器的第一阶段，美国的战略是："支持亚洲非共产党国家，重申美国决心履行其条约义务。"其中包括：(1)"鼓励日本、印度、台湾这类经过选择的亚洲国家，建设其自己的核防空力量，以应对共产党中国核攻击的威胁。长期目标是使亚洲非共产党国家能够抵消共产党中国的优势"；(2)"发展核分享计划，向那些经过选择的盟国提供防御性核武器，向那些希望获得自己的核能力的国家提供技术援助"；(3)"在面临中国严重威胁的地区，部署进攻性导弹和能够快速反应的空军力量"；(4)支持亚洲非共产党国家发展防卫力量，提供军事装备，以保障维护其国内安全；(5)维护集体安全保障和快速反应，美国的战术部队准备向任何受威胁地区调动；(6)有选择地改善亚洲非共产党国家的空中运输网络，以促进经济发展和政治稳定，并为中央政府迅速向受威胁区域调动军队提供手段；(7)寻求缔结国际军备控制协定，这将在不影响西方世界安全的情况下，降低军事开支的经济负担。在中国研制核武器的第二阶段，美国应当采取的战略是：除前述措施以外，还包括：(1)"通过出售或赠与的方式，鼓励日本、印度、台湾可能还包括韩国、巴基斯坦和菲律宾以美制进攻性核导弹系统装备其军队。应当鼓励日本在建设战略对抗军事能力方面发挥带头作用"；(2)建立合作机制，强化战略力量，以保证对共产党中国的任何侵略行动能够进行战术核反应；(3)利用中苏分裂。在中国研制核武器的第三阶段，美国的战略是：(1)现在针对苏联的措施

---

① Memorandum of Conversation with Ambassador Dobrynin, September 25, 1964, *FRUS, 1964 – 1968, Vol. 30, China*, Washington D. C.：USGPO, 1998, pp. 104 – 105.

同样适用于制裁中国；（2）位于日本、台湾、印度、菲律宾以及亚洲其他地区的导弹基地，与美国和欧洲战略打击力量联合起来，形成对抗共产党国家集团的战略圈，完成进攻或防御任务。① 应当说，这份文件提出的向日本转让核武器的政策建议，乃是与肯尼迪政府在世界范围内推行的核不扩散政策相抵牾的。因此，这一构想在肯迪迪政府中并没有得到积极的反响。相反，怎样防范中国研制核武器在日本可能引起的连锁反应，成为美国政府权衡遏制中国核开发对策的利弊得失时特别关注的课题。

肯尼迪遇刺身亡以后，继任的约翰逊继续在世界范围内推行核不扩散政策。1964 年 2 月，美苏两国政府重新开始进行核不扩散问题的谈判。与此同时，约翰逊政府更加关注日本的动向。1964 年 6 月 26 日，国务院全面评估了日本的发展前景。在这份全面反映美国对日政策思想的重要文件中，特别突出地强调了两个方面的认识和判断。首先，关于中国核试验对日本的影响问题。"中国的核试验是对日本最强烈的外部刺激"。就其"短期影响"来说，"中国的核试验可能仅仅是时间的问题，对日本的舆论和日本政府的政策不会产生根本性的或巨大的影响"，"这是因为多年以来在远东存在苏联的核武器，苏联是比中国更大的潜在威胁"。就其"长期影响"来说，"支持日本加强防卫建设的舆论可能越来越强，这可能有利于日本政府采取为使日本军队合法化而修改宪法以及获得核武器的行动"。其次，在1960 年代末以前，日本是否将向核武装的方向发展，至少在今天还存在可能性。如果对美国核威慑力量的信赖程度降低，日本就将像欧洲各盟国一样要求参与美国的核战略。今后，"只要认为制造核武器及运载系统的费用不超过日本的财力，在国内的压力下，日本可能就会为了独立的核威慑力而乘机制造核武器及运载系统"。不过，在 1960 年代中期，日本实际着手开发核武器的概率很低。②

1964 年 10 月 16 日，中国成功进行了第一颗原子弹爆炸试验。1964 年11 月 23 日，约翰逊主持召开内阁会议。国务卿腊斯克提出："无论何时，美国是否必须对中国使用核武器？"如果答案是否定的，应当容忍"有选择的核扩散"，例如对像日本和印度这样的希望拥有独立核力量的国家。国防

---

① Memorandum from Lt. General John K. Gerhart, Deputy Chief of Staff, Plans and Program, U. S. Air Force, to Air Force Chief of Staff Thomas White, Long-Range Threat of Communist China, 8 February 1961, Thomas White Papers, Box 44, Air Staff Actions, Library of Congress, Washington D. C.

② Department of State, Future of Japan, June 26 1964, *DDRS*, CK3100064648 – CK3100064747.

部长麦克纳马拉则表示，他不认为日本和印度希望拥有独立的核力量。军
备控制与裁军署署长威廉·C. 福斯特提议：当前应继续维持严格地核不扩
散政策。这次会议决定继续将核不扩散作为美国的全球战略目标，继续研
究核不扩散政策的具体措施。① 腊斯克请求负责核军备控制政策的国务院顾
问汤普逊探讨建立"亚洲核储备制度"和"亚洲多边核力量"体系的可能
性。② 所谓"亚洲核储备制度"，就是将美国在北约推行的"核分享制度"
移植到亚洲来。"当发生中国的侵略行动时，美国向亚洲各友好国家提供低
当量的战术核武器，在美国的同意下，受援国发射核武器。日本、印度、
澳大利亚、新西兰、菲律宾、巴基斯坦、泰国、韩国等国家，乃是美国预
定提供核武器系统（包括核武器和运载工具）、核储藏设施、技术培训的对
象。通过提供核武器援助，就能够抑制亚洲非共产党国家获得独立的核武
器能力。""即使在日本现行的宪法下"，为了加强日本的防空力量，也可以
向日本提供"胜利女神"和"大力神"地对空导弹使用的核弹头；通过无
偿军事援助计划，向日本提供 F - 102 战斗机和能够搭载小型核导弹的 F -
104 战斗机。③ 所谓"亚洲多边核力量体系"，同样是将美国在北约推行的
"多边核力量体系"移植到亚洲来。按照国务院的设想，以日本、韩国、印
度、东南亚条约组织成员等为对象，构建亚洲多边核力量集团，从而抑制
中国研制核武器在亚洲非共产党国家中引发的连锁反应。④ 然而，当北大西
洋公约组织成员国对是否接受"欧洲核分享计划"和"多边核力量计划"
的分歧还没有解决时，要想将其扩大化，谈何容易！这样，无论是"亚洲
核储备制度"还是"亚洲多边核力量体系"构想，全都胎死腹中。

　　1964 年 11 月，日本政坛更迭，佐藤荣作内阁建立。1964 年 12 月 29
日，赖肖尔大使拜会佐藤荣作。这次会谈本来是为佐藤荣作首相即将访美
而进行的预备性会谈。根据赖肖尔大使的报告，佐藤对正式议程中没有的

---

① Memorandum of Conversation, November 23, 1964, *FRUS, 1964 - 1968, Vol. 11, Arms Control and Disarmament*, Washington D. C. : USGPO, 1998, p. 123.

② Memorandum, Thompson to Member of the Committee on Nuclear Weapons, November 10, 1964; August-December, 1964, Box 2, Executive Secretarial, Records Relating to the Committee of Principals (ESCP), 1964 -1966, Lot Files, RG 219, N. A.

③ Memorandum, Thompson to Rusk, December 4, 1964, DEF (14), November-December 1964, Non-Proliferation, PMDA, 1961 - 1966, Box 9, Lot Files, RG 59, N. A.; DOD/ISA, U. S. Nuclear Assistance to Pacific-Asian Countries, DEF (14), November-December 1964, Non-Proliferation, PMDA , 1961 -1965, Box 9, Lot Files, RG 59, N. A.

④ Draft Minutes of Discussion, December 13 - 14, 1964, *FRUS, 1964 - 1968, Vol. 11*, p. 148.

核防卫问题特别关心，他说："如果对手拥有核武器，自己当然也要拥有，此乃常识。当然，日本的舆论还不能接受这种说法，因此必须进行教育。"他感到现在已经有了年青一代朝这个方向迈进的兆头。核武器的成本确实比人们想象的还要低廉，日本的科学和产业技术完全能够进行生产。他表示，日本没有过去的那种帝国主义野心，美国不必为他刚才所说的话担忧；在未来的几年中，日本必须重新考虑整个防卫问题。赖肖尔在致国务院的报告中特别强调："这是他第一次听到日本政府首脑关于开发核武器的想法。"① 1965 年 1 月 12 日，美日首脑会谈如期举行。佐藤首相再次提出他关于日本研制核武器的构想。他说："由于有美国的保护，大多数日本人都认为日本是安全的。只要一说到核武器，日本人就认为决不应当拥有核武器，决不应当制造必须使用核武器的形势。我个人认为，如果中国拥有核武器，日本也就应当拥有核武器。不过，这不是日本国内的感情，因此，只能在自家人中间议论。"② 单独会谈结束以后，约翰逊和佐藤荣作来到内阁会议室，向等候在那里的外相椎名悦三郎、自民党干事长三木武夫、美国国务卿腊斯克介绍美日首脑会谈的情况。当佐藤荣作谈到"除常规武器以外，如果日本遭到核武器的攻击，美国是否援助日本"时，约翰逊总统回答说，"是的，此外，我们理解日本的处境，不希望增加核国家的数量"。③ 在这简短的应答中，约翰逊总统向日本阐明了两个重要的政策原则：美国承诺向日本提供核保护；美国不希望日本拥有核武器。

那么，我们应当怎样认识佐藤的"核拥有论"呢？佐藤荣作的真意究竟何在？应当说，佐藤的"核拥有论"存在诸多含混暧昧之处。日本应当拥有核武器，是仅仅指岸信介内阁在解释宪法时承认的小型战术核武器，④还是指要发展包括核武器以及作为运载工具的弹道导弹在内的独立核打击

①　Amembassy Tokyo to Department of State, December 29, 1964, NSAJU400; Telegram from the Embassy in Japan to the Department of State, December 29, 1964, *FRUS*, *1964 - 1968*, *Vol. 29*, *Part 2*, Washington: USGPO, 2006, pp. 55 - 56.

②　Memorandum of Conversation, January 12, 1965, *FRUS*, *1964 - 1968*, *Vol. 29*, *Part 2*, *Japan*, USGPO, 2006, pp. 66 - 74; Memorandum of Record, June 1, 1965, NSF, CO, Japan, 1/11 - 14/65 Sato's Visit Memo & Cables, Box 253, *LBJL*.

③　Memorandum of Conversation Between President Lyndon B. Johnson and Japanese Prime Minister Eisaku Sato, January 12, 1965, *DDRS*, CK3100108993 - CK3100108998.

④　1957 年 2 月 8 日，岸信介首相在国会答辩时称：日本的政策是"不拥有核武器"；1957 年 5 月 7 日在参议院内阁委员会会议上又称："只要是在自卫的范围内，即使拥有核武器，也决不违反宪法。"《第 26 回国会衆議院预算委员会会议録》，第 3 号，昭和 32 年 2 月 8 日，第 3 页；《第 26 回国会参議院内阁委员会会议録》，第 28 号，昭和 32 年 5 月 7 日，第 5 页。

力量？在这种情况下，是修改对宪法的解释还是修改宪法第九条？如果旨在发展独立的核打击力量，怎样处理美日安全保障体制与美日关系？如果要想使美国的"核保护伞"与日本独立的核力量同时并存，日本的核力量要发挥怎样的作用？拥有核武器究竟能否提高日本的安全系数？究竟怎样对待国际社会的反应？所有这些问题，都是日本政府在追求拥有核武器时不能不严肃面对的问题。毋庸置疑，佐藤荣作的"核拥有论"还缺乏具体性。当佐藤荣作流露出发展核武器的念头时，日本政府实际奉行的政策恰恰是继续依靠美国的核保护。根据 1966 年国防会议的决定，在 1967～1977 年的《日本第三次防卫力量发展规划》期间，日本要依靠美国的核威慑力量，继续强化防空力量建设。[①] 正是在这样的背景下，1968 年 1 月 30 日，佐藤荣作才在日本国会众议院会议上公开阐明"无核三原则"的同时，明确提出了"依靠美国核保护"的防务政策。[②] 在很大程度上，佐藤的真意是以此换取美国对日核保护的明确承诺。

至此，我们已经可以清楚地看到美国遏制中国核开发的对策构想变化的一个基本趋向：无论是在日本本土部署核武器、直接摧毁中国核设施、美苏联合排除中国核能力的构想，还是向日本转让核武器以制衡中国的构想，都没有成为美国的现实政策。相反，在怎样防范中国研制核武器在日本引发连锁反应这一问题上，对日提供核保护政策在美国政府谋划遏制中国政策的过程中逐渐确立起来。

美国对日核保护政策如同一颗定心仙丹，令日本政府在安全保障领域气定神稳，但是，它并不能完全保障日本和平利用原子能领域的能力决不转用于核武器及其运载系统，更没有解决怎样利用日本在宇宙空间技术领域的能力抗衡中国的问题。美国政府赋予美日宇宙空间技术合作政策的使命，就是要解决以上双重任务。美日宇宙空间技术合作从构想发展成为现实的过程，历经时间之长，体现了美日两国战略利益的差异；其最终得以

---

① 在《堂場肇文書》中收录的《第三次防衛力整備計画の大綱》中，包括三个文本。其一，在文件封面右上方写有《国防会议决定正文》的文书，其中"防卫构想"部分指出："我国防卫的基本方针是：继续坚持与美国的安全保障体制，保持我国自己有效的防卫能力，防患于未然。对于核威胁，依靠美国的核威慑力量"；其二，印刷本《昭和 41 年 11 月 29 日国防会议及内阁决定》，在该文本中删除了前面那些文字；其三，在封面右上方写有"供新闻发表"字样的文件，其中也没有前面那些文字。《堂場肇文書》，日本青山学院大学国际政治经济学部藏。

② 《非核三原則に関する佐藤首相の国会答弁》，1968 年 1 月 30 日；細谷千博 ほか編《日米関係資料集 1945－97》，東京：東京大学出版会，1999，第 757～762 页。

实现，体现了美日两国战略利益的契合。它深刻昭示了美国遏制中国政策变迁的另一个重要趋向。鉴于美日宇宙空间技术合作问题的复杂性和重要性，有必要加以单独论述。

三　美日在宇宙空间技术领域的战略合作

众所周知，第二次世界大战期间，在日本陆海军部的主导下，日本科学家曾经秘密研制原子弹。1945 年 10 月，美军占领当局明令禁止日本进行任何有关原子能和航天航空技术的研究。直到 1952 年 4 月 28 日《旧金山对日和约》生效以后，日本才得以重新开展航天航空技术研究。① 艾森豪威尔政府时期，美国将"军事利用"原子能与"和平利用"原子能相对区分的政策，成为美国对日提供原子能技术援助的转折点。1955 年 11 月，美日两国政府签署《美日原子能技术合作协定》。根据该协定，美国向日本提供用于发展核电事业的浓缩铀以及相关技术资料和设备。② 1955 年 12 月，日本政府颁布《原子能基本法》，将和平利用原子能作为基本国策。③ 1956 年 10 月，日本签署《国际原子能机构宪章》并加入国际原子能机构。日本的航天航空技术研究，同样是朝着和平利用的方向发展的。

在研究体制上，日本航天航空技术研究经历了从以大学为中心的科学研究到成为国家事业的转变过程。1954 年 2 月，以东京大学生产技术研究所糸川英夫教授为中心，成立了"航空电子控制系统与超音速空气动力学研究组"（AVSA），专门从事运载火箭技术的研究。1958 年 9 月，日本成功发射搭载观测仪器的 K - 6（河童 6 型）火箭，高度达到 50 公里，圆满完成了地球高空大气的风、温度、压力、宇宙射线和太阳辐射光谱的观测任务。④ 从此，东京大学成为日本运载火箭技术研究的中心，重点研究使用固

① 佐佐木芳隆：《核戦略の中の日本》；坂本義和：《核と人間 核と対決する20 世紀》，東京：岩波書店，1999，第 192～210 页。
② 关于艾森豪威尔政府时期美国对日原子能技术援助的状况，详见 1956 年 6 月 27 日、1956 年 11 月 7 日、1957 年 2 月 6 日、1957 年 9 月 25 日、1958 年 7 月 23 日、1959 年 4 月 13 日、1960 年 5 月 4 日的《国家安全委员会关于美国对日政策第 5516/1 号文件的执行情况报告》；*Documents Of The National Security Council*, *Sixth Supplement*, University Publications of America, Inc. , 1993, Reel 2, Eighth Supplement, Lexis Nexis, 2003。
③ 藤田久一、浅田正彦编《軍縮条約・資料集（第2版）》，東京：有信堂高文社，1997，第487 页。
④ 科学技術庁計画局：《日米宇宙科学技術研究開発協力に関する協定の参考資料》，昭和34 年 10 月 6 日；外務省外交史料館：《日米宇宙科学技術協力関係》，第 14 回公開，平成10 年 6 月 15 日。I' -0128。

态燃料的大型火箭。

对于日本宇宙空间技术的发展来说，1959 年是具有转折意义的一年。1959 年 6 月，中曾根康弘出任岸信介内阁的科学技术厅长官。1959 年 11 月初，科学技术厅提出了关于《美日空间技术领域合作协定》的建议。其主要内容是：日本向美国提供有关观测和综合研究成果、日制固态燃料火箭及卫星设备（观测设备）；日本希望使用美国的发射场，引进美国的液态燃料火箭（包括培训日本技术人员），获得美方的通信卫星技术资料。通过美日宇宙空间技术合作，推动日本宇宙空间技术的发展，提高日本在国际社会的地位。① 然而，美国政府的反应却是相当冷淡的。1959 年 12 月，美国政府答复说，在宇宙空间研究领域，美日两国的科学技术水平存在巨大的差距，"目前尚未达到缔结正式协定的阶段，而且也没有必要缔结正式协定"。② 尽管如此，1960 年 1 月 19 日，岸信介在与美国国务卿赫特的会谈中，仍然表示希望美日开展宇宙空间技术领域的合作。美国政府的态度则是避实就虚，只是原则性地表示"准备在所有科学领域与日本密切合作"。③ 此后，伴随着中国研制核武器的进程，美国政府渐趋积极。1962 年 12 月 20 日，国务院指令赖肖尔与日本政府"讨论向世界和亚洲其他国家展示日本科学技术水平优势的具体方式，以抵消将来中国进行核试验带来的心理冲击"。④ 1963 年 1 月 19 日，在美日安保协商委员会会议上，赖肖尔建议："在降低中国核试验对亚非发展中国家的影响方面，日本应当在和平利用原子能领域展示其科学技术优势，例如研制宇宙飞船和科学卫星"。⑤ 1963 年 2 月 25 日，赖肖尔正式向日本建议："为对抗中国的核试验，希望日本在宇宙空间研究领域证明其技术水平。如果日本方面有何要求，美国方面愿意提供相应的援助。"⑥ 1963 年 10 月 7 日，国务卿腊斯克指令赖肖尔再度向日

① 科学技術庁:《平和利用を目的とする日本と米国との間の宇宙科学技術研究開発に関する協定要綱》，昭和 34 年 9 月 8 日；国連局科学課:《宇宙科学技術の分野の日米協力関係強化についての米国政府に対する申入れに関する件》，昭和 34 年 10 月 28 日。I' -0128。

② 国連局科学課:《宇宙科学技術分野における日米協力関係強化について米国政府の意向打診に関する件》，昭和 35 年 1 月 11 日。I' -0128。

③ Memorandum of Conversation, Subject: Outer Space and Other Scientific Cooperation, January 19, 1960, *FRUS*, *1958 - 1960*, *Vol. 18*, *Japan*, Washington D. C. : USGPO, 1994, pp. 278 - 279.

④ Department of State to Amembassy Tokyo, December 20, 1962, *NSAJU00191*.

⑤ Third Meeting of U. S. -Japan Security Consultative Committee, January 19, 1963, *NSAJU00197*; January 21, 1963, *NSAJU00198*.

⑥ アメリカ局北米課:《原子科学又は人工衛星分野における日米協力の可能性について》，昭和 38 年 2 月 25 日。I' -0128。

本政府提议讨论抵消中国核试验影响的具体方式，美国政府相信"日本在和平利用原子能领域的先进技术将发挥有益的作用"。① 1965 年 12 月，美国副总统汉弗利访日，他向佐藤荣作表示："如果日本希望美日在宇宙空间研究领域进行合作，美国政府愿意进行这种合作。"② 在这里，我们看到一种令人费解的现象：一方面，美国数次向日本表达关于美日宇宙空间技术合作的愿望；另一方面，美国并不主动提出具体的合作方案，总是引而不发。

之所以如此，是因为美国政府内部仍然在探讨与宇宙空间技术对外合作相关的各项政策问题。1964 年 4 月 20 日，美国国家安全委员会决定：继续实行不扩散核武器运载系统技术的政策，这一政策适用于对除法国以外所有国家的民用火箭开发援助。由于在技术上难以区分军用弹道导弹与民用火箭，因此必须防止通过对外火箭开发援助协定而扩散核武器运载技术。③ 根据这一决定，美国政府有关机构制定了防止弹道导弹技术扩散的出口管制规则，凡是未经有关机构的审批，与弹道导弹有关的技术、设备、情报资料一律不准出口。④ 1965 年 9 月 15 日，美国国家安全委员会审议通过的《国家安全指令备忘录第 338 号》规定，凡是在通信卫星领域接受美国技术援助的国家，必须承诺接受国际通信卫星机构章程的约束。⑤ 1966 年 7 月 29 日，美国国家安全委员会决定：凡是与参加美国防务通信卫星系统和国际通信卫星机构无关的通信卫星技术援助，凡是属于发展核导弹运载能力的通信卫星技术援助，凡是属于未经美国授权向非欧洲宇宙火箭开发

① Department of State to Amembassy Tokyo, October 7, 1963, *NSAJU00273*.
② 北米局：《佐藤・ハンフリー会談にぉける宇宙開発に関する日米協力についての発言につぃて》，昭和 41 年 1 月 17 日。I' -0128；Telegram From Vice President Humphrey to President Johnson, December 31, 1965, *FRUS, 1964 - 1968, Vol. 29, Part 2, Japan*, Washington D. C. : USGPO, 2006, pp. 134 - 135。
③ NSAM294, US Nuclear and Strategic Delivery System Assistance to France, April 20, 1964, France, Vol. 5, 2/1 - 70 - 4/70, Box 676, Country File-Europe, NSF, Nixon Presidential Materials, College Park, M. D. .
④ Memorandum for the Files, March 29, 1966, *FRUS, 1964 - 1968, Vol. 34, Energy Diplomacy and Global Issues*, Washington D. C. : USGPO, 1999, pp. 85 - 88.
⑤ Policy Paper, Policy Concerning U. S. Assistance in the Development of Foreign Communications Satellite Capabilities, August 25, 1965, *FRUS, 1964 - 1968, Vol. 34*, pp. 137 - 141；Memorandum From the President's Special Assistant for Telecommunications (O'Connell) to President Johnson, November 17, 1965, *FRUS, 1964 - 1968, Vol. 34*, p. 143；National Security Action Memorandum No. , NSAM338 (Revised), July 12, 1967, *FRUS, 1964 - 1968, Vol. 34*, pp. 180 - 182.

机构成员的技术转让,美国一律不予以提供。① 美国对日宇宙空间技术援助政策,实际上是受到以上各项决定制约的。

美国的这种动向,实际上反倒推动了日本自主研制政策的形成。1960年,总理府设立"宇宙开发审议会",作为内阁总理大臣的咨询机构。1962年5月,宇宙开发审议会提出第一份政策建议报告《推进宇宙开发的基本方针》;1964年2月,提出第二份政策建议报告《宇宙开发重点目标》。在这两份报告中,无不倡导宇宙开发的目的是"和平利用"原则,应当按照"自主、公开、国际合作"的发展路线,建立作为国家事业的宇宙开发体制。② 在这一路线的指引下,1964年4月,东京大学建立"宇宙航空研究所",重点研究使用固态燃料的L型和M型运载火箭。1964年7月,科学技术厅建立"宇宙开发推进本部",重点研究使用液态燃料的火箭技术、各种实验卫星的通用技术。其他有关省厅也在其管辖范围内分别研制电离层观测卫星、气象卫星、航空卫星、测地卫星。这样,尽管美国政府已经将日本宇宙空间技术发展与抵消中国研制核武器的影响联系在一起,但是,日本政府并没有对此做出回应。

直到中国成功爆炸第一颗原子弹以后,日本政府才自觉地将推进宇宙空间科学技术发展与对抗中国紧密地联系起来。1964年11月26日,佐藤荣作向科学技术厅下达指令说:"中共已经进行了如此程度的核试验,日本应当显示其在和平利用原子能方面的科学技术水平,因此,务必在三年内发射独立研制的人造卫星。'③ 1966年8月3日,科学技术厅制定《关于发射人造卫星及其利用的长期规划》。按照该计划,在科学卫星领域,重点研制M型火箭以及利用该火箭运载的科学卫星,以东京大学宇宙航空研究所为中心进行。在实用卫星方面,重点研制比M型火箭体积更大、性能更高的新一代火箭以及利用该火箭运载的实用卫星,以科学技术厅为中心进行。到1970年,应完成科学实验卫星、实用卫星以及运载火箭、卫星运行轨迹跟踪观测、火箭诱导控制、人造卫星发射场等方面的研究和建设,建立一元化的国家研发体制。这份规划,是日本政府提出的第一个具体的人造卫

---

① Statement Prepared by the Ad Hoc Committee of the Space Council, NSAM354, U. S. Cooperation with ELDO , July 21, 1966, *FRUS*, *1964 - 1968*, *Vol. 34*, p. 100.

② 黑崎辉:《核兵器と日米関係》,东京:有志舍,2006,第114页。

③ 国連局科学課課長:《わが国人工衛星の打上げに関する米国の協力について》,昭和39年11月26日。I'－0128。

星计划，也是第一个正式公开宣布的人造卫星计划。① 然而，实现上述国家目标的道路并不平坦。1966 年 9 月 26 日、1966 年 12 月 20 日、1967 年 4 月 13 日，东京大学宇宙航空研究所研制的 L－4S 运载火箭先后 3 次进行飞行试验，皆以失败而告终。

　　1967 年 6 月 17 日，中国成功进行氢弹爆炸实验。中国研制核武器进程的快速发展，使美日两国政府内部主张加强美日宇宙空间技术合作的呼声日益高涨。1967 年 9 月，由志贺健次郎率领的自民党宇宙开发特别委员会代表团出访美国，探询美国是否愿意在发射日本通信卫星方面予以合作。② 1967 年 11 月 14 ~ 17 日，佐藤荣作访问华盛顿，与约翰逊总统举行会谈。美日两国政府首脑终于达成谅解：美日两国将在宇宙空间科学研究及和平利用方面进行合作。③ 美国国务院、国防部、宇航局、军备控制与裁军署等部门开始共同讨论具体的对日援助方案。1968 年 1 月初，确认美日在宇宙空间技术领域的合作符合美国的战略利益。④ 当然，美国提供技术援助不是没有前提条件的，日本政府应当做出以下三项承诺：（1）按照美日两国都参加的国际通信卫星组织的规定处理有关事项，这一条件的核心是将日本纳入由美国主导的单一的世界通信卫星体制；（2）美国向日本提供的技术和设备必须限定于"和平利用"，不能将火箭技术转用于开发洲际弹道导弹等核武器运载系统；（3）日本政府应当实行与美国相同的出口管制政策，不能将美国提供的技术和设备向第三国转让。在这里，所谓"第三国"主要是指中国。⑤ 1968 年 1 月 17 日，美国驻日大使约翰逊向佐藤荣作首相递交《关于美日宇宙空间技术合作的备忘录》。其中指出：在前述三项前提条件下，"美国政府同意提供有益于日本宇宙计划的各种技术和设备，同意美国产业部门提供有关技术"，在通信卫星以及人造卫星运载火箭的开发、制

---

① 　黑崎辉：《核兵器と日米関係》，第 124 页。

② 　自由民主党宇宙开发特别委员会：《欧米宇宙開発事情調査議員団報告》，昭和 42 年 12 月。I' －0128。

③ 　Cable Regarding an Agreement Between President Lyndon B. Johnson and Japanese Prime Minister Eisaku Sato regarding U. S. -Japanese Expand Space Cooperation, January 5, 1968, *DDRS*, CK3100493431 － CK3100493435.

④ 　Deptel 93721, DOS to Tokyo, January 5, 1968, SP1－1 Japan-US 1/1－69, Box 3006, CF, RG 59, N. A.

⑤ 　Memorandum for Mr. Rostow, Subject：Space Cooperation with Japan, January 4, 1968, *DDRS*, CK3100069473 － CK3100069474.

造、发射方面予以合作。①

这样，美国政府推动着日本政府必须做出选择：是继续坚持依靠国产技术、独立研制运载火箭的路线还是引进美国的技术设备来推进运载火箭的研制？如果选择后者，就必须接受美国政府提出的援助条件。1968 年 12月 23 日，日本政府提出对案。在合作范围问题上，日本政府没有向美国要求提供人造卫星发射设备，只是要求美国提供与通信卫星和运载火箭相关的技术援助。对于美国提出的三项前提条件，日本政府表示，在利用"美日两国合作研制的通信卫星"时，"美日两国不违反在国际通信卫星组织中的承诺，按照国际通信卫星组织的规定进行使用"；"美国转让的技术和设备，其使用限定于和平目的"。关于出口管制问题，日本政府希望继续与美国政府进行讨论，但是，"日本不能考虑制定有关出口管制的新立法"。因此，出口管制问题成为美日两国最大的争议点。② 1969 年 2 月 5 日，日本政府提出新的提案。其中指出，"在日本现存法律法规的规定范围内，除美日两国政府相互约定者以外，对那些不属于机密但应当管制的技术，日本政府将按照美国政府的要求、尽最大的努力防止向第三国转移"。与 1968 年12 月 23 日的提案相比，日本政府更加明确地提出了希望"美国允许美国企业向日本企业和日本政府提供有益于 Q 型火箭和 N 型火箭开发的技术以及设备"，例如道格拉斯公司生产的"雷神—德尔塔"火箭系统。③ 1969 年 5月 6 日，日本国会通过《关于宇宙开发和利用基本原则的决议》，明确规定人造卫星以及运载火箭的开发与利用，限定于和平目的。6 月 23 日，日本政府颁布的《宇宙开发事业团法》，做出同样的规定。在这里所说的"和平目的"，指的是"非核、非军事"目的。这意味着不允许防卫厅和自卫队提供研究经费、拥有宇宙技术、运用宇宙技术。④

在美国政府当中，最理解日本政府立场的是国务院。1969 年 2 月 21日，美方提出对案，同意日本政府不制定新的出口管制立法。⑤ 5 月 21 日，

① Memorandum, Sato and Alexis Johnson, January 17, 1968, 61 (a) Space: US/ J Space Coop, SCI 1968 & 1969, Box 4, EAJSF, 1960 – 1975, Lot Files, RG 59, N. A.
② Embtel 15023, Tokyo to SecState, December 28, 1968; Embtel 100, Tokyo to SecState, January 7, 1969, SP 1 – 1 Japan – US, 1/1/69, Box 3006, CF, RG 59, N. A.
③ Embtel 1001, Tokyo to SecState, February 7, 1969, SP1 – 1 Japan – US, 1/1/69, Box 3006, CF, RG 59, N. A.
④ 铃木一人：《宇宙開発と国際政治》，東京：岩波書店，2011，第 182、187 ~ 189 页。
⑤ Deptel 27930, DOS to Tokyo, February 21, 1969; Embtel 2165, Tokyo to SecState, March 21, 1969, SP1 – 1 Japan – US, 1/1/69, Box 3006, CF, RG 59, N. A.

美国国家安全委员会责成国务院、国防部、宇航局组成特别委员会，评论日本向美国要求的技术以及可能要求的技术对安全保障的影响问题。曾经出任美国驻日大使、现任副国务卿的亚力克斯·约翰逊奔走于各有关机构，积极支持美日在宇宙空间技术领域的合作。他强调，美国向日本提供宇宙空间技术援助，不仅可以加强美日关系，而且能够防止核武器和弹道导弹技术的扩散，美国企业也能够从中获得巨大的经济利益。"特别是如果日本能在共产党中国之前成功发射人造地球卫星，将极大地提高日本在亚洲人心目中的威信。"国防部的代表则强调，现在还没有能够防止向第三国特别是向中国转移的适当措施；一旦输出到中国，美国向日本提供的技术和设备有可能被用于中国战略武器运载系统，而且也有助于日本发展独立的弹道导弹能力。因此，国防部反对向日本提供有关技术。① 1969 年 6 月，国务院决定暂停颁发 24 件与人造卫星和运载火箭有关的对日出口许可证。② 直到 1969 年 7 月 25 日，国务院、国防部、宇航局、军备控制与裁军署等有关各方代表才达成协议。③

1969 年 7 月 28 日，美日两国在东京重新开始谈判。7 月 31 日，美国国务卿罗杰斯和日本外相爱知揆一正式签署《美日宇宙空间技术合作协定》（换文）。其主要内容是：美国政府承诺："允许美国企业在商业基础上向日本提供卫星开发相关技术和设备，用于开发 Q 型火箭和 N 型火箭以及通信卫星等和平利用计划"；对该种转让技术和设备，美国政府将按照"军火清单"规定的程序进行出口管制。日本政府承诺："美国向日本转让的技术和设备仅用于和平目的，该种转让技术和设备以及利用该种技术和设备制造的火箭、通信卫星，除与美国政府约定的事项以外，将依据法令和行政规定，采取各种措施防止向第三国转移；美日两国合作开发的通信卫星，按照国际通信卫星组织章程的规定进行使用"。此外，在附属议定书中，对前面所说"技术以及设备"的含义做出了解释：特指像"雷神－德尔塔"火箭这样的已经不属于机密的技术和设备，"不包括与重返大气层有关的技术

① Briefing Memorandum: US/Japanese Space Cooperation-Under Secretaries Committee Meeting, May 21, 1969, NSAJU01069; Memorandum, Furnas to Johnson, June 28, 1969, SP 1 - 1 Japan - US, 1/1/69, Box 3006, CF, RG 59, N. A.
② Paper, Agreed Policy Basis for Implementation of Space Cooperation Agreement with Japan, Undated, SP 1 - 1 Japan-US, 1/1/69, Box 3006, CF, RG 59, N. A.
③ Deptel 124067, DOS to Tokyo, July 25, 1969, SP 1 - 1 Japan - US, 1/1/69, Box 3006, CF, RG 59, N. A.

和设备"。①

《美日宇宙空间技术合作协定》(换文)的签订,对于美日两国的意义是不尽相同的。从美国方面来说,"鼓励并援助日本发展宇宙空间技术"这一政策,从一开始就具有双重特色和功能:一方面,它是美国政府处心积虑地试图抵消中国研制核武器对亚洲非共产党国家影响的产物;另一方面,美日在宇宙空间技术领域的合作,又是防范日本走向开发核武器之路的重要手段。美国政府将遏制中国政策与援助日本宇宙空间技术发展直接联系起来,将美日在宇宙空间技术领域的合作与防止日本研制核武器二者巧妙地结合起来。② 从日本的宇宙空间政策发展进程来看,岸信介政府时期的美日宇宙空间技术合作方案,始终停留在政策构想的阶段;佐藤荣作政府则将美日宇宙空间技术合作推向战略合作的高度。在宇宙空间开发战略上,日本经历了从自主研制路线向美日技术合作路线的重要转变。日本民族主义中的"弘扬日本国威"意识和"培育国产航天工业"意识,乃是延缓这一转换进程的主要因素。日本民族主义中的"对抗中国"意识,则推动着这一转化进程。"遏制中国、对抗中国"的共同目标,成为美日两国战略利益的会合点。

四　结论

1959～1969 年,美日两国都在密切关注中国研制核武器的进程,并根据各自的情报来源做出判断。直到 1963 年 1 月 9 日,美国政府才向日本详细通报其掌握的绝密情报。这些精确情报在相当程度上影响了日本后来的判断。尽管美日两国对所谓"中国威胁"的认识不尽相同,但是,就其认

---

① Embtel 6217, Tokyo to SecState, July 29, 1969; Deptel 12611, DOS to Tokyo, July 29, 1969; Embtel 6231, Tokyo to SecState, Subject: Space Cooperation Agreement With Japan, July 30, 1969, SP 1 - 1 Japan-US, 1/1/69, Box 3006, CF, RG 59, N. A.；宇宙開発合同推進連絡会議:《宇宙開発に関する日本国とアメリカ合衆国との間の協力の具体的取扱いについて》,昭和 44 年 12 月 16 日。I'-0128。

② 1975 年 9 月 24 日,美国国家安全委员会通过的"国家安全决定备忘录第 306 号"规定,美国向日本提供的火箭技术援助和卫星技术援助,仍将保持在 1969 年美日宇宙空间技术合作协定的水平;不向日本提供诱导和重返大气层技术;未经美国政府同意,日本不得向第三国转让美国提供的有关技术和设备。National Security Decision Memorandum 306, September 24, 1975, *FRUS, 1969 - 1976, Vol. E - 3, Documents on Global Issues, 1997 - 1976*, Washington D. C. : USGPO, 2011.

识逻辑来说，越低估中国核武器在军事战略领域的意义，势必越重视中国研制核武器对亚洲非共产党国家的政治和心理影响，美日两国对华政策与美日两国相互关系领域的问题才如此紧密地交织在一起。

在我们所论述的这一时期，美国在世界范围内推行核不扩散政策。美国在中国周边地域构筑起相当完备的核武器攻守体系。当美国政府逐渐放弃在日本本土部署核武器、直接摧毁中国核设施、美苏联合清除中国核能力、向日本转让核武器等对策构想以后，它最关注的是怎样防范中国研制核武器可能在日本引发的连锁反应和怎样利用日本的科学技术能力对抗中国。正是在这个意义上说，美国对日核保护政策与对日宇宙空间技术援助政策紧密相连。日本政府也自觉地选择了将依赖美国核保护和美日宇宙空间技术合作作为抵消中国研制核武器影响的重要手段。美日两国在安全保障领域建立的核保护与被保护关系，在宇宙空间技术领域建立的战略合作关系，不仅抵消着中国研制核武器在亚洲非共产党国家的影响，[①] 而且强化着美日安保体制。

美日在宇宙空间技术领域的战略合作，有力地推动了日本宇宙空间技术的发展。正如美国政府期盼的那样，1970 年 2 月 11 日，日本抢在中国前面成功发射第一颗人造地球卫星"大隅号"，成为第一个成功发射人造地球卫星的亚洲国家。这种态势，意味着亚洲冷战进程呈现不同于以往的新特征：当中美在东北亚的对峙维持僵局、在东南亚的对抗从冷战向热战转化、中苏对立愈演愈烈、中国全力研制核武器之时，美国扶持日本在和平利用原子能领域同中国相对抗，在宇宙空间技术领域同中国展开竞争。

（原刊于《世界历史》2013 年第 2 期）

---

① 中国成功爆炸第一颗原子弹以后，苏联以及东欧各国政府没有发表评论。以国家元首或政府首脑名义向中国政府表示祝贺的国家有朝鲜民主主义人民共和国、越南民主共和国、柬埔寨、阿尔巴尼亚、几内亚；公开谴责中国政府的只有美国、联邦德国、澳大利亚、新西兰、日本、印度。中国課：《中共の核・ミサイル開発に対する各国の評価》，昭和 39 年 11 月 25 日。C'‐421/1‐6。

《中法建交公报》形成考释

姚百慧[*]

　　1964 年 1 月 27 日，中法发表《中华人民共和国政府和法兰西共和国政府关于中法两国建立外交关系的联合公报》："中华人民共和国政府和法兰西共和国政府一致决定建立外交关系。两国政府为此商定在三个月内任命大使。"[①] 短短 45 个字的公报（法文是 40 个词）向世界验证了数月来媒体猜测的中法即将建交的传闻，[②] 但也引发了一连串新的疑问。在同资本主义国家建交问题上，中国一般要求它们承认中华人民共和国政府为代表中国的唯一合法政府、与台湾"断交"以及在联合国支持新中国恢复合法席位。[③] 但在中法建交公报中，这些丝毫都没有涉及。一时间，中国是否降低了建交条件，反对"两个中国"的立场是否有了变化，是否仍坚持与中国建交国家必须支持中国恢复在联合国合法席位等问题引起外界的广泛猜测。[④]

---

[*]　首都师范大学历史学院副教授。

[①]　《中国和法国决定建立外交关系？两国政府商定在三个月内任命大使》，《人民日报》1964 年 1 月 28 日，第 1 版。

[②]　对于初期的传闻，台湾"外交部"曾有统计，见《外交部致张秘书长岳军、陈秘书长雪屏部长签函之附件：关于本部处理传闻法国将承认匪伪政权问题经过之说帖》，1963 年 12 月 6 日，台湾"中央研究院"近代史研究所藏"外交部档案"，卷宗号（以下简称"近史所外档，档案号"）：305.22/0005，第 25～39 页。台湾档案标题中，对我国领导人多有蔑称，但为尊重档案原貌，本文未加更改。

[③]　韩念龙主编《当代中国外交》，中国社会科学出版社，1987，第 10 页。

[④]　在建交公报发表前，媒体已声称，"中共已不复坚持先决条件"，不反对法台保持"外交关系"；建交公报发表后，又说戴高乐让中国陷入了"两个中国"的陷阱，现在"毛泽东必须决定，是否接受这种一夫多妻关系"，称赞法国搞的是"一个中国和一个台湾"的"现实"路线。《星岛日报：巴黎外交界盛传，法将于下周初宣布承认中共》1964 年 1 月 21 日，近史所外档，档案号：312/0002，第 65 页；《陈之迈报部电第 181 号》，1964 年 1 月 24 日，台湾"国史馆"藏"外交部"档案，卷宗号：172-4/0074-2；《央秘参 262 号：美报评戴高乐政策使共匪坠入"两个中国"陷阱》，近史所外档，档案号，405.21/0065，第 130～131 页；《央秘参 270 号：华盛顿邮报评法承认共匪》，1964 年 1 月 30 日，近史所外档，档案号：405.21/0065，第 124 页。媒体的这些宣传让中共中央不得不制定一个宣传要点，针对媒体的可能提问情况列出对案，其中列举了包括文中所列的一些具体问题及其答复。见《外交通报第 13 期：转发中央关于中法建交宣传要点的通知》，1964 年 1 月 26 日，中国外交部档案馆，卷宗号：110-01998-03，第 17～21 页。

中法两国政府对公报的不同解读，进一步引发了人们的疑问。建交公报发表后的次日，中国外交部即发表声明，强调中法建交协议是在中华人民共和国政府"作为代表全中国人民的唯一合法政府"的前提下达成的，重申了中国在台湾问题上的立场。① 而法国政府在此前后却声称，中法建交没有任何先决条件。② 中国外交部声明真的是"单方的"吗？

对于上述问题，以往论及中法瑞士建交谈判的著作，往往写得过于简略。③ 有鉴于此，本文拟主要依据中国外交部档案，辅以法国外交部档案等资料，④ 着重考察《中法建交公报》以及与其密切相关的中国外交部声明的形成过程。

一

新中国成立后，中法之间长期没有正式外交关系。20 世纪 60 年代国际格局的变动为中法接近提供了条件。中苏关系恶化、美法矛盾加深，让中

---

① 《中华人民共和国外交部发言人奉命就中法建交事发表声明》，《人民日报》1964 年 1 月 29 日，第 1 版。

② 1964 年 1 月 8 日，富尔答《费加罗报》记者称，法中建交以"完全对等为前提"，法国没有接受先决条件。22 日，法外长德姆维尔在国民议会外交委员会上说，法国同中国建交是"无条件的"，关于中国加入联合国事，将于适当时机寻求解决办法。中国外交部发言人发言后，访华的法国议员代表团成员贝当古尔表示，中法建交，是没有先决条件的，关于"两个中国"问题，世界舆论反应很多，目前主要问题不是法国要同蒋介石断交，而应该是蒋介石同法国断交。乃至 1984 年 1 月，曾任法国驻华大使的马纳克在巴黎卢森堡宫发表演说时仍强调，在台湾问题和中国代表权问题上，"中国既没有要求对方作出保证，法国也没有对此做出什么承诺"。《中法建交情况和有关问题》，1964 年 1 月，外交部档案馆，档案号：110 - 01998 - 01，第 27～44 页；《高士铭报部电第 50 号》，1964 年 1 月 24 日，近史所外档，档案号：312/0002，第 125 页；《外宾情况简报第 27 号：法国议员代表团（第 7 期）》，1964 年 1 月 30 日，外交部档案馆，档案号：110 - 01752 - 01，第 69 页；〔法〕艾蒂安·马纳克：《辉煌的篇章——中法建交的历史回顾》，张征译，《法国研究》1988 年第 2 期，第 79 页。

③ 主要著作有张锡昌、周剑卿《战后法国外交史》第三章第九节"中法建交"；王泰平主编《中华人民共和国外交史》（第 2 卷）第七章第二节"震撼世界的'外交核爆炸'——中法建交"；福田圆：《中法邦交正常化（1964 年）和"一个中国"原则的形成——围绕着法台断交和"唯一合法政府"的谈判》，（日本）《国际政治》第 163 号（2011 年 1 月），第 139～153 页。上述著作中，关于瑞士建交谈判的内容均在千字左右。

④ 中国外交部的档案，主要集中在 110 - 01997 的系列卷宗（共 10 卷）中，但在其他卷宗中也有一些重要文献。法国外交部的档案，主要在法国外交部档案馆亚洲太平洋司的卷宗中，其中有一卷中法建交专题，分列富尔访华、瑞士谈判、贝志高访台三个主题，见 *Ministère de Affaires Etrangères*, *Archives Diplomatiques*, Paris（简称 MAE），*Séri: Asie-Oceanie 1944-*, *Chine 1956 - 1967*, Vol. 525。

法两国都需要超越原先的两大阵营去寻找新的盟友。中国基于对法美矛盾的观察提出了"第二中间地带"理论,日益重视发展对法关系;法国戴高乐政府推行大国外交政策,希望重返东南亚,也要借助中国的力量。于是,以 1963 年 10 月下旬法国前总理埃德加·富尔访华为契机,两国开始了建交谈判。富尔这次访华,对外系私人身份,实则代表戴高乐同中国商谈两国关系问题。中国由外交学会出面邀请,实际上按照戴高乐使者的规格接待。富尔访华期间,毛泽东、刘少奇曾分别接见他。周恩来、陈毅在北京、上海两地同他进行了多次会谈。最终,中方在同法方达成三项默契的基础上,提出了中法直接建交、立即互换大使的方案,并约定通过互换照会来完成建交步骤。这三项默契是:法国只承认中华人民共和国政府为代表中国人民的唯一合法政府;法支持新中国在联合国的合法权利,不再支持台湾当局的"代表权";中法建交后,在蒋帮撤回它驻在法国的"外交代表"及"机构"的情况下,法也相应地撤回它驻在台湾的"外交代表"及"机构"。富尔满意地接受了包含了这三项默契在内的最终文件——《周恩来总理谈话要点》。①

　　富尔在回国途中,撰写了访华的报告书,在印度把报告书和三项默契原文交给法国大使馆的一名秘书,嘱后者飞到巴黎,呈送总统府。② 11 月 20 日,富尔返回巴黎,28 日得到戴高乐接见。笔者目前接触到的材料还不能揭示法国政府内部围绕中法建交问题的决策过程,但有一点可以肯定:戴高乐对富尔中国之行是满意的,法国决意迅速推进中法建交的进程。1963 年 12 月 11 日,法外长顾夫·德姆维尔指示其亲信、时任欧洲司司长的雅克·德波马歇,要其尽早前往伯尔尼与中国驻瑞士大使接洽,商谈两国建交问题。德波马歇要向中方指出,中法建交的时机已经成熟,现在就是要确定具体的安排,最简单的就是最好的,两国政府只需要发表一份一致达成的公报就够了,可以是一份联合公报,或者在两国首都同时分别发布内容相同的公报,公报中只需简单提及建立外交关系以及近期互派大使的决定。德波马歇收到的指示强调,谈判不能有先决条件,如果中方提出法台关系和中国代表权问题,则应向对方指出,中法建交后,如果台湾与法国

---

①　关于富尔访华详情,见姚百慧《中法建交谈判中关于台湾问题的"三项默契"——〈周恩来总理谈话要点〉形成考释》,《当代中国史研究》2012 年第 2 期。

②　Edgar Faure, "Reconnaissance de la Chine", Revue de la Fondation et de l'Institut Charles de Gaulle, *Espoir*, 1972, No. 1, p. 25.

断交，法国也将采取相应的决定，但希望至少在台湾保留一个领事馆；中法建交自然带来新的形势变化，法国政府将根据形势发展在适当的时候确定其在联合国的立场。①

12 月 10 日，法外交部通知法驻瑞士大使菲利普·鲍德，告知德波马歇将作为外交部"全权代表"来伯尔尼与中国驻瑞士大使进行会谈（但未告知具体会谈内容），请他代为联系。② 11 日，法驻瑞士使馆向中国大使馆提出请求，获中方同意。12 日上午 10 点，德波马歇只身到中国驻瑞士大使馆，同中国驻瑞士大使李清泉进行了首次会谈。德波马歇称，他系受法国政府的委托，来同李大使商谈中法建交事宜；法国外长和陈毅元帅曾于讨论老挝问题的日内瓦会议期间谈过这一问题；不久以前，富尔先生应北京政府邀请访华，又同中国政府重谈此事；戴高乐将军在富尔访华前曾予接见，并做了指示。法国政府认为，目前中法建立外交关系的时机已经成熟。北京和巴黎都表示了同样的愿望：中法两国政府正式建立外交关系，并互派大使。法国的原则是：双方都不提任何先决条件。目前最主要的问题是确定公布这一决定的方式。法国政府认为，越简单越好，或者中法双方发表联合公报；或者各自在北京和巴黎同时发表内容相同的公报。德波马歇并口述了非正式的公报文本："中华人民共和国政府和法兰西共和国政府一致决定建立外交关系。两国政府将在三个月内（此处中方翻译有误，详见下文。——引者）互派大使。"李清泉对德波马歇的来访表示欢迎，谈及新中国建国之初毛泽东主席就宣布了同其他国家建立外交关系的原则；在中法关系问题上，诚如德波马歇所言，两国外长都已谈过这一问题；富尔不久前访华，两国又就"建交原则和手续达成谅解和默契"。李清泉答应将这次会谈情况报告政府，得到答复后，再通知德波马歇。③

从上述法方的行动可以看出，法国政府试图在两个方面修改富尔访华

---

① Instructions pour M. de Beaumarchais, 11 décembre 1963, *DDF*, *1963*, *Tome Ⅱ*, *1er juillet – 31 décembre*, pp. 607 – 608.

② Instructions pour Philippe Baudet, 10 décembre 1963, *MAE*, *Asie-Oceanie 1944 –*, *Chine 1956 – 1967*, *Vol. 525*, folio 28.

③ 《驻瑞士使馆致外交部电：法外交部欧洲事务负责人来商谈中法建交事》，1963 年 12 月 12 日，外交部档案馆，档案号：110 – 01997 – 06，第 2 ~ 3 页；《法外交部欧洲司长和李大使会谈记录》，1963 年 12 月 12 日，外交部档案馆，档案号：110 – 01997 – 05，第 24 ~ 25 页；Note établie par M. de Beaumarchais, 13 décembre 1963, *MAE*, *Asie-Oceanie 1944 –*, *Chine 1956 – 1967*, *Vol. 525*, folios 25 – 27。

同中方达成的协议。第一，把建交方案由原先的互换照会变成发表公报；第二，在具体措辞上，完全不提"中华人民共和国政府作为代表中国人民的唯一合法政府"一句。① 这样的安排对法国更为有利，因为这样法国可不必首先照会中国，从而避免造成法方主动的印象，同时，这种方式也更符合法国在承认中国的同时不主动驱蒋的做法。即便如此，法国想要同中国建交的意图是真实的。法国首先提出的建交公报文本，明确规定了"互换大使"的期限，这在一般国际惯例中也是比较罕见的。

<h2 style="text-align:center">二</h2>

此时周恩来在陈毅的陪同下，已在前往访问亚、非、欧 14 国的途中。外交部紧急将 12 日会谈情况报告代表团，周恩来亲自拟定了三个建交方案。

第一方案，两国政府发表联合公报。具体措辞为："中华人民共和国政府作为代表中国人民的唯一合法政府和法兰西共和国政府一致决定，中法两国建立外交关系，两国政府将在三个月内互换大使。"

第二方案，两国政府分别发表公报。公报内容，除了主语不同外，其他必须完全相同。中国政府的公报措辞为："中华人民共和国政府作为代表中国人民的唯一合法政府，同法兰西共和国政府商定，中法两国建立外交关系，两国政府将在三个月内互换大使。"法国政府的公报措辞为："法兰西共和国政府，同代表中国人民的唯一合法政府，中华人民共和国政府商定，中法两国建立外交关系，两国政府将在三个月内互换大使"。

第三方案，通过互换照会完成建交。程序为：（甲）法兰西共和国政府向中国政府提出正式照会，承认中华人民共和国，并且建议中法两国立即建交，互换大使；（乙）中国政府复照表示，中华人民共和国政府作为代表中国人民的唯一合法政府，欢迎法兰西共和国政府的来照，愿意立即建立中法两国之间的外交关系，并且互换大使；（丙）中法双方相约同时发表上述来往照会，并且立即建馆，互换大使。②

---

① 富尔访华期间，关于"唯一合法政府"问题，双方是没有争议的。富尔在给戴高乐的报告书中，认为这一表述他不仅"能够接受"，而且"感觉很欣慰"，因为它只强调了人民，而没有牵涉到领土问题。*DDF, 1963, Tome Ⅱ, 1er juillet-31 décembre*, p. 476.

② 《黄镇致外交部电》，1963 年 12 月 13 日，外交部档案馆，档案号：110 - 01997 - 06，第 4～5页。

对比中法拟定的公报文本可以发现，双方之间的重要分歧在于"代表中国人民的唯一合法政府"一句。中方坚持要在公报或照会中的"中华人民共和国政府"一词前后加上"作为代表中国人民的唯一合法政府"字样。考虑到法方很可能坚持删除这句话，但其要求建交是很有诚意的，而中法建交对中国打破美国外交封锁、打击"苏修"、扩大中国在世界上的影响等有多重意义，[①] 周恩来经进一步考虑并同陈毅商量后认为，"中法建交事以速决为宜"，为此提出了第四方案：

> 如法方对前电所述的三个方案均表示困难，并且要求在中法两国政府的联合公报中或分别发表的公报中，删去"作为代表中国人民的唯一合法政府"一句，李大使可首先按照前电所述表态。如对方表示，法国政府承认中华人民共和国政府为代表中国的唯一合法政府，并且重申法国政府不支持制造"两个中国"的立场，但是仍要在公报中不提上述的一句，在这种情况下，李大使可提出第四个方案，即：中国政府同意在中法两国政府的联合公报中删去上述的一句，但是，中国政府将对外发表自己的解释，说明同法国建交的决定，是中华人民共和国政府作为代表中国人民的唯一合法政府作出的。这种解释是符合我国政府总理同富尔先生所达成的默契的。

13 日，外交部副部长黄镇自云南将前三项方案电告外交部；15 日，又自中国驻阿联使馆把第四方案发回国内，请外交部报请中央考虑。15 日电文还要求，在给李清泉的指示电中，请将总理同富尔谈定的"谈话要点"发去，并且摘告富尔的谈话经过，供李参考。[②] 外交部分别于 14 日、17 日将这些方案报告中央，在 17 日的补充请示中，外交部对谈判策略提出意见："根据总理的指示中、法建交以速决为宜的精神，同时考虑到法方代表系中级官员，对我所提出的各种方案，可能不会立即表明态度。为避免往返周转过多，我们觉得在李大使下次与法方代表接触中，可将我们的四个方案，

---

① 中方在建交公报达成后向各驻外使领馆发布的外交通报中，总结了中法建交的这些意义。见《外交通报第 9 期：中法建交谈判达成协议》，1964 年 1 月 18 日，外交部档案馆，档案号：110 - 01997 - 10，第 94～95 页。

② 《黄镇致外交部电：关于中法建交的方案》，1963 年 12 月 13 日，外交部档案馆，档案号：110 - 01997 - 06，第 11～12 页。

一并向法方提出，使法方能及时表态。"这些请示均获中央批准。①

1963 年 12 月 19 日，外交部给驻瑞士使馆发出指示："中法建交事以速决为宜，在原则问题不能有任何含糊的情况下"，可采取总理指示的四种方案。只不过在顺序上，要先提互换照会方案（第一方案），然后才是发表联合公报（第二方案）、分别发表公报（第三方案）以及发表联合公报加中方单独解释（第四方案）。外交部还指示，把 12 日会谈详情报部。电文的最后，附上了《周恩来总理谈话要点》。②

20 日，驻瑞士使馆按部示将 12 日会谈记录全文报部，然而，外交部在仔细研究这份记录时，却发现了新的问题。这份记录显示，公报措辞为："中华人民共和国政府和法兰西共和国政府共同协议，决定建立外交关系。三个月后——例如说——两国互派大使。"③ 除了翻译表述上的差异外，同 12 日驻瑞士使馆电文报告的公报文本显著不同是互换大使的时间：原记录为"三个月内"，现记录却为"三个月后"。哪个版本是准确的？"内"还是"后"，是否反映了法国想要建交的意愿强弱？外交部在"三个月后"下加了横线和问号，并紧急致电驻瑞士使馆核对。经瑞士使馆查证，确为"三个月后"（dans trois mois），承认当时翻译有误，今后当采取措施避免。④ 外交部一方面把此情况向周恩来、陈毅汇报，另一方面着手对法方提出的方案和公报措辞重新研究。⑤ 同时，又致电驻波兰大使王炳南，在告知德波马歇同中方的接触后，认为法方既未表示法国政府是否同意富尔访华时与中方达成的三项默契，也未采用原定的互换照会方式，公报中既未提及"中华人民共和国作为中国人民唯一合法代表"一句，又将互换大使定在三

① 《外交部关于同法方谈判建交问题的补充请示》，1963 年 12 月 17 日，外交部档案馆，档案号：110 - 01997 - 06，第 13 ~ 14 页。请示及补充请示的草案，见外交部档案馆，档案号：110 - 01190 - 08，第 32 ~ 38 页。

② 《外交部致驻瑞士使馆电：关于中法建交事》，1963 年 12 月 19 日，外交部档案馆，档案号：110 - 01190 - 08，第 39 ~ 42 页。电报稿见外交部档案馆，档案号：110 - 01997 - 06，第 6 ~ 10 页。

③ 《法外交部欧洲司长和李大使会谈记录》，1963 年 12 月 12 日，外交部档案馆，档案号：110 - 01997 - 05，第 24 ~ 25 页。

④ 《法外交部欧洲司长和李大使会谈记录》，1963 年 12 月 12 日，外交部档案馆，档案号：110 - 01997 - 05，第 24 ~ 25 页；《驻瑞士使馆致外交部电：更正》，1963 年 12 月 21 日，外交部档案馆，档案号：110 - 01997 - 05，第 27 页；《谢黎呈姬、曾：关于建交公报措辞》，1963 年 12 月 21 日，外交部档案馆，档案号：110 - 01190 - 08，第 45 ~ 47 页。

⑤ 《外交部致黄副部长报总理陈总》，1963 年 12 月 21 日，外交部档案馆，档案号：110 - 01997 - 05，第 29 页。

个月以后，"究竟法方意图何在，颇值注意"，要王依据外电报道相机试探。①

当时周恩来一行正在阿尔及利亚访问，遂约李清泉前往阿尔及尔面谈。24 日，李清泉与武官孙焕章离开伯尔尼，经巴黎搭乘法航班前往阿尔及尔。② 26 日，李清泉向周恩来汇报会谈情况，周恩来向李清泉复述了中央的谈判方针及设想的各种方案，然后要李清泉把这些以及他的新指示综合起来，写个报告给外交部。③ 27 日，李清泉遵照指示在阿尔及尔写了两个报告发给外交部，随后返回瑞士。李清泉的第一份报告基本复述了中央同意的四个方案，争取就第四方案达成协议，只是在时间上更为详尽：关于互换大使的时间，可先提"三个月内"，如不行，也可同意"三个月左右"、"三个月后"或不提时间期限，只提两国政府商定建立正式外交关系，并互换大使；发表公报的时间争取在 1 月 10 日以前，最好在 1 月 5 日至 8 日即总理访突尼斯前夕发表，如对方提出稍后的日子也可同意。④ 第二份报告称："在和法代表就建交公报内容和公布时间达成协议后，拟立即草签会谈纪要，然后双方报告政府批准后即按约定时间公布"，并草拟了会谈纪要稿。⑤

外交部同意李清泉关于立即草签会谈纪要的意见，对其草拟的会谈纪要内容也基本同意。至于发布公报时间，为便于中方发布消息，外交部西欧司提议应争取在北京时间凌晨 1 时 30 分或 2 时 30 分（即格林尼治时间 17

---

① 《外交部致驻波兰王炳南大使电：复同法大使接触事》，1963 年 12 月 26 日，外交部档案馆，档案号：110 - 01997 - 03，第 52 页。电报草稿，见外交部档案馆，档案号：110 - 01190 - 08，第 50 ~ 51 页。实际上，中方的担心是不必要的。从后面的会谈情况看，法国的用词应该一直是"三个月内"。法方第一次会谈中的口头表述，可能是未记清具体用词所致。当时李清泉询问德波马歇是否准备好了公报文本，后者曾迟疑了一下，说法国没有正式文本，但他准备了个人意见，然后开始在公文包里和衣服里找纸条，但未能找到，最后是口述了个人意见。见《法外交部欧洲司长和李大使会谈记录》，1963 年 12 月 12 日，外交部档案馆，档案号：110 - 01997 - 05，第 24 ~ 25 页。

② 《央秘参 52 第 1799 号：匪驻瑞士伪使应周匪召赴非》，1963 年 12 月 25 日，近史所外档，档案号：305.22/0005，第 282 页。

③ 这次汇报详情，可参见李清泉《中法建交谈判回顾》，载黄舍骄主编《春华秋实四十年——中法建交回忆录》，第 56 页；李清泉《在瑞士亲历中法建交谈判》，《世界知识》2004 年第 4 期，第 52 ~ 53 页；陈金沙《在周总理领导下参与中法建交谈判——访中国原驻瑞士大使李清泉》，《江淮文史》1994 年第 1 期，第 65 ~ 67 页；童小鹏《风雨四十年》（第二部），中央文献出版社，1996，第 110 页。

④ 《李清泉致外交部电：关于和法国谈判建交事》，1963 年 12 月 27 日，外交部档案馆，档案号：110 - 01997 - 05，第 31 ~ 33 页。

⑤ 《李清泉致外交部电：会谈纪要》，1963 年 12 月 27 日，外交部档案馆，档案号：110 - 01997 - 01，第 35 页。

时 30 分或 18 时 30 分），如法方不同意，也可提出北京时间 1 时或 3 时（即格林尼治时间 17 时或 19 时）与对方商洽。12 月 31 日，西欧司的这些意见经外交部批复后电告驻瑞士使馆。①

三

1964 年 1 月 2 日，李清泉与德波马歇在中国驻瑞士使馆举行第二次谈判。李清泉首先提到，根据富尔访华同中国领导人的会谈情况和达成的谅解与协议，双方建交，可采取协议中的互换照会方案。德波马歇听到李清泉提互换照会而非发表公报的方式，当时紧张起来，强调还是希望采用他在首次会谈中提到的发表联合公报或分别公报两种方式，因为这两种方式是"最简便的"。他谎称"不知道富尔先生在北京同中国领导人曾讨论准备的另一方案"，但又觉得难以自圆其说，在停顿了一会儿后，又说"了解富尔先生在北京同中国领导人会谈的精神"，他"就是根据这一精神奉命提出了最简便的方案"。② 李清泉接着说，他"相信富尔先生会把北京会谈的详细情况和达成的协议向法国政府，特别是戴高乐将军本人汇报"，既然法国政府认为目前存在的只是程序问题，只是采取最简便的方式来完成这个程序问题，中方可以照顾法方的意见，同意采取联合公报或分别公报方式。李清泉接着按部示，说了中方的公报措辞内容。德波马歇也提出了法国的书面公报文本："法兰西共和国政府和中华人民共和国政府一致决定建立外交关系，并为此相约在三个月内任命大使。"德波马歇将书面稿子交给中方，后来又说，"我只有一份，最好你们抄下来，然后还我"。德波马歇解释说，新的公报文本同上次口头表述的有些形式的改变，上次是说三个月内"将互换"大使，这次则是"相约任命"，这次更清楚一些。李清泉表示可以接受法方的公报草稿，但要求在"中华人民共和国政府"后加上"作为代表中国人民的唯一合法政府"字样。德波马歇的神情更为紧张，考虑

---

① 《西欧司关于和法国政府代表草签会谈纪要的请示》，1963 年 12 月 30 日，外交部档案馆，档案号：110 - 01997 - 01，第 35 页；《外交部致驻瑞士使馆电：复关于同法方代表草签会谈纪要事》，1963 年 12 月 31 日，外交部档案馆，档案号：110 - 01997 - 01，第 39 ~ 43 页。复电的草稿，见外交部档案馆，档案号：110 - 01190 - 08，第 48 ~ 49 页。

② 从德波马歇自己所做的记录来看，他完全了解周恩来与富尔会谈的详情。Note établie par M. de Beaumarchais, 3 janvier 1964，MAE，Asie-Oceanie 1944 - ，Chine 1956 - 1967，Vol. 525，folios 29 - 33.

了好几分钟，才表示要请示政府。作为个人初步意见，德波马歇提出，建交公报"还应该尽可能简单扼要"，他知道这个问题的"重要性"，但"这类性质问题公报中最好不要列入"。李清泉接着提出了预备好的第四方案，并重复一遍，中方可以不在公报中写上这句话，但将单独做出解释。听到这一方案，德波马歇才放松下来，表示他明白了，允把会谈情况报告政府。①

　　毫无疑问，1月2日的会谈完全体现了法国想要建交的诚意。中方估计，下次谈判中就第四方案达成一致是可能的。但在阿尔巴尼亚访问的周恩来、陈毅等人，还是对各种可能的情况提出了备案。（一）法国同意中方第四方案。法国只询问中国发表解释的方式、内容和时间，则可告对方：中方准备在联合公报公布一两天后，以政府官员发表声明的方式，声明：中华人民共和国政府是作为代表中国人民唯一合法政府同法国政府达成建立外交关系的协议的。如法国也要做相应声明，只要内容不违背周总理同富尔所达成的三点默契，不涉及"两个中国"问题，可不加反对。中法确定公报文本后，双方代表在公报稿中、法文本上草签即可，"不必再搞任何会谈纪要，以免节外生枝"。（二）如法方坚持反对中方做单独解释，则应指出：中华人民共和国政府，作为一个主权国家的政府，在同法方商定联合公报内容后，不同法方做任何磋商，完全有权发表自己对公报解释的声明。何况，中方的解释完全符合戴高乐总统所做的保证和富尔先生同我国家领导人谈话的精神。中方这样做，完全是为了照顾法方的困难，并不改变公报的任何实质内容。中方就此事同法方磋商，完全出于友好，中方看不出法方有任何反对的理由，难道法方还企图搞"两个中国"吗？对法方态度，中方不能理解。请法方将中方立场报告其政府再做考虑，如有新消息，中方愿意再次会晤。（三）如果法方提出未料及的其他方案，可允报告政府，另行商定下次会晤日期。② 从中方的这些预案可以看出，坚守第四方案已是中方的底线。中方宁可不建交，也不会放弃反对"两个中国"的原

---

① 《李大使与法外交部代表第二次谈判记录》，1964年1月2日，外交部档案馆，档案号：110－01997－04，第61~62页；《李清泉致外交部并转总理、陈总电：中法建交谈判》，1964年1月2日，外交部档案馆，档案号：110－01997－04，第56~58页；《驻瑞士使馆致外交部：关于中法建交谈判的几点体会》，1964年×月×日（原档日期看不清），外交部档案馆，档案号：110－01997－10，第98~100页。

② 《孔、黄、童致外交部电：关于中法建交问题》，1964年1月6日，外交部档案馆，档案号：110－01997－02，第64~65页。

则立场。

法国方面，1 月 3 日晚，戴高乐的亲信、新闻部长阿兰·佩雷菲特已向媒体放风，称承认中国"是法国政治独立的表征"，可确保欧洲参与东南亚事务，"是对世界上唯一仍进行着战争之地区的和平的一项贡献"。① 8 日，戴高乐召开长达两个小时的大型部长会议，公布了即将与中国建交的行动，并要求部长们一一表态。由于此前只有几个人知道中法建交谈判情况，很多部长对承认中国觉得意外。外交部长德姆维尔介绍了法国对亚洲的政策以及中苏分裂的情况，以佐证承认中国的必要性。内政部长罗歇·弗赖明确反对，他提出三点相反意见：第一，所谓的中苏分歧，在他看来"只是某个大计划中的一部分"，甚至是为了把中国引入自由世界而装出来糊弄人的；第二，承认中国，会让毛泽东主义者影响法国人，给法国国内政策带来很多麻烦；第三，他看不出承认中国会对法国的对外政策和经济带来什么好处。戴高乐反驳道："我很想知道您这样说的凭据是什么"，你何以确定中苏分歧只是"装腔作势"？实际上，俄国人已经完全撤离了中国，他们已经有四五年不再为中国做什么了。另一方面，中国作为一个庞然大物，是确实存在的，如果我们假装她不存在，是很不理智的。"内政部长先生，至于我们的国内政策，没有什么比不去争取国民利益更糟糕的了。"戴高乐批评他的内政部长："请不要把眼光仅仅局限在自己的部门里。"戴高乐最后总结说："总有一天，中国将会成为一个政治、经济甚至是军事方面的大国。法国必须考虑到这一点。不承认中国，我们会得到什么好处呢？"承认中国，"对我们的同盟国来说也不是无益的"。承认中国，也可以让巴黎对北京施加影响，以在东南亚实现和平；从文化的角度看，可以促进法语的推广。"承认中国会有什么弊端呢？"法国不会主动与台湾"断交"，承认中国也未必就会削弱法国在非洲的势力。"和其他事情一样，斩钉截铁地解决这个难题的时刻到了。"② 经过这次会议，戴高乐统一了内部的意见。

---

① 《法国新闻部长认法匪勾搭有益世界和平》，1964 年，近史所外档，档案号：305. 22/0015，第 73 页。

② de Bernard Tricot ed. , *L'établissement de Relations Diplomatiques entre la France et la République Populaire de Chine (27 janvier 1964)*: *Colloque organisé par la Fondation Charles de Gaulle, le 16 mai 1994*, pp. 29 - 31. 据中方情报，当时一名阁员（估计即为文中内政部长）反对，戴高乐表示："或者没有你，或者现在不同中国建交。"《驻瑞士使馆致外交部：关于中法建交谈判的几点体会》，1964 年 × 月 × 日（原档日期看不清），外交部档案馆，档案号：110 - 01997 - 10，第 98 ~ 100 页。

　　1月9日，李清泉与德波马歇在中国驻瑞士大使馆进行了第三次建交谈判。德波马歇首先重复了1月2日会谈中达成的公报的措辞（李大使也指示翻译逐字重复了一遍，该公报措辞文本同法方2日所提出的文本相同，仅将最后一句"双方为此相约在三个月内任命大使"另起一行①），对中方单独发表声明一事，德波马歇未采取正面表态方式（既不表示赞同也不反对），而是采取复述中方第四方案的方式确认。如果中方同意上述表达，法方就认为两国已就建交公报达成协议。李清泉也复述了中方的第四方案，再次肯定了中方的立场，并认为德波马歇的表达符合中方的立场，因此，也认为双方已达成协议。在建交公报发表日期和时间问题上，德波马歇首先提出希望在1月27日或28日巴黎时间中午12时（即格林尼治时间11时）发表；李清泉则按部示提出在格林尼治时间17时30分或18时30分发表。德波马歇解释说，法国《世界报》每日下午3时出版，法方希望能及时在该报公布，故提出巴黎时间中午12时发表。李清泉即同意在1月27日格林尼治时间11时在北京、巴黎同时发表。达成协议后，按照中方原先的设想，双方应该草签一下公报。李清泉提出要草签一下，但德波马歇坚持无此必要，说一切问题都说清楚了，他受法政府全权委托，完全可以承担义务，又说戴高乐曾亲自指示他迅速同中方达成协议，今天达成协议的有关内容，戴高乐都批准了的，因此，他也不必再请示政府最后批准。中方未再坚持草签，但声明需请示中国政府最后批准，答应三四天之内通知法方。德波马歇因为马上要回巴黎，希望中方届时告诉法国驻瑞士代办高桑，就说"协议已得到确认"。② 13日，中国驻瑞士使馆把中国政府确认协议的消息通知了法国驻瑞士使馆，③ 后者在当天上午11时40分转告给了正在焦急等待的德波马歇。④

---

① 实际上，自第二次谈判时，法方的公报稿已是分成两行，但中方当时没有注意到这一点。见 Note établie par M. de Beaumarchais, 3 janvier 1964, *MAE, Asie-Oceanie 1944 –, Chine 1956 – 1967, Vol. 525*, folios 29 – 33。

② 《驻瑞士使馆致外交部电：与法代表达成发表建交公报之协议》，1964年1月9日，外交部档案馆，档案号：110 – 01997 – 09，第69~70页；《李大使与法外交部代表第三次谈判记录》，1964年1月9日，外交部档案馆，档案号：110 – 01997 – 09，第77~78页；Note établie par M. de Beaumarchais, 10 janvier 1964, *MAE, Asie-Oceanie 1944 –, Chine 1956 – 1967, Vol. 525*, folios 34 – 36。

③ 《驻瑞士使馆致外交部：关于中法建交谈判的几点体会》，1964年×月×日（原档日期看不清），外交部档案馆，档案号：110 – 01997 – 10，第98~100页。

④ Note établie par M. de Beaumarchais, 13 janvier 1964, *MAE, Asie-Ocennie 1944 –, Chine 1956 – 1967, Vol. 525*, folio 37.

四

然而，就在中法第三次建交谈判初步达成建交协议的同一天，富尔却接受法新社记者和《费加罗报》（Le Figaro）的访问，全面阐述了中法建交问题。这是富尔访华后第一次向报界就中法关系发表详细的讲话。富尔的谈话，涉及中、法建交法方立场和有关政策，中法建交引起的法国和有关方面的关系，法国对中国内外政策的看法等许多方面。富尔谈话的重点是法国对中法建交的立场和政策。富尔一方面表示，法国应立即"与中国恢复外交关系"，中法建交后法国要在联合国支持中国恢复合法席位，"没有两个中国，就像没有两个法国，因为主权是不可分割的"；但另一方面又声称此项关系的建立不应涉及"事前或事后的条件"，法国没有义务与蒋"断交"，"不一定支持中国对台湾行使主权的要求"，暗含台湾一旦"独立"，成立不挂"中国"招牌的政府，法国也可承认，在台湾设"领"① 纯属法国政府的事，云云。②

富尔实际上是代表戴高乐，对国内外公众和有关方面，特别是向那些对承认中国持反对和怀疑态度的人解释法国的政策，为正式宣布中法建交和戴高乐即将举行的记者招待会③预做舆论准备。戴高乐此时让富尔出来解释法国政府的立场有其政治上的需要。一为反抗美国的压力，说明法国政策无可非议，是符合西方利益的；二为向国内外不同意戴做法的政治势力及其盟友做解释；更重要的是向世界表示戴高乐的政策比美国高明，解决了棘手的中国问题，以增强法国和美国争夺西方世界领导权的资本；三为用这种方式将富尔在北京谈判时所持立场交代一下；同时，在和中方谈判

---

① 中国外交部原档"台湾设领"下有画线，页下有批示，要求核查此点，以及回复"已查清，有此点"。

② 《中国驻瑞士使馆报回富尔发表的中法建交谈话》，1964年1月11日，外交部档案馆，档案号：110-01998-04，第1~3页；《外交部致黄副部长并报总理、陈总：请审批中、法建交声明稿》，1964年1月11日，外交部档案馆，档案号：110-01998-04，第5~6页；《佛尔力主法国与匪建交》，1964年1月9日，近史所外档，档案号：305.21/0002，第44~47页。

③ 中国估计是在1月27日，实际上是定在1月31日。戴高乐此次演讲的全文，见《戴高乐言论集（1958年5月–1964年1月）》，第492~496页。台湾当局对这次记者招待会的预测，见《央秘参（53）第117号：法可能于三月中旬承认共匪》，1964年1月17日，近史所外档，档案号：305.22/0007，第131~133页。

达成协议后，再向中方肯定一下法国方面的立场。

1964 年 1 月 11 日，中国驻瑞士使馆将上述情况以"特级提前"电报外交部。中国驻瑞士使馆认为，富尔"在中法建交达成协议的同一天"的上述发言，"显然是法国早就有意安排的一个步骤"，阐述的"实际上就是戴高乐和法国政府的政策"；"估计今后代表法国官方或半官方的舆论机关，关于中法关系的调子不会超过富尔谈话。而戴高乐本人或法政府官员的言论除吹嘘戴政策的正确、英明外，可能不会如富尔谈得那么具体、露骨"。"这就是富尔向戴高乐献的解决中国问题的计策。即从纯法律的观点解释，避开现实政治问题的讨论。承认世界上只有一个中国，但不肯定台湾是中国的一部分，因此可以否定蒋政权代表中国的资格，但如台湾独立则是另一回事。也用同样道理解决中国在联合国席位问题。法国这种政策将会为今后中法关系带来麻烦。""尽管戴对华政策仍然保持西方立场，但不承认蒋介石有代表中国的资格和在联合国支持我代表权是清楚的，这是有别于美国甚至英国的。何况富尔在华时向我领导人正式转达了戴不支持制造'两个中国'的立场并和总理达成三项默契。在法、美矛盾如此尖锐时，为充分利用帝国主义阵营内部矛盾，最大限度孤立美帝，打破帝国主义孤立、封锁我国的阴谋，扩大我国在国际上的影响，和法国建立外交关系对我是有利的。"最后，电报询问：对富尔的谈话，是否需要表态或要求澄清，请国内决定。①

富尔发表的这些言论，与其访华期间同中国达成的三项默契是有出入的，尤其是在台湾地位和"两个中国"问题上。虽然在同法国建交谈判达成协议时，中方表示将发表单独声明，说该协议是在中华人民共和国政府作为代表中国唯一合法政府的前提下达成的，未提其他内容。但鉴于富尔的发言，中国外交部觉得，有必要在声明中重申中方反对"两个中国"和在台湾问题上的立场。11 日，中国外交部起草了两份发言稿（见下），并电告周恩来一行，以供"审核选用"，但外交部更倾向于选用第二份声明稿。

---

① 《中国驻瑞士使馆报回富尔发表的中法建交谈话》，1964 年 1 月 11 日，外交部档案馆，档案号：110 - 01998 - 04，第 1~3 页。事后，李清泉回忆时又评价说："这些言论和富尔过去的言论是不同的。这种做法是以一个非政府官员的身份讲出政府的想法，以便对中法建交持反对态度的人有个交代；对中国来说，他又不是代表政府讲话，不违背同中国建交应遵守的协议。"见李清泉《中法建交谈判回顾》，载黄舍骄主编《春华秋实四十年——中法建交回忆录》，第 61 页。

外交部还建议，声明和联合公报同日发表为好。①

中华人民共和国外交部发言人声明（之一）

一九六四年一月廿七日

就中华人民共和国同法兰西共和国建立外交关系事，中华人民共和国外交部发言人奉命声明：中华人民共和国政府是作为代表中国人民唯一合法政府同法国政府达成建立外交关系的协议的。

中华人民共和国外交部发言人声明（之二）

一九六四年一月廿七日

就中华人民共和国同法兰西共和国建立外交关系事，中华人民共和国外交部发言人奉命声明：中华人民共和国政府是作为代表中国人民唯一合法政府同法国政府达成建立外交关系的协议的。中国政府的这一决定是根据中国政府和人民所一贯坚持的台湾是中国领土不可分割的一部分和反对"两个中国"的立场作出的。

当时在加纳的周恩来代表团，接到外交部转呈的瑞士使馆 1 月 11 日电报和外交部的两份声明稿后，仔细研究了 8 日富尔对法新社记者的谈话和 9 日《费加罗报》发表②的富尔答该报记者问，针对这两次谈话和法报的宣传，重新起草了中国外交部发言人的声明稿。该稿经周恩来和陈毅审阅后，14 日以黄镇名义致电外交部，报请中央批准。代表团建议这个声明在建交公报发布后次日发表。如果戴高乐在 1 月 27 日记者招待会上的谈话同富尔的大致相同，声明稿似可不做任何修改。但是，如果戴高乐明白地说，台湾是一个"独立"的政治单位，由蒋帮代表，则声明稿中有必要予以正面答复，估计此种可能性不大。这份声明稿全文如下：

　　中华人民共和国外交部发言人，就中华人民共和国同法兰西共和国建立外交关系事，奉命发表声明如下：中华人民共和国政府是作为代表全中国人民的唯一合法政府同法兰西共和国政府谈判并且达成两

---

① 《外交部致黄副部长并报总理、陈总：请审批中、法建交声明稿》，1964 年 1 月 11 日，外交部档案馆，档案号：110 - 01998 - 04，第 5~6 页。

② 10 日的报纸，实际上在 9 日下午已出版。

国建交协议的。按照国际惯例，承认一个国家的新政府，不言而喻地意味着不再承认这个国家的人民所推翻的旧的统治集团。因此，这个国家的旧的统治集团的代表不能继续被看作是这个国家的代表，同这个国家的新政府的代表同时存在于一个国家，或者同一个国际组织。中华人民共和国政府是根据这样的了解，同法兰西共和国政府达成中法建交和互换大使的协议的。中国政府认为有必要重申，台湾是中国的领土，任何把台湾从中国的版图割裂出去或者其他制造"两个中国"的企图，都是中国政府和中国人民绝对不能容忍的。①

1964 年 1 月 18 日，外交部将这份声明稿做些文字修改后上报中央，获中央批准。② 此后，法国官方并无特别出格的言论，中法关系顺利向前推进。27 日，中法发表建交联合公报，宣布两国建交决定。28 日，中国外交部如约就中法建交发表声明。③ 经过 1963～1964 年的北京谈判（富尔 - 周恩来）、瑞士谈判（德波马歇 - 李清泉），中法关系终于迈出了实质性的一步。

五

从本文的考察可以看出，瑞士谈判同北京谈判有很强的继承性。李清泉在回忆录中曾精辟地总结："瑞士谈判是北京会谈的继续。北京会谈中，周恩来总理、陈毅副总理亲自解决了中法建交的实质性问题、原则问题。瑞士谈判只是解决了中法建交的程序问题、方式问题。当然，方式问题的解决，也离不开原则问题。"④ 虽然在瑞士谈判中，法国代表一直对富尔的北京之行轻描淡写，闭口不谈三项默契，但也不得不承认法国是根据富尔

① 《黄镇致外交部电：就中法建交发表声明事》，1964 年 1 月 14 日，外交部档案馆，档案号：110 - 01998 - 04，第 7～8 页。声明稿中，更强调了"全中国人民"，比同法国谈判时的说法多了一个"全"字。

② 《外交部关于就中法建交发表声明和社论问题的请示》，1964 年 1 月 18 日，外交部档案馆，档案号：110 - 01998 - 04，第 9～10 页。

③ 正式的声明稿同 14 日草稿文字有些非实质性的文字改动。改动之处，见《黄镇致外交部电：就中法建交发表声明事》，1964 年 1 月 14 日，外交部档案馆，档案号：110 - 01998 - 04，第 7～8 页；《外交部关于就中法建交发表声明和社论问题的请示》，1964 年 1 月 18 日，外交部档案馆，档案号：110 - 01998 - 04，第 9～10 页。

④ 李清泉：《中法建交谈判回顾》，载黄舍骄主编《春华秋实四十年——中法建交回忆录》，第 59 页。

北京会谈的精神来做决策的。同样,也只有理解了这种继承性,才能更好地理解《中法建交公报》的形成过程。

但瑞士谈判也在两个方面改变了北京会谈所达成的协议,一是建交方式上,以发表公报取代了互换照会;二是在公报具体措辞上,不提"唯一合法政府"的词句。在瑞士谈判中,基本没有涉及敏感的台湾问题,所达成的建交公报十分简洁。中方虽在建交方式、建交公报措辞、发表公报时间、确认会谈结果等方面对法方做了让步,但这并不表明中国降低了建交条件,不表明其反对"两个中国"的政策有所改变。在瑞士谈判中,中国谈判代表一再强调了反对"两个中国"的原则立场,重申"台湾是中国领土不可分割的一部分,任何企图制造'两个中国'和把台湾从中国分割出去的阴谋,将遭到六亿五千万中国人民的坚决反对"。① 虽然"唯一合法"政府的字样没有写入建交公报,但中华人民共和国政府是作为代表中国人民的唯一合法政府同法国谈判并达成建交协议的,这一点是得到法国承认的,也在法国默许的中国外交部声明中得到了重申。

瑞士谈判中,法国一直避免采取书面成文的手续,避免显得接受了中方的"条件"。法国谈判代表德波马歇未向中方出示任何书面证书,凡事靠法国驻瑞士大使馆打电话通知;第二次会谈时,法方提供了正式的建交公报文本,但只要中方抄录而未留下原件;第三次会谈时,法方一直未直接认可中方的第四方案,而是以复述中方方案的方式加以确认;双方就建交公报的措辞和发表时间达成协议后,法方坚持不必草签公报。② 法方的这些做法,是为了避免留下任何文字把柄,以便于它必要时做各种解释。不过,在瑞士谈判中虽没有涉及法国所承担义务的问题,法国也一直声称会谈"没有先决条件",但这并不等于法国不承担任何义务,或者至少说,中法建交存在着内部默契。这些默契就是富尔访华期间同中国领导人所达成的《周恩来总理谈话要点》,具体来说就是不支持"两个中国",在联合国支持新中国,以及不保持与台湾的"官方"关系。③ 这些默契是中法关系建立的

① 《驻瑞士使馆致外交部电:中法建交第四次会谈记录》,1964年1月24日,外交部档案馆,档案号:110-01997-07,第89~92页。
② 法国谈判的这些特点,已为中方所观察到,见《驻瑞士使馆致外交部:关于中法建交谈判的几点体会》,1964年×月×日(原档日期看不清),外交部档案馆,档案号:110-01997-10,第98~100页。
③ 关于中法建交"条件"之争议,见姚百慧《中法建交谈判中关于台湾问题的"三项默契"——〈周恩来总理谈话要点〉形成考释》,《当代中国史研究》2012年第2期,第71~81页。

基础，也是中法关系健康发展的前提。法国虽然一再称中法建交无先决条件，但在言辞上往往自相矛盾，在实践上又不得不实际执行三项默契。佩雷菲特曾这样评论："法国无条件地承认中国，也就意味着承认了中国拥有包括台湾在内的主权。"① 时任法国亚澳司司长、后曾任驻华大使的艾蒂安·马纳克也指出，"中国方面既无过分要求也没有附加条件。戴高乐将军当时是坚持了这一点的"。但他接着又说，"承认中华人民共和国的合法地位及其主权意味着必须断绝与台湾的关系"。②

（原刊于《当代中国史研究》2013 年第 2 期）

---

① 　de Bernard Tricot ed. , *L'établissement de Relations Diplomatiques entre la France et la République Populaire de Chine* (*27 janvier 1964*)：*Colloque organisé par la Fondation Charles de Gaulle*, *le 16 mai 1994*, pp. 33 – 34.

② 　〔法〕艾蒂安·马纳克：《辉煌的篇章——中法建交的历史回顾》，张征译，《法国研究》1988 年第 2 期，第 75 页。

从日本外务省解密档案看中日关系发展中的"求同存异"

史桂芳*

中华人民共和国成立后，中国政府鉴于当时国内外的形势，制定了"民间先行，以民促官"的对日方针，旨在通过民间外交来增进两国人民的相互了解，促使日本政府早日改变敌视中国的政策，最终实现两国邦交正常化。中日民间外交渠道广泛、内容丰富、形式多样、影响深远，本文利用日本外务省亚洲局中国课解密的相关档案资料，分析中日两国在涉及邦交正常化的谈判中，如何"求大同、存小异"，妥善处理分歧，最终恢复两国正常外交关系；力图阐明在邦交正常化过程中，中日两国确定的原则立场在未来全面建设战略互惠关系中的作用。

一 日本在野党在"以民促官"中的作用

中国政府一贯认为中日两国实现邦交正常化不仅是中国人民的愿望，而且符合广大日本人民的利益，有利于亚洲和太平洋地区的稳定，有利于世界的和平与发展。早在 20 世纪 50 年代，周恩来就指出：中日两国之间，"不但人民要往来，人民还要影响政府，改变政府的态度，两国才能友好"。[①] 第二次世界大战后，日本政府敌视新中国，中国政府提出了"民间先行，以民促官"的对日方针，期待通过开展中日民间外交，促使日本政府改变对华态度，实现中日邦交正常化。中国政府根据民间外交发展的不

---

* 首都师范大学历史学院教授、博士生导师。

① 《周恩来外交文选》，中央文献出版社，1990，第 146 页。

同阶段和特点,提出了"官民并举""政治三原则""贸易三原则""政经不可分原则""民间往来,官方挂钩"等策略和原则。从 1952 年 6 月中日签署第一次民间贸易协议起,经过近 20 年的发展,中日民间外交发展到准官方水平。

20 世纪 70 年代初,国际上出现了有利于中日恢复邦交正常化的形势,特别是尼克松的"越顶外交",① 不仅标志着美国对华政策的改变,也使日本国内出现了"空前高涨的要求日中复交热潮"。1972 年 7 月,新当选的日本首相田中角荣对中日邦交正常化表现出积极态度,他"充分理解中国方面提出的恢复日中邦交三原则,② 认为日中邦交正常化的时机已经成熟",③并提出"决断与实行"的口号来表达推动日中邦交的决心。中国立即给予回应,希望以此为契机推动中日关系取得实质性进展。7 月 9 日,周恩来在欢迎也门民主人民共和国访华代表团时特别谈道:"田中内阁 7 日成立,在外交方面,声明要加紧实现中日邦交正常化,这是值得欢迎的。"④ 毛泽东也指出:"对中日恢复邦交问题应采取积极的态度。谈得成也好,谈不成也好,总之,现在到了火候,要加紧。"⑤

随着中日邦交正常化条件不断成熟,中国政府进一步发挥日本在野党"以民促官"的作用,于 20 世纪 70 年代初连续邀请在日本影响较大且与自民党关系密切的在野党党首来华访问,通过他们向田中内阁转达中国政府对于中日复交的基本态度和原则立场。这样既可以通过在野党了解日本政府对于中日关系的基本态度,又可以避免过早地面对执政的自民党而遭遇不必要的尴尬和僵局,在野党的穿针引线可以为两国政府的正式谈判提供较大的回旋余地。这也符合田中角荣的想法:通过在野党试探中国对邦交正常化的态度,避免给部分自民党成员以及"亲台派"留下口实。

日本社会党是最大的在野党,自 20 世纪 50 年代起就多次组团访问中国,阐明其坚持"一个中国"、恢复中华人民共和国在联合国的合法席位、

① 尼克松上台后着重修复对华关系,此时日本国内正在为要不要和中国修好进行激烈的争论。佐藤荣作首相在对华关系上一直无所作为,甚至比以前还有所倒退。当尼克松访华的消息传来,立刻在日本国内引起轰动,日本称美国的这一外交举动为"越顶外交"。
② 中国提出的恢复中日邦交三原则是:中华人民共和国是代表中国的唯一合法政府;台湾是中国领土不可分割的一部分;《日台条约》是非法的、无效的,应予废除。
③ 田桓主编《战后中日关系文献集(1971–1995)》,中国社会科学出版社,1997,第 86 页。
④ 〔日〕大平正芳回想录刊行会编《大平正芳传》,武大伟等译,吉林人民出版社,1984,第314 页。
⑤ 《新中国外交风云》第 3 辑,世界知识出版社,1994,第 132 页。

实现日中邦交正常化的立场。1972年7月14日，田中角荣的朋友、日本社会党前委员长佐佐木更三来中国访问。启程前，他特地去拜会田中角荣，了解其对华政策的思路和底线，以便在日中两国首脑间进行斡旋。佐佐木问田中首相打算怎样对待中国提出的复交三原则，特别是怎样对待涉及邦交正常化的关键问题——废除《日台条约》，田中说："接受这些原则是理所当然的。对于处理台湾问题，有绝对的把握。我承认复交三原则。"佐佐木继续问："如果周总理问到可否这样回答？"田中答道："我说话算数。"① 佐佐木向中国政府转达了田中首相承认中国复交三原则的立场。周恩来委托他转达中国政府欢迎田中首相正式访华的口信，并表示田中的专机可以直飞北京。

在中日邦交正常化即将实现之际，周恩来向佐佐木更三表示，中国政府感谢日本社会党等在野党长期以来为推动中日关系所做的贡献，并指出："支持日本政府恢复日中邦交这一点，你们社会党、公明党、民社党都是表了态的，我认为你们的话是对的"，② "因为社会党没有外交权，当然我们要同有外交权的田中首相实现邦交正常化。但是，这一形势的出现，是日本人民长期努力的结果。对于日本人民创造实现邦交正常化这样的形势，表示感谢和敬意。回去后，请向日本人民转达，我周恩来感谢他们"，③ 并特别强调：即使中日官方关系建立了，中日民间往来也不会消失，将会得到更加蓬勃的发展。佐佐木回国后立即转达了周恩来的口信，田中角荣随即做了出访中国的准备。

日本公明党在国会中长期保持着第二大党的地位，是日本政坛一支重要力量。1971年6月，中日友好协会邀请日本公明党代表团访问中国，公明党阐述了恢复日中邦交正常化的五点主张。周恩来总理高度赞赏公明党坚持"一个中国"、反对《日台条约》、主张恢复中华人民共和国在联合国的合法席位等一系列原则立场，认为按照公明党的主张，"日本和中华人民共和国的邦交就可以恢复，战争状态就可以结束，中日友好可以得到发展，中日两国就有可能在和平共处五项原则的基础上缔结和平条约，可以进一步考虑缔结互不侵犯条约"。④ 日本公明党代表团此次访华对日中邦交正常

① 吴学文、王俊彦：《廖承志与日本》，中共党史出版社，2007，第379页。
② 《周恩来年谱（1949 - 1976）》下卷，中央文献出版社，1997，第537页。
③ 刘德有：《时光之旅》，商务印书馆，1999，第434~435页。
④ 《周恩来外交活动大事记（1949 - 1975）》，世界知识出版社，1993，第594页。

化意义重大。

日本在野党是民间外交的重要力量，在日本政坛一直发挥着补充外交的作用；在日中邦交正常化的过程中，日本在野党所起的作用较一般民间团体、民间人士要大；日本重要的在野党频繁访问中国，成为中日两国政府间的桥梁和纽带。

二 邀请竹入义胜访华，悉述中国政府立场

1972 年 7 月 25～29 日，田中角荣的挚友、公明党委员长竹入义胜应邀到中国访问。虽然目前学术界对竹入是否为"和式基辛格",[①] 是"田中密使"还是"周恩来密使"等存在不同看法,[②] 但是中国政府邀请竹入访问中国的目的，是想通过他向田中内阁传达中国的立场，促使田中早下决心访问中国。尽管竹入带来的日本政府关于复交的基本观点既不是田中口授，也不是日本政府正式讨论的草案，而是竹入以及公明党根据日本政府关于复交的资料整理而成的，但是可以说基本反映了日本政府的立场。周恩来与竹入的会谈对于田中下决心访问中国起了重要作用。

7 月 27～29 日，周恩来与竹入义胜进行了三次会谈，时间共计 6 个多小时，周恩来向竹入详细地阐述了中国政府对于复交的基本立场，并请他将中国的立场转达给田中首相。[③]

在 7 月 27 日下午举行的第一次会谈中，周恩来赞扬田中首相支持中日友好运动，感谢公明党为恢复中日邦交所做的努力，充分肯定公明党第一次访华时发表的关于恢复日中邦交正常化的五点主张。竹入义胜说，"田中首相决心与佐藤政治诀别，与迄今为止的保守党政治诀别，决心可否付诸行动就看以后的了"，"作为在野党愿意为日中问题尽力"。[④] 可以看出，竹

---

① 1971 年 7 月，基辛格作为美国总统特使秘密访问中国，为美国总统尼克松正式访问中国做好了准备。"和式"即日本式，所谓"和式基辛格"，指竹入义胜要为日本政府首脑正式访华做准备，承担着与基辛格同样的使命。

② 关于各种不同的观点，可以参见黄大慧《日本对华政策与国内政治》，当代世界出版社，2006；王泰平主编《新中国外交 50 年》，北京出版社，1999；胡鸣：《对中日邦交正常化中竹入义胜身份与作用的考辨》，《中共党史研究》2008 年第 5 期；等等。

③ 关于竹入义胜与周恩来的三次会谈记录，日本外务省设定为"极密"文件，2002 年 6 月，日本外务省亚洲局中国课档案解密，笔者有三次会谈的复印件。

④ 《竹入义胜与周恩来第一次会谈（1972 年 7 月 27 日）》，日本外务省亚洲局中国课档案：5 部内 3 号。

入非常了解田中对于日中邦交正常化的态度。周恩来认为，最重要的是田中要有突破困难的决心，还必须要消除自民党内反对声音，要获得日本人民和在野党的支持。周恩来阐述了中国政府对于邦交正常化的态度，对于日本非常关心的日美关系问题，周恩来坦率地说，"日中问题不是排他的，我与尼克松、基辛格都是这样说的，中国不会涉足日美之水"，希望早日恢复邦交正常化；至于邦交正常化的形式，可以由田中首相、大平外相来北京发表共同声明，以后再缔结和平友好条约。竹入认为，"从发表联合声明、建立外交关系起，《日台条约》就无效了"，田中首相、大平外相都默认了中国提出的复交三原则，但是，"对日本国内还不能这样说，如果说《日台条约》本来就是非法、不正当的，就会引起国内的混乱，希望中国方面给予理解"。周恩来表示，"田中首相访问中国发表联合声明，最好明确提出中华人民共和国是代表中国的唯一合法政府，台湾是中国领土的一部分。也可以采取日本理解中国关于'复交三原则'这种含蓄的说法，今天就是交换意见"。①

关于战争赔偿问题，周恩来表示，中国不想增加日本人民的负担，在共同声明中中国可以表明放弃战争赔偿权。双方还就田中首相访华的时间、飞行路线、事先的试验飞行等具体问题交换了意见。周恩来非常赞赏竹入此次带着田中首相的传话、以友人的身份来中国访问，对中日关系发展做出了巨大贡献。竹入表示："从政治层面在野党今后应改变对自民党为反对而反对的态度。田中内阁改变了，在野党也必须改变。"② 双方认为经济发展是世界面临的最主要问题，还就日本的产业结构调整、公害等问题交换了看法。

在第一次会谈中，周恩来与竹入义胜就台湾问题、《日美安保条约》、战争赔偿等问题初步进行了沟通，中日双方基本了解了对方在邦交正常化重大问题上的原则立场，为进一步探讨具体问题打下了基础。

28 日下午，周恩来与竹入义胜举行了第二次会谈。周恩来批评了日本《读卖新闻》对两国邦交正常化的报道。该报在前一天刊登的消息中将田中首相访华的重点放在了"结束战争状态"，而有意避开承认"一个中国"问

---

① 以上引文均见《竹入义胜与周恩来第一次会谈（1972 年 7 月 27 日)》，日本外务省亚洲局中国课档案：5 部内 3 号。

② 《竹入义胜与周恩来第一次会谈（1972 年 7 月 27 日)》，日本外务省亚洲局中国课档案：5 部内 3 号。

题。周恩来认为，如果像日本报纸报道的那样，日本不承认中国，田中首相还有什么必要来中国呢？竹入认为，"日本报纸的报道往往没有明确的目的，从我与田中首相、大平外相的谈话来看，这个报道并不反映他们二人的想法。田中、大平二人的想法应该只有内阁官房长官二阶堂进了解，其他人无从知晓。外相对外务省控制很严格，外务省不会向外泄露的"。① 周恩来强调，应按照和平共处五项原则恢复中日邦交正常化。

台湾问题不仅涉及中日关系，也关系到中美、日美关系，涉及中国的核心利益。中日要恢复邦交就要废除《日台条约》，承认"一个中国"。对于台湾问题，竹入介绍了日本政府的看法："田中首相访华，中日建立外交关系，交换大使，日台间的外交关系就终止了。就如昨天周总理所言签订和平友好条约，这一点不会改变。细节问题留给以后解决，大的方面不能等。"② 关于日本承认"一个中国"的问题，周恩来向竹入介绍了中美两国谈判的处理方式，美国已经承认一个中国，"海峡两岸的所有中国人都认为只有一个中国"的表述是基辛格的创造，美国承认台湾是中国领土的一部分，解决台湾问题是中国的内政，美国对此不存异议。美国表示希望中国和平解放台湾，承诺在越南战争结束后撤出在台湾的美军。中国向尼克松、基辛格明确指出，如果在越南战争结束前就解决台湾问题，就对不起越南兄弟。如果美军继续打越战，中国就支持越南。周恩来告诉竹入，以上所谈并没有写在《中美联合公报》上，现在把此事告诉竹入，希望他保密。周恩来认为中日问题与中美问题不同，日本没有参加印度支那战争，中日恢复邦交不会影响日美关系，基辛格也表示过赞成中日两国友好，现在中日两国恢复邦交，美国也应该不会反对。

周恩来把中国对台湾问题的态度、中美对国际重大问题的看法坦率地告知竹入义胜，就是希望通过竹入转告日本政府中国的态度，以打消日本政府的顾虑，促使田中内阁早日下定决心恢复两国邦交。竹入非常感谢周恩来的信任，并问道："越南战争结束后，美国撤出在台湾的美军，是否可以告诉田中首相、大平外相等二人？"周恩来表示，"告诉他们二人也好，

---

① 《竹入义胜与周恩来第二次会谈（1972 年 7 月 28 日）》，日本外务省亚洲局中国课档案：5 部内 3 号。

② 《竹入义胜与周恩来第二次会谈（1972 年 7 月 28 日）》，日本外务省亚洲局中国课档案：5 部内 3 号。

但是，田中、大平二人不要去问美国"，① 并提醒这件事不要告诉三木武夫和佐藤荣作，告知田中、大平二人是因为他们要处理日美关系，应该知道一些事情。竹入表示一定准确传达周恩来总理的好意。周恩来还对竹入说，《中美联合公报》中的共同部分是美国起草的，我不过是把动词的现在时改成了将来时；中日之间的联合声明不仅不需要将来时，而且还应只写共同点，不写分歧点，不要太长，简短地将共同点重现出来，即"求同存异"。

周恩来与竹入的第二次会谈深入地探讨了影响中日邦交正常化的台湾问题，竹入义胜了解了中国政府对台湾问题的原则立场，也详细陈述了日本政府恢复邦交正常化后与台湾的经贸关系、对台湾驻日官方机构处理方式的意见等，周恩来表示理解日本政府的苦衷。对于日本担心的美国对中日邦交正常化的态度、日美关系以及其他相关问题，周恩来坦率地表示在恢复邦交正常化问题上，中国坚持和平共处五项原则，求大同、存小异，期待中日关系迈出关键的一步。竹入再次表示回国后要完整地向田中首相转达中国政府的意见，而他本人通过这次会谈更有信心促成田中首相访华。

29 日，周恩来、竹入义胜举行了第三次会谈。这次会谈重点放在田中访华签署《中日联合声明》的相关问题上。周恩来向竹入介绍了中国政府在中日问题上的立场，主要有八点。第一，关于结束战争状态问题，周恩来提出，"自联合声明公布之日起，中华人民共和国与日本国之间的战争状态结束"。竹入表示，"这项可以写进联合声明"。第二，关于中日两国恢复邦交的表述方式，联合声明写上"日本国政府充分理解中华人民共和国政府提出的恢复中日邦交三原则，承认中华人民共和国政府是中国唯一合法政府，在此基础上，两国政府建立外交关系，互派大使"。这是邦交正常化的原则问题，周恩来关切地询问，田中首相在这个问题上是否有困难。竹入表示，这是田中首相历来的说法，应该不会有困难。第三，"双方声明，中日两国建交，既符合两国人民的长期愿望，也符合世界各国人民的利益"。第四，"双方同意以互相尊重主权和领土完整、互不侵犯、互不干涉内政、平等互利、和平共处五项原则处理中日两国之间的关系，按照和平共处五项原则、通过和平协商解决中日两国的争端，而不诉诸武力和威胁"。第五，"双方的任何一方不在亚洲太平洋地区谋求霸权，也反对任何国家或国家集团在这一地区谋求霸权"。竹入表示，"这一点要告知田中首

---

① 《竹入义胜与周恩来第二次会谈（1972 年 7 月 28 日）》，日本外务省亚洲局中国课档案：5 部内 3 号。

相、大平外相，不知道他们是否可以接受"。竹入理解周恩来的意思，但是又担心联合声明关于"霸权"的表述会引来苏联的高压。周恩来强调，如果"霸权"一词对日本来说过于敏感，可以换个说法或者不写进联合声明，将来写进和平友好条约。第六，"双方同意，两国建立外交关系后，在和平共处五项原则的基础上缔结和平友好条约"。第七，"为了中日两国人民的友谊，中华人民共和国政府放弃对日本国的战争赔偿要求"。第八，"中华人民共和国和日本国政府为了进一步发展两国间的经济和文化关系、扩大人员往来，在缔结和平友好条约前，根据需要和已有的协定，分别签订通商、航海、航空、气象、邮政、渔业、科学技术等协定"。① 竹入表示，回国后会尽快转达给田中首相，他本人最担心的是台湾问题、《日台条约》问题。

周恩来在会谈中提出三点默契事项："一、台湾是中华人民共和国的领土，解放台湾是中国的内政；二、联合声明发表后，日本从台湾撤走其大使馆、领事馆，并采取有效措施，使蒋介石集团的大使馆、领事馆撤出日本；三、战后日本团体和个人在台湾的投资及经营的企业，在台湾解放时当予以适当照顾。"② 并说明此三项内容不写进联合声明，希望竹入转达给田中首相、大平外相。竹入认为"蒋介石集团"的提法可能会在日本产生抵触和分歧，日本政府事实上与台湾保持着"外交"关系，还是使用"台湾大使馆"的称谓比较好，这个问题可以由田中首相、大平外相去考虑。双方还进一步商讨了田中首相访华的时间、飞行路线、日本随行记者数量、电视转播等具体问题。周恩来、竹入的第三次会谈基本确定了联合声明的框架。当然，一些重要和具体的问题，必须要待田中首相访华时两国政府首脑做进一步商讨。

周恩来总理特别叮嘱竹入义胜"这三次会谈内容都很重要，除田中首相、大平外相外，要绝对严守秘密"。③ 竹入表示一定不辱使命，并将与周恩来进行的三次会谈的内容进行了整理，形成了著名的《竹入笔记》。

中日两国政治制度、基本国情不同，中国政府了解日本执政党与在野

① 《竹入义胜与周恩来第三次会谈（1972 年 7 月 29 日）》，日本外务省亚洲局中国课档案：5 部内 3 号。
② 《竹入义胜与周恩来第三次会谈（1972 年 7 月 29 日）》，日本外务省亚洲局中国课档案：5 部内 3 号。
③ 《竹入义胜与周恩来第三次会谈（1972 年 7 月 29 日）》，日本外务省亚洲局中国课档案：5 部内 3 号。

党的关系，了解他们在国内政治、对外政策方面存在很大差异，但是在恢复中日邦交正常化这个问题上，自民党与公明党、社会党等重要在野党已经超越了党派的畛域，从日本的国家利益和未来发展考量中日关系。在日本，政治的决策权掌握在执政的自民党手中，实现邦交正常化必须由自民党来中国谈判，而日本在野党具有补充外交的功能。周恩来之所以与竹入义胜详细讨论中国关于复交的基本立场以及联合声明的具体内容等，就是要充分了解中日两国在恢复邦交正常化方面的相同点和分歧，为将来两国政府的正式谈判打好基础。周恩来希望竹入能够把中国的意见原原本本地转告日本政府，促使田中早下决心，实现邦交正常化。

竹入义胜回国后立即向田中首相和大平外相做了汇报，并把整理好的笔记交给田中首相。田中了解了中国对于复交的基本立场后，正式接受了周恩来发出的访华邀请。①

周恩来与竹入义胜进行的三次会谈，对涉及邦交正常化的基本问题充分交换了意见，了解了彼此的共同点和分歧所在，为两国政府间的正式谈判奠定了基础，也为具体问题的协商提供了转圜的余地。日本自民党于 9 月 14 日正式派出第一次单独组成的访华代表团，对中国进行为期一周的访问，他们带来了日本政府正式讨论形成的意见，从日本政府层面为田中首相访问做了基本准备。中日恢复邦交正常化已是"水到渠成"。

三　正式谈判中妥善处理"同"与"异"

1972 年 9 月 25 日，日本首相田中角荣正式访问中国。9 月 25 ~ 28 日，周恩来总理与田中首相举行了四次首脑会谈。中国外交部部长姬鹏飞、外交部顾问廖承志、外交部副部长韩念龙，日本外务大臣大平正芳、内阁官房长官二阶堂进、外务省亚洲局中国课课长桥本恕等参加了各次首脑会谈。除首脑会谈外，中日两国外长也进行了多次会谈。尽管田中访华前，日本政府已经通过在野党代表团访华和《竹入笔记》等多种渠道基本了解了中国政府对于邦交正常化的立场，对于中国阐明的复交三原则没有异议，但是在具体谈判中双方的分歧依然很大，谈判过程一波三折。

在 25 日开始的第一次首脑会谈中，田中首相表示，日中邦交正常化的

① 李德安等编译《大平正芳的政治遗产》，中央文献出版社，1995，第 479 页。

时机成熟了，"迄今为止，与台湾的关系一直阻碍着日中邦交正常化。希望充分考虑日中邦交正常化对台湾的影响，邦交正常化首先采用日中共同声明的形式，随后再在日本国会讨论通过"。大平外相也表示，恢复邦交正常化是日中友好的第一步，对于《日台条约》问题，日本"非常理解中方提出的《日台条约》是非法的、无效的立场"，"可是，这个条约已经过日本国会的批准，假如日本完全同意中国方面的见解，那就等于日本政府在过去 20 多年内一直在欺骗国会和国民，日本政府定会受到批评和指责。所以，我们主张在实现邦交正常化时，《日华条约》（即《日台条约》）就完成了其使命，希望中方能够理解。再者，日中邦交正常不要损害我国与美国的关系"。周恩来理解田中首相希望中日邦交正常化谈判一气呵成的想法，表示中日关系改善不是排他的，田中首相、大平外相理解中国提出的复交三原则，表达了日本的友好态度，考虑到日本政府的实际困难，"赞成这次中日首脑会谈后，以联合声明的形式而不是以条约的形式实现两国关系正常化。在恢复邦交正常化后再缔结和平友好条约"。① 中日邦交正常化与一般国家间建立外交关系不同，不是以建交公报的形式，而是以联合声明的形式建立，也就是先从政治上解决，再从法律上确认。关于结束战争状态，周恩来明确表示不同意大平外相关于《旧金山和约》后中日两国战争状态就结束了的意见，因为中国并没有参加旧金山和会。他提议有关战争状态结束问题，由两国外长谈判，找出彼此都能接受的方式。联合声明中不涉及《日美安保条约》和《美台相互防卫条约》，周恩来表示，日美关系是日美两国之间的事，中国不干涉。第一次首脑会谈双方各自阐明了邦交正常化的原则立场，对《日台条约》、日美关系、恢复邦交正常化的形式等进行了初步磋商，这是接下来的具体问题谈判的前提。在 9 月 26 日举行的第二次中日首脑会谈中，周恩来高度评价了日本政府关于恢复邦交正常化不是在法律上而是政治上解决的建议，也严肃批评了田中首相 25 日在人民大会堂欢迎宴会上关于战争问题的发言。田中说："遗憾的是过去几十年之间，日中关系经历了不幸的过程。其间，我国给中国国民添了很大的麻烦，我对此再次表示深切的反省之意。"② 周恩来认为这会招致中国人的反感，"添麻烦"这句道歉语在中文里是很轻的，比如，不小心把水泼到女孩子的裙

---

① 以上引文均见《中日首脑第一次会谈（1972 年 9 月 25 日）》，日本外务省亚洲局中国课档案：4 部内 3 号。

② 田桓主编《战后中日关系文献集（1971 - 1995）》，第 86 页。

子上时会说给您"添了麻烦"这样表示道歉的话。用"添麻烦"的说法来对日本曾经发动的侵略战争道歉，中国人民是无法接受的。田中表示从日文来讲，"添麻烦"是诚心诚意地表示谢罪之意，包含着不再犯、请求原谅的意思，如果这一表示从汉语上不适合，可以按中国的汉语习惯改。① 关于放弃战争赔款问题，周恩来对日本外务省条约局局长高岛益郎提出的在缔结《日台条约》时蒋介石已宣布放弃赔偿要求，中国没有必要再提出放弃赔偿的说法感到非常惊讶。他指出，蒋介石政权早已被中国人民所推翻，他和日本签订所谓的"和约"时宣布不要赔偿是慷他人之慨。"我们深知赔偿的痛苦，不想把痛苦加给日本人民"，"田中首相说是为了解决邦交正常化问题来访的，我们为了中日两国人民友好放弃战争赔偿"，中国政府与蒋介石集团放弃战争赔偿要求的前提完全不同，并指出高岛益郎局长的讲话未必是田中首相、大平外相的想法。田中首相表示他此次来华的第一目的是实现两国邦交正常化，开始新的友好起点，感谢中国放弃赔偿要求，"深感中国超越恩仇的立场"，"克服一切困难，实现邦交正常化，就能够得到日本多数国民的理解和支持，有利于未来的日中关系"。在具体问题上，他赞同周恩来的"求大同、存小异"的主张："日本的困难在于与中国政体不同，日本不是社会主义。因此，在日本国内有人反对邦交正常化。如果邦交正常化能够超越政体的不同，就可以避免自民党的分裂。"② 周恩来认为，田中首相、大平外相都充分理解复交三原则，在此基础上，中国充分考虑日本的困难，否则邦交正常化就没有保证。以上问题由两国外长举行专门会谈，寻找解决的办法。田中还介绍了日本国内对日中邦交正常化的看法，自民党内有人认为日中邦交正常化时机还不成熟，一部分人对中国这样一个大国有恐惧感。周恩来表示，日本是经济大国，中国还比较落后，"中国人均国民收入只有 200 美元"，③ 中国现在只是具有潜在的力量，还没有化作现实；中国不搞革命输出，绝不做军事大国。田中表示日本不拥有核武器，国防开支只占国民生产总值的 1% 以下，绝对不会侵略。第二次首脑会谈对双方关心的具体问题、分歧问题交换了意见，具体问题由两国政府相关部门负责人继续谈判解决。

9 月 27 日举行了第三次首脑会谈，双方主要交换了对国际问题的看法。

---

① 吴学文等：《当代中日关系（1945 - 1994）》，第 190 页。
② 《中日首脑第二次会谈（1972 年 9 月 26 日）》，日本外务省亚洲局中国课档案：4 部内 3 号。
③ 《中日首脑第二次会谈（1972 年 9 月 26 日）》，日本外务省亚洲局中国课档案：4 部内 3 号。

28 日的第四次首脑会谈重点是就台湾问题交换意见。大平外相首先代表日本政府阐述了其日台关系的四点意见。第一，日中邦交正常化的结果，就是日本与现在统治台湾的政府断绝外交关系，但"去年，日台双边贸易额超过 12 亿美元，日台之间每年分别有 18 万人和 5 万人的往来，日本政府不能无视日台间多方面的交流、日本国民对台湾的感情"。第二，日本政府不支持"两个中国"、不支持"台湾独立运动"，对台湾没有任何野心，希望中国政府给予充分的信赖。日中邦交正常化后，日本与台湾之间还存在一些问题：日本政府要努力保护在台湾日本人的生命、财产安全；日本是自由民主体制，在不影响日中关系的范围内，政府不能阻碍台湾与日本的人员往来和贸易等各种民间交流；政府承认民间层次的日台经济交流；如同承认日台间继续人员往来和贸易一样，必须承认限于日台间的航空、船舶往来。第三，日中邦交正常化后，台湾在日本的"大使馆""领事馆"失去了官方资格，但是，在相当长的时间，还要处理遗留事务，在一定时期内，有必要在台湾设立民间层次的办事机构。第四，政府在日中邦交正常化后向国会和新闻界说明以上各项事情。①

周恩来表示理解日本政府的意见，欢迎在《中日联合声明》签字后由大平外相召开记者招待会宣布断绝日台"外交"关系。田中首相表示，自己是下大决心来访问中国的。明天大平外相会见记者就要明确台湾问题。作为日本政治的责任者，要考虑周全，必须为做好善后工作付出最大的努力，希望中国方面给予理解。"对明天大平外相会见记者，自民党内有人认为违背党的决议。但是，我是总理，同时也是自民党总裁，我来做最后的结论"，"我决心与中国恢复邦交正常化的最重要原因就是，中国（共产党）不想把世界都变成共产党"。② 周恩来表示，中国首先要做好自己的事情，他国的事情由他国自己处理，今后中日关系要更加密切。大平表示，今后日台之间出现任何问题会及时与中国沟通。经过四次首脑会谈，两国在邦交正常化的重大问题上基本取得了一致，真正做到了"求大同、存小异"。

中国外交部部长姬鹏飞、副部长韩念龙等与日本外相大平正芳、条约局局长高岛益郎等就邦交正常化的具体问题进行了三次正式会谈和一次非正式会谈。通过会谈，双方对邦交正常化的重大问题达成谅解，在《中日联合声明》中相关重大问题的表述上达成一致意见。关于台湾是中华人民

① 《中日首脑第四次会谈（1972 年 9 月 28 日）》，日本外务省亚洲局中国课档案：4 部内 3 号。
② 《中日首脑第四次会谈（1972 年 9 月 28 日）》，日本外务省亚洲局中国课档案：4 部内 3 号。

共和国领土不可分割的一部分："日本国政府承认中华人民共和国政府是中国唯一合法政府"；"中国政府重申：台湾是中国领土不可分割的一部分，日本政府充分理解和尊重中国政府的这一立场"。这实际上就是宣告日本政府承认台湾不代表中国，也不存在"两个中国"，否定了"台湾归属未定"论和"一中一台"论。关于中日两国之间战争结束问题：经过反复讨论和斟酌，双方同意在联合声明的前言中先出现"战争状态结束"的字句，即"战争状态的结束，中日邦交的正常化，两国人民这种愿望的实现，将揭开两国关系史上新的一页"，然后，在声明正文中采用"不正常状态"的表述形式，即"自本声明公布之日起，中华人民共和国和日本国之间迄今为止的不正常状态宣告结束"。① 关于日台关系问题：中国政府考虑到日本的困难，约定在《中日联合声明》中不涉及《日台条约》问题，在《中日联合声明》发表后，由日本外相在记者招待会上，向各国记者说明作为日中邦交正常化的结果，《日台条约》就失去了意义，这就是日本政府的意见。中国政府在对《日台条约》和台湾问题的处理上，既考虑到了日本政府的实际困难，又坚持了复交三原则，而没有拘泥于文字表述。关于战争赔款问题："中华人民共和国政府宣布：为了中日两国人民的友好，放弃对日本国的战争赔偿权。"关于对日本军国主义者发动侵华战争的认识问题："日本方面痛感日本国过去由于战争给中国人民造成的重大损害的责任，表示深刻的反省。"关于中国提出的复交三原则，在《中日联合声明》的前言中首先明确："日本方面重申站在充分理解中华人民共和国政府提出的'复交三原则'的立场上，谋求实现日中邦交正常化这一见解。"有关两国邦交正常化的关键问题在田中角荣访华时都得到了比较好的解决。

通过外务省解密的档案材料，可以看出：在中日邦交正常化谈判的过程中，中国政府无论是与日本在野党党首的会谈中，还是与田中首相等日本政府官员的正式谈判中，始终坚持"求大同、存小异"，坚持原则性与灵活性的统一，不拘泥于一般的惯例，在关系到领土主权、国家利益、战争认识等大是大非问题上不妥协，对于一些具体问题又尽可能照顾日本的国情、体谅日本政府的困难，实现了亚洲两个不同社会制度国家的和平友好。中日这两个东亚重要国家结束"不正常状态"，不仅有利于两国和两国人民，而且有利于亚太地区和平与稳定。《中日联合声明》是中日两国间第一

---

① 《中日外长第三次会谈（1972 年 9 月 27 日）》，日本外务省亚洲局中国课档案：4 部内 3 号。

个重要政治文件，它所确定的原则、精神成为发展中日关系的政治基础。

回顾中日邦交正常化近40年的历史，可以看出中日两国关系发展经历了不平常的历程，其间有令人怀念的"蜜月"时期，也遭遇过严重曲折的"冰冻"期。未来两国关系的发展中还会遇到各种困难和问题。无论何时、面临何种艰难，只要我们从战略高度把握两国关系，借鉴邦交正常化过程中两国政治家高瞻远瞩、"求大同、存小异"的经验和智慧，就一定能够妥善处理分歧，克服暂时的困难，全面推进中日战略互惠关系的发展，实现中日两国和平共处、世代友好、互利合作、共同发展的目标。

（原刊于《当代中国史研究》2011年第6期）

东盟如何在南海问题上"反领导"了中国？

——一种弱者的实践策略分析

聂文娟[*]

2009 年以来，随着南海问题的不断升温，越来越多的国内学者开始对中国的南海政策进行批判式反思。学者们之所以对中国的南海政策提出不同程度的批评，是基于中国在南海问题上的政策目标和政策手段在实践层面上遭遇到了一定程度的挫折。首先，在政策目标上，中国的南海政策不仅没有促成南海主权争端的有效解决，甚至没有改变中国南海主权及主权权利日益受侵犯的严峻局面。① 其次，中国早在 20 世纪 80 年代就南海问题提出的"搁置争议，共同开发"目标也始终未取得明显成效。2005 年中国、菲律宾、越南三国仅有的一次多边合作曾被认为是朝着"搁置争议，共同开发"迈出的历史性、实质性的一步，② 但仅仅三年之后就因菲律宾国内的反对而被迫中止。再次，在政策手段上，中国一向主张通过双边方式来解决与有关国家之间的分歧，但已经从"双边"方式向"双边－多边"方式演变，直至发展到目前的"多边－双边"方式。最后，中国基于"九段线"所宣示的"历史性权利"来捍卫自身在南海的权利主张越来越遭到其他国家所建构的《联合国海洋法公约》话语体系的严峻挑战，导致中国目前很大程度上不得不在这一话语体系中展开对话。显然，中国的南海政策确实面临着难题和挑战，甚至出现了一定程度的被动局面。出现这种局面的原

---

* 外交学院国际关系研究所讲师。

① 钟飞腾：《南海问题研究的三大战略性议题》，《外交评论》2012 年第 4 期，第 33 页。

② 《中菲越签署合作协定　首次达成共同开发南海共识》，http://news.sina.com.cn/c/2005 – 03 – 15/15315367 041s.shtml。

因何在？

一　现有文献的解释

对于上述问题，学者们的研究主要集中于以下几个方面。

第一，中国自身政策的失误。新加坡国立大学中国问题研究专家郑永年认为，在南海问题上，中国总是采取被动应对的办法，进行"救火式反应"，才造成今天的局面。他明确提出："不论喜欢与否，理解与否，中国在南海问题上面临前所未有的挑战。"① 中国人民大学金灿荣教授认为："总体而言，中国的政策主张和外交实践效果不彰，南海问题不是趋于解决而是逐步升级。"② 清华大学阎学通教授更是直言不讳地指出，南海问题反映出中国"不结盟""韬光养晦"的外交理念已经过时，中国只有改变外交原则才能解决南海问题。③ 很多学者在批评中国的南海政策时，都暗指中国的南海政策呈现了一种"过于软弱"的态势，导致了其他国家误用和利用了中国的这种善意。正如部分学者所指出的，单纯的政治谈判方式将难以彻底解决南海争端，中国必须依靠强大的综合国力尤其是海军实力作后盾。④对于上述观点，我们必须认真思考这样一个问题，即中国外交真的是"过于软弱"吗？西方学者几乎一致认为，中国的"自以为是"（assertive）和"侵略性"（aggressive）是南海争端复杂化的"主要诱因"。⑤ 国内对此也存在不同的看法，如外交部部长助理乐玉成认为，目前对中国外交出现了"软""硬"两种截然不同的评价。⑥ 因此，我们很难说中国的南海政策是"过于软弱"还是"过于强硬"了。进一步讲，我们也无从得知，军事手段的更多介入是会促进南海问题的解决，还是会造成中国外交更为被动的局面。

第二，美国的因素。近年来，美国为了重返亚太，以及遏制中国的需

① 郑永年：《中国国际命运》，浙江人民出版社，2011，第121～127页。
② 金灿荣：《中国破解南海困局需要"一心二用"》，《小康》2011年第11期，第112页。
③ 阎学通：《从南海问题说到中国外交调整》，《世界知识》2012年第1期，第32～33页。
④ 邵建平、李晨阳：《东盟国家处理海域争端的方式及其对解决南海主权争端的启示》，《当代亚太》2010年第4期，156页。
⑤ 任远喆：《南海问题与地区安全：西方学者的视角》，《外交评论》2012年第4期，第41页。
⑥ 乐玉成：《对国际形势和中国外交的一些看法与思考》，《外交评论》2010年第6期，第8页。

要，积极插手南海事务。美匡不仅与东南亚国家进行了一系列以南海为背景的海陆空军事演习，展开一系列的军事合作，还在南海问题上多次表明自己的立场。2010 年 7 月，美国时任国务卿希拉里·克林顿甚至明确宣称，"南海航行自由涉及美国国家利益"。① 因此，国内有部分学者认为，"南海问题的实质取决于美国的战略举措"。② 诚然，南海问题中的美国因素的确存在，但是仅仅用美国因素来解释目前中国外交中出现的一定程度的被动局面，是对以下历史事实的忽略。首先，早在 20 世纪 70 年代，随着菲律宾、越南和马来西亚等国开始侵入我南海岛礁并提出主权要求，中国的南海问题就已经呈现，而当时美国出于冷战两极格局下自身战略的考虑，在南海问题上持不介入和不表态的立场。直到 20 世纪 90 年代中后期，布热津斯基（Brzezinski）还曾指出，"直接卷入反对中国或者卷入像南中国海争端一类的问题是否符合美国的特殊利益尚不清楚"。③ 其次，美国始终不是南海问题的当事方。换言之，即使美国在南海问题上发挥着某种重要作用，那也一定是借助某种中介力量得以实现的，即美国并未在南海问题上发挥直接的作用，所以，不可过分高估美国对中国南海政策的反作用力。

第三，越南、菲律宾和马来西亚等南海争端方的因素。国内学者在论述南海问题时，几乎都会谈到越南等国侵占南海岛礁，在岛礁上设立军用和民用设施以及一系列非法的主权宣示、国内立法等历史事实。④ 诚然，正是这些行为在一定程度上促发了南海争端，但是，这些行为又是如何造成中国外交在一定程度上的被动局面呢？很多学者对此语焉不详。笔者认为，之所以如此，恰恰是因为南海问题尽管起因于部分东南亚国家，但真正导致中国外交陷入被动局面的原因很大程度上应归咎于东盟组织层面。例如，中国所倡导的双边方式受挫，南海问题被多边化和国际化，这些都非东盟某个国家所为，而是在东盟组织层面上实现的。因此，我们有必要对东盟与中国的互动展开具体深入的研究，以探讨这种互动如何限制了中国南海政策的策略选择。

目前，国内部分学者已经开始重视东盟作为一个整体在南海问题上所

---

① International Crisis Group, "Stirring Up the South China Sea (I)," *Asia Report*, No. 223, Apr. 23, 2012, p. 7.
② 阎学通：《从南海问题说到中国外交调整》，第 33 页。
③ 〔美〕兹比格纽·布热津斯基：《大棋局——美国的首要地位及其地缘战略》，中国国际问题研究所译，上海人民出版社，2007，第 151 页。
④ 对此问题的详细介绍参见李金明《南海争端与国际海洋法》，海洋出版社，2003。

起的作用。例如，刘中民提出了要从三个层次分析冷战后东南亚国家南海政策的发展动向，其中就包括东盟这一层次。① 葛红亮总结出了东盟南海政策的三大特征，即 "以 '集团方式' 介入南海争端"、"以 '多边机制' 掌控南海形势发展" 和 "以 '大国平衡' 政策推动南海问题国际化"。② 庞中英更是一针见血地指出，在过去的 20 多年里（1990 年至今），中国与东南亚各国的外交关系取得了历史性的改善，然而，与此同时，中国也越来越受制于这一外交关系，中国已陷入东盟的 "外交陷阱" 中。东盟通过一定的政治外交手段，成功地 "管束" 甚至 "解除" 了中国的武装，这是东盟外交的胜利。③

尽管上述研究已经开始重视南海问题中的东盟因素，但是对这一问题的研究仍需加大力度，需要对中国与东盟具体的互动机制做出更加详细和深入的探讨。例如，东盟是如何一步步掌握了主动？而中国又是如何一步步陷入被动？对此，本文提出一种研究假设，即在南海问题上，作为弱者的东盟 "反领导" 了作为强者的中国。

二 研究假设的理论说明

何为 "反领导"？要回答这个问题，首先需要搞清楚 "领导" 的涵义。从字面上来解释，"领者，带路也；导者，指引、启发也"。领导，即带领并引导他人朝一定方向前进。现代管理学对领导行为以及领导理论做过比较系统的研究，认为领导即指领导者运用其法定权力和自身影响力影响被领导者的行为，并将其导向组织目标的过程。其实，在国际关系的研究中，与霸权相关的 "霸权周期论""霸权稳定论" 等在一定程度就是一种领导理论。如乔治·莫德尔斯基（George Modelski）通过对近 500 年的世界历史和大量数据的考察，证明了国际体系中领导的存在及其功能。他还进一步预言："如果在过去的 500 年中有对它（领导）的需要，那么在下个世纪也会需要。"④ 当然，在这些研究中，发挥领导功能的国家非强国莫属。在有关国际关系的众多文献中，"霸权" 与 "领导"、"霸权国" 与 "领导者" 在

① 刘中民：《冷战后东南亚国家南海政策的发展动向与中国的对策思考》，《南洋问题研究》2008 年第 2 期，第 25~34 页。

② 葛红亮：《东盟在南海问题上的政策评析》，《外交评论》2012 年第 4 期，第 70~73 页。

③ 庞中英：《东盟的外交陷阱》，《东方早报》2012 年 5 月 16 日，第 14 版。

④ George Modelski, *Long Cycles in World Politics*, London: Macmillan, 1987, p. 15.

很多场合中几乎被等同使用。之所以如此，一个重要原因就是，根据"常识"，人们往往认为只有"霸权国"和"强国"才可能具有领导能力。这是因为，尽管从动机上看，弱国和强国都可能具有领导对方的意图，但从能力上看，似乎只有强国才具有实现这种意图的资源和手段。首先，强国拥有更强的实力，包括以武力手段胁迫其他国家从事某些不情愿的行为。其次，强国有实力向其他国家提供公共产品和国际规制来促成某些公共问题的解决。最后，强国基于自身强大的实力，也更有可能塑造一种符合自身利益的理念、价值观、信仰和意义，从而实现意识形态的领导权。诚然，相对于强国，弱国缺乏甚至不具备这些资源，但我们并不能由此推断强国必然领导弱国或者说弱国必然被强国领导。

本文提出的"反领导"概念恰恰是基于这样一种有悖"常识"的认知，即弱者对强者的领导。弱者通过某些策略，引导和影响强者的行为，从而实现弱者的特定政治目标。当然，关键的问题是弱者如何实施这种"反领导"行为。在这方面，一些学者的研究给了本文很多启发。

一是詹姆斯·C. 斯科特（James C. Scott）从国内弱势群体的研究视角提出的"弱者的武器"这一概念。斯科特曾经在马来西亚的一个村庄里对农民阶级和统治阶级的斗争进行了为期两年的实地考察。他发现，农民阶级极少能从事公开的、有组织的政治行动或者说"农民叛乱""农民革命"，这对他们来说过于奢侈。农村社区进行的顽强的、坚韧的、沉默的斗争是在农民琐碎的日常实践中展开的。农民很少会在税收、耕作模式、发展政策或烦琐的法律问题上冒险与当局直接对抗，他们更可能通过不合作、偷懒和欺骗等手段去蚕食这些政策。他总结了农民作为弱势群体在与统治阶级的对抗中所采用的日常武器或日常策略，主要包括偷懒、装糊涂、开小差、假装顺从、偷盗、装傻卖呆、诽谤、纵火、暗中破坏等，并将其统称为"弱者的武器"。① 农民阶级正是通过这些日常生活中不起眼的"武器"，经过日积月累，最终使那些自以为是的官员所构想的政策完全无法推行。

二是国际关系学者从国家行为体的研究视角出发提出的"小而不弱""软制衡"等概念以及对小国理论所做的大量研究。20世纪50年代，安妮特·贝克·福克斯（Annette Baker Fox）对小国战时外交的研究开启了国际关系中小国学派的先河。她分析了第二次世界大战期间为何有的小国如瑞

---

① 〔美〕詹姆斯·C. 斯科特：《弱者的武器》，郑广怀等译，凤凰出版传媒集团，2011，前言，第2~4页。

典、西班牙、瑞士和葡萄牙等没有被大国拖入战争，而有的小国如丹麦、挪威和芬兰却走上了与大国冲突的道路。在分析中，她强调了小国的地缘战略位置和外交技巧的重要性。① 此后，越来越多的学者开始探讨无政府体系中，面对大国强权，小国如何求得生存的问题，并提出了一系列政策建议，如小国通过独立自主、孤立主义减少与体系大国的互动，通过加入国际组织、走一体化道路增加自身的声望，有效的对外结盟政策等。② 随着小国理论研究的推进，有的学者开始进一步探讨小国如何影响大国的决策，如有学者提出了小国通过在国际组织中"设置议程"和"倡导规范"来追求自身独立于大国的政治目标。③ 更多的学者进行了具体的案例研究。例如，帕克（Park）在研究韩国的案例后指出，冷战期间尤其是朝鲜战争期间，韩国通过以下五种策略影响和制约了美国的行为：公开呼吁进行援助、公开呼吁共同合作对抗敌人、精心算计的谈判建议、拒绝合作和道德劝服。④

上述文献都从不同的角度强调了弱者在实践中的策略能动性，而这也正是本文试图在中国与东盟关系的互动中所竭力挖掘的。当然，与上述研究不同的是，本文关注的作为"弱者"的东盟不是国内的弱势群体，也不是小国家行为体，而是地区层面上的弱势组织，本质上是一种地区行为体。与国家行为体相比，地区行为体的不同之处在于它是由国家行为体组成的复合型行为体，这种复合型特征决定了其享有的权利是派生的，行动能力是有限制的。但与此同时，复合型特征也决定了地区行为体享有国家行为体所不具备的资源条件，如更广阔的视野，能够对地区性政策的形成提供见解和建议；更广泛的资源，能够代表地区发出统一的声音以及采取统一的行动，在参与全球价值分配决策过程中享有地区代表权；等等。那么，在与强者互动的过程中，地区行为体会发挥何种独特的作用呢？本文即以东盟这一地区组织为案例，考察在南海问

---

① Christine Ingebritsen, Iver B. Neumann, Sieglinde Gstohl, and Jessica Beyer, *Small States in International Relations*, Seattle: University of Washington Press, 2006, p. 10.

② Christine Ingebritsen, Iver B. Neumann, Sieglinde Gstohl, and Jessica Beyer, *Small States in International Relations*, Seattle: University of Washington Press, 2006, p. 10.

③ Christine Ingebritsen, "Norm Entrepreneurs: Scandinavia's Role in World Politics," *Cooperation and Conflict*, Vol. 37, No. 1, March 2002, pp. 11 – 23.

④ Chang Jin Park, "The Influence of Small States upon the Superpowers: United States South Korean Relations as a Case Study, 1950 – 53," *World Politics*, Vol. 28, Issue 1, October 1975, pp. 97 – 117.

题的发展进程中，东盟如何发挥了自身的实践能动性，即东盟如何在南海问题上"反领导"了中国。

需要补充说明的是，第一，本文考察的是东盟这一地区性复合行为体，鉴于内部成员国的多样性，我们不排除其内部成员之间在组织决策和组织行为上的分歧，但本文着重于地区组织最终的行为结果，因此有意对内部的决策进程进行了淡化处理；第二，本文无意夸大或否定其他大国因素——如美国因素——对南海问题的重要影响，但相对于美国因素，本文以东盟作为主要切入点，考察了东盟如何在大国互动的复杂关系网络中实施着自身的"反领导"策略。在一定意义上，东盟既借重于美国，又与美国保持了距离，从而服务于对中国的既"示好"又"领导"策略。

三　东盟如何在南海问题上"反领导"了中国？

东盟对南海问题的正式介入始于 1992 年。东盟第 25 届部长级会议首次就南海问题表明了官方立场，即《东盟关于南中国海问题的宣言》，又称《马尼拉宣言》。2002 年 11 月 4 日，中国和东盟 10 国在柬埔寨金边签署了《南海各方行为宣言》，该宣言包括四条基本原则：航行自由、自我克制、建立信任以及海上合作。2011 年 7 月 20 日，中国外长与东盟外长在印尼巴厘岛又就落实《南海各方行为宣言》的指导方针达成了一致。目前，东盟正在积极推动制定《南海地区行为准则》。据悉，东盟已初步拟定出草案，将随后与中国展开讨论。对中国而言，尽管不支持东盟的这一举动，但也很难直接否定东盟的这一努力，可能不得不对此展开讨论。① 因此，东盟不仅在很大程度上已经成为中国在南海问题上不可回避的"一方"，而且正在为南海问题的解决"搭建舞台"、"设置场景"甚至"编写剧本"，其在南海问题上的推动作用和领导作用逐步凸显。那么，东盟是如何在与中国的互动中一步步获得这一主动权或领导权的呢？

通过对东盟与中国在南海问题上的互动进行追踪研究，本文发现，东盟作为一个弱者，通过"反领导"策略逐步掌握了在南海问题上的主导权。东盟的"反领导"策略建立在"友好弱者"的身份关系基础上，并进而通

---

① Carlyle A. Thayer, "ASEAN's Code of Conduct in the South China Sea: A Litmus Test for Community - Building?" http: //www. japanfocus. org/ - Carlyle __ A __ - Thayer/3813.

过 "谨慎引导" 策略将中国的政策行为导向自身的政治目标进程。鉴于东盟和中国在实力地位上的显著不对称性,东盟在与中国的互动中一直在试图建构一种 "友好弱者" 的身份关系,包括冷战时期的 "示好示弱" 策略以及 20 世纪 90 年代 "温和顺从" 策略。正是这种 "友好弱者" 的身份定位,给东盟能动性的发挥提供了潜在的空间。随着南海问题的日益凸显,东盟开始在这一问题上对中国实行 "谨慎引导" 策略,从而对中国的行为选择进行了一定程度的限制。

(一) "友好弱者" 的身份定位

1. "示好示弱" 策略

冷战期间,东盟在与中国的关系中建构了自身 "友好弱者" 的身份地位。东盟成立之初,东盟国家面临的重要安全威胁之一是国内共产党组织的游击战。这主要是由于 20 世纪 60 ~ 70 年代中国决定向东南亚输出革命,支持和培育马来西亚、菲律宾、泰国、印尼、越南和柬埔寨等国国内的共产党组织展开阶级斗争,这在一定程度上造成了当时东南亚各国内部政治的动荡,东南亚地区蔓延着一种对 "共产主义" 以及 "无产阶级革命" 的恐惧情绪。在此背景下,东南亚国家联盟正式成立。不过值得注意的是,在 《东南亚国家联盟成立宣言》 中,并未涉及 "共产主义" 的威胁,甚至都未提及政治合作这样的字眼,而是重点强调了各国间要展开经济合作。[①]东盟故意淡化政治色彩的目的是希望避免被其他国家误解,这一举动客观上造成了东盟相对于中国的弱者形象,而且也在很大程度上减弱了中国对东盟在成立之初的敌意。

20 世纪 60 年代末 70 年代初,随着中美关系的缓和以及美国在越战后从亚太地区的 "收缩" 战略的实施,尽管当时东南亚各国对中国仍存有不信任,但也很快对中国释放出了善意。1974 ~ 1975 年,马来西亚、菲律宾、泰国先后与中国实现关系正常化。新加坡与中国扩展了贸易联系,并开始了高层往来。即使在反华最严重的印度尼西亚,其内部也展开了对华关系的不同辩论。[②]

---

① *Bangkok Declaration*, http: //www. aseansec. org/1212. htm. ; Khaw Guat Hoon, "The Evolution of ASEAN," in K. S. Sandhu, Sharon Siddique, and Chandran Jeshurun, *The ASEAN Reader*, Singapore: Institute of Southeast Asian Studies, 1992, p. 38.

② Alice D. Ba, "China and ASEAN: Renavigating Relations for a 21st – Century Asia," *Asian Survey*, Vol. 43, No. 4, 2003, p. 625.

20 世纪 70 年代和 80 年代,中越两国先后在西沙群岛和南沙群岛海域发生了交火。1974 年双方交火的结果是,中国海军 18 名官兵英勇牺牲,67 名参战人员受伤,389 舰被击伤;中国共击沉南越海军护航舰一艘,击伤驱逐舰 3 艘,毙伤其"怒涛"号舰长及官兵一百余人,中国最终收复了甘泉岛、珊瑚岛和金银岛。1988 年,中国和越南之间再次发生了交火,即"3·14 事件"。事件起因于中国打算在南沙岛礁上建立气象观察站,越南军舰出面干预,并开了第一枪,将一名中国士兵打伤。此后,中国对越南方面的行为给予了自卫还击,将其两艘军舰击沉,72 名越南水兵失踪。此次战役中,中国在南沙收复了 6 个岛礁。显然,无论两次战役的起因如何,结果都是中国作为强国对越南作为弱国的重大胜利。但值得注意的是,在这两次战役中,东盟当时都保持了沉默,并未明确表态。当然,这并不是基于东盟对中国行动合法性的认可,而是东盟竭力避免惹怒中国的表现。① 尤其是在 1979 年 1 月越南入侵柬埔寨以及 1979 年 2 月中国对越南进行自卫反击战等事件中,东盟都对中国的行动给予了一定的支持,双方在此期间甚至形成了一种"事实上的反越同盟",东盟与中国的友好关系达到了一定程度的高潮。②

不可否认,中国与东盟成员方的实力对比呈现出明显的不对称性,而且双方在政治意识形态上也存有巨大分歧,这不仅导致了双方在冷战期间一度出现摩擦,而且东盟成员方对中国存在根深蒂固的不信任感甚至恐惧感。但东盟作为东南亚国家的地区组织,显然并未表现出明显的联合对抗中国的意向,相反,在冷战中期,东盟向中国展现了一种"友好弱者"的身份形象,甚至呈现出与中国合作之势。

2. "温和顺从"策略

20 世纪 80 年代起,在新的国际形势下,中国开始积极主动地发展与东盟的全方位关系,对此,东盟方面表现出"温和顺从"的配合策略,从而进一步巩固了东盟的"友好弱者"的身份地位。

1975 年,中国正式承认东盟的存在。1978 年,中国领导人邓小平访问泰国、马来西亚和新加坡,表示了中国愿意同所有的东盟国家发展友好关

---

① Ha Anh Tuan, "ASEAN and the Disputes in the South China Sea", p. 3.
   http://www. nghiencuubiendong. vn/trung-tam-du-lieu-bien-dong/doc __download/464-ha-anh-tu-an-asean-and-the-disputes – in – the – south – china – sea.

② Alice D. Ba, "China and ASEAN: Renavigating Relations for a 21st – Century Asia", pp. 625 – 626.

系的意愿。80 年代，中国更强化了这一努力。1985 年，中国与印尼签订了
《谅解备忘录》，恢复了双方的直接贸易，并启动了恢复全面关系的进程。
1988 年，李鹏总理访问泰国时提出了建立、恢复和发展与东盟关系的四项
原则，并支持东盟关于在东南亚建立和平、自由和中立区的主张。① 1990 ~
1991 年，中国相继恢复了与印尼的外交关系，与新加坡和文莱建立了外交
关系。在与所有东盟成员国都建立了外交关系后，中国开始积极发展与东
盟组织的关系。

　　1991 ~ 1996 年，中国不仅和东盟组织建立了正式外交关系，而且确立
了全面的对话伙伴关系。1991 年 5 月 29 日，时任中国外长钱其琛致信东盟
部长会议常务委员会主席达图·阿卡杜勒·巴达维（Datuk Abdullah
Badawi），信中写道："我们高兴地看到，东盟作为充满活力的区域组织，
在亚太地区发挥着越来越重要的作用……为此我愿向你，并通过你，向东
盟其他国家外长郑重表示，中国愿同东盟进一步合作，希望在政治、经济、
贸易、科技和安全等方面与东盟建立对话关系。"② 1991 年 7 月，钱其琛应
邀出席在马来西亚吉隆坡举行的第 24 届东盟外长会议，开启了中国与东盟
外长的首次非正式对话。在会上，中国向东盟外长承诺，中国准备向东盟
提供包括卫星、航空、电信、微电子、生物工程以及人力资源开发等高科
技领域的援助。③ 同时，中国表达了与东盟组织进行合作的良好意愿，东盟
对此给予积极响应。1992 年 7 月，中国成为东盟的"磋商伙伴"。同年，中
国外长钱其琛参加了在马尼拉举行的第 25 届东盟外长会议及有关活动，会
议期间，中国方面就南海问题提出了"搁置争议、共同开发"的主张，表
示愿意在条件成熟时同有关国家谈判寻求解决的途径。中国的这一积极表
态为稳定和发展中国 - 东盟双边关系创造了条件。1993 年，应中国副外长
唐家璇的邀请，东盟秘书长达多·阿齐欣（Dato'Ajit Singh）率团对北京进
行了访问，双方同意建立科学技术合作联合委员会以及经济贸易合作联合

---

① 这四项原则为：和平共处五项原则；在任何情况下，都坚持反对霸权主义的原则；在经济
　关系中，坚持平等互利与共同发展的原则；在国际事务中遵循相互独立、互相尊重、密切
　合作、互相支持的原则。参见 Sheng Lijun, "China and ASEAN: Tango Together, but Watch
　Your Steps Please," *Discussion Paper 10*, China Policy Institute, University of Nottingham, Sep-
　tember 2006, p. 3, https://www.nottingham.ac.uk/cpi/documents/discussion-papers/discus-
　sion-paper-10-china-asean.pdf。
② ASEAN Secretariat, "ASEAN-China Documents Series 1991 – 2005," Jakarta, 2006, http://
　www.aseansec.org/ASEAN_CHINA_G5_part1.pdf.
③ 张云：《国际政治中"弱者"的逻辑》，社会科学文献出版社，2010，第 62 ~ 63 页。

委员会。① 1994 年，中国与东盟达成在高层官员层次上就政治和安全事宜进行协商的共识；同年 7 月，中国以磋商伙伴国的身份首次参加了在曼谷举行的东盟地区论坛会议。1995 年 4 月，中国与东盟高级官员（副外长级）磋商会议在杭州举行。1996 年，钱其琛再次向东盟致信表示希望成为东盟全面对话伙伴国；同年，中国升格成为东盟全面对话伙伴国。② 为了更好地处理双方的对话关系，双方决定成立中国－东盟共同合作委员会，并于 1997 年在北京召开了成立大会。与此同时，中国出资的东盟－中国基金也正式创建，以促进双方的合作发展。至此，中国与东盟已形成了五条平行的对话机制：中国－东盟高官政治协商机制、中国－东盟经济贸易合作委员会、中国－东盟共同合作委员会、中国－东盟科学技术合作委员会和东盟北京委员会。③

1997～2002 年，双方全面合作关系迅速发展。1997 年，双方合作应对亚洲金融危机，中国坚持人民币不贬值并提供了 40 亿美元的援助，赢得了东盟国家的广泛赞誉。同年 12 月，首次中国－东盟领导人非正式会议在马来西亚举行，会议确定双方建立面向 21 世纪的睦邻互信伙伴关系，从而为双方全面关系的发展确立了框架。在此原则的指导下，双方的政治关系很快发展到一个更高的水平。1998～2000 年，中国和东盟的 10 个成员方分别签订了双方关系的框架宣言并开展了一系列合作项目。2001 年，双方确定了 21 世纪早期合作的五个优先领域：农业、信息产业、人力资源开发、相互投资和湄公河流域开发。同年，中国提议在 10 年内建立中国－东盟自由贸易区。次年，双方达成了到 2010 年建成自由贸易区的框架协议。④

2003 年，双方确立了战略伙伴关系。2003 年 10 月，在第七次中国－东盟领导人会议上，中国领导人温家宝指出："中国政府奉行与邻为善、以邻为伴的周边外交方针……与东盟各国做好邻居、好朋友、好伙伴，是新形势下中国周边外交的重要方针。"⑤ 在这次峰会上，中国同意加入《东南亚

---

① Saw Swee-Hock, Sheng Lijun and Chin Kin Wah, *Asean-China Relations: Realities and Prospects*, Singapore: Institute of Southeast Asian Studies, 2005, p. 1.

② ASEAN Secretariat, "ASEAN-China Documents Series 1991–2005".

③ Saw Swee-Hock, Sheng Lijun and Chin Kin Wah, *Asean-China Relations: Realities and Prospects*, p. 2.

④ Report of the ASEAN-China Eminent Persons Group, ASEAN Secretariat, Jakarta, November 2005, p. 15, http://www.aseansec.org/asean-china-epg.pdf.

⑤ 《温家宝总理在第七次中国与东盟领导人会议上的讲话》，http://www.fmprc.gov.cn/chn/gxh/wzb/zxxx/t575580.htm。

友好合作条约》，并签署发表了《中国－东盟面向和平与繁荣的战略伙伴关系联合宣言》。中国也愿意就加入《东南亚无核武器区条约》议定书与东盟保持磋商。① 至此，在东盟的对话伙伴中，中国成为第一个加入《东南亚友好合作条约》、第一个与东盟建立战略伙伴关系、第一个明确支持《东南亚无核区条约》和第一个确定同东盟建立自贸区的国家。

随着战略伙伴关系的建立，双方的合作进入了快速发展的轨道。2004年3月，在越南召开的东盟非正式外长会议上，东盟就台湾问题发表了"一个中国"的政策声明。2004年9月，所有的东盟成员方都一致承认了中国的市场经济地位。2004年11月，双方签署自贸区《货物贸易协议》，并于2005年7月起相互实施全面降税。2005年初，作为中国－东盟自由贸易区安排的一部分，双方推出了"早期收获"计划。同年7月，中国将特惠关税的范围扩展至柬埔寨、老挝和缅甸。2007年1月，双方签署了自贸区《服务贸易协议》。2009年，双方签署了《投资协议》。在该阶段，双方在应对诸如SARS、禽流感、印度洋地震和海啸等自然灾害和突发危机问题上进行了卓有成效的合作。② 2010年1月，中国－东盟自贸区如期全面建成。自贸区建立后，双方对超过90%的产品实行零关税。中国对东盟的平均关税从9.8%降至0.1%，东盟6个老成员方对中国的平均关税从12.8%降至0.6%。③ 同年，在圆满完成第一份《落实中国－东盟面向和平与繁荣的战略伙伴关系联合宣言的行动计划（2005－2010）》的基础上，双方制订了第二份战略伙伴关系行动计划（2011－2015）。2011年，中国－东盟中心正式成立，成为促进双方经贸、教育、旅游和文化等领域交流合作的重要服务平台。

目前，中国与东盟已经建立了一套完整的对话合作机制，包括领导人、部长、高官等各个层次。在具体议题领域，双方建立了外交、经济、交通、海关、检察、青年事务、卫生、电信、新闻、质检和打击跨国犯罪等十几个领域的部长级会议机制。④

近几十年来，中国与东盟关系确实取得了长足的进展，甚至堪称中国

① 《温家宝总理在第七次中国与东盟领导人会议上的讲话》，http：//www.fmprc.gov.cn/chn/gxh/wzb/zxxx/t575580.htm。

② Report of the ASEAN-China Eminent Persons Group, Jakarta, November 2005：ASEAN Secretariat, p.16, http：//www.aseansec.org/asean-china-epg.pdf.

③ 《中国－东盟合作：1991－2011》，http：//www.fmprc.gov.cn/chn/gxh/tyb/wjbxw/t877316.htm。

④ 《中国－东盟合作：1991－2011》，http：//www.fmprc.gov.cn/chn/gxh/tyb/wjbxw/t877316.htm。

周边外交的成功范例。但回顾这一进程，正如在新加坡学者盛力军所总结的，只看到中国的"推"（push），却看不到东盟的"拉"（pull）。[①] 换言之，相对于东盟，中国在这一进程中发挥了积极的推动作用。当然，这主要是基于中国的整体外交战略考虑。冷战结束后，中国面临改革开放以来最困难的外交局面。为了打破西方国家的对华制裁，以及应对冷战后国际格局的新变化，东盟自然而然地成为中国周边外交的首选目标。中国在东南亚的政策目标主要包括：为中国的和平崛起营造一个和平、和谐和稳定的周边环境，通过与东盟的合作改善和提升中国的国家形象，保护和拓展中国的安全利益和经济利益。因此，中国对东南亚基本奉行"与邻为善，以邻为伴"以及"睦邻、安邻、富邻"的外交方针。[②] 中国正是在此外交大原则的指导下，积极主动地创造条件，构建对话合作的机制平台，推动诸多项目的务实合作。在这一进程中，东盟虽然没有发挥积极主动的作用，但也给予了配合，这当然也是基于东盟的整体外交战略考量。东盟的基本策略是维护该地区的"大国平衡"。具体而言，20 世纪 90 年代，冷战刚刚结束，地区战略结构失衡，东盟担心"美国因素太重"，因而拉中国以维持平衡，使自己得以在其中发挥左右逢源的主导作用。在很大意义上，东盟的策略是对美国打"中国牌"，利用提升与中国的关系来促进美国发展对东盟的关系。[③] 基于此，东盟一方面全面发展与中国的关系，尤其是加强与中国的经济合作，试图搭上中国经济发展的"顺风车"；另一方面，东盟又不得不小心地与中国保持着一定的距离，以免打破大国间脆弱的均衡，因此，东盟的对华政策就表现出一种"顺从"但不"积极"的特征。针对东盟的这种行为特征，中国作为大国和强者，也给予了充分的理解。中国认为，"大国平衡"战略反映了这些国家两面讨好或多方讨好的意图，中国应以更宽广的胸怀看待周边国家，实行更宽容的政策，"善待周边国家的多重选择"。[④] 在中国的看来，东盟实行"大国平衡"战略，而不是一味地跟随美国来制衡中国、反对中国，已经在极大程度上体现了其对中国的"善意"。因此，对中国来说，东盟仍然是一种"友好弱者"的身份定位。

① Sheng Lijun, "China and ASEAN: Tango Together, but Watch Your Steps Please," p. 11.
② 李晨阳：《对冷战后中国与东盟关系的反思》，《外交评论》2012 年第 4 期，第 11 页。
③ 盛力军：《中国在东南亚外交：用势与用力》，新加坡国立大学东亚研究所论文，2009 年，第 8 页。
④ 张蕴岭：《中国周边外交由主动到被动 周边国向心力增强》，http://news.cctv.com/china/20071102/103222.shtml。

（二）"谨慎引导"的策略

作为中国一方，基于身份角色的差异，往往很难切身感受到作为弱者的东盟国家对中国根深蒂固的"不信任感"和"恐惧感"。近些年来，中国－东盟关系在政治外交领域确实取得了一些进展，双方的经济合作也达到了前所未有的水平，中国对东盟也进行了巨大的经济技术援助，[①] 但东盟对中国的担忧在中国与东盟关系发展的各个阶段都似乎难以消除。有学者指出："在短期内，中国无论做出多大努力，不论是经济上的让利还是政治上的亲善，某些东盟国家始终都会把中国定义为威胁。"[②] 当然这主要是基于双方在国土面积、人口以及军事、经济实力等方面的严重不对称，甚至在更深层次上也涉及双方政治意识形态的差异。值得注意的是，南海问题构成了这一问题的"导火索"，或者说，南海问题已经成为了中国和平崛起的"试金石"。

而在南海问题上，东盟的"友好弱者"这一身份定位影响和制约了中国和东盟的政策选择。对中国而言，在这种身份关系中，中国作为"强者"，不得不照顾到作为"弱者"的东盟一方的"合理"需求，甚至不得不进行一定的自我克制来平息东盟国家的这种恐惧感。而且，中国作为"强者"的身份定位也在一定程度上导致中国放松了对东盟某些行为的警惕和防范意识。例如，有学者指出："也许正是因为在内心里不把东盟当回事，低估了东盟的外交能力，才使得中国在冷战后与东盟的交往过程中付出了一定的代价。"[③] 而对东盟而言，在这种身份关系中，其行为将不得不更加小心、更加隐蔽、更加具有技巧性，即东盟为了最大限度地维护自身利益与生存安全，不得不对中国实施"谨慎引导"的策略。

在南海问题上，东盟的"谨慎引导"策略体现在三个方面。第一，东盟的多边主义平台；第二，《联合国海洋法公约》的法理依据；第三，"南海行为准则"的强法约束。

---

① 华盛顿国防大学的一项研究显示，2003 年，中国对菲律宾的援助大约是美国的 4 倍，对老挝的援助是美国的 3 倍，对印尼的援助是美国的 2 倍，对柬埔寨的援助几乎与美国相等。参见 Joshua Kurlantzick, "China's Charm Offensive in Southeast Asia," *Current History*, September 2006, pp. 273–274。

② 李晨阳：《对冷战后中国与东盟关系的反思》，第 14 页。

③ 李晨阳：《对冷战后中国与东盟关系的反思》，第 13 页。

1. 东盟的多边主义平台

如前所述，东盟首次正式介入南海问题是 1992 年 7 月东盟对南海问题发表了官方的立场，即《马尼拉宣言》。这是东盟成员方首次在这一问题上进行合作，并采取共同立场。东盟的这一表态也使得中国与越南等国之间的双边纠纷逐步国际化和多边化。而且，自 1992 年以后，东盟的历届部长会议几乎都涉及南海问题，因此中国不希望外部势力介入南海争端这一主张在一定意义上就成了一种自我的政策宣示，与该地区的实践相脱离。对中国而言，20 世纪 90 年代前半期，中国仍希望同相关国家就南海问题进行双边谈判，而拒绝与东盟整体进行多边谈判，但后来中国逐渐软化了这一立场，南海问题不仅在中国与东盟高官磋商会议上，而且在东盟地区论坛上多次被提及。[1] 那么东盟是如何劝说中国接受南海问题国际化的呢？

首先，东盟的声明并未直接对中国进行点名批评（naming and shaming），甚至其内容也未涉及实质性问题，这种"留面子"的做法增加了各方的舒适度。例如，《马尼拉宣言》的整个文本都在泛泛提及和平与合作，仅仅表达了东盟和平解决争端的良好愿望，并未对中国进行谴责，也似乎并未对争端各方产生实质性的影响，而且，东盟也拒绝了当时菲律宾总统提出的专门举行一次国际会议来讨论南海问题的建议。其次，东盟往往通过一种希望或建议的方式向中国表达自身的关切并施加压力。如新加坡时任外长黄根成在 1993 年东盟部长会议期间召开的首次东盟与中国磋商会议上提出："和平解决南海问题，将有助于加强东盟与中国的关系。我们希望中国能够支持由印尼创设的非正式研讨会，致力于对南海群岛的共同开发。"[2] 最后，东盟通过循序渐进的做法逐渐引导和劝说中国加入多边主义的框架中。例如，新加坡外长黄根成 1993 年邀请钱其琛出席与东盟对话伙伴的非正式晚宴，并参加于 1994 年第 27 届东盟部长会议/后续部长会议期间举行的东盟与对话伙伴的磋商论坛。最终，中国以创始会员国的身份参加了 1994 年东盟地区论坛的第一次工作会议，对中国来说，这是前所未有的举动，"因为除了联合国之外，中国以前从未参与任何形式的多边安全机制"。[3]

---

[1]　Nong Hong, "Law and Politics in the South China Sea," A thesis submitted to the Faculty of Graduate Studies and Research of the University of Alberta in partial fulfillment of the requirements for the degree of Doctor of Philosophy, p. 35.

[2]　张云：《国际政治中"弱者"的逻辑》，第 65 页。

[3]　Michael Leifer, *The ASEAN Regional Forum: Extending ASEAN's Model of Regional Security*, IISS, Oxford: Oxford University Press, 1996, p. 33, 转引自张云《国际政治中"弱者"的逻辑》，第 66 页。

有学者甚至指出："从某种意义上说，东盟是中国多边主义外交的引路人。"① 中国在东盟的引导下，逐渐进入多边主义舞台，而一旦进入这一舞台，南海问题就成为双方不可回避的议题之一。1995 年 4 月，在杭州召开的中国与东盟高官磋商会议上，东盟国家表达了对中国在"美济礁事件"中的行为以及中国今后的南海意图和政策的严重关切，当时，中国首席代表唐家璇尽管只是通过非正式的方式与东盟国家就此进行了讨论，但这仍然标志着中国第一次愿意与东盟作为一个整体来讨论南海问题，也标志着中国首次软化了在南海问题上的双边政策立场。

2. 《联合国海洋法公约》的法理依据

在 1995 年 12 月召开的首脑峰会上，东盟对南海问题首次提出了各方应依据包括《联合国海洋法公约》（以下简称《公约》）在内的国际法来解决冲突、促进合作的主张。② 其实，中国并不反对依据《公约》来解决南海问题。早在 1995 年 7 月召开的东盟与中国外长会议上，钱其琛外长就首次表明："中国愿同有关国家根据公认的国际法和现代海洋法，包括《联合国海洋法公约》所确认的基本原则、法律制度，通过和平谈判解决争议。"钱其琛还特别谈道："我们这样做的目的，是出于维护中国与东盟友好合作关系的良好愿望。"③ 中国的这一立场当时得到了东南亚国家的一致欢迎。但是，值得注意的是，东盟依据《公约》逐渐建构出自身的一套话语体系，中国在其中越来越陷入被动地位。正如国际危机小组所指出的，在所谓"西方主导"的体系中，中国政府处于这样一种艰难境地，即如何向民众解释不得不接受这一不利决定。④ 那么东盟是如何使得《公约》对南海问题的解释朝着有利于自身的方向发展的呢？这主要包括两个层面：一是在地区组织层面，东盟历年的外长会议和高峰会议都不断地重申应依据国际法尤其是《公约》来解决南海问题，对东盟而言，谈南海问题必然会涉及《公约》；二是在地区组织层面之下，部分东盟国家和学者对《公约》逐步进行了有利于自身的演绎和解释，并努力获得国际社会的认可。这一努力包括以下三个步骤。

首先，部分东盟国家与西方国家一道，利用《公约》自身的模糊性，质疑甚至否定了中国在南海的"历史性权利"与"历史性所有权"。不可否

---

① 张云：《国际政治中"弱者"的逻辑》，第 96 页。

② "Documents on ASEAN and South China Sea", p. 33, http://cil. nus. edu. sg/wp/wp-content/uploads/2011/06/Documents-on-ASEAN-and-South-China-Sea-as-of-June – 2011. pdf.

③ 参见张云《国际政治中"弱者"的逻辑》，第 72 页。

④ International Crisis Group, *Stirring Up the South China Sea* (*I*), p. 5.

认，一方面，《公约》是一个庞大的综合性海洋法典，它确立了新的海洋法律秩序，明确和捍卫了各国新的海洋权益，因此具有划时代的历史意义；但是另一方面，《公约》没有也不可能穷尽所有的海洋事宜，例如，对历史性海湾以外的历史性水域问题和历史性权利或历史性所有权在领海以外的海域划界中的作用问题，公约都没有明确的规定。① 部分东盟国家正是利用了《公约》的这一空白，对中国"九段线"所宣示的历史性权利提出了以下两点质疑。第一，认为"九段线"所宣示的区域并未构成中国的历史性水域。关于历史性水域的构成，1962 年联合国秘书处起草的《历史性水域，包括历史性海湾的法律制度》明确提出了以下主要标准：（1）主张"历史性所有权"的国家对该海域行使权力；（2）行使这种权力应有连续性；（3）这种权力的行使获得外国的默认。据此，部分东盟学者和西方学者一致认为，无论是中国大陆还是台湾当局对"九段线"以内领域的权力行使都具有非连续性，而且这种权力大多针对区域内的岛礁而非其中的水域，其他国家在该区域的航行自由以及渔业开采权都未受到影响。② 因此，南海该地区并未构成类似于渤海的中国的历史性水域。第二，在否定了"九段线"即中国的"历史性水域"之后，部分东盟国家进一步淡化与弱化了"九段线"所代表的中国在南海所具有的历史性权利。根据 1998 年的《中华人民共和国专属经济区和大陆架法》第十四条，"本法的规定不影响中华人民共和国享有的历史性权利"，部分东盟学者与西方学者一方面要求中国对历史性权利的具体含义做出明确说明，如仅仅是捕鱼权利还是其他类似于大陆架或经济专属区权利等；另一方面，通过《公约》中的相关规则来否定中国的历史性权利，如他们认为，根据《公约》的精神，大陆架具有"自然延伸"原则，沿海国对大陆架的权利并不取决于有效或象征的占领或任何明文公告，《公约》的这一规定恰恰在于防止那些任何以历史性权利为借口的政治运作。③ 另外一些学者甚至指出，历史性权利属于中国的国内立法体系，在中国加入《公约》后，应使其国内法与《公约》相符，处理与他国的权利和义务关系应以海洋法为准绳。④ 总之，在部分东盟学者以及西方学者的看来，根据《公约》

① 赵建文：《联合国海洋法公约与中国在南海的既得权利》，《法学研究》2003 年第 2 期，第 156 页。

② Nong Hong, *Law and Politics in the South China Sea*, pp. 103 – 104.

③ Nong Hong, *Law and Politics in the South China Sea*, pp. 104 – 105.

④ Robert Beckman, "China, UNCLOS and the South China Sea," Paper Submitti Asian Society of International Law, Third Biennial Conference, Beijing, China, August 27 – 28, 2011, p. 4.

的精神，中国的历史性权利应从属于东南亚国家的大陆架权利。① 如此一来，部分东南亚国家似乎终于找到了反驳中国的依据，越南等国甚至完全否认了中国的历史性权利具有正当的法理依据，越南国内还发动了针对中国在南海历史性权利的抗议活动，强调"越南不会承认中国所谓的'历史性权利'，这与国际法不符，侵犯了越南在东海（越南对'南海'的命名——作者注）海域和大陆架的主权和合法权益"，中国对"九段线"历史性权利的宣示是一种企图"升级争端、扩展权益"的行为。②

其次，当前，部分东盟国家又开始淡化南海领域中"岛屿"的法理重要性。根据中国目前在这一问题上的官方表态，"中国对南海诸岛及其附近海域拥有无可争辩的主权"。③ 换言之，中国当前放弃了对整个南海海域的主权声索，而只集中于其中的岛屿及其附近的海域。④ 根据《公约》，岛屿是四面环水并在高潮时高于水面的自然形成的陆地区域。能够维持人类居住或其本身经济生活的岛屿，能够享有领海、毗连区、专属经济区和大陆架的相关权利。⑤ 因此，即使"九段线"仅代表了中国对其中岛屿的领土主权，中国在南海的相关权利也是不容置疑的。对此，部分东盟国家一方面极力主张"陆地支配海洋"的原则，即承认沿海国有权拥有邻接其海岸的一定宽度的海域，包括领海、专属经济区和大陆架等，以沿岸陆地的支配性地位来降低南海岛屿在划界上的法律地位和相应效力，甚至认为可以不管岛屿归属先进行划界工作。⑥ 例如，菲律宾就明确表明，在"陆地支配海洋"的原则之下，它不承认任何不是基于陆地领土所划定的海域，包括岛屿在内。⑦ 2009 年 5 月，马来西亚和越南向联合国相关委员会提交了 200 海里"外大陆架划界案"，其中值得注意的是，两国对专属经济区的划定都是从陆地上的基线量起，而不是从其所主张的南海岛屿量起。2009 年菲律宾

---

① International Crisis Group, *Stirring Up the South China Sea* (*I*), p. 3.

② International Crisis Group, *Stirring Up the South China Sea* (*I*), p. 16.

③ 《2011 年 4 月 14 日外交部发言人洪磊举行例行记者会》，http：//www. fmprc. gov. cn/chn/gxh/tyb/fyrbt/t815309. htm。

④ 《2012 年 2 月 29 日外交部发言人洪磊举行例行记者会》，http：//www. fmprc. gov. cn/chn/gxh/mtb/fyrbt/jzhsl/t909551. htm。

⑤ 《联合国海洋法公约》第 121 条。

⑥ 姜丽、李令华：《南海传统九段线与海洋划界问题》，《中国海洋大学学报》（社会科学版）2008 年第 6 期，第 7~8 页。

⑦ The Philippines' Note Verbale No. 000228, in response to the China's Notes Verbales CML/17/2009 & CML/18/2009, http：//www. un. org/Depts/los/clcs __new/submissions __files/mysvnm33 __09/phl __re __chn __2011. pdf.

通过的《新领海基线法》同样宣称了这一主张。另一方面，部分东盟国家也开始认为南海中大多数岛屿并非海水高潮时自然形成的，而是低潮高地、人工岛屿或岩礁，因此，不应享有专属经济区或大陆架的权利。① 甚至还提出，即使某些岛屿原则上应该享有专属经济区或大陆架，但为了不对海洋划界产生负面影响，也应只享有 12 海里的领海。② 如此一来，南海的争议就会缩小至这些标的物本身以及是否拥有 12 海里的领海，南海的绝大多数海域也都将不存在争议。③

最后，部分东盟国家也越来越倾向于把南海问题提交国际海洋法院或国际法院来解决。如菲律宾多次威胁将美济礁问题提交联合国安理会以及国际海洋法法庭解决。新加坡国立大学国际法中心主任罗伯特·贝克曼（Robert Beckman）建议，南海问题的东盟相关国家至少可以就南海的某一或某些法律问题要求国际海洋法法庭提出咨询意见。④ 另外，它们也开始进一步研究如何将中国带入具有强制约束力的争端解决程序，对中国的任择性例外做出限制，从而促使南海问题自动进入国际仲裁阶段。2013 年，菲律宾不顾中国的反对单方面将南海问题提交国际仲裁即反映了它们在这一方向上的实际努力。

综上所述，东盟搭建了《公约》的法律解释框架，而部分东盟国家和部分学者在此框架之下进行了有利于自我利益的意义阐释和话语建构。对于东盟地区组织层面的努力，中国基本表示了认可，而对国家层面的努力进行了一些抵制。除了官方层面不断表达自身的政治立场以外，中国的国际法学者们也强化了对《公约》中"历史性权利"的研究，强调按照时际法原则，《公约》不具有改变中国在南海的既得权利的效力。⑤ 但总体而言，中国法理方面的努力收效甚微，这主要是由于东盟在很大程度上是联合西方国家建构了一套有利于自身的《公约》的话语体系和意义体系，中国话语要想获得广泛认同，其困难性就大大增加了。

---

① Robert Beckman, "China, UNCLOS and the South China Sea" p. 16.
② Robert Beckman, "The South China Sea: The Evolving Dispute between China and Her Maritime Neighbours," *Geomatics World*, March/April, 2003, p. 20.
③ 根据《联合国海洋法公约》的规定，低潮高地全部或一部分与大陆或岛屿的距离不超过领海的度宽，该高地的低潮线可作为测算领海宽度的基线；人工岛屿享有周围五百公尺的安全距离；岩礁具有 12 海里的领海。参见《联合国海洋法公约》第 13 条、第 60 条和第 121 条。
④ Robert Beckman, "China, UNCLOS and the South China Sea", p. 1.
⑤ 赵建文：《联合国海洋法公约与中国在南海的既得权利》，第 147 ~ 160 页。

3. "南海行为准则"的强法约束

　　1995 年中菲发生"美济礁事件"后，菲律宾开始积极寻求东盟的支持，以期达成一个具有一定法律强制力的"南海行为准则"，从而能够对中国有所约束，最终东盟成员于 1999 年末达成了一致意见。2000 年 3 月，中国与东盟开始对此交换意见，2002 年 11 月 4 日，中国和东盟 10 国在柬埔寨金边签署了《南海各方行为宣言》。该宣言是一个不具有法律约束力的政治性声明，包括四条基本原则：航行自由、自我克制、建立信任以及海上合作。宣言最后一条重申了"有关各方制定'南海行为准则'将进一步促进本地区和平与稳定，并同意在各方协商一致的基础上，为最终达成该目标而努力"。① 2004 年 11 月，中国与东盟第八次首脑会议上，制定了一份未来五年（2005～2010 年）深化并拓宽中国与东盟关系与合作的总体规划，具体包括：定期召开中国与东盟高级别会议，以实施该宣言，并为其实施提供指导和评估；建立一个工作组，负责起草实施该宣言的指导方针，并为上述高级别会议有关政策及执行问题提供建议。行动计划再次确认了宣言各方就最终制定南海行为准则继续工作的构想。最终在经过 6 年的讨论、先后出台 21 份草案后，双方最终于2011 年就《南海各方行为宣言指导方针》达成共识。② 在此之后，"南海行为准则"再次进入东盟的议事日程。东盟力图首先在东盟内部就"南海行为准则"统一立场，然后再与中国进行协商谈判。中国最初的立场是各方首先应就全面有效落实《南海各方行为宣言》深化合作，中国愿意在"合适的时间"和"合适的条件"下与东盟就"南海行为准则"展开协商。尽管中国对此持保留态度，但东盟国家已经就行为准则问题行动起来了，2012 年 1 月，菲律宾公布了"菲律宾南海行为准则草案"，对此，中国为了避免最后不得不面对东盟的"既定事实"，开始调整策略，也力图加入这一历史进程。6 月，东盟高官工作组在经过七次会议的讨论后，把最后文本提交给东盟高官会议；7 月，这一文本被提交给东盟外长会议进行讨论。目前东盟内部已经"南海行为准则"的基本内容达成共识，同意下一步将与中国展开磋商。③ 无疑，这一

① ASEAN, "Declaration on the Conduct of Parties in the South China Sea," http: //www. aseansec. org/13163. htm.

② Carlyle A. Thayer, "ASEAN's Code of Conduct in the South China Sea: A Litmus Test for Community-Building?"

③ Michael del Callar, "DFA Chief: ASEAN Agrees on Key Elements for Code of Conduct in West PHL Sea," *GMA News*, July 11, 2012, http: //www. gmanetwork. com/news/story/264983/news/nation/dfa-chief-asean-agrees-on-key-points-for-code-of-conduct-in-west-phl-sea.

磋商的进程将是漫长和艰难的，但是一个不能忽视的事实是，中国已经被东盟拉入由其主导的这一历史进程中来了，可以说这是东盟国家的又一外交胜利。进一步而言，其中的某些条款对中国肯定是不利的，如禁止保留条款，诉求于东盟内部机构或国际海洋法法庭来解决争端，等等。对中国而言，几十年来，部分东盟国家片面借助于《公约》的"大陆架原则"以及"专属经济区原则"已经侵占了中国的南海主权，而现在又不得不加入制定"南海行为准则"的进程，甚至对自身的行动有所限制，中国的被动地位是不言而喻的。

四　结论

本文考察了作为弱者的东盟如何在南海问题上"反领导"了作为强者的中国。其研究意义包括两个层面。就学理意义而言，它是一种弱者和强者互动关系的探讨，尤其强调了弱者实践能动性的发挥。与以往的"弱者"理论研究不同的是，它选择的"弱者"不是国内的"弱势群体"，也不是国家层面上的"小国"或"弱国"，而是地区层面的"弱势组织"。其不同之处在于后者具有复合型特征，这种特征既给其能动性的发挥带来了挑战，也带来了机遇。正如本文提到的东盟的"谨慎引导"策略显然非某个东盟国家单独所为，而是在东盟组织层面实施的。

就政策意义而言，本文尝试性地探讨了中国在南海问题上处于被动地位的原因。与大多数学者关注于大国因素、南海争端国因素不同，本文考察了东盟作为一个地区组织在南海问题上所起到的独特作用，强调东盟通过与中国构建一种"友好弱者"的身份关系，进而在南海问题上对中国实施了一种"谨慎引导"的策略。这一策略具有逐步推进的特征，而且带有一定的法理特征。这一探讨为中国南海政策提供了更多的思考空间，如中国如何构建一种"友好强者"的身份定位，中国如何更好地协调多边主义与双边主义立场，中国如何进一步构建自身的法理话语体系，等等。

（原刊于《当代亚太》2013 年第 4 期）

图书在版编目（CIP）数据

20世纪国际格局的演变与大国关系互动研究 . 1 / 徐蓝
主编 . — 北京：社会科学文献出版社，2014.9
（20世纪国际格局的演变与大国关系互动研究丛书）
ISBN 978 - 7 - 5097 - 6218 - 9

Ⅰ. ①2⋯　Ⅱ. ①徐⋯　Ⅲ. ①国际关系 - 研究
Ⅳ. ①D81

中国版本图书馆 CIP 数据核字（2014）第 141796 号

·20世纪国际格局的演变与大国关系互动研究丛书·

20世纪国际格局的演变与大国关系互动研究　（一）

主　　编／徐　蓝

出 版 人／谢寿光
出 版 者／社会科学文献出版社
地　　址／北京市西城区北三环中路甲29号院3号楼华龙大厦
邮政编码／100029

责任部门／近代史编辑室　（010）59367256　　　责任编辑／赵　薇
电子信箱／jxd@ ssap. cn　　　　　　　　　　　责任校对／宝　蕾
项目统筹／宋荣欣　　　　　　　　　　　　　　责任印制／岳　阳
经　　销／社会科学文献出版社市场营销中心　（010）59367081　　59367089
读者服务／读者服务中心　（010）59367028

印　　装／三河市尚艺印装有限公司
开　　本／787mm×1092mm　1/16　　　印　　张／20
版　　次／2014年9月第1版　　　　　　　　字　　数／344千字
印　　次／2014年9月第1次印刷
书　　号／ISBN 978 - 7 - 5097 - 6218 - 9
定　　价／75.00 元